ANNUAL REPORT
ON INTELLECTUAL PROPERTY OPERATION
IN CHINA
(2020)

U1070428

中国知识产权运营
年度报告
(2020年)

本书编写组　编著

知识产权出版社
全国百佳图书出版单位
—北京—

图书在版编目（CIP）数据

中国知识产权运营年度报告．2020年／本书编写组编著．—北京：知识产权出版社，2021.12

ISBN 978－7－5130－7792－7

Ⅰ.①中… Ⅱ.①本… Ⅲ.①知识产权—研究报告—中国－2020
Ⅳ.①D923.404

中国版本图书馆CIP数据核字（2021）第209857号

责任编辑：武　晋　　**责任校对**：王　岩
封面设计：智兴设计室·张国仓　　**责任印制**：刘译文

中国知识产权运营年度报告（2020年）

本书编写组　编著

出版发行：知识产权出版社有限责任公司　**网　　址**：http：//www.ipph.cn
社　　址：北京市海淀区气象路50号院　**邮　　编**：100081
责编电话：010－82000860转8772　**责编邮箱**：windy436@126.com
发行电话：010－82000860转8101/8102　**发行传真**：010－82000893/82005070/82000270
印　　刷：北京九州迅驰传媒文化有限公司　**经　　销**：各大网上书店、新华书店及相关专业书店
开　　本：720mm×1000mm　1/16　**印　　张**：23
版　　次：2021年12月第1版　**印　　次**：2021年12月第1次印刷
字　　数：360千字　**定　　价**：96.00元

ISBN 978－7－5130－7792－7

编委会

执笔人

绪　论：饶波华　曾艳琳
第1章：曹　璇　曾艳琳　王　科
第2章：崔国振　巴志伟　杨　青
第3章：姜海飞　张建宇　甘子珍
第4章：徐俊峰　崔国振　严济洋
第5章：马　斌　曾艳琳
第6章：井庆涛　王　科
第7章：孙嘉泽　甘子珍
第8章：王明辰　曾艳琳　王　哲
第9章：吕　律　曾艳琳　王　哲
第10章：余　博　陈　伟
统稿人：饶波华　崔国振

前　言

2020 年是顺利完成国家知识产权战略纲要和“十三五”规划各项目标任务的收官之年。知识产权作为创新驱动发展的基本保障，在国家经济社会发展中的地位和作用日益凸显，知识产权运营的政策环境不断优化。2020 年 3 月 30 日，中共中央、国务院印发《关于构建更加完善的要素市场化配置体制机制的意见》，明确提出支持自主知识产权市场化运营。2020 年 5 月 11 日，中共中央、国务院印发《关于新时代加快完善社会主义市场经济体制的意见》，进一步提出完善和细化知识产权创造、运用、交易、保护制度规则。2020 年 11 月 30 日，中共中央政治局就加强我国知识产权保护工作进行第二十五次集体学习，中共中央总书记习近平指出，当前，我国正在从知识产权引进大国向知识产权创造大国转变，知识产权工作正在从追求数量向提高质量转变。

知识产权运营是以质量和价值为导向，运用制度、经营权利，提升和实现知识产权价值的有效手段，涵盖知识产权的布局培育、价值评估、转移转化、金融服务、战略运用等各个方面。“十三五”以来，国家知识产权局在完善机制、建设平台、培育机构、提升能力、强化监管等方面综合施策，不断完善知识产权运营服务体系布局，筑牢织密全国知识产权运用网，促进知识产权转移转化。2020 年，全国知识产权运营服务体系建设加力提速，亮点纷呈。知识产权运营服务体系建设重点城市达到 37 个，批复支持建设的知识产权运营平台（中心）达到 16 家，全国专利转让、许可、质押等运营次数达到 40.5 万次，知识产权证券化、知识产权保险等金融产品创新实现新突破。

自2014年起，在国家知识产权局的指导下，知识产权出版社连续5年编写发布了以年度专利运营状况为主的《中国专利运营年度报告》，并从2019年开始集成专利和商标情况，连续3年编写了《中国知识产权运营年度报告》，更为全面地勾勒出中国知识产权运营业态发展的全貌。本书立足2020年度，兼顾“十三五”时期，设置了知识产权转移转化篇、知识产权融资服务篇和“十三五”知识产权运营回顾篇，从政策设计与基层实践、数据分析与案例剖析等不同维度，力图对中国知识产权运营状况以及“十三五”时期全国知识产权运营发展情况进行较为全面的梳理、分析和总结。总体来看，2020年中国专利实施状况稳步提升，商标品牌培育工作取得积极成效，知识产权运营活动持续活跃，重点城市（城区）有力发挥了引领带动作用。回望“十三五”，我国知识产权运营工作量质齐升，知识产权运营的理念逐步深入人心，各类知识产权运营政策和项目密集推进，知识产权金融服务不断深化和拓展，逐步构建起多元融合、有序运行的知识产权运营服务体系，为经济高质量发展提供了有力支撑。

期待本书能为政府部门、企事业单位和相关从业者提供翔实有力的知识产权运营数据支撑和决策参考，为今后开展知识产权运营工作提供借鉴和指导，进一步促进全国知识产权运营工作向纵深发展。

目　录

知识产权融资服务篇

“十三五”知识产权运营回顾篇

绪　论

《中国知识产权运营年度报告（2020年）》分为知识产权转移转化篇、知识产权融资服务篇、“十三五”知识产权运营回顾篇三个篇章，以专利和商标转化运用数据为基础，将数据分析与典型案例有机结合，较为系统、全面地勾勒出2020年中国知识产权运营业态发展的全貌。

1. 2020年专利运用水平总体平稳

国家知识产权局发布的《2020年中国专利调查报告》显示：2018—2020年中国有效专利实施率及产业化率均呈现稳步、持续上升态势。从专利类型来看，有效外观设计专利的实施率及产业化率最高；从专利权人类型看，企业的有效专利实施率及产业化率远高于科研机构和高校，高校的有效专利实施率及产业化率较2019年有所降低；从企业的规模及成立时间来看，规模越大、成立时间越长的企业，其专利实施率越高。

2. 2020年专利数据分析

（1）专利数据总体分析

2020年，我国专利运营总量大幅增长。专利转让、许可、质押等运营次数达到405231次，较2019年同比增长32.0%；涉及专利373004件，同比增长32.0%。

从转让、许可和质押这三种专利运营的类型来看，专利转让仍然是专利运营的主流形式。2020年，专利转让次数为356434次，同比增长33.9%，占当年专利运营总次数的87.9%①；专利许可次数为9979次，同比下降

① 因方便计算所需，用“万次”为单位的数据进行占比计算，与用“次”为单位的数据进行占比计算，所得比例略有偏差。后同。

9.4%；专利质押次数为38818次，同比增长30.3%。

从专利类型来看，发明专利所占比例最大，达到59.9%，其次为实用新型专利，外观设计专利所占的比例最小。其中，专利转让主要以发明专利为主，而专利质押则以实用新型专利为主。

从涉及转让、许可活动的专利所属国民经济行业分类来看，发生转让和许可的专利行业分类覆盖广泛，其中金属制品、机械和设备修理业以及仪器仪表制造业领域的专利转让、许可次数最多。

2020年中国专利运营活动主要来源于中国本土，次数占比为90.6%，具体到各省市可以看出，专利运营明显呈现地域集中态势，约五成运营活动集中在广东、浙江、江苏、北京和山东五省市。国外来华专利运营次数占比为9.4%，其中专利运营较为活跃的国家（地区）分别为开曼群岛、美国、日本、德国和新加坡。

从专利运营的主体来看，在专利转让方面，我国专利转让活动仍由中国企业主导，TOP20的让与人中，中国让与人有16位，来自开曼群岛的让与人有2位，美国、新加坡让与人各有1位。其中，来自开曼群岛的阿里巴巴集团控股有限公司、先进创新技术有限公司分别以7923次、7396次专利转让位居前两位。中国企业上海斐讯数据通信技术有限公司、北京汽车研究总院有限公司和歌尔科技有限公司分别位居第三、四、五位。在专利许可方面，中国本土权利人占据许可主体地位，高校表现突出且以商业性许可为主。在许可人排行TOP20中，来自国外的许可人共有4位，其中有2位涉及商业性许可，分别是来自卢森堡的地板工业有限公司和荷兰的尤尼林管理私营公司。中国本土上榜的16位权利人中有9位存在商业性许可，其中南京林业大学位列第一。在专利质押方面，2020年专利质押融资金额达1558亿元，同比增长41.0%。从专利类型来看，实用新型专利质押次数占比超六成，占据主导地位。在质权人类型分布中，银行占69.4%，融资担保公司占19.6%，其他类型占11.0%，银行作为质权人仍然是专利质押贷款渠道的首选，同时融资担保公司也发挥了重要作用。

（2）重点城市（城区）专利数据分析

2020年，37个知识产权运营服务体系建设重点城市（城区）［以下简称重点城市（城区）〕专利运营次数达到18.8万次，占全国的46.4%；专利运营次数同比增加39.5%，高于全国平均增速7.5个百分点，其中专利质押融资金额同比增加65.8%，高于全国平均增速24.8个百分点，有力发挥了引领带动作用。

在专利转让方面，37个重点城市（城区）作为让与人进行的专利转让次数共计165007次，占全国总量的46.3%，同比增长33.3%。转让次数排名前五位的重点城市（城区）分别为深圳、广州、苏州、杭州、北京海淀。

在专利许可方面，37个重点城市（城区）作为许可人进行的专利许可次数共计5237次，占全国总量的52.5%，同比下降22.9%。其中，普通许可3978次，占37个重点城市（城区）专利许可总量的75.9%；独占许可1135次，排他许可124次。

在专利质押方面，37个重点城市（城区）专利质押融资总额达到809亿元，占全国总额的51.9%；共涉及专利质押合同5633笔，占全国总量的55.2%。从各重点城市（城区）质押融资的金额来看，台州质押融资金额最高，共计105.3亿元。

（3）高校专利数据分析

2020年，共有870余所中国高校进行了专利转让，较2019年增加了100多所，专利转让共计19604次，同比增长65.9%，占全国专利转让总量的5.5%，较2019年提升了约1个百分点。专利转让次数排名前三位的分别是南京林业大学、浙江工业大学和常州大学。

2020年，中国高校专利实施许可共计3158次，约占全国总量的三成。专利许可排名前三位的高校分别是南京林业大学、南京邮电大学和温州大学。南京邮电大学和武汉科技大学的专利许可增幅明显。

3. 2020年商标数据分析

2020年，商标转让、许可、质押总次数达到673853次，同比增长24.9%。其中，商标转让为613055次，占比91.0%；商标许可为41465次，占比6.2%；商标质押为19333次，占比2.9%。

从商标的转让情况来看，中国本土转让占绝对优势，广东、浙江、北京转让活跃。国外来华商标转让次数占中国整体商标转让次数的5.7%，美国、开曼群岛、日本、韩国、德国较为突出。2020 年，中国本土排名第一的恒安国际集团有限公司商标转让次数仅占中国本土商标转让次数的 0.2%；来自美国的惠氏控股有限责任公司商标转让次数占美国在中国商标转让次数的 2.3%。中国本土和国外来华商标转让人在总体分布方面差距不明显，开曼群岛、日本和韩国等国家或地区的商标转让活动较为集中。

从商标的许可情况来看，2020 年，中国本土的商标许可次数达到 30942 次，同比增长 38.1%；国外来华商标许可量为 10523 次，同比增长 12.6%。本土许可中，广东、北京、浙江、江苏、上海进入全国 TOP5 榜单，许可数量都有较大提高，广东稳居第一位。国外来华商标许可次数占中国整体商标许可次数的 25.4%，美国商标许可次数上升明显，仍居来华国家第一位，日本商标许可次数与 2019 年基本持平，法国、德国、新加坡略有上升，瑞士、英国等国家有所下降。中国本土的主要许可人中，排名第一的是物美科技集团有限公司，其商标许可次数占当年中国本土商标许可总次数的 1.4%。美国来华的主要许可人中，沃尔玛阿波罗有限责任公司排名第一，其商标许可占本国总许可次数的 33.9%。排名前列的商标许可人主要实施集团内部许可。2020 年中国发生商标许可的尼斯分类排行榜中，植物类食品商标许可最多，其次是运载工具类。

从商标专用权质押情况来看，2020 年，商标专用权质押增长显著，融资超 600 亿元，质押项目数同比增长 37.9%，四成以上的质押项目仅涉及单件商标。按商标专用权质押金额排名，位列前十的省市商标专用权质押金额占全国总金额的 77.3%，浙江最为活跃，江苏上升明显。出质人以企业为主体，涉及多个行业，质押项目数最多的是安徽笑果农牧产业科技有限公司，质押登记项目 5 笔，融资金额达 1900 万元。商标质押的质权人类型分布中，银行占比超七成，其中，城市商业银行和农村商业银行发挥了重要作用。

4. “十三五”时期专利数据分析

（1）专利数据总体分析

“十三五”时期，中国专利运营总次数达到 138.6 万次，是“十二五”时期的 2.5 倍，年均增速达到 23.7%，超过“十二五”时期平均增幅 7.8 个百分点；发明专利运营次数达 78.5 万次，比“十二五”时期增加 51.1 万次，占全部专利运营活动的56.6%，比“十二五”时期提高7.3个百分点；专利转让次数达122.3万次，约是“十二五”时期的3倍，占全部专利运营活动的比例也由“十二五”时期的76.9%增加到88.3%，增加了11.4个百分点。可见，“十三五”时期，中国专利运营活跃度大幅提升，质量效益愈发明显，专利转让主导地位进一步增强。

从专利转让情况来看，“十三五”时期，发明专利转让占比达58.9%，比“十二五”时期高5.4个百分点，发明专利转让活动愈发活跃。中国专利转让以中国本土主体之间的转让为主，约占九成。中国本土转让中，东部地区仍居主导地位，出让、受让专利次数分别是“十二五”时期的3.1倍，排名前五的广东、浙江、江苏、北京和山东等省市集中度进一步提高；同时，中西部地区也快速成长。中国专利跨省转让共计45.3万次，与“十二五”时期相比，转让次数增加4.5倍，占比增加18个百分点，跨省专利转让活跃度大幅提升。中国专利转让活动覆盖国民经济行业分类的全部54个大类，与“十二五”时期相比，各产业专利转让次数均呈现增长趋势，其中金属制品、机械和设备修理业最多，仪器仪表制造业紧随其后。“十三五”时期，企业专利转让主体地位进一步增强，中国企业表现突出，其中生产研究型企业居多。

从专利许可情况来看，“十三五”时期，中国共进行专利许可43427次，比“十二五”时期减少56.3%，但期末两年专利许可次数有所回升。其中，发明专利许可占比达56.2%，比“十二五”时期高20.1个百分点，发明专利许可主导地位明显增强。专利许可以中国本土主体之间的许可为主，尤其是作为被许可人时，中国本土主体专利许可次数占“十三五”专利许可总次数近99%；同时，国外来华许可人的作用愈发明显，占比达18.8%。中国本土许可中，东部地区稳居主导地位，排名前五的江苏、广东、浙江、北京和湖南（许可）/上海（被许可）的专利许可次数占比过半，集中度进一步提高。中国专利跨省许可共计21895次，与“十二五”时期相比，占比增加17.7个百分点，跨省技术流动趋势更加明显。中国专利许可活动覆盖国民经济行业分类中的53个大类，与“十二五”时期相比，除农、林、牧、渔业及辅助性活动，以及石油、煤炭及其他燃料加工业专利许可次数有所增加外，其他产业的专利许可次数均呈现下降趋势，降幅为 13.9% ~100%；仪器仪表制造业专利许可次数最多，金属制品、机械和设备修理业紧随其后。专利许可活动中，企业、高校院所作为许可人的重要性增强，企业许可次数占比过半，成为最重要的专利许可人；高校院所许可次数占比较“十二五”时期增加 18.1 个百分点，南京林业大学表现突出。

从专利质押情况来看，“十三五”时期，中国专利质押数量持续快速增加，质押总次数为 11.9 万次，是“十二五”时期的 4.1 倍；占全部专利运营活动的 8.6%，比“十二五”时期增加 3.4 个百分点。其中，实用新型专利质押是主流，占比约六成。专利质押融资金额达到 4705 亿元，是“十二五”时期的 3.1 倍。质押涉及专利覆盖国民经济行业分类的全部 54 个大类，除开采专业及辅助性活动外，各产业专利质押次数与“十二五”时期相比均呈现增加趋势，其中金属制品、机械和设备修理业专利质押次数最多，增量最大。银行作为质权人占比为 66.6%，是专利质押融资中的首选，部分融资担保公司表现突出，如青岛高创科技融资担保有限公司，参与专利质押的次数为 2647 次，位居第一；企业作为出质人的地位进一步增强，占比达 96.9%，比“十二五”时期增加 10.2 个百分点，其中神雾科技集团股份有限公司质押次数最多。

（2）重点城市（城区）专利数据分析

2017 年启动建设以来，四批共 37 个重点城市（城区）的创新主体共开展 40.7 万次专利运营活动，获得 1636.2 亿元专利质押融资。

从专利转让情况来看，37 个重点城市（城区）自入选年起共出让专利 37.0 万次、受让专利 32.4 万次，各城市（城区）年平均专利出让次数和受让次数分别为 4253 次和 3726 次。其中，第二批重点城市（城区）专利转让最为活跃，年平均出让次数和受让次数达 6834 次和 6125 次，具体而言，深圳和广州最多，出让次数分别为 16375 次和 11660 次，受让次数分别为 14187 次和 10976 次。各重点城市（城区）专利转让次数普遍增加，在专利出让方面，33 个重点城市（城区）的专利出让次数有所增长，其中，天津滨海新区的增幅最高，为 191.7%，其次是上海徐汇区；在专利受让方面，30 个重点城市（城区）的专利受让次数有所增长，其中，上海徐汇区的增幅最高，为

101.1%，其次是济南和杭州。四批重点城市（城区）的专利转让中，企业表现较为突出，位居TOP10的让与人和受让人主要是企业，另有少量高校和科研机构。四批重点城市（城区）的TOP10让与人/受让人的专利转让集中度普遍不高。

从专利许可情况来看，37个重点城市（城区）自入选年起共许可专利15974次，被许可专利13484次，各城市（城区）年平均专利许可次数和被许可次数分别为184次和155次，其中，第二批重点城市（城区）专利许可最为活跃，年平均许可次数和被许可次数分别达430次和307次；其中，南京年平均专利许可次数最多，为2140次，其次是长沙；年平均专利被许可次数最多的也是南京，为1141次，其次是苏州。在专利许可方面，21个重点城市（城区）专利许可总体呈增长趋势，其中，烟台在2020年入选后专利许可次数大幅提升，同比增长约20倍，泉州、天津滨海新区、郑州、长春的专利许可次数平均增幅也较大，在2倍以上；在专利被许可方面，18个重点城市（城区）专利被许可总体呈增长趋势，其中，泉州表现较为突出，2020年同比增长约5倍。四批重点城市（城区）TOP10许可人/被许可人的专利许可集中度普遍高于专利转让。

从专利质押情况来看，37个重点城市（城区）自入选年起的质押登记合同总量为11399件，质押金额共1636.2亿元，各城市（城区）年平均专利质押登记合同和质押金额分别为131件和18.8亿元；第二批重点城市（城区）位居首位，各城市（城区）年平均质押登记合同数为209件，年平均质押金额为33.0亿元。从各城市（城区）具体情况来看，合同数方面，南京年平均专利质押合同数最多，为596件；27个重点城市（城区）的专利质押合同数呈增长态势，其中宜昌最高，为600.0%，其次是东莞。合同金额方面，深圳年平均专利质押融资金额最多，为86.4亿元，广州位居第二；25个重点城市（城区）的专利质押融资金额呈增长态势，其中台州平均增长率最高，为538.2%，其次是烟台。

5. 专利转化运用典型案例

本书分别从专利实施、专利转移转化等方面选取了七个案例。在专利实施方面，选取海尔洗衣机“一种双滚筒洗衣机”、迈瑞“一种弹性成像中的位移检测方法及装置”以及源德盛“一种一体式自拍装置”三个案例，分别对专利技术的研发背景、实施过程进行了全面展示，并对其中的亮点做法进行了总结。在专利转移转化方面，综合考虑专利转让、许可、质押数据的排名，运营主体的不同类型，所属不同行业和技术领域等因素，选取四个典型案例，包括：中国科学院深圳先进技术研究院通过专门的运营机构来促进技术转移转化；南京林业大学发挥学科优势，通过广泛的产学研合作带动林业技术成果产业化落地；北京中科微知识产权服务有限公司推动智能传感器、集成电路领域的产业发展；OPPO 以“自主研发 + 外部引入”的专利策略，助力拓展海外市场。通过这些案例的展示，从不同角度描绘我国专利转化运用的生动实践。

6. 商标品牌培育典型案例

商标培育是企业开展品牌创建的重要内容，也是商标战略实施的核心。企业刚注册的商标，初始价值较低，如何不断提升其价值，将其打造成强势品牌，成为企业实施商标战略的一个重要课题。本书遴选鄂尔多斯、拼多多、小罐茶和小米四家知名企业作为商标品牌培育典型案例，分别从不同角度对其商标品牌培育的路径进行了详述。例如，鄂尔多斯作为行业标志性品牌，如何进行可持续品牌建设；拼多多如何通过加强商标品牌培育，助力企业快速发展；小罐茶如何通过创新茶叶品牌设计，全面保护与持续推广品牌；小米如何通过品牌分级布局、监控与维权体系等措施，构建全面的商标品牌保护体系。通过对这几家企业商标品牌培育过程的剖析和培育策略的总结，为更多企业进行商标品牌培育提供借鉴。

7. 上市公司知识产权资产分析和知识产权金融创新

为了探究中国上市公司知识产权资产披露情况，本书以 A 股主板、中小板、创业板和科创板的 3983 家公司 2020 年度报告披露的数据作为研究对象，分板块、分行业、分地区展示我国企业知识产权资产情况和信息披露现状。

同时，通过调研梳理知识产权质押融资、保险、证券化等方面的探索实践和产品创新，力图全面展示 2020 年全国知识产权金融创新的新产品、新服务、新模式。

综上，本书不仅对 2020 年度中国知识产权运营整体状况、专利及商标运用数据进行了梳理、分析和总结，还重点对“十三五”时期全国及37个重点城市（城区）的运用经验和成效进行了较为全面的总结分析。此外，也甄选出专利转化运用和商标品牌培育的典型案例，并对知识产权金融创新产品及模式进行剖析和总结。希望能从不同时间维度、不同运营方式、不同区域和主体等角度切入，全面描绘2020年度及“十三五”时期中国知识产权运营的生动实践，力图兼具全面性、典型性和创新性。

为方便有关知识产权运营试点项目承担地方更好开展知识产权运营工作，在附录中列有相关文件，供参考使用。

知识产权转移转化篇

◆ 第 1 章　专利实施、转让、许可分析

◆ 第 2 章　专利实施转化典型案例

◆ 第 3 章　商标转让许可分析

◆ 第 4 章　商标品牌培育典型案例

第1章　专利实施、转让、许可分析

1.1　2020年专利实施状况分析

1.1.1　有效专利实施率及产业化率稳步提升

专利实施是专利价值实现的基本方式，也是专利创造财富的主要途径。国家知识产权局发布的《2020年中国专利调查报告》① 显示：2020年中国有效专利实施率②达到57.8%，较上一年度提升2.4个百分点，2018年至2020年中国有效专利实施率呈现稳步持续上升态势，如图1-1所示。

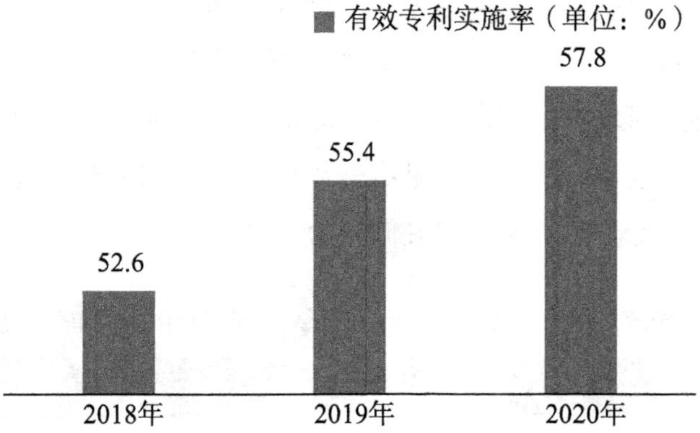

数据来源：《2020年中国专利调查报告》

图1-1　2018—2020年中国有效专利实施率

① 2020年中国专利调查范围覆盖我国24个省（区、市），涉及截至2019年底拥有有效专利的企业、高校、科研单位共3类专利权人，以及其拥有的发明、实用新型、外观设计3种专利。

② 专利实施是指专利权人以生产经营为目的自行或许可他人制造、使用、许诺销售、销售、进口其专利产品，或者使用其专利方法以及使用、许诺销售、销售、进口依照该专利方法直接获得产品，也包括将专利作价入股、转让给他人等其他实现专利价值的行为。专利实施率是指已经实施的专利件数占拥有的有效专利件数的比例。

2020年中国有效专利产业化率①为41.6%，较2019年提升3个百分点，2018年至2020年，中国有效专利产业化率稳步持续上升，如图1-2所示。

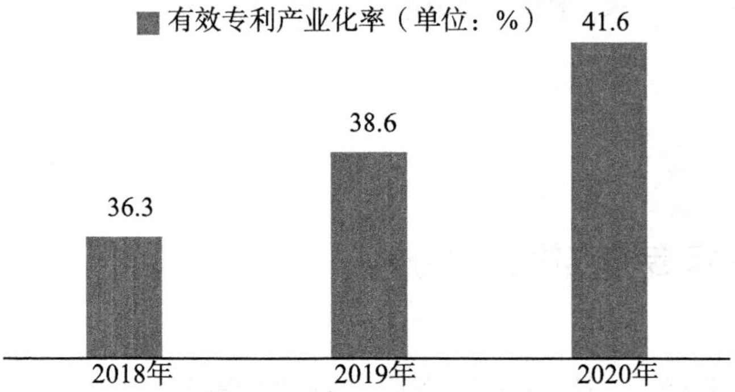

数据来源：《2020年中国专利调查报告》

图1-2　2018—2020年中国有效专利产业化率

1.1.2　有效外观设计专利实施率及产业化率最高

从不同类型的专利来看，如图1-3所示，在专利实施方面，有效外观设计专利的实施率最高，达到65.0%；其次为有效实用新型专利，比有效外观设计专利的实施率低6.3个百分点；有效发明专利的实施率相对最低，为50.7%。在专利产业化方面，仍然是有效外观设计专利的产业化率最高，为51.6%；有效发明专利的产业化率最低，为34.7%。

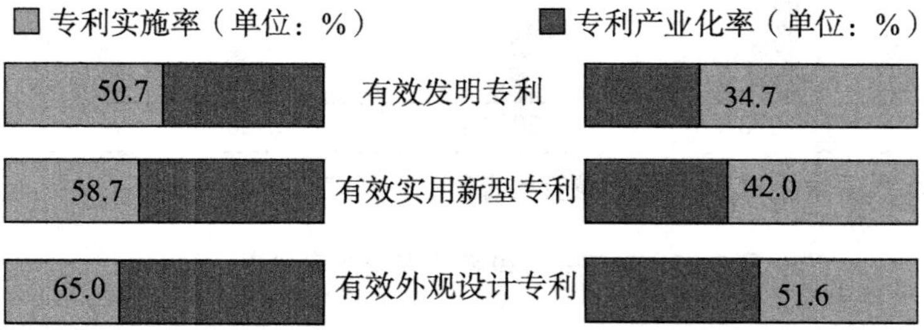

数据来源：《2020年中国专利调查报告》

图1-3　不同类型专利的有效专利实施率及产业化率

① 专利产业化率是指专利权人用于生产出产品并投放市场的专利件数占拥有的有效专利数量的比例。

1.1.3　高校有效专利实施率及产业化率进一步降低

从不同类型的专利权人来看，如图1－4所示，在专利实施方面，企业作为市场主体，是最具备实施能力的专利权人，其有效专利实施率也最高，为62.7%；其次是科研单位，有效专利实施率为30.0%；高校的有效专利实施率最低，为11.7%。如图1－5所示，在有效专利产业化方面，仍然是企业的有效专利产业化率最高，为46.0%；科研单位的有效专利产业化率为12.0%；高校的有效专利产业化率为3.0%。高校的有效专利实施率及产业化率较2019年进一步降低（2019年高校有效专利实施率为13.8%，有效专利产业化率为3.7%①）。可见，高校专利运用水平较低仍是突出问题。

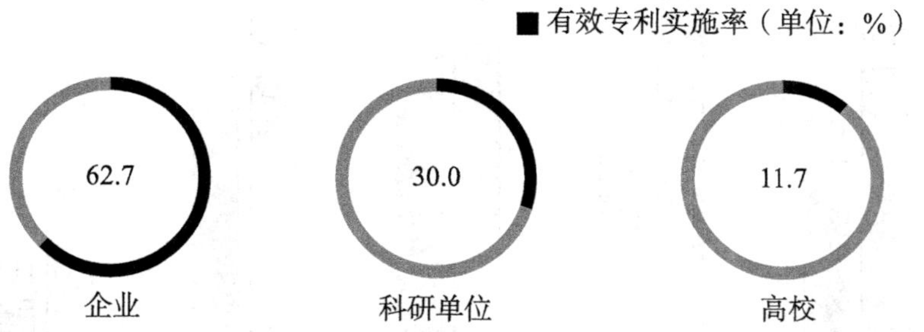

数据来源：《2020年中国专利调查报告》

图1－4　不同类型专利权人的有效专利实施率

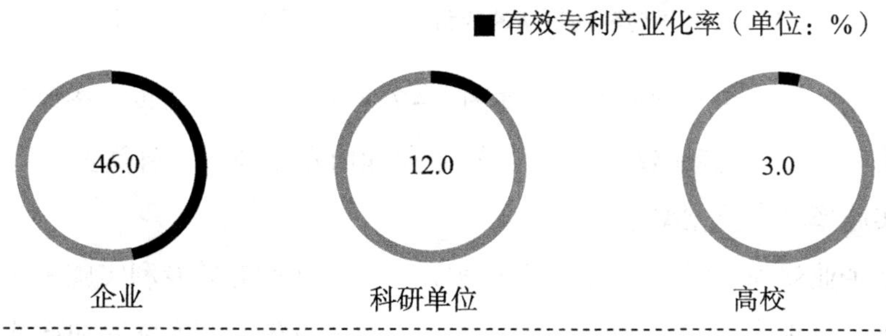

数据来源：《2020年中国专利调查报告》

图1－5　不同类型专利权人的有效专利产业化率

① 数据来源：国家知识产权局.2019年中国专利调查报告［EB/OL］.（2020－03－09）［2021－05－02］.https：//www.cnipa.gov.cn/module/download/down.jsp? i_ ID＝40213&colID＝88.

1.1.4 企业的有效专利实施率及产业化率分析

从不同专利拥有量的专利权人来看，如图 1－6 所示，拥有 10～29 件有效专利的专利权人有效专利实施率及产业化率均为最高，分别是 58.3% 和 42.0%；拥有 3～9 件有效专利的专利权人有效专利实施率及产业化率略低于最高值；而拥有 100 件以上有效专利的专利权人有效专利实施率及产业化率均为最低值，分别为 23.0% 和 11.9%，远低于平均值。

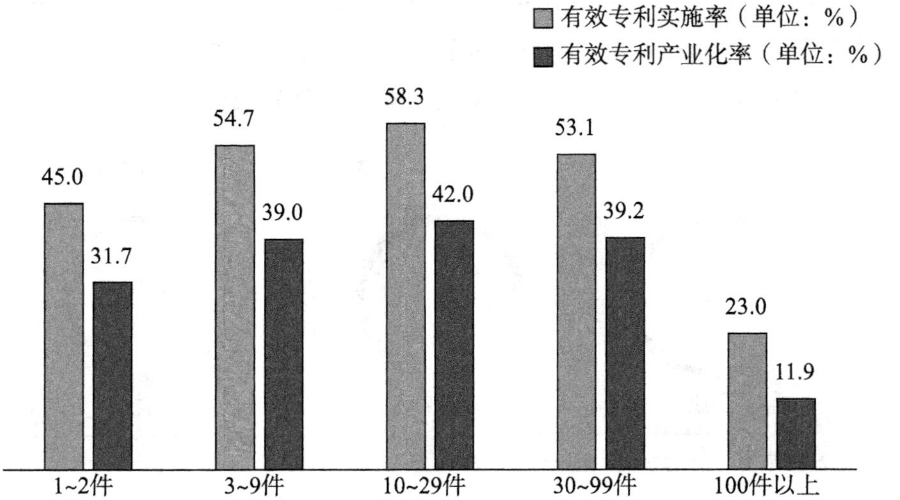

数据来源：《2020年中国专利调查报告》

图 1－6 不同专利拥有量的专利权人有效专利实施率及产业化率

从企业登记注册类型来看，如图 1－7 所示，港澳台商投资企业的有效专利实施率和产业化率略高于外商投资企业和内资企业，三种类型企业的有效专利实施率和产业化率差距并不大。

从企业规模来看，如图 1－8 所示，中型企业的有效专利实施率和产业化率最高，分别为 67.1% 和 50.2%；大型企业的有效专利实施率和产业化率均略低于中型企业，微型企业的有效专利实施率和产业化率均为最低，分别是 50.3% 和 35.9%。这在一定程度上表明，微型企业在专利实施方面面临更多障碍。

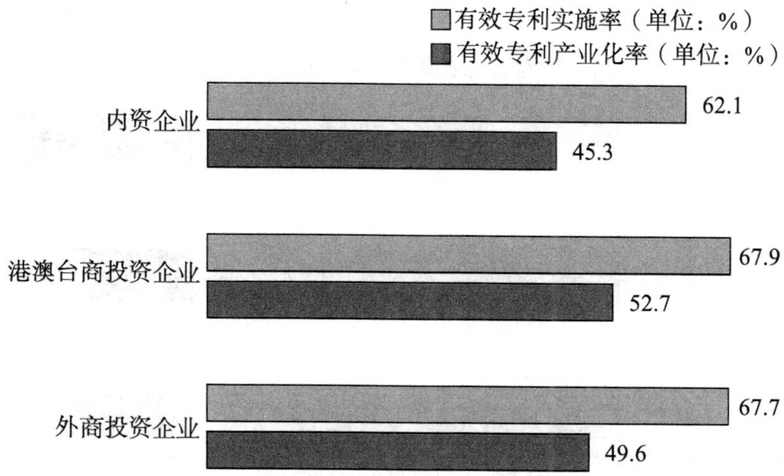

数据来源：《2020年中国专利调查报告》

图1-7　不同登记注册类型企业的有效专利实施率及产业化率

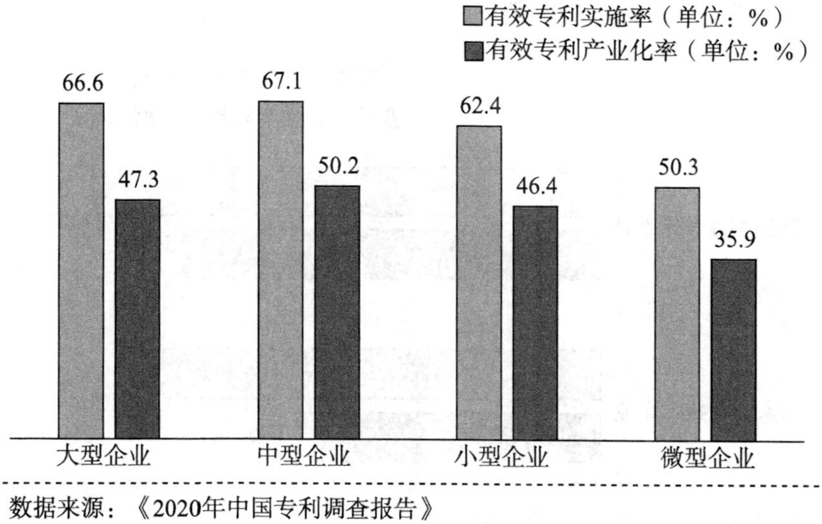

数据来源：《2020年中国专利调查报告》

图1-8　不同规模企业的有效专利实施率及产业化率

从企业成立时间来看，如图1-9所示，有效专利实施率及产业化率均随企业成立时间增加而增长，成立21年以上的企业的有效专利实施率及产业化率最高，分别为69.1%和51.6%；成立时间在5年以下的企业有效专利实施率及产业化率最低，分别为 54.5% 和 38.5% 。

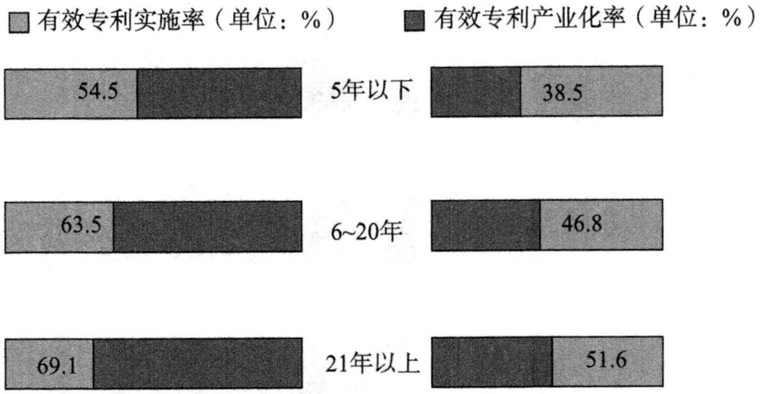

数据来源：《2020年中国专利调查报告》

图 1－9　不同成立时间企业的有效专利实施率及产业化率

调查显示，国家高新技术企业的有效专利实施率及产业化率均高于非国家高新技术企业，如图 1－10 所示。

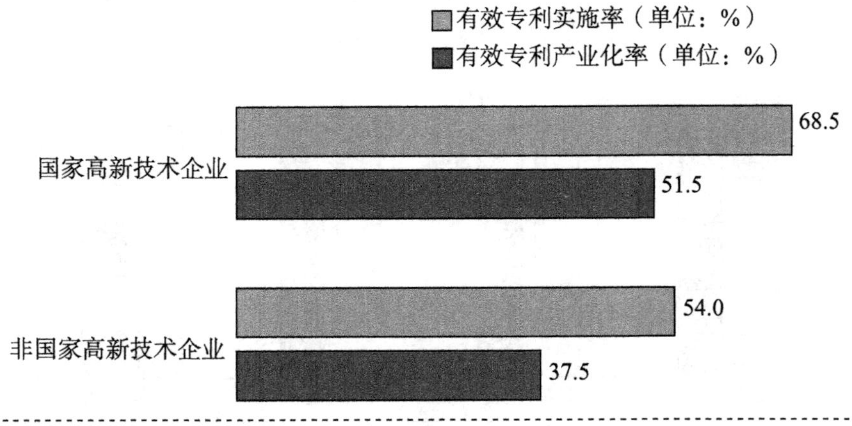

数据来源：《2020年中国专利调查报告》

图 1－10　国家高新技术企业/非国家高新技术企业的有效专利实施率及产业化率

1.2　2020 年专利转让数据分析

1.2.1　专利转让次数呈现较大幅度增长，发明专利同比增长 45.4%

i 智库数据显示，2020 年，中国专利转让次数达到 356434 次，涉及专利 326739 件，平均每件专利转让 1.09 次，专利转让次数较 2019 年增长 90315 次，涨幅达到 33.9%。

2020 年，中国专利运营的主要形式依然是专利转让，全年专利转让次数占专利运营次数（专利转让次数、许可次数和质押次数之和）的比例为 87.9%，较 2019 年上升约 1.2 个百分点，如图 1－11 所示。

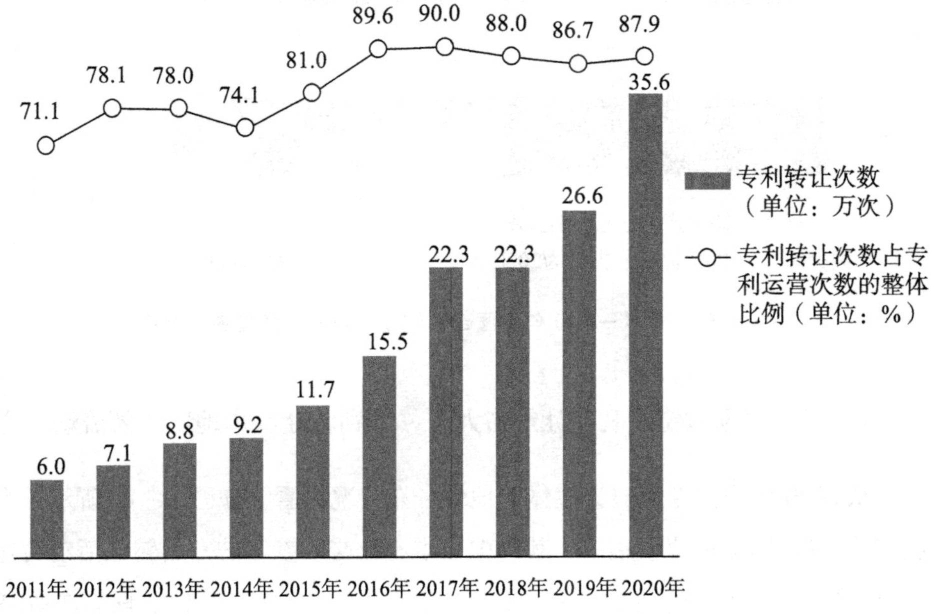

数据来源：知识产权出版社i智库

数据时间：法律状态公告日为2020年1月1日至2020年12月31日

图 1－11　2011—2020 年中国专利转让次数变化趋势

从 2020 年中国专利转让涉及的专利类型构成来看，如图 1－12 所示，发明专利仍然是主要的专利类型。其中，发明专利转让次数为 225221 次，占总次数的比例为 63.2%；实用新型专利共计转让 110711 次，占比为 31.1%；外观设计专利共计转让 20502 次，占比为 5.8%。与 2019 年相比，发明专利的转让次数出现了大幅增长，涨幅达到 45.4%；实用新型专利和外观设计专利的转让次数也比上年分别增长 18.7% 和 14.4%。从专利类型的占比情况来看，2020 年发明专利转让次数占比较 2019 年增长 5.0%，实用新型专利转让次数占比下降 3.9%，而外观设计专利转让次数占比下降 0.9%。

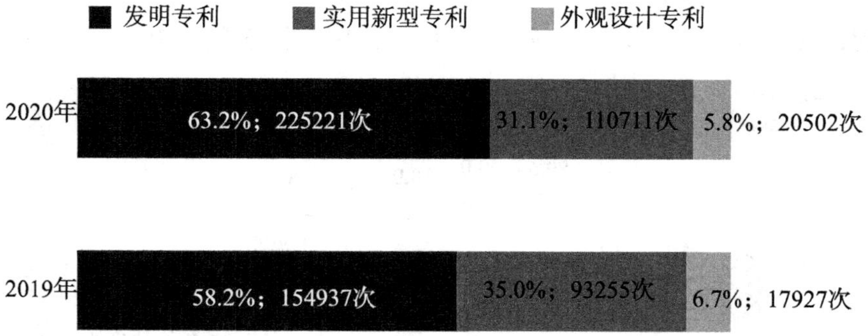

数据来源：知识产权出版社i智库
数据时间：法律状态公告日为2020年1月1日至2020年12月31日

图 1－12　2019—2020 年中国专利转让涉及专利类型占比情况

1.2.2　中国本土专利转让约占九成，专利转让以本地域内部流动为主

从 2020 年中国专利转让主体的地域分布情况来看，如图 1－13 所示，专利转让/受让国家都比较集中，其中中国本土让与人参与的专利转让活动占比为 89.7%，中国本土受让人参与的专利转让活动占比为 90.0%，两者较 2019 年稍有下降。让与人中，中国本土让与人共计转出专利 319560 次，较 2019 年同比增长 32.6%。受让人中，中国本土受让人共计受让专利 320888 次，较 2019 年同比增长 32.8%。2020 年，国外来华让与人参与的专利转让活动占比为 10.3%，受让人参与的专利转让活动占比为 10.0%，并且从近三年的

情况来看，这一比例基本都在10.0%左右波动。让与人中，国外来华共计转让专利36874次，较2019年同比增长46.8%；受让人中，国外来华共计受让专利35546次，较2019年同比增长44.6%。

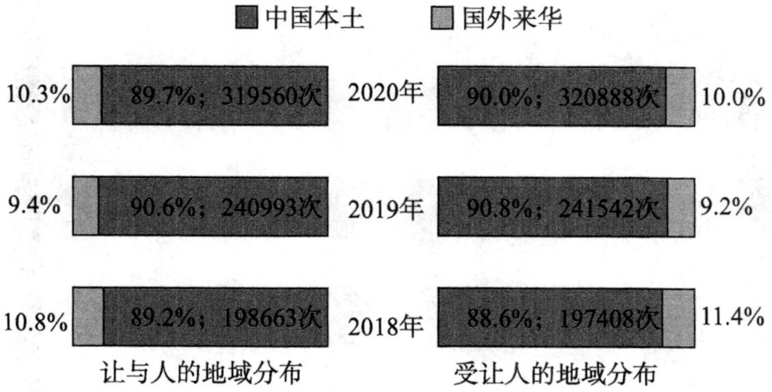

数据来源：知识产权出版社i智库
数据时间：法律状态公告日为2020年1月1日至2020年12月31日

图1－13　2018—2020年中国专利转让主体地域分布

从专利转让让与人/受让人涉及的国家（地区）来看，2020年中国专利转让活动中的让与人分别来自61个国家（地区）。如图1－14所示，除中国外，来自开曼群岛、美国、日本、德国、新加坡、瑞士和韩国的权利人参与专利转让活动较为活跃。在专利转让让与人所在国家（地区）的排名中，排名前八位的中国、开曼群岛、美国、日本、德国、新加坡、瑞士和韩国共计转出专利351893次，占2020年中国专利转让次数的比例为98.7%。在专利受让人所在国家（地区）的排名中，排名前八位的中国、开曼群岛、美国、日本、新加坡、瑞士、德国和韩国共计受让专利352529次，占2020年中国专利受让次数的比例为98.9%。具体到各个国家（地区）让与人的专利流向和各个国家（地区）受让人的专利来源，大部分的专利转让活动均发生在本区域内部权利人之间。

（单位：次）

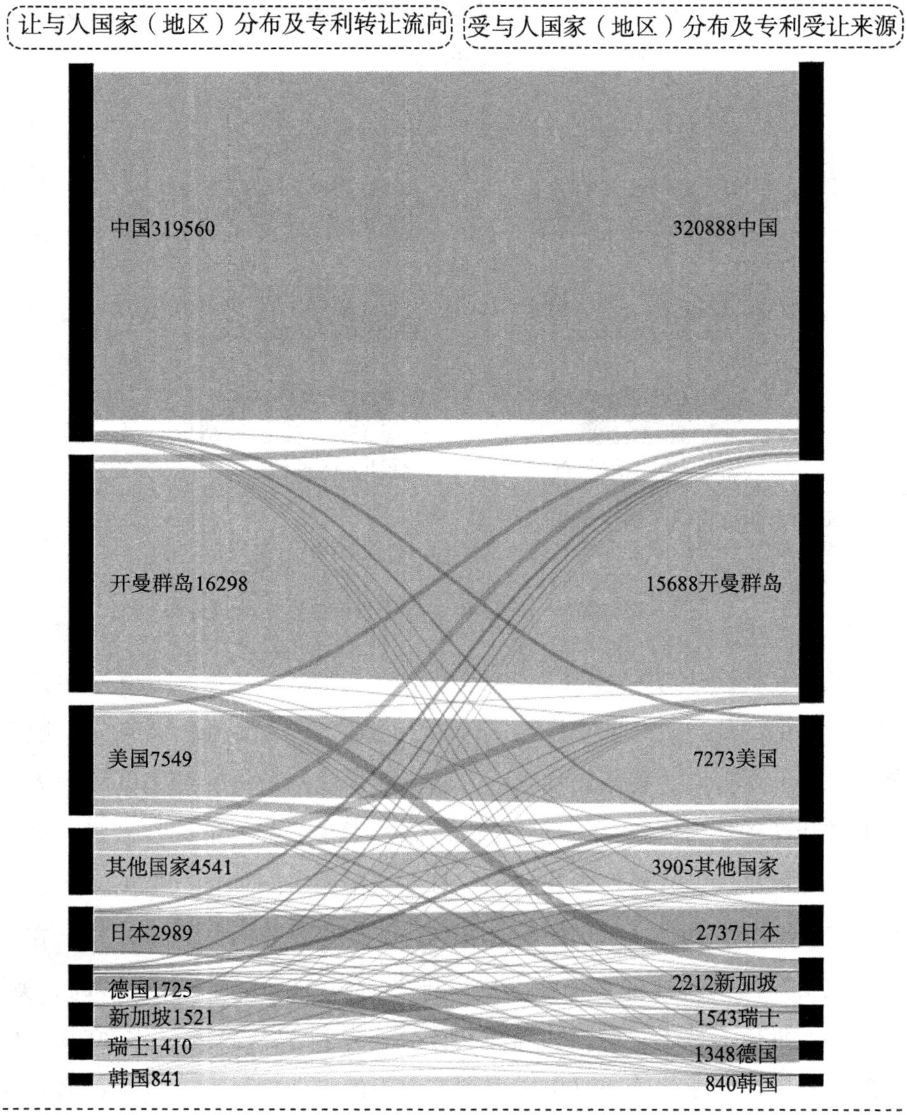

数据来源：知识产权出版社i智库

数据时间：法律状态公告日为2020年1月1日至2020年12月31日

注：分别挑选转让数量排名前八位的让与人/受让人国家（地区）进行流向、来源分析，其余均归入“其他国家”

图 1－14　2020 年中国专利转让让与人/受让人国家（地区）分布及流向、来源

进一步从各个国家（地区）专利转让的流向来看，均呈现出同一国家（地区）专利权人间的转让占主导的特点，但占比情况略有不同，如表1-1所示。其中，来自中国的让与人转让给中国受让人共计318739次，占比达到99.7%，较2019年进一步提升；来自开曼群岛的专利也主要流向本地区，占比达到91.4%。日本、新加坡、瑞士的专利转让行为也主要指向本国，除此之外，中国则是这三个国家专利的重要流向。美国的专利除了主要流向本国之外，还流向中国、瑞士、新加坡等34个国家（地区）。

表1-1　2020年中国专利转让的让与人/受让人国家（地区）分布及占比

（单位：%）

让与人国家（地区）	受让人国家（地区）								
	中国	开曼群岛	美国	日本	新加坡	瑞士	德国	韩国	其他国家
中国	99.7	0.02	0.1	0.01	0.01	0.02	0.02		0.1
开曼群岛	3.4	91.4	0.5	0.04	4.4				0.3
美国	5.0	1.1	78.5	1.0	1.2	3.0	1.0	0.5	8.7
日本	8.7		3.7	85.5	0.1		0.1	0.3	1.7
德国	8.6		17.8	1.5		6.0	58.1	2.4	5.7
新加坡	9.5		0.9		88.4		0.2		1.0
瑞士	8.9		5.0	0.1	0.2	72.8	0.9		12.0
韩国	4.3	0.1	4.2	1.1				82.2	8.2

数据来源：知识产权出版社i智库

数据时间：法律状态公告日为2020年1月1日至2020年12月31日

对中国专利转让排名靠前的国家（地区）主要让与人的构成情况进行分析，结果如表1-2所示。其中，中国有71344位让与人参与了专利转让，平均转让次数为4次。转让次数排名前三位的让与人分别是上海斐讯数据通信技术有限公司、北京汽车研究总院有限公司和歌尔科技有限公司。

开曼群岛共有40位让与人，平均转让次数为407次，专利转让呈现高度集中的特点。主要让与人有阿里巴巴集团控股有限公司、先进创新技术有限公司，其专利转让次数占开曼群岛转让次数的九成以上。美国共有 1021 位让与人，平均转让次数为 7 次，其中英特尔公司和英特尔 IP 公司的专利转让次数合计 2389 次，占美国专利转让次数的比例为 31.6%。日本共有 514 位让与人，平均转让次数为 6 次，主要让与人丰田自动车株式会社、松下电器产业株式会社和松下知识产权经营株式会社的专利转让均发生在本国企业之间。德国的让与人数量为 369 位，平均转让次数为 5 次，排名前三位的让与人中，英特尔德国有限责任公司的专利全部转让给美国的英特尔公司，西门子公司专利转让的主要受让人为本国的弗兰德有限公司、劳斯莱斯德国有限两合公司、西门子燃气与电力股份有限公司等 15 家公司。

表 1－2　2020 年中国专利转让排名靠前的国家（地区）主要让与人

排名	国家（地区）	让与人数量（位）	主要让与人	转让次数（次）	占本国转让次数比例（%）
1	中国	71344	上海斐讯数据通信技术有限公司	2385	0.7
			北京汽车研究总院有限公司	2025	0.6
			歌尔科技有限公司	1724	0.5
2	开曼群岛	40	阿里巴巴集团控股有限公司	7923	48.6
			先进创新技术有限公司	7396	45.4
			凯为国际公司	665	4.1
3	美国	1021	英特尔公司	1707	22.6
			英特尔 IP 公司	682	9.0
			通用电气公司	418	5.5
4	日本	514	丰田自动车株式会社	386	12.9
			松下电器产业株式会社	301	10.1
			松下知识产权经营株式会社	218	7.3
5	德国	369	英特尔德国有限责任公司	172	10.0
			西门子公司	92	5.3
			罗姆化学有限责任公司	88	5.1

数据来源：知识产权出版社 i 智库

数据时间：法律状态公告日为 2020 年 1 月 1 日至 2020 年 12 月 31 日

1.2.3　发生转让的专利所属行业分布广泛，金属制品、机械和设备修理业领域的专利转让次数最多

依据国际专利分类与国民经济行业分类参照关系表（2018）①，将各转让专利的国际专利分类（IPC）主分类号与国民经济行业分类中的大类进行匹配。匹配结果显示，2020 年涉及转让活动的专利所属行业分布非常广泛，共涉及国民经济行业的 54 个大类。如图 1－15 所示，金属制品、机械和设备修理业的专利转让次数最多，紧随其后的是仪器仪表制造业。另外，专用设备制造业、通用设备制造业，以及机动车、电子产品和日用产品修理业等行业涉及的专利转让也较多。

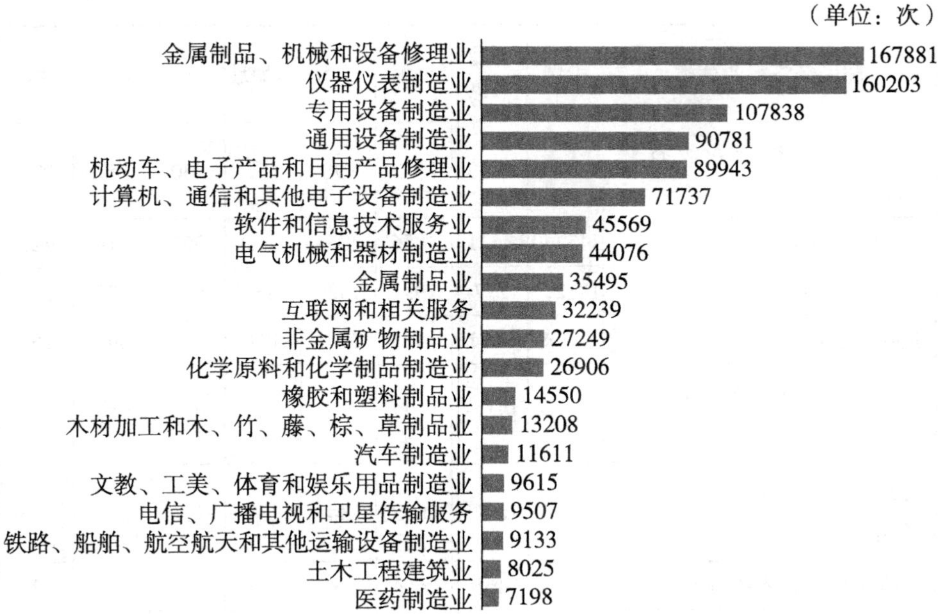

数据来源：知识产权出版社i智库
数据时间：法律状态公告日为2020年1月1日至2020年12月31日
注：1.仅统计发明专利和实用新型专利
　　2.一个国际专利分类号可能对应多个国民经济行业分类。

图 1－15　2020 年中国专利转让涉及国民经济行业分类排名 TOP20

① 国家知识产权局．国际专利分类与国民经济行业分类参照关系表（2018）［EB/OL］．（2018－10－09）［2021－05－10］．https：//www.cnipa.gov.cn/art/2018/10/8/art_75_131968.html.

在转让次数排名前20位的行业中，不考虑中国让与人的情况下，不同国家（地区）在各行业中的专利转让活跃度具有显著特征，如表1－3所示。开曼群岛在软件和信息技术服务业，机动车、电子产品和日用产品修理业，互联网和相关服务，以及计算机、通信和其他电子设备制造业等领域的专利转让较为活跃；而美国、日本、新加坡等其他六个国家的专利转让活动最为活跃的行业均为仪器仪表制造业。此外，美国和日本在计算机、通信和其他电子设备制造业中的专利转让活动也比较活跃。瑞士、德国和韩国则在专用设备制造业中的专利转让活动具有一定的活跃度。

表1－3　2020年中国专利转让涉及主要国家（地区）涉及国民经济行业分布

（单位：次）

国民经济行业分类	中国	开曼群岛	美国	日本	新加坡	瑞士	德国	韩国
金属制品、机械和设备修理业	151719	9380	2533	998	152	430	657	270
仪器仪表制造业	143740	3631	4856	2053	1370	955	818	427
专用设备制造业	101275	297	1991	1328	98	620	697	313
通用设备制造业	85368	1071	1445	1177	121	193	392	161
机动车、电子产品和日用产品修理业	71763	12125	3077	705	169	212	319	255
计算机、通信和其他电子设备制造业	52107	10945	4057	1340	284	176	370	385
软件和信息技术服务业	26532	14659	2604	261	113	56	170	127
电气机械和器材制造业	40331	201	982	1160	117	323	240	167
金属制品业	34854	24	247	66	12	40	63	32
互联网和相关服务	18447	12106	770	100	85	47	58	68
非金属矿物制品业	25053	145	612	670	72	83	83	122
化学原料和化学制品制造业	25071	8	562	212	9	111	325	138
橡胶和塑料制品业	13800	7	237	132	6	92	75	29

续表

国民经济行业分类	中国	开曼群岛	美国	日本	新加坡	瑞士	德国	韩国
木材加工和木、竹、藤、棕、草制品业	12943	7	93	35	4	21	16	14
汽车制造业	11108	12	106	94	8	59	41	8
文教、工美、体育和娱乐用品制造业	9411	18	75	25	3	9	3	7
电信、广播电视和卫星传输服务	6248	924	1650	105	18	11	98	69
铁路、船舶、航空航天和其他运输设备制造业	8453	38	369	60	3	14	41	11
土木工程建筑业	7976	1	8	5	1	7	16	2
医药制造业	6481	3	251	82	6	34	84	45

数据来源：知识产权出版社 i 智库

数据时间：法律状态公告日为 2020 年 1 月 1 日至 2020 年 12 月 31 日

注：选取转让次数排名前 20 位的国民经济行业

1.2.4　专利转让活动呈现明显的地域集中态势，五成多转让集中在广东、浙江、江苏、北京和山东五省市

2020 年，中国专利转让活动最为活跃的五个省市分别是广东、浙江、江苏、北京和山东。如图 1－16 所示，五个省市累计专利转出次数为 187290 次，占 2020 年中国专利转让次数的 52.5%；共计受让专利 198925 次，占 2020 年中国专利转让次数的 55.8%。从专利转让活动的流向来看，各省市内部权利人之间的转让占主流。其中，广东、浙江、江苏、北京和山东分别有 60.3%、50.5%、63.8%、48.9% 和 73.1% 的专利转让给本省（市）的权利人。其余专利转让行为也大多发生在上述五个省市之间，专利转让活动呈现出明显的地域集中态势。

具体来看，2020 年中国专利转让最为活跃的省份仍然是广东，共计转让专利 56484 次，较 2019 年同比增长 29.3%，受让专利 48182 次，同比增长

14.0%；浙江、江苏、北京和山东依次排名第二位至第五位。其中，广东和北京为专利转让净流出省份，浙江、江苏和山东为专利转让净流入省份。从专利转让次数来看，浙江和江苏的转让次数较 2019 年分别同比上涨 29.9% 和 13.5%；北京和山东的上涨幅度更大，其中北京较 2019 年上涨 47.6%，山东较 2019 年上涨 76.2%，山东也从 2019 年专利转让次数排名第六位上升至 2020 年的第五位。从专利受让次数来看，上述四省市较 2019 年均有较大幅度增长，其中北京和江苏的增幅分别为 26.8% 和 36.2%，而浙江和山东的增幅分别达到 59.9% 和 96.4%。

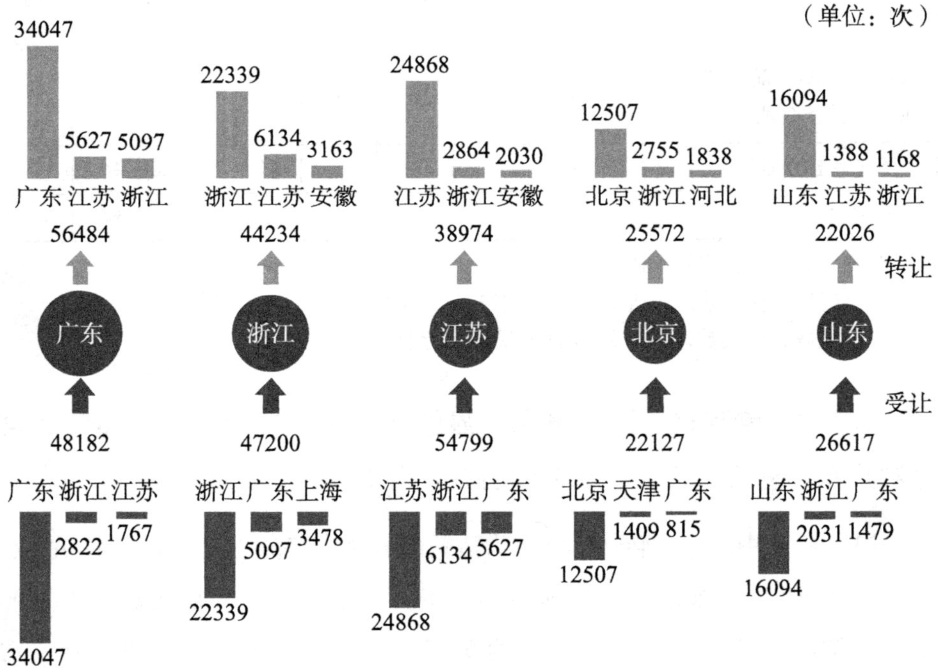

数据来源：知识产权出版社i智库
数据时间：法律状态公告日为2020年1月1日至2020年12月31日
注：选取2020年专利转让次数排名前五位的让与人/受让人省份作为分析对象

图 1-16　2020 年中国专利转让让与人/受让人重点省份分布及流向

1.2.5　专利转让活动分析及其分类

1. 专利转让活动由中国企业主导

2020年，我国专利转让活动仍由中国权利人主导，在让与人排行TOP20（见表1-4）中，中国让与人有16位，来自开曼群岛的让与人有2位，美国、新加坡让与人各有1位。其中，来自开曼群岛的阿里巴巴集团控股有限公司、先进创新技术有限公司分别以专利转让7923次、7396次位居第一和第二。中国企业上海斐讯数据通信技术有限公司、北京汽车研究总院有限公司和歌尔科技有限公司分别位居第三、第四和第五。

从让与人的类型来看，生产研究型企业居多，在16位中国让与人中，有14位属于生产研究型，如上海斐讯数据通信技术有限公司、北京汽车研究总院有限公司、歌尔科技有限公司等；另外有2位让与人属于知识产权服务型企业，如广东高航知识产权运营有限公司、广州博鳌纵横网络科技有限公司。开曼群岛的阿里巴巴集团控股有限公司、先进创新技术有限公司，美国的英特尔公司和新加坡的瑞声科技（新加坡）有限公司均属于生产研究型企业。

如表1-4所示，从让与人的转让行为来看，共计12位让与人存在商业性转让①，涉及中国让与人10位，其中上海斐讯数据通信技术有限公司、南京林业大学等表现较为活跃；来自国外让与人中有2位存在商业性转让。

在专利转让活跃度方面，TOP20让与人的专利转让次数约占专利转让总量的11.1%，较2019年上升约4个百分点②。表现最为突出的是阿里巴巴集团控股有限公司和先进创新技术有限公司，其中阿里巴巴集团控股有限公司的受让人包括先进创新技术有限公司、斑马智行网络（香港）有限公司、创新先进技术有限公司以及阿里云计算有限公司，其转让专利给先进创新技术有限公司达到7396次，约占其总的转让次数的93.3%，先进创新技术有限公司又将这批专利全部转让给了创新先进技术有限公司。在中国让与人中，表现最为活跃的是上海斐讯数据通信技术有限公司，该公司共涉及71位受让

---

① 本书中的专利转让行为分为商业性转让与非商业性转让。

② 2019年TOP20让与人的专利转让次数约占专利转让总量的7.3%。

人，包括生产研究型企业、知识产权服务型企业以及个人，其中，上海斐讯数据通信技术有限公司转让专利给杭州吉吉知识产权运营有限公司次数最多，共计 1015 次，约占其总量的 42.6%。排名第四位的北京汽车研究总院有限公司，共计转让专利 2025 次，且全部转让给了北京汽车集团越野车有限公司①，专利转让属于发生在集团公司内部的转让活动。排名第五位的歌尔科技有限公司，共涉及 5 位受让人，这 5 位受让人及歌尔科技有限公司均为歌尔股份有限公司子公司，因此其转让活动也是发生在集团公司内部。

表 1－4　2020 年中国专利转让按转让次数排行的 TOP20 让与人（单位：次）

排名	让与人	国家（地区）	转让次数	商业性转让
1	阿里巴巴集团控股有限公司	开曼群岛	7923	有
2	先进创新技术有限公司	开曼群岛	7396	无
3	上海斐讯数据通信技术有限公司	中国	2385	有
4	北京汽车研究总院有限公司	中国	2025	无
5	歌尔科技有限公司	中国	1724	无
6	广州供电局有限公司	中国	1720	无
7	英特尔公司	美国	1707	有
8	蔚来汽车有限公司	中国	1652	无
9	京信通信系统（中国）有限公司； 京信通信系统（广州）有限公司； 京信通信技术（广州）有限公司； 天津京信通信系统有限公司	中国	1649	无
10	歌尔股份有限公司	中国	1454	有
11	南京林业大学	中国	1386	有
12	瑞声科技（新加坡）有限公司	新加坡	1193	无
13	广东高航知识产权运营有限公司	中国	1164	有
14	广州博鳌纵横网络科技有限公司	中国	1003	有

① 北京汽车研究总院有限公司、北京汽车集团越野车有限公司均为北京汽车集团有限公司全资子公司。

续表

排名	让与人	国家（地区）	转让次数	商业性转让
15	华为技术有限公司	中国	956	有
16	中兴通讯股份有限公司	中国	917	有
17	比亚迪股份有限公司	中国	887	有
18	北京汽车集团有限公司	中国	785	无
19	优酷网络技术（北京）有限公司	中国	757	有
20	浙江工业大学	中国	707	有

数据来源：知识产权出版社 i 智库

数据时间：法律状态公告日为 2020 年 1 月 1 日至 2020 年 12 月 31 日

在受让人 TOP20（见表 1－5）中，中国受让人有 15 位，其余 5 位分别来自开曼群岛（2 位）、美国（2 位）和新加坡（1 位）。

从转让行为来看，共有 13 位受让人存在商业性受让，其中中国受让人有 9 位，包括 5 位知识产权服务型企业，如广东高航知识产权运营有限公司、常熟市知识产权运营中心有限公司、杭州吉吉知识产权运营有限公司等。广东高航知识产权运营有限公司共计受让专利 1171 次，涉及 45 位让与人，大部分为高校。另外，来自开曼群岛的创新先进技术有限公司和先进创新技术有限公司的专利转让主要发生在阿里巴巴集团控股有限公司、创新先进技术有限公司和先进创新技术有限公司三者之间。来自美国的受让人苹果公司，共涉及 7 位让与人，其中英特尔公司转让专利给苹果公司共计 1678 次，约占其总量的 99.2%。

表 1－5　2020 年中国专利转让按受让次数排行的 TOP20 受让人　（单位：次）

排名	受让人	国家（地区）	受让次数	商业性转让
1	创新先进技术有限公司	开曼群岛	7496	有
2	先进创新技术有限公司	开曼群岛	7398	有
3	阿里巴巴（中国）有限公司	中国	3820	有
4	北京汽车集团越野车有限公司	中国	2708	无

续表

排名	受让人	国家（地区）	受让次数	商业性转让
5	歌尔光学科技有限公司	中国	2525	无
6	广东电网有限责任公司广州供电局	中国	1722	有
7	苹果公司	美国	1692	有
8	蔚来（安徽）控股有限公司	中国	1663	无
9	京信通信系统（中国）有限公司	中国	1220	有
10	瑞声光学解决方案私人有限公司	新加坡	1188	无
11	广东高航知识产权运营有限公司	中国	1171	有
12	常熟市知识产权运营中心有限公司	中国	1036	有
13	杭州吉吉知识产权运营有限公司	中国	1015	有
14	广州博鳌纵横网络科技有限公司	中国	1003	有
15	中国石油天然气集团有限公司； 中国石油集团川庆钻探工程有限公司	中国	949	无
16	英特尔公司	美国	940	有
17	台州市吉吉知识产权运营有限公司	中国	927	有
18	歌尔微电子有限公司	中国	869	无
19	京信通信技术（广州）有限公司	中国	809	有
20	东旭光电科技股份有限公司	中国	737	无

数据来源：知识产权出版社 i 智库

数据时间：法律状态公告日为 2020 年 1 月 1 日至 2020 年 12 月 31 日

2. 专利转让行为分类

对 2020 年中国专利转让行为进行分析，大致可以将其分为两种类型，即商业性转让和非商业性转让。

（1）商业性转让

①知识产权服务机构、资产管理机构等非创新实体进行的专利转让。代表企业有：广东高航知识产权运营有限公司，2020 年该公司共转让专利 1164 次，涉及来自全国 13 个省市的 220 位专利受让人，受让人类型包含企业和个人，其中企业占比为 98.5%；广州博鳌纵横网络科技有限公司，2020 年该公

司共计转让专利1003次，涉及488位专利受让人，受让人也以企业为主。

②以大量的专利申请为依托，与各类企业或知识产权服务机构实施的专利转让。这类转让行为的让与人多为高校或科研机构，受让人主要包括企业、知识产权服务机构等。例如南京林业大学，2020年共计转让专利1386次，涉及来自10个省市的142位专利受让人，受让人主要是企业，如南京忆芯信息科技有限公司、南京尊豪家具有限公司、苏州金螳螂园林绿化景观有限公司等；又如浙江工业大学，2020年共计转让专利707次，涉及67位受让人，包括企业和知识产权服务机构，其中知识产权服务机构有5家，分别是广东高航知识产权运营有限公司、湖州优研知识产权服务有限公司、嘉善县人才技术转化服务中心、浙江品创知识产权服务有限公司、浙江启博知识产权运营有限公司。浙江工业大学转让专利给这5家公司483次，约占其专利转让总量的68.3%。

③与同类竞争企业/上下游企业实施的专利转让。代表企业为英特尔公司。2020年，英特尔公司共计转让专利1707次，涉及OPPO广东移动通信有限公司、诺斯股份有限公司、苹果公司、三星电子株式会社、索尼公司等受让人，其中转让专利给苹果公司共计1678次，约占其专利总量的98.3%。英特尔通过转让这些专利，将现有资源实现利益最大化；苹果公司通过购买专利，增强其在某些技术领域内的技术实力。

④企业在上市前为了增强专利储备、防控诉讼风险而进行的专利转让。代表企业有阿里巴巴集团控股有限公司、先进创新技术有限公司、创新先进技术有限公司。蚂蚁科技集团股份有限公司在科创板上市的招股说明书中披露：根据2014年8月签署及其后续修订的《股权和资产购买协议》约定，以及《2019年知识产权许可协议》，由阿里巴巴集团向蚂蚁集团转让或许可若干知识产权。从2020年的转让数据可以看出，共有7000多件专利通过两种转让路径从阿里巴巴集团转让至蚂蚁集团的子公司。第一种路径是，阿里巴巴集团控股有限公司转让给先进创新技术有限公司7395件专利，先进创新技术有限公司再将这批专利全部转让给创新先进技术有限公司；第二种路径是，阿里巴巴集团控股有限公司直接转让给创新先进技术有限公司100件专利。先进创新技术有限公司和创新先进技术有限公司均是蚂蚁集团的子公司

Alipay Innovation Pte. Ltd 的子公司。

（2）非商业性转让

①集团内子公司之间的专利转让。例如，北京汽车研究总院有限公司将其专利全部转让给北京汽车集团越野车有限公司，二者均隶属于北京汽车集团有限公司。此外，歌尔科技有限公司与歌尔光学科技有限公司同属于歌尔股份有限公司，它们之间的转让也属于集团内部公司之间的转让，即非商业性转让。

②子公司与母公司之间的专利转让。例如，南京中兴软件有限责任公司将其专利转让给母公司中兴通讯股份有限公司。

1.3 2020年专利许可数据分析

1.3.1 许可次数略有下降，外观专利占比有所提升

2020年专利许可共计9979次，较2019年同比下降9.4%，占所有专利运营行为的比重由2019年的3.6%下降到2.5%，如图1－17所示。与“十二五”规划实施的末年2015年相比，2020年的专利许可次数减少6535次，跌幅为39.6%。

从许可涉及的专利类型来看，2020年实施许可的发明专利、实用新型专利占比都略有下降，外观设计专利占比有所提升。发明专利的许可次数达到4769次，共涉及3895件发明专利（由于1件专利能够许可给多位被许可人，因此许可次数大于件数），占总许可次数和件数的比例分别为47.8%和48.3%，分别较2019年同比下降0.6个百分点和2.6个百分点；发明专利许可中，平均1件专利许可1.2次，单件发明专利的许可次数最高达18次。实用新型专利实施许可共计4248次，较2019年同比下降14.4%，占比也由2019年的45.0%下降至42.6%。外观设计专利实施许可共计962次，较2019年增长33.4%，占比上升至9.6%。图1－18所示为2020年中国专利实施许可涉及的专利类型及占比。

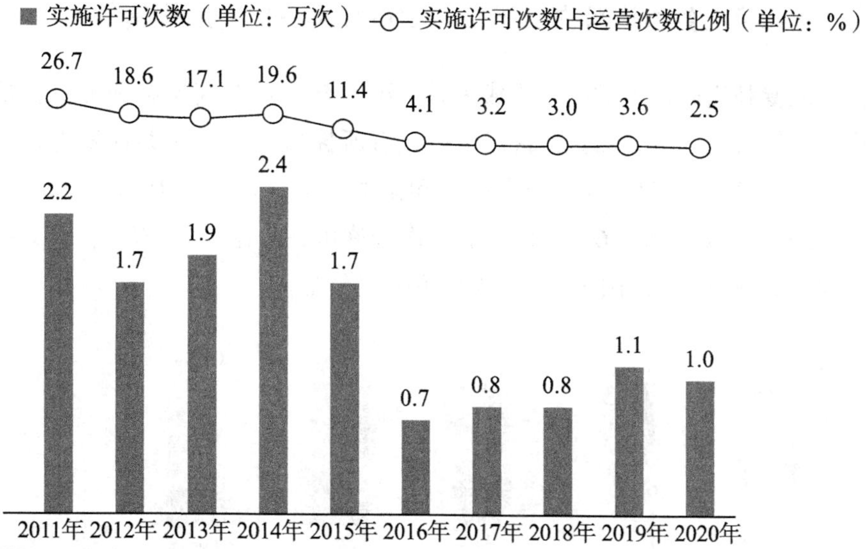

数据来源：知识产权出版社i智库
数据时间：法律状态公告日为2011年1月1日至2020年12月31日

图1－17　2011—2020年中国专利实施许可次数变化趋势

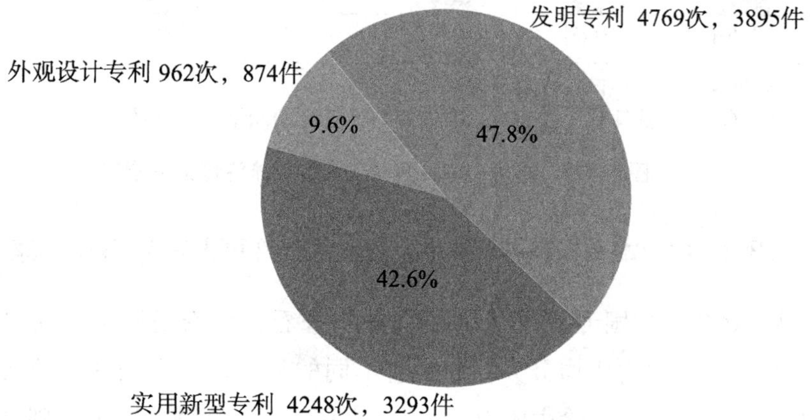

数据来源：知识产权出版社i智库
数据时间：法律状态公告日为2020年1月1日至2020年12月31日

图1－18　2020年中国专利实施许可涉及的专利类型及占比

1.3.2 普通许可占比下降，独占许可占比有所提高

从专利实施许可类型及构成来看，2020 年中国专利实施许可主要是普通许可，但占比下降，而独占许可的占比有所提高。2020 年共计发生普通许可 7314 次，占比为 73.3%；独占许可和排他许可分别实施 1999 和 659 次，占比分别为 20.0% 和 6.6%；此外有 7 次分许可，占比为 0.1%①。图 1－19 所示为 2016—2020 年中国专利实施许可类型分布。

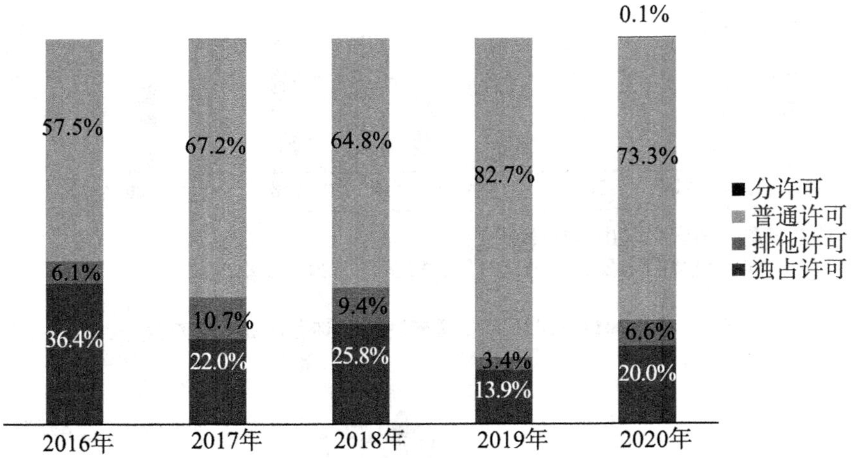

数据来源：知识产权出版社i智库
数据时间：法律状态公告日为2020年1月1日至2020年12月31日

图 1－19 2016—2020 年中国专利实施许可类型分布

1.3.3 中国本土专利许可约占九成，国外许可人来自 18 个国家（地区）

从 2020 年中国专利许可的国别分布来看，无论是许可人还是被许可人，来自中国的占比均最大，但略有不同的是，许可人的国别分布较被许可人更为广泛，来自除中国以外的 18 个国家（地区）。在可识别许可双方国别的 9971 次专利许可中，来自中国的许可人共实施 8980 次专利许可，

① 许可方同意在合同上明文规定被许可方在规定的时间和地区实施其专利、商标、著作权或者专有技术等的同时，被许可方还可以以自己的名义，再许可第三方使用该专利、商标、著作权或者专有技术等，这种被许可人与第三人之间的实施许可就是分许可。

占比为90.1%①；来自美国、卢森堡、日本、卢森堡&荷兰、瑞典的专利许可人分别位列第二至第六，专利许可次数占比分别为2.9%、2.8%、1.4%、1.2%、0.4%；与2019年相比，来自中国的许可人的专利许可次数占比约提升了2个百分点。

从被许可人的角度来看，来自中国的被许可人共被许可专利9874次，占比为90.1%，成为专利技术最主要的输入方，如图1-20所示。

（单位：次）

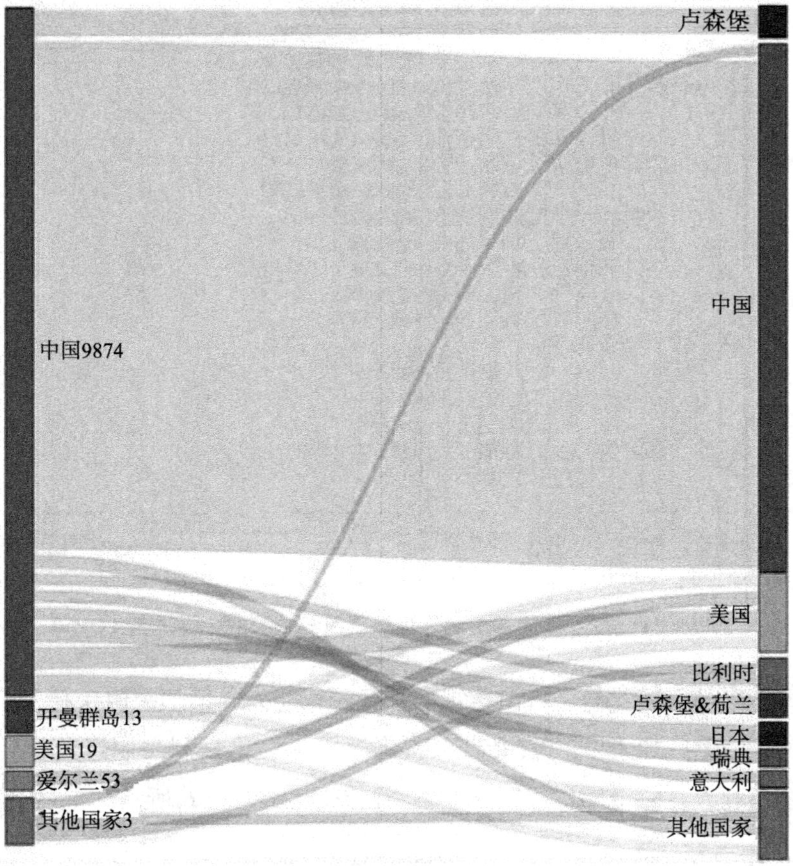

数据来源：知识产权出版社i智库
数据时间：法律状态公告日为2020年1月1日至2020年12月31日
注：其中有17次许可无法识别被许可人国别，因此分析总数据为9962

图1-20　2020年中国专利实施许可主要流向分析

① 占比计算均为占比可识别专利实施许可人和被许可人国别的比例，下同。

根据国民经济行业分类，我国专利许可主要集中在金属制品、机械和设备修理业，仪器仪表制造业，专用设备制造业，通用设备制造业，机动车、电子产品和日用产品修理业，非金属矿物制品业，电气机械和器材制造业，计算机、通信和其他电子设备制造业，金属制品业等领域，许可次数均突破 1000 次，如图 1－21 所示。

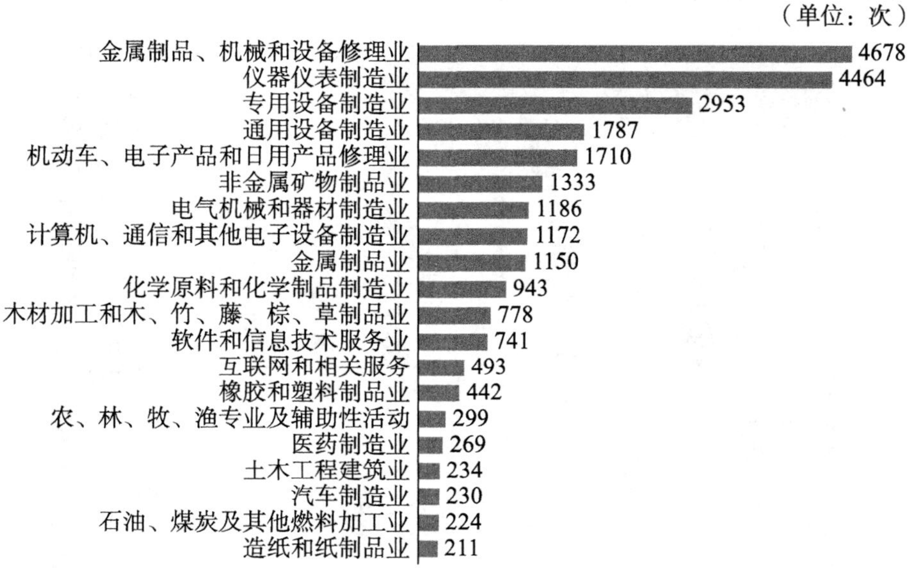

数据来源：知识产权出版社i智库
数据时间：法律状态公告日为2020年1月1日至2020年12月31日

图 1－21　2020 年中国专利许可按国民经济行业分类排名 TOP20

国外权利人的专利许可活跃领域存在一定差异，例如美国权利人在石油、煤炭及其他燃料加工业领域突出，在化学原料和化学制品制造业较为活跃；卢森堡权利人在非金属矿物制品业较为活跃，如表 1－6 所示。

表 1－6　不同国别让与人在主要国民经济行业实施专利许可的占比　（单位:%）

国民经济行业分类	让与人国别						
	中国	美国	卢森堡	日本	卢森堡 & 荷兰	瑞典	其他国家（地区）合计
金属制品、机械和设备修理业	86.7	1.0	5.9	2.3	2.4	0.7	1.0

续表

国民经济行业分类	让与人国别						
	中国	美国	卢森堡	日本	卢森堡 & 荷兰	瑞典	其他国家（地区）合计
仪器仪表制造业	86.1	0.7	6.2	2.7	2.6	0.6	1.2
专用设备制造业	95.6	2.8		0.5		0.1	1.0
通用设备制造业	96.3	2.5		0.4		0.3	0.6
机动车、电子产品和日用产品修理业	99.0	0.2		0.1			0.7
非金属矿物制品业	70.1	0.2	19.0		7.9	0.4	2.5
电气机械和器材制造业	89.8			9.7			0.5
计算机、通信和其他电子设备制造业	99.4	0.1					0.5
金属制品业	97.5	0.2	0.5		0.3		1.5
化学原料和化学制品制造业	78.9	19.3		0.1		0.4	1.3
木材加工和木、竹、藤、棕、草制品业	88.7	0.5	4.2		2.4	2.7	1.4
软件和信息技术服务业	99.9						0.1
互联网和相关服务	99.8						0.2
橡胶和塑料制品业	93.7	0.9	1.4		0.9		3.2
农、林、牧、渔业及辅助性活动	99.7			0.3			
医药制造业	86.2	8.2		0.4		1.5	3.7
土木工程建筑业	100.0						
汽车制造业	100.0						
石油、煤炭及其他燃料加工业	23.7	75.4					0.9
造纸和纸制品业	90.5	1.4	2.8		1.9	1.9	1.4

数据来源：知识产权出版社 i 智库

数据时间：法律状态公告日为 2020 年 1 月 1 日至 2020 年 12 月 31 日

注：1. 采用国民经济行业分类

2. 选取按许可次数排名前 20 的国民经济行业

1.3.4　江苏、浙江、广东等地专利许可活跃度高，内部许可和外部许可兼有

从地区分布来看，如图 1－22 所示，江苏、浙江、广东、上海和湖南等地是专利实施许可活动的重点地区，具有较高的活跃度。从专利许可和被许可角度来看，江苏、浙江和广东是按许可次数排名前三位的省份，分别为 2871 次、1480 次和 1154 次，而 2019 年排名前三位的是江苏（4251 次）、广东（1065 次）和湖南（796 次）；被许可次数最多的省份为江苏、广东和浙江，分别为 3117 次、1567 次和 1194 次，而 2019 年排名前三位的是江苏（3888 次）、广东（1397 次）和山东（818 次），江苏和广东 2020 年专利被许可次数同比分别下降 19.8% 和 14.5% 。

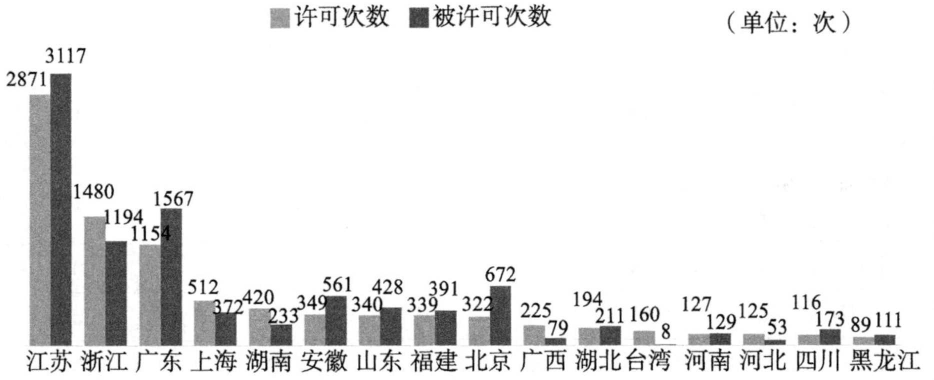

数据来源：知识产权出版社i智库
数据时间：法律状态公告日为2020年1月1日至2020年12月31日

图 1－22　2020 年中国专利许可涉及主要许可人及被许可人的地区分布

如图 1－23、图 1－24 所示，江苏、浙江、广东的专利许可主要流向和来源均以本地区为主，江苏的许可人许可专利给本省的次数占总的许可次数的比例为 80.9% ，江苏被本省许可专利次数占总的被许可次数的比例为 74.5% ；浙江许可专利给本省的次数占总的许可次数的比例为 63.7% ，浙江的被许可人有 79.0% 的专利许可人来自省内；广东的许可人有 86.4% 的专利许可给了本省的被许可人，广东的被许可人有 63.6% 的专利许可人来自本省。

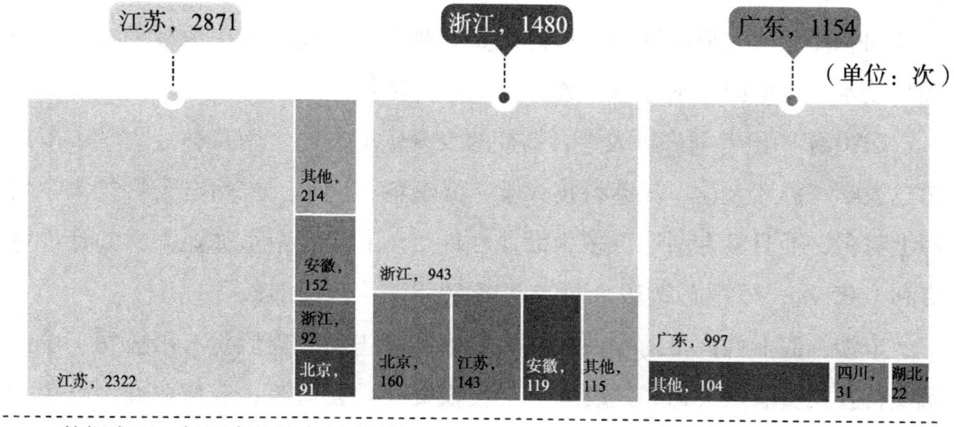

数据来源：知识产权出版社i智库
数据时间：法律状态公告日为2020年1月1日至2020年12月31日

图1－23　2020年中国专利许可按许可次数排名的TOP3省份

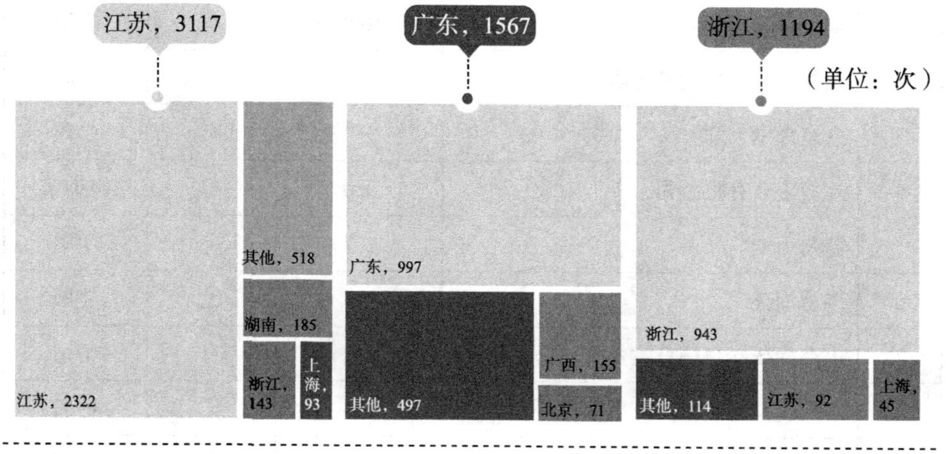

数据来源：知识产权出版社i智库
数据时间：法律状态公告日为2020年1月1日至2020年12月31日

图1－24　2020年中国专利许可按被许可次数排名的被许可人TOP3省份

1.3.5　中国本土权利人占主体地位，高校表现突出且以商业性许可为主

2020年中国专利许可按许可次数排名的TOP20许可人如表1－7所示。

其中，来自国外的许可人共有 4 位，涉及商业许可的为卢森堡的地板工业有限公司和荷兰的尤尼林管理私营公司。这两家公司凭借其在地板锁扣领域的优势技术，在中国专利许可次数方面一直表现突出。

2020 年中国专利许可人中，高校的表现依旧突出，南京林业大学、南京邮电大学、温州大学、江苏科技大学、武汉科技大学、杭州电子科技大学均榜上有名，而且其专利许可多为商业性许可。其中，南京林业大学共计许可专利 1605 次，虽然比 2019 年同比下降 50.8%，但仍排名第一。

未涉及商业性许可的专利权人主要为浙江正泰电器股份有限公司、中民筑友科技投资有限公司、筑友智造科技投资有限公司等，非商业性许可模式主要包括母子公司以及关联公司之间的专利许可。

表 1 –7　2020 年中国专利许可按许可次数排名的 TOP20 许可人　（单位：次）

排名	许可人	许可次数	商业性许可	许可人国别
1	南京林业大学	1605	有	中国
2	浙江正泰电器股份有限公司	481	无	中国
3	南京邮电大学	330	有	中国
4	地板工业有限公司	280	有	卢森堡
5	温州大学	257	有	中国
6	路博润公司	195	无	美国
7	上海优扬新媒信息技术有限公司	192	有	中国
8	中民筑友科技投资有限公司	184	无	中国
9	筑友智造科技投资有限公司	184	无	中国
10	奇瑞汽车股份有限公司	169	有	中国
11	江苏科技大学	162	有	中国
12	江苏天雨环保集团有限公司	159	无	中国
13	杭州小米环境科技有限公司	152	有	中国
14	信锦企业股份有限公司	148	无	中国

续表

排名	许可人	许可次数	商业性许可	许可人国别
15	区广铨；黄国来	143	无	中国
16	武汉科技大学	122	有	中国
17	地板工业有限公司；尤尼林管理私营公司	120	有	卢森堡 & 荷兰
18	马渊马达株式会社	105	无	日本
19	广东富华机械装备制造有限公司	94	无	中国
20	杭州电子科技大学	90	有	中国

数据来源：知识产权出版社 i 智库
数据时间：法律状态公告日为 2020 年 1 月 1 日至 2020 年 12 月 31 日

2020 年中国专利许可按被许可次数排名的 TOP20 被许可人如表 1－8 所示。其中，被许可人均来自中国，且百度在线网络技术（北京）有限公司、安庆振宜新能源汽车科技有限公司、广东耀达融资租赁有限公司、联知（北京）技术服务有限公司、烟台业达融资租赁有限公司等 10 位权利人均涉及商业性许可。

表 1－8　2020 年中国专利许可被许可人排行 TOP20　（单位：次）

排名	被许可人	被许可次数	商业性许可	被许可人国别
1	温州正泰电器科技有限公司	446	无	中国
2	路博润添加剂（珠海）有限公司	195	无	中国
3	百度在线网络技术（北京）有限公司	187	有	中国
4	南通中民筑友智造科技有限公司	184	无	中国
5	湘西中民筑友科技有限责任公司	184	无	中国
6	安庆振宜新能源汽车科技有限公司	169	有	中国
7	广东耀达融资租赁有限公司	158	有	中国
8	中山宝宝好儿童用品有限公司	153	无	中国
9	联知（北京）技术服务有限公司	152	有	中国

续表

排名	被许可人	被许可次数	商业性许可	被许可人国别
10	烟台业达融资租赁有限公司	126	有	中国
11	科学城（广州）融资租赁有限公司	110	有	中国
12	上海浦创龙科融资租赁有限公司	103	有	中国
13	南京邮电大学南通研究院有限公司	95	无	中国
14	广东富华重工制造有限公司	94	无	中国
15	武汉科大科技企业孵化器有限公司	83	无	中国
16	南京邮电大学盐城大数据研究院有限公司	80	无	中国
17	江苏沃得农业机械股份有限公司	72	有	中国
18	苏州融华租赁有限公司	68	有	中国
19	南京邮电大学张家港研究院	67	无	中国
20	南京厚德生物技术有限公司	65	有	中国

数据来源：知识产权出版社 i 智库

数据时间：法律状态公告日为 2020 年 1 月 1 日至 2020 年 12 月 31 日

1.4 重点城市（城区）专利转让和许可数据分析

2017—2020 年，按照历年财政部与国家知识产权局联合印发的工作通知，两部门分年度确定 4 批共 37 个知识产权运营服务体系建设重点城市（城区），分别是：第一批，苏州市、宁波市、成都市、长沙市、西安市、郑州市、厦门市、青岛市共 8 个城市；第二批，北京市海淀区、上海市浦东新区、南京市、杭州市、武汉市、广州市、海口市、深圳市共 8 个城市（城区）；第三批，台州市、济南市、上海市徐汇区、无锡市、东莞市、石家庄市、天津市东丽区、重庆市江北区、大连市、泉州市共 10 个城市（城区）；第四批，北京市朝阳区、天津市滨海新区、太原市、沈阳市、长春市、合肥市、烟台市、洛阳市、宜昌市、昆明市、乌鲁木齐共 11 个城市（城区）①。

① 知识产权运营服务体系建设重点城市名单［EB/OL］.（2020-04-20）［2021-05-31］. https://www.cnipa.gov.cn/art/2020/4/20/art_432_43293.html.

自2017年以来，知识产权运营服务体系建设重点城市（城区）开展了大量工作，有效发挥了财政资金的引导带动作用，积极探索了知识产权运营引领创新经济、品牌经济和特色产业高质量发展的有效模式，在促进知识产权与创新资源、金融资本、产业发展有效融合，发挥知识产权作用，推动地方经济社会发展方面取得显著成效。据统计，2020年，37个重点城市（城区）作为让与人/许可人参与的专利转让、许可等运营次数达到170244次，占全国专利转让、许可总量的46.5%，比2019年同比增长29.8%，超过全国平均增速4.3个百分点，是全国知识产权运营增长的主动力。

1.4.1　重点城市（城区）专利转让约占全国四成，深圳、广州、苏州专利转让活跃

2020年，37个重点城市（城区）作为让与人的专利转让次数共计165007次，约占全国专利转让总量的46.3%，较2019年同比增长33.3%。按转让次数排名前五位的城市（城区）分别为深圳、广州、苏州、杭州、北京海淀。其中，共有31个城市（城区）处于增长状态，增幅最大的5个城市（城区）分别是：天津滨海新区、上海徐汇、青岛、济南和武汉。从四批重点城市（城区）的专利转让情况来看，第一批8个重点城市（城区）的平均转让次数为5443次，较2019年同比增长34.8%；第二批的平均转让次数为9231次，较2019年同比增长45.3%；第三批的平均转让次数为2721次，较2019年同比增长4.6%；第四批的平均转让次数为1855次，较2019年同比增长38.8%。可见，第二批重点城市（城区）较2019年整体专利转让最为活跃，专利转让增速也最快。

37个重点城市（城区）作为受让人的专利转让次数共计145236次，约占全国专利转让总量的40.7%，较2019年同比增长30.3%。按专利受让次数排名前五位的城市分别是深圳、广州、苏州、杭州和南京。与2019年相比，有28座城市（城区）的专利受让次数处于增长状态，其中，杭州、上海徐汇、济南、台州以及长春的增幅最大。从四批重点城市（城区）的专利受让情况来看，其整体表现与作为让与人的情况类似。其中，第一批重点城市（城区）的平均受让次数为5014次，较2019年同比增长37.9%；第二批

重点城市（城区）的平均受让次数为 7861 次，较 2019 年同比增长 36.6%；第三批重点城市（城区）的平均受让次数为 2484 次，较 2019 年同比增长 14.8%；第四批重点城市（城区）的平均受让次数为 1582 次，较 2019 年同比增长 18.1%。四批重点城市（城区）2019—2020 年的专利转让数据如表 1－9～表 1－12 所示。

表 1－9　2019—2020 年第一批重点城市（城区）专利转让情况　（单位：次）

重点城市（城区）	专利出让次数			重点城市（城区）	专利受让次数		
	2019 年	2020 年	同比变化（%）		2019 年	2020 年	同比变化（%）
江苏苏州	8347	10495	25.7	江苏苏州	8369	13777	64.6
山东青岛	3784	7613	101.2	四川成都	4105	4992	21.6
四川成都	5913	6500	9.9	山东青岛	3756	6849	82.3
浙江宁波	4502	6025	33.8	浙江宁波	3481	4182	20.1
河南郑州	2821	4175	48.0	湖南长沙	2737	2868	4.8
陕西西安	2333	3751	60.8	河南郑州	2480	1926	－22.3
湖南长沙	2715	2528	－6.9	陕西西安	2292	2846	24.2
福建厦门	1882	2455	30.4	福建厦门	1863	2671	43.4

数据来源：知识产权出版社 i 智库

数据时间：法律状态公告日为 2020 年 1 月 1 日至 2020 年 12 月 31 日

表 1－10　2019—2020 年第二批重点城市（城区）专利转让情况　（单位：次）

重点城市（城区）	专利出让次数			重点城市（城区）	专利受让次数		
	2019 年	2020 年	同比变化（%）		2019 年	2020 年	同比变化（%）
广东深圳	15625	20129	28.8	广东深圳	14776	15137	2.4
广东广州	9799	16889	72.4	广东广州	8760	14428	64.7
浙江杭州	6594	10376	57.4	江苏南京	6618	9142	38.1
北京海淀	6592	9113	38.2	浙江杭州	5336	11676	118.8
江苏南京	6117	9020	47.5	北京海淀	4831	5216	8
湖北武汉	2597	4503	73.4	湖北武汉	2754	3494	26.9

续表

重点城市（城区）	专利出让次数			重点城市（城区）	专利受让次数		
	2019年	2020年	同比变化（%）		2019年	2020年	同比变化（%）
上海浦东新区	3200	3552	11	上海浦东新区	2478	3340	34.8
海南海口	295	265	-10.2	海南海口	472	458	-3

数据来源：知识产权出版社i智库

数据时间：法律状态公告日为2020年1月1日至2020年12月31日

表1-11 2019—2020年第三批重点城市（城区）专利转让情况 （单位：次）

重点城市（城区）	专利出让次数			重点城市（城区）	专利受让次数		
	2019年	2020年	同比变化（%）		2019年	2020年	同比变化（%）
福建泉州	6603	6007	-9	福建泉州	1706	2537	48.7
广东东莞	4815	5581	15.9	广东东莞	4658	4592	-1.4
浙江台州	2609	4092	56.8	浙江台州	3068	5742	87.2
山东济南	2029	3738	84.2	山东济南	2035	3957	94.4
江苏无锡	6526	3364	-48.5	江苏无锡	6396	3506	-45.2
上海徐汇	617	1456	136	上海徐汇	471	947	101.1
河北石家庄	1005	1239	23.3	河北石家庄	1216	1832	50.7
辽宁大连	882	1193	35.3	辽宁大连	1164	1044	-10.3
重庆江北	413	320	-22.5	重庆江北	382	412	7.9
天津东丽	518	222	-57.1	天津东丽	531	268	-49.5

数据来源：知识产权出版社i智库

数据时间：法律状态公告日为2020年1月1日至2020年12月31日

表1-12 2019—2020年第四批重点城市（城区）专利转让情况 （单位：次）

重点城市（城区）	专利出让次数			重点城市（城区）	专利受让次数		
	2019年	2020年	同比变化（%）		2019年	2020年	同比变化（%）
安徽合肥	4645	5334	14.8	安徽合肥	3671	4706	28.2
北京朝阳	2774	3590	29.4	北京朝阳	3330	3136	-5.8

续表

重点城市（城区）	专利出让次数			重点城市（城区）	专利受让次数		
	2019 年	2020 年	同比变化（%）		2019 年	2020 年	同比变化（%）
天津滨海新区	959	2797	191.7	天津滨海新区	1237	1594	28.9
辽宁沈阳	1230	1945	58.1	辽宁沈阳	1365	1548	13.4
吉林长春	893	1540	72.5	吉林长春	789	1467	85.9
山东烟台	1263	1449	14.7	山东烟台	1094	1488	36
云南昆明	838	996	18.9	云南昆明	961	882	-8.2
山西太原	725	924	27.4	山西太原	987	1198	21.4
新疆乌鲁木齐	518	759	46.5	新疆乌鲁木齐	447	400	-10.5
河南洛阳	570	659	15.6	河南洛阳	465	473	1.7
湖北宜昌	278	413	48.6	湖北宜昌	385	505	31.2

数据来源：知识产权出版社 i 智库

数据时间：法律状态公告日为 2020 年 1 月 1 日至 2020 年 12 月 31 日

从各城市（城区）主要让与人的专利转让次数占本地区专利转让次数的比例来看，部分城市（城区）专利转让的集中度比较高。例如，重庆江北区，重庆长安新能源汽车有限公司及重庆长安汽车股份有限公司的专利转让次数约占重庆江北区专利转让总量的 30.9%；上海徐汇区，中国科学院上海生命科学研究院的专利转让次数约占本地区专利转让次数的 29.2%。

从各城市（城区）主要让与人的构成来看，企业是专利转让的主力军，部分城市高校的专利转让活动也很活跃。例如，苏州、西安、长沙、杭州、南京、无锡、沈阳、洛阳及宜昌这些重点城市，按专利转让次数排名第一位的均为高校；另外，宁波的宁波大学、杭州的杭州电子科技大学、东莞的东莞理工学院在本地区的专利转让表现也很活跃。

具体来看，在第一批重点城市中，苏州的专利转让次数最多，如表 1-13 所示，共涉及 2419 位让与人，其主要的让与人苏州大学共计转让专利 171 次，占苏州专利转让次数的 1.6%，涉及 73 位受让人，受让人的类型包括知识产权服务机构、企业和个人；青岛位居第二，2020 年的专利转让次数比 2019 年有较大幅度提升，同比增长 101.2%，共有 1139 位让与人，其中按专利转让次数排名前三位的让与人均为企业，歌尔科技有限公司专利转让共计 1723 次，约占青岛专利转让次数的 22.6%，是青岛最为活跃的转让主体；位居第三的成都共有 1489 位让与人，其专利转让次数排名前三位的让与人也都是企业，其中中国石油集团川庆钻探工程有限公司的专利转让次数占成都专利转让次数的 5.7%，表现较为活跃。

表 1-13　2020 年第一批重点城市（城区）的主要让与人分析

重点城市（城区）	让与人数量（位）	主要让与人	转让次数（次）	占本地区专利转让次数比例（%）
江苏苏州	2419	苏州大学	171	1.6
		昆山国显光电有限公司；昆山工研院新型平板显示技术中心有限公司	168	1.6
		常熟市知识产权运营中心有限公司	155	1.5
山东青岛	1139	歌尔科技有限公司	1723	22.6
		青岛海尔空调器有限总公司	496	6.5
		青岛海尔洗衣机有限公司	201	2.6
四川成都	1489	中国石油集团川庆钻探工程有限公司	372	5.7
		昊华化工科技集团股份有限公司	129	2.0
		成都新柯力化工科技有限公司	123	1.9
浙江宁波	1426	宁波奥克斯产业管理有限公司；宁波奥克斯电气股份有限公司	163	2.7
		宁波大学	154	2.6
		宁波长青家居用品有限公司	150	2.5
河南郑州	1004	郑州云海信息技术有限公司	671	16.1
		郑州贝亚特电子科技有限公司	52	1.2
		黄河科技学院	51	1.2

续表

重点城市（城区）	让与人数量（位）	主要让与人	转让次数（次）	占本地区专利转让次数比例（%）
陕西西安	765	陕西科技大学	291	7.8
		中国石油集团川庆钻探工程有限公司工程技术研究院	184	4.9
		西安交通大学	134	3.6
湖南长沙	719	中南大学	76	3.0
		长沙宁湖机械设备有限公司	54	2.1
		湖南金能科技股份有限公司	54	2.1
福建厦门	556	西人马（厦门）科技有限公司	99	4.0
		厦门蒙发利健康科技有限公司；奥佳华智能健康科技集团股份有限公司	78	3.2
		李飞宇	73	3.0

如表 1－14 所示，在第二批重点城市（城区）中，深圳按专利转让次数排名位居首位，所涉及的让与人达到 3536 位，其主要让与人华为技术有限公司、中兴通讯股份有限公司、比亚迪股份有限公司均涉及多位受让人，商业性转让活跃度较高；广州的让与人为 2754 位，其主要让与人广州供电局有限公司按专利转让次数在全国让与人中排名第六位，专利转让次数约占广州专利转让次数的 10.2%，为广州专利运营活跃度贡献较大；杭州共有 2189 位让与人，其中，按转让次数排名前三位的让与人中有两家高校。

表 1－14　2020 年第二批重点城市（城区）让与人分析

重点城市（城区）	让与人数量（位）	主要让与人	转让次数（次）	占本地区专利转让次数比例（%）
广东深圳	3536	华为技术有限公司	956	4.7
		中兴通讯股份有限公司	915	4.5
		比亚迪股份有限公司	885	4.4

续表

重点城市（城区）	让与人数量（位）	主要让与人	转让次数（次）	占本地区专利转让次数比例（%）
广东广州	2754	广州供电局有限公司	1720	10.2
		京信通信系统（中国）有限公司；京信通信系统（广州）有限公司；京信通信技术（广州）有限公司；天津京信通信系统有限公司	1649	9.8
		广东高航知识产权运营有限公司	1164	6.9
浙江杭州	2189	浙江工业大学	698	6.7
		杭州吉吉知识产权运营有限公司	309	3.0
		杭州电子科技大学	307	3.0
北京海淀	1566	优酷网络技术（北京）有限公司	747	8.2
		高德信息技术有限公司	389	4.3
		北京摩拜科技有限公司	314	3.4
江苏南京	1696	南京林业大学	1385	15.4
		南京高精传动设备制造集团有限公司；南京高速齿轮制造有限公司	336	3.7
		南京中电熊猫平板显示科技有限公司；南京中电熊猫液晶显示科技有限公司；南京华东电子信息科技股份有限公司	315	3.5
湖北武汉	1024	武汉虹信通信技术有限责任公司	290	6.4
		中石化川气东送天然气管道有限公司	223	5.0
		武汉投知家信息科技有限公司	191	4.2
上海浦东新区	752	展讯通信（上海）有限公司	304	8.6
		延锋百利得（上海）汽车安全系统有限公司	190	5.3
		上海玮舟微电子科技有限公司	123	3.5

续表

重点城市（城区）	让与人数量（位）	主要让与人	转让次数（次）	占本地区专利转让次数比例（%）
海南海口	102	海口博澳国兴新能源科技有限公司	20	7.5
		海南广军实业有限公司	14	5.3
		海南亚元防伪技术研究所（有限合伙）	13	4.9

如表1－15所示，在第三批重点城市（城区）中，泉州的让与人数量最多，专利转让市场活跃；东莞按转让次数排名前三位的让与人有企业、高校和知识产权服务机构；无锡按转让次数排名第一位的江南大学，共计转让专利352次，约占无锡专利转让次数的10.5%，共涉及152位受让人，包括企业、知识产权服务机构及个人，专利转让活跃度较高；上海徐汇共有267位让与人，其中中国科学院上海生命科学研究院表现最为突出，共计转让专利425次，约占上海徐汇专利转让次数的29.2%。

表1－15　2020年第三批重点城市（城区）让与人分析

重点城市（城区）	让与人数量（位）	主要让与人	转让次数（次）	占本地区专利转让次数比例（%）
福建泉州	1881	南安市创培电子科技有限公司	70	1.2
		泉州万滤达净水科技有限公司	50	0.8
		富贵鸟股份有限公司	47	0.8
广东东莞	989	维沃移动通信有限公司；维沃移动通信有限公司北京分公司	224	4.0
		东莞理工学院	157	2.8
		东莞市联洲知识产权运营管理有限公司	135	2.4

续表

重点城市（城区）	让与人数量（位）	主要让与人	转让次数（次）	占本地区专利转让次数比例（%）
浙江台州	959	新界泵业集团股份有限公司	339	8.3
		浙江中屹缝纫机有限公司；浙江贝斯曼缝纫机有限公司；浙江中捷缝纫科技有限公司	140	3.4
		浙江吉利控股集团有限公司；浙江吉利汽车研究院有限公司	98	2.4
山东济南	897	山东爱城市网信息技术有限公司	269	7.2
		国网智能科技股份有限公司	258	6.9
		国网山东省电力公司电力科学研究院；国网智能科技股份有限公司；国家电网有限公司	115	3.1
江苏无锡	708	江南大学	352	10.5
		江苏三月光电科技有限公司	196	5.8
		无锡小天鹅通用电器有限公司	88	2.6
上海徐汇	267	中国科学院上海生命科学研究院	425	29.2
		百胜（中国）投资有限公司	49	3.4
		上海未来伙伴机器人有限公司	45	3.1
河北石家庄	417	东旭集团有限公司	167	13.5
		河北昊臻知识产权代理服务有限公司	43	3.5
		石家庄新奥燃气有限公司	30	2.4
辽宁大连	348	大连维钛克科技股份有限公司	43	3.6
		瓦房店轴承集团有限责任公司	36	3.0
		中国科学院大连化学物理研究所	35	2.9

续表

重点城市（城区）	让与人数量（位）	主要让与人	转让次数（次）	占本地区专利转让次数比例（%）
重庆江北	56	重庆长安新能源汽车有限公司；重庆长安汽车股份有限公司	99	30.9
		重庆稳稳科技有限公司	18	5.6
		重庆信德电子有限公司	17	5.3
天津东丽	64	天津国纳电热技术有限公司	20	9.0
		天津方准因特雷准科技有限公司	13	5.9
		天津开发区一诺精工机电有限公司	10	4.5

如表 1 – 16 所示，在第四批重点城市（城区）中，合肥、北京朝阳、天津滨海新区的专利转让活跃度相对较高。企业是专利转让的主力，部分重点城市（城区）的高校也比较活跃，如北京朝阳、沈阳、昆明、太原、洛阳、宜昌按专利转让次数排名前三位的让与人中均有高校。

表 1 – 16　2020 年第四批重点城市（城区）让与人分析

重点城市（城区）	让与人数量（位）	主要让与人	转让次数（次）	占本地区专利转让次数比例（%）
安徽合肥	1290	安徽鹰龙工业设计有限公司	457	8.6
		哈工大机器人（合肥）国际创新研究院	133	2.5
		阳光电源股份有限公司	85	1.6
北京朝阳	662	汉能移动能源控股集团有限公司	244	6.8
		北京工业大学	243	6.8
		中国科学院微电子研究所	221	6.2
天津滨海新区	385	中国石油集团渤海钻探工程有限公司	258	9.2
		天津京东深拓机器人科技有限公司	245	8.8
		贝壳技术有限公司	158	5.6

续表

重点城市（城区）	让与人数量（位）	主要让与人	转让次数（次）	占本地区专利转让次数比例（%）
辽宁沈阳	513	沈阳建筑大学	341	17.5
		东软睿驰汽车技术（上海）有限公司 东软集团股份有限公司	88	4.5
		中国航空工业集团公司沈阳飞机设计研究所	55	2.8
吉林长春	286	一汽轿车股份有限公司	387	25.1
		大陆汽车电子（长春）有限公司	124	8.1
		中国科学院长春应用化学研究所	118	7.7
山东烟台	486	万华化学集团股份有限公司；万华化学（宁波）有限公司；上海万华科聚化工科技发展有限公司	46	3.2
		烟台中睿专用车制造有限公司	38	2.6
		烟台工程职业技术学院（烟台市技师学院）	32	2.2
云南昆明	357	昆明新能源汽车工程技术中心有限公司	64	6.4
		昆明理工大学	51	5.1
		昆明天经电力设备有限公司	25	2.5
山西太原	296	中车太原机车车辆有限公司	114	12.3
		太原理工大学	67	7.3
		江铃重型汽车有限公司	39	4.2
新疆乌鲁木齐	167	中国石油集团西部钻探工程有限公司	284	37.4
		王振环	33	4.3
		新特能源股份有限公司	29	3.8
河南洛阳	195	河南科技大学	43	6.5
		中国航空工业集团公司洛阳电光设备研究所	27	4.1
		洛阳尚德太阳能电力有限公司	19	2.9

续表

重点城市（城区）	让与人数量（位）	主要让与人	转让次数（次）	占本地区专利转让次数比例（%）
湖北宜昌	113	三峡大学	47	11.4
		中国人民解放军第五七一一零工厂	33	8.0
		凌云（宜昌）航空装备工程有限公司	33	80

数据来源：知识产权出版社 i 智库

数据时间：法律状态公告日为 2020 年 1 月 1 日至 2020 年 12 月 31 日

1.4.2 重点城市（城区）为专利许可的主力军，泉州、烟台涨幅突出

2020 年，37 个重点城市（城区）专利许可次数共计 5237 次，约占全国总量的 52.5%，较 2019 年同比下降 22.9%。其中，普通许可 3978 次，约占总量的 75.9%；独占许可 1135 次；排他许可 124 次。

从各城市的专利许可次数来看，如表 1－17～表 1－20 所示，南京位居 37 个重点城市（城区）之首，专利许可次数达到 2172 次，较 2019 年减少 1230 次；杭州排名第二位，专利许可次数为 487 次，较 2019 年增加 303 次；长沙、深圳、广州分别位列第三位至第五位；此外，泉州表现较为突出，由 2019 年的第十六位（34 次）跃升到 2020 年的第六位（238 次）。整体来看，与 2019 年相比，郑州、厦门、杭州、泉州、北京朝阳、天津滨海新区、长春、烟台等城市专利许可次数有较大幅度的增长，烟台的涨幅最为突出；苏州、西安、无锡、天津东丽、济南、洛阳下降幅度较大。

表 1－17　2019—2020 年第一批重点城市（城区）专利许可情况　（单位：次）

重点城市（城区）	专利许可次数			重点城市（城区）	专利被许可次数		
	2019 年	2020 年	同比变化（%）		2019 年	2020 年	同比变化（%）
湖南长沙	779	403	－48.3	江苏苏州	767	348	－54.6
江苏苏州	380	146	－61.6	陕西西安	476	59	－87.6

续表

重点城市（城区）	专利许可次数			重点城市（城区）	专利被许可次数		
	2019年	2020年	同比变化（%）		2019年	2020年	同比变化（%）
陕西西安	168	49	-70.8	山东青岛	418	39	-90.7
四川成都	113	76	-32.7	四川成都	93	104	11.8
山东青岛	46	63	37	浙江宁波	91	36	-60.4
浙江宁波	33	42	27.3	湖南长沙	57	27	-52.6
河南郑州	9	76	744.4	福建厦门	40	72	80
福建厦门	6	35	483.3	河南郑州	33	62	87.9

数据来源：知识产权出版社i智库

数据时间：法律状态公告日为2020年1月1日至2020年12月31日

表1-18　2019—2020年第二批重点城市（城区）专利许可情况　（单位：次）

重点城市（城区）	专利许可次数			重点城市（城区）	专利被许可次数		
	2019年	2020年	同比变化（%）		2019年	2020年	同比变化（%）
江苏南京	3402	2172	-36.2	江苏南京	1796	1221	-32
广东深圳	495	311	-37.2	广东深圳	468	307	-34.4
广东广州	303	239	-21.1	广东广州	343	294	-14.3
北京海淀	263	132	-49.8	北京海淀	87	261	200
浙江杭州	184	487	164.7	浙江杭州	86	182	111.6
湖北武汉	99	154	55.6	上海浦东新区	54	186	244.4
上海浦东新区	66	85	28.8	湖北武汉	41	148	261
海南海口	28	1	-96.4	海南海口	6	6	0

数据来源：知识产权出版社i智库

数据时间：法律状态公告日为2020年1月1日至2020年12月31日

表 1－19　2019—2020 年第三批重点城市（城区）专利许可情况　（单位：次）

重点城市（城区）	专利许可次数			重点城市（城区）	专利被许可次数		
	2019 年	2020 年	同比变化（%）		2019 年	2020 年	同比变化（%）
山东济南	193	60	－68.9	山东济南	175	57	－67.4
江苏无锡	101	13	－87.1	江苏无锡	141	51	－63.8
广东东莞	39	44	12.8	广东东莞	82	99	20.7
福建泉州	34	238	600	福建泉州	41	247	502.4
天津东丽	30	1	－96.7	天津东丽	20	11	－45
上海徐汇	21	22	4.8	上海徐汇	20	5	－75
辽宁大连	19	8	－57.9	辽宁大连	61	43	－29.5
浙江台州	18	14	－22.2	浙江台州	41	17	－58.5
河北石家庄	6	1	－83.3	河北石家庄	22	1	－95.5
重庆江北	0	0	—	重庆江北	0	3	—

数据来源：知识产权出版社 i 智库

数据时间：法律状态公告日为 2020 年 1 月 1 日至 2020 年 12 月 31 日

表 1－20　2019—2020 年第四批重点城市（城区）专利许可情况　（单位：次）

重点城市（城区）	专利许可次数			重点城市（城区）	专利被许可次数		
	2019 年	2020 年	同比变化（%）		2019 年	2020 年	同比变化（%）
北京朝阳	29	68	134.5	北京朝阳	67	54	－19.4
天津滨海新区	7	37	428.6	天津滨海新区	26	11	－57.7
山西太原	98	11	－88.8	山西太原	92	5	－94.6
辽宁沈阳	102	48	－52.9	辽宁沈阳	65	33	－49.2
吉林长春	4	13	225	吉林长春	7	10	42.9
安徽合肥	13	3	－76.9	安徽合肥	52	54	3.8
山东烟台	6	128	2033.3	山东烟台	55	22	－60
河南洛阳	174	18	－89.7	河南洛阳	111	21	－81.1
湖北宜昌	5	6	20	湖北宜昌	25	36	44

续表

重点城市（城区）	专利许可次数			重点城市（城区）	专利被许可次数		
	2019年	2020年	同比变化（%）		2019年	2020年	同比变化（%）
云南昆明	25	29	16	云南昆明	32	21	-34.4
新疆乌鲁木齐	17	3	-82.4	新疆乌鲁木齐	9	1	-88.9

数据来源：知识产权出版社 i 智库

数据时间：法律状态公告日为2020年1月1日至2020年12月31日

进一步对37个重点城市（城区）的主要许可人进行分析，从类型来看，企业是专利许可的主力军，其次是高校。具体来看，在第一批重点城市中，长沙的专利许可次数最多（见表1-17），共有21位许可人，如表1-21所示，主要许可人筑友智造科技投资有限公司、中民筑友科技投资有限公司的专利许可次数均为184次，各占本地区许可次数的45.7%，专利许可活动的集中度非常高；苏州共涉及26位许可人，许可人数最多，其中主要许可人中国科学院苏州生物医学工程技术研究所许可专利30次，占本地区许可次数的20.5%；西安共有7位许可人，其主要许可人西安特锐德智能充电科技有限公司实施专利许可28次，占本地区许可次数的57.1%；厦门也共有7位许可人，其主要许可人厦门久贤新能源科技有限公司实施专利许可20次，占本地区许可次数的57.1%。

表1-21　2020年第一批重点城市（城区）许可人分析

重点城市（城区）	许可人数量（位）	主要许可人	许可次数（次）	占本地区许可次数比例（%）
湖南长沙	21	筑友智造科技投资有限公司	184	45.7
		中民筑友科技投资有限公司	184	45.7
		中联重科股份有限公司	5	1.2
		中南大学	5	1.2

续表

重点城市（城区）	许可人数量（位）	主要许可人	许可次数（次）	占本地区许可次数比例（%）
江苏苏州	26	中国科学院苏州生物医学工程技术研究所	30	20.5
		苏州茵络医疗器械有限公司	23	15.8
		久心医疗科技（苏州）有限公司	12	8.2
陕西西安	7	西安特锐德智能充电科技有限公司	28	57.1
		西安交通大学	9	18.4
		西安科技大学	5	10.2
四川成都	25	四川云盾光电科技有限公司	12	15.8
		成都彩虹集团生活电器有限公司	11	14.5
		程征	6	7.9
山东青岛	11	中国石油大学（华东）	25	39.7
		山东省科学院海洋仪器仪表研究所	15	23.8
		中国水产科学研究院黄海水产研究所	5	7.9
浙江宁波	17	宁波敏实汽车零部件技术研发有限公司	15	35.7
		漆仕勋	5	11.9
河南郑州	20	河南中包科技有限公司	26	34.2
		河南坤和信息科技有限公司	7	9.2
		河南晖睿智能科技有限公司	6	7.9
		河南硕之家环保科技有限公司	6	7.9
福建厦门	7	厦门久贤新能源科技有限公司	20	57.1
		厦门乾照光电股份有限公司	6	17.1

数据来源：知识产权出版社 i 智库

数据时间：法律状态公告日为 2020 年 1 月 1 日至 2020 年 12 月 31 日

在第二批重点城市（城区）中，南京居于首位（见表 1－18），专利许可共涉及 38 位许可人，如表 1－22 所示，主要许可人南京林业大学共计许可专利 1605 次，占本地区许可次数的 73.9%，专利许可集中度较高；排名第二位的深圳共有81位许可人，许可人数量最多，其主要许可人周六福珠宝股份有限公司共计许可专利50次，占本地区许可次数的16.1%；武汉共涉及11位许可人，许可人数较少，主要许可人武汉科技大学共计许可专利122次，占本地区许可次数的79.2%，专利许可集中度非常高；此外，广州、北京海淀、上海浦东新区的主要许可人均为企业。

表1-22　2020年第二批重点城市（城区）许可人分析

重点城市（城区）	许可人数量（位）	主要许可人	许可次数（次）	占本地区许可次数比例（%）
江苏南京	38	南京林业大学	1605	73.9
		南京邮电大学	330	15.2
		天泽信息产业股份有限公司	50	2.3
广东深圳	81	周六福珠宝股份有限公司	50	16.1
		深圳市联合蓝海黄金材料科技股份有限公司	21	6.8
		深圳科易设计服务有限公司	20	6.4
广东广州	69	广州集泰化工股份有限公司	17	7.1
		广州市昊志机电股份有限公司	12	5.0
		广州市锐丰音响科技股份有限公司	11	4.6
北京海淀	27	百度在线网络技术（北京）有限公司	16	12.1
		北京嘉博文生物科技有限公司	13	9.8
		三盛智慧教育科技股份有限公司	12	9.1
浙江杭州	29	杭州小米环境科技有限公司	152	31.2
		杭州电子科技大学	90	18.5
		浙江锐迪生光电有限公司	62	12.7
湖北武汉	11	武汉科技大学	122	79.2
		胡凯燕	11	7.1
		思达尔科技（武汉）有限公司	8	5.2

续表

重点城市（城区）	许可人数量（位）	主要许可人	许可次数（次）	占本地区许可次数比例（%）
上海浦东新区	27	上海博达数据通信有限公司	15	17.6
		上海泰睿思微电子有限公司	5	5.9
		上海瑞柯恩激光技术有限公司	5	5.9
海南海口	1	谢磊；龙腾	1	100.0

数据来源：知识产权出版社 i 智库

数据时间：法律状态公告日为 2020 年 1 月 1 日至 2020 年 12 月 31 日

如表 1－23 所示，与第一批和第二批重点城市（城区）相比，第三批重点城市（城区）的专利许可次数普遍较少，涉及的许可人也较少。其中，泉州的专利许可次数最多，涨幅最大（见表 1－19），许可人数量也最多，主要许可人杨松的专利许可次数为 18 次，仅占本地区许可次数的 7.6%，专利许可较为分散。

表 1－23　2020 年第三批重点城市（城区）许可人分析

重点城市（城区）	许可人数量（位）	主要许可人	许可次数（次）	占本地区许可次数比例（%）
山东济南	12	济南浪潮无线通信有限公司	25	41.7
		山东省分析测试中心	14	23.3
		济南大学	5	8.3
江苏无锡	4	江南大学	8	61.5
广东东莞	9	广东东阳光药业有限公司	14	31.8
		东莞市大研自动化设备有限公司	12	27.3
		东莞市合丰泰光电科技有限公司	6	13.6
福建泉州	36	杨松	18	7.6
		福建兴翼机械有限公司	8	3.4

续表

重点城市（城区）	许可人数量（位）	主要许可人	许可次数（次）	占本地区许可次数比例（%）
天津东丽	1	尹东海	1	100.0
上海徐汇	8	复旦大学附属中山医院	7	31.8
		上海迈景纳米科技有限公司	5	22.7
辽宁大连	4	大连理工大学	3	37.5
		王天源；计燕秋；赵毅；赵趟	3	37.5
浙江台州	7	台州职业技术学院	5	35.7
河北石家庄	1	河北圣雪大成制药有限责任公司	1	100.0

如表1-24所示，第四批重点城市（城区）的专利许可次数同样普遍偏少，涉及的许可人也少。其中，烟台的专利许可次数最多，涨幅最大（见表1-20），许可人数量也最多，专利许可集中度较低，主要许可人烟台显华化工科技有限公司的专利许可次数为19次，仅占本地区许可次数的14.8%。天津滨海新区的专利许可人主要是汇益融资租赁（天津）有限公司，专利许可次数占比高达94.6%。

表1-24 2020年第四批重点城市（城区）许可人分析

重点城市（城区）	许可人数量（位）	主要许可人	许可次数（次）	占本地区许可次数比例（%）
北京朝阳	16	优信拍（北京）信息科技有限公司	18	26.5
		优信数享（北京）信息技术有限公司	10	14.7
		北京圣鑫乾元科技有限公司	6	8.8
天津滨海新区	2	汇益融资租赁（天津）有限公司	35	94.6
山西太原	2	太原理工大学	6	54.5
		太原通泽重工有限公司	5	45.5

续表

重点城市（城区）	许可人数量（位）	主要许可人	许可次数（次）	占本地区许可次数比例（%）
辽宁沈阳	5	东北大学	37	77.1
		沈阳建筑大学	5	10.4
吉林长春	5	孟凡林	6	46.2
安徽合肥	3	合肥美的暖通设备有限公司；广东美的暖通设备有限公司	1	33.3
		李晓祥	1	33.3
		朱贵春	1	33.3
山东烟台	20	烟台显华化工科技有限公司	19	14.8
		山东益华能源装备有限公司	14	10.9
		万华建筑科技（烟台）有限公司	13	10.2
河南洛阳	7	洛阳名力科技开发有限公司	5	27.8
湖北宜昌	3	胡凯燕	3	50.0
云南昆明	4	云南汉素生物科技有限公司	15	51.7
		云南南星科技开发有限公司	12	41.4
新疆乌鲁木齐	3	罗生权	1	33.3
		新疆铁道勘察设计院有限公司	1	33.3
		新疆西正石化有限公司	1	33.3

数据来源：知识产权出版社 i 智库

数据时间：法律状态公告日为 2020 年 1 月 1 日至 2020 年 12 月 31 日

1.5 高校专利转让和许可数据分析

作为从事基础研究与应用研究的重要基地，高等院校每年都会产生大量的专利成果。高校专利的数量和质量及其转化率，是衡量其科技创新能力和成果转化能力的重要指标。本节将对2020年中国高校[①]的专利转让、专利许可数据进行统计分析。

1.5.1　高校并非专利转让的主力军，仅南京林业大学突破千次

专利转让分为转出和转入两个部分，高校主要是进行专利转出，故本节所指的高校专利转让数据为专利转出数据。2020年，共有870余家中国高校进行了专利转让，较2019年增加100多家，转让专利共计19604次，同比增长65.9%，约占全国专利转让次数的5.5%，较2019年提升约1个百分点。

按专利转让次数排名的TOP20高校（见表1－25）中，让与人共计转让专利6912次，约占全国高校专利转让次数的35.3%。与2019年相比，有19家高校的专利转让次数呈现增长状态，其中，常州大学、桂林理工大学、天津大学、沈阳建筑大学和南京林业大学等都出现了较大幅度的增长，北京工业大学、陕西科技大学、江南大学、杭州电子科技大学、燕山大学等增幅次之。

从各个高校的专利转让次数来看，南京林业大学以转让专利1416次位居首位，较2019年同比增长321.4%；浙江工业大学以转让专利730次位居第二，同比增长108.0%；常州大学位居第三，专利转让次数比2019年增加409次，增长幅度最大。江南大学、沈阳建筑大学分别以384次、341次位居第四和第五。

表1－25　2019—2020年中国高校按专利转让次数排名的TOP20　（单位：次）

让与人	让与人专利转让次数		
	2019年	2020年	同比变化
南京林业大学※	336	1416	321.4%
浙江工业大学※	351	730	108.0%
常州大学※	26	435	1573.1%

① 本书在处理高校专利转让、专利许可数据时遵循以下规则：高校包含高校本身和与该高校相关的分校区、附属校区、研究院、研究所；未包含与该高校相关的上级机构、校办企业、校属企业、合作企业、直属附属医院、非直属附属医院、教学医院。

续表

让与人	让与人专利转让次数		
	2019 年	2020 年	同比变化
江南大学※	109	384	252.3%
沈阳建筑大学	65	341	424.6%
杭州电子科技大学※	95	319	235.8%
陕西科技大学※	82	295	259.8%
浙江理工大学※	102	274	168.6%
江苏大学※	134	261	94.8%
北京工业大学※	69	250	262.3%
哈尔滨工业大学※	369	247	-33.1%
南通大学※	212	245	15.6%
天津大学※	42	235	459.5%
桂林理工大学	28	227	710.7%
重庆大学※	115	222	93.0%
江苏科技大学※	100	216	116.0%
盐城工学院※	213	214	0.5%
上海交通大学※	108	214	98.1%
苏州大学※	188	196	4.3%
燕山大学※	66	191	189.4%

数据来源：知识产权出版社 i 智库

数据时间：法律状态公告日为 2020 年 1 月 1 日至 2020 年 12 月 31 日

注：※表示包含作为共同权利人的专利转让

进一步对 TOP20 高校专利转让的受让人情况（见表 1-26）进行分析，TOP20 高校专利转让的平均受让人数为 83 位，每位受让人的平均受让次数约为 4 次，其中南京林业大学、江南大学、沈阳建筑大学、浙江理工大学等高校的受让人数均高于平均水平，江南大学的受让人数最多，平均受让次数约为 2 次。从各高校主要受让人的专利受让次数占该校专利转让次数的比例来看，浙江工业大学、杭州电子科技大学、陕西科技大学、江苏大学、哈尔滨工业大学、南通大学6所高校的专利转让集中度较高。例如，杭州电子科技大学与浙江知多多网络科技有限公司共计发生专利转让168次，占其转让次数的52.7%；江苏科技大学与常熟市知识产权运营中心有限公司共计发生专利转让113次，约占江苏科技大学2020年专利转让次数的52.3%。

表1－26　2020年中国专利转让TOP20高校的受让人情况

让与人	受让人数量（位）	主要受让人	受让次数（次）	占本校转让次数比例（%）
南京林业大学※	147	南京忆芯信息科技有限公司	107	7.6
		南京尊豪家具有限公司	72	5.1
		苏州金螳螂园林绿化景观有限公司	51	3.6
浙江工业大学※	79	广东高航知识产权运营有限公司	343	47.0
		菏泽建数智能科技有限公司	69	9.5
		浙江启博知识产权运营有限公司	64	8.8
常州大学※	79	江阴智产汇知识产权运营有限公司	63	14.5
		邳州市博睿投资管理有限公司	32	7.4
		如东文园投资开发有限公司	31	7.1
江南大学※	166	湖州优研知识产权服务有限公司	35	9.1
		湖州菱创科技有限公司	19	4.9
		湖州度信科技有限公司	19	4.9
沈阳建筑大学	118	李倩楠	21	6.2
		中海外交通建设有限公司	20	5.9
		山东天诚交通工程有限公司	19	5.6
杭州电子科技大学※	50	浙江知多多网络科技有限公司	168	52.7
		杭州追猎科技有限公司	43	13.5
		徐州新南湖科技有限公司	12	3.8
陕西科技大学※	74	深圳鹏渤信息科技有限公司	124	42.0
		安徽翰邦科技咨询有限公司	36	12.2
		盐城高新技术创业园有限公司	16	5.4

续表

让与人	受让人数量（位）	主要受让人	受让次数（次）	占本校转让次数比例（%）
浙江理工大学※	110	上海成康知识产权服务有限公司	17	6.2
		王亚军	12	4.4
		浙江棒杰数码针织品有限公司；浙江理工大学	12	4.4
江苏大学※	71	常熟市知识产权运营中心有限公司	91	34.9
		江阴智产汇知识产权运营有限公司	38	14.6
		江苏大学扬州（江都）新能源汽车产业研究所	15	5.7
北京工业大学※	60	河北昊臻知识产权代理服务有限公司	43	17.2
		北京中联浩科技服务有限公司	39	15.6
		蚌埠立超信息科技有限公司	37	14.8
哈尔滨工业大学※	73	哈尔滨工业大学高新技术开发总公司	83	33.6
		南京遒涯信息技术有限公司	12	4.9
		哈尔滨工业大学国家大学科技园发展有限公司	12	4.9
南通大学※	91	南通大学技术转移中心	98	40.0
		南通高欣耐磨科技股份有限公司	9	3.7
		江苏博沃汽车电子系统有限公司	7	2.9
天津大学※	54	天津鼎晟科技发展有限公司	44	18.7
		天津科润生产力促进有限责任公司	25	10.6
		天津领碳能源环保科技有限责任公司	9	3.8
桂林理工大学	41	广州博义知识产权运营有限公司	78	34.4
		陈诚	19	8.4
		杨荣荣	12	5.3

续表

让与人	受让人数量（位）	主要受让人	受让次数（次）	占本校转让次数比例（%）
重庆大学※	80	王智慧	40	18.0
		重庆科知源科技有限公司	15	6.8
		重庆敏创知识产权代理有限公司	10	4.5
江苏科技大学※	56	常熟市知识产权运营中心有限公司	113	52.3
		中电科（宁波）海洋电子研究院有限公司	10	4.6
		海安市通源纱线有限公司	6	2.8
盐城工学院※	82	东台东科知识产权服务有限公司	50	23.4
		深圳鹏渤信息科技有限公司	17	7.9
		山东兴强化工产业技术研究院有限公司	9	4.2
上海交通大学※	66	上海交大知识产权管理有限公司；苏州思必驰信息科技有限公司	59	27.6
		上海交大知识产权管理有限公司	16	7.5
		江阴逐日信息科技有限公司	8	3.7
苏州大学※	81	陕西专壹知识产权运营有限公司	13	6.6
		苏州久显新材料有限公司	10	5.1
		苏州百迈生物医药有限公司	9	4.6
燕山大学※	78	蚌埠景图智能科技有限公司	24	12.6
		河北寅知通信息科技有限公司	16	8.4
		北京星航机电装备有限公司	13	6.8

数据来源：知识产权出版社 i 智库

数据时间：法律状态公告日为2020年1月1日至2020年12月31日

注：※表示包含作为共同权利人的专利转让

从TOP20高校让与人的主要受让人来看，大致可以将其专利转让行为分为以下几种类型：

（1）与高校的校属技术转移机构、资产投资经营有限责任公司、科技园等进行的专利转让。部分高校在推进科技成果转移转化时，先将科技成果转让给校属技术转移机构、资产经营机构等，再由这类机构进行专利运营。这种类型的专利转让中，虽然专利申请权/专利权发生了转移，但实际上还未实现专利技术的转化。例如，南通大学与南通大学技术转移中心共计转让专利 98 次，占其专利转让次数的 40.0%；哈尔滨工业大学与哈尔滨工业大学高新技术开发总公司共计转让专利 83 次，占该校专利转让次数的 33.6%。

（2）与知识产权服务机构进行的转让活动。这类专利转让中也并未直接实现专利技术的转化，而是高校先将专利转让给知识产权服务机构，再由这类机构对这些专利进行运营。TOP20 高校中，大部分高校的主要受让人中都有知识产权服务机构。例如，浙江工业大学的主要受让人为广东高航知识产权运营有限公司、浙江启博知识产权运营有限公司，该校共向这两家公司转让专利 407 次，占其专利转让次数的 55.8%；江苏大学的主要受让人包括江阴智产汇知识产权运营有限公司；桂林理工大学的主要受让人中有广州博义知识产权运营有限公司。

（3）与外部企业进行的专利转让活动。高校将技术直接转让给企业是最主要的一种转化模式。例如，南京林业大学共涉及 147 位受让人，主要受让人南京忆芯信息科技有限公司、南京尊豪家具有限公司、苏州金螳螂园林绿化景观有限公司均为生产型企业，能直接对科技成果进行转化。整体来看，南京林业大学的受让人几乎全为生产型企业，专利转让涉及的企业较多，且受让对象较为分散。

1.5.2 高校专利许可占全国约三成，南京邮电大学、武汉科技大学增幅明显

2020 年，中国高校专利许可共计 3158 次，占全国专利许可次数的 31.6%。其中，普通许可 2928 次，占比为 92.7%；独占许可 193 次，占比为 6.1%；排他许可 37 次，占比为 1.2%。

对 2020 年按专利许可次数排名前十位的中国高校进行分析，如表 1-27 所示，其专利许可次数为 2707 次，占全国高校专利许可次数的 85.7%。2019 年排名第一位的南京林业大学在 2020 年继续蝉联榜首，但许可次数有所下

降；排名第二位的南京邮电大学增幅明显，专利许可次数由2019年的8次增加到2020年的330次；排名第五位的武汉科技大学增幅更加显著，专利许可次数由2019年的1次增长到2020年的122次。排名前五位的高校专利许可次数都超过了100次。

表1-27　2019—2020年按专利许可次数排名的TOP10中国高校　（单位：次）

许可人	专利许可次数		
	2019年	2020年	同比变化
南京林业大学※	3264	1607	-50.8%
南京邮电大学	8	330	4025.0%
温州大学	8	257	3112.5%
江苏科技大学	32	162	406.3%
武汉科技大学	1	122	12100.0%
杭州电子科技大学	39	90	130.8%
东北大学	18	37	105.6%
南京航空航天大学※	10	37	270.0%
浙江理工大学	37	37	0
黑河学院	4	30	650.0%

数据来源：知识产权出版社i智库
数据时间：法律状态公告日为2020年1月1日至2020年12月31日
注：※表示包含作为共同权利人的专利许可

进一步对TOP10高校的被许可人情况进行分析，如表1-28所示。其中，南京林业大学的被许可人数最多，达到252位，其主要的被许可人南京厚德生物技术有限公司参与了65次专利许可，占比为4.0%；排名第二位的南京邮电大学被许可人数为19位，专利许可的集中度较高，其主要被许可人南京邮电大学南通研究院有限公司被许可次数的占比为28.8%；排名第九位的浙江理工大学专利许可人数为3位，其主要被许可人浙江理工大学上虞工业技术研究院有限公司被许可次数的占比为86.5%，集中度非常高。

表 1 – 28　2020 年专利许可次数 TOP10 中国高校的被许可人情况

许可人	被许可人数量（位）	主要被许可人	被许可次数（次）	占本校许可次数比例（%）
南京林业大学※	252	南京厚德生物技术有限公司	65	4.0
		南京蒙托克环保科技有限公司	56	3.5
		浙江圣奥家具制造有限公司	49	3.1
南京邮电大学	19	南京邮电大学南通研究院有限公司	95	28.8
		南京邮电大学盐城大数据研究院有限公司	80	24.2
		南京邮电大学张家港研究院	67	20.3
温州大学	16	温州大学平阳智能制造研究院	61	23.7
		温州大学激光与光电智能制造研究院	56	21.8
		温州大学大数据与信息技术研究院	30	11.7
江苏科技大学	21	镇江市凯拓机械有限公司	21	13.0
		镇江市金鼎变速箱有限公司	14	8.6
		江苏科大汇峰科技有限公司	13	8.0
		江苏太航信息科技有限公司	13	8.0
武汉科技大学	6	武汉科大科技企业孵化器有限公司	83	68.0
		武汉传福金属材料有限公司	20	16.4
		武汉思谛尚恩科技有限公司	8	6.6
杭州电子科技大学	27	芯梦科技（上海）有限公司	10	11.1
		数源科技股份有限公司	7	7.8
		浙江安尚电气有限公司	7	7.8
东北大学	20	北京东土科技股份有限公司	5	13.5
南京航空航天大学※	13	无锡贝斯特精机股份有限公司	8	21.6

续表

许可人	被许可人数量（位）	主要被许可人	被许可次数（次）	占本校许可次数比例（%）
浙江理工大学	3	浙江理工大学上虞工业技术研究院有限公司	32	86.5
黑河学院	17	哈尔滨东专科技有限公司	4	13.3
		哈尔滨惠更斯机器人科技开发有限公司	4	13.3

数据来源：知识产权出版社 i 智库

数据时间：法律状态公告日为 2020 年 1 月 1 日至 2020 年 12 月 31 日

注：※表示包含作为共同权利人的专利许可

第 2 章　专利实施转化典型案例

2.1　专利实施典型案例

2.1.1　“一种双滚筒洗衣机”专利自实施案例

1. 企业简介

青岛海尔滚筒洗衣机有限公司（以下简称海尔洗衣机公司）成立于 1998 年，主要从事洗衣机、其他家电产品及洗化产品的制造与销售。针对全球水电资源匮乏、环境污染严重以及消费者生活品质提高对产品的个性化需求，海尔洗衣机公司通过自主技术创新，先后研发了匀动力洗衣机、免清洗洗衣机、水晶洗衣机、分区洗双滚筒洗衣机等多种新产品。

海尔洗衣机公司始终坚持创新驱动发展战略。截至 2020 年底，海尔洗衣机公司累计申请中国发明专利 5467 件，其中有效发明专利拥有量 1548 件；申请 PCT 专利 1406 件。累计荣获中国专利金奖 3 项。其中，专利号为 ZL201310285065.0、专利名称为“一种双滚筒洗衣机”的发明专利荣获第二十一届中国专利金奖。

2. 专利技术研发背景

随着消费升级，洗衣机行业面临新课题。据调查，有 72% 的用户内衣外衣、大人小孩衣服、深色浅色衣物是分开洗的，分类洗已经成为行业的新需求。为了实现分类洗，有的用户会选择使用两台洗衣机。但是，有 69% 的用户家中无法安装两台洗衣机，并且两台洗衣机要求有两套进排水管路及两套电源，导致房间显得杂乱，降低了居家环境的舒适度。

同时，洗衣用水量占到家庭生活用水的1/4，大量的洗涤废水排放也造成了严重污染。这从节能减排、保护环境方面对洗衣机提出了新要求。

3. 专利技术实施过程

双滚筒洗衣机技术创新与专利保护相辅相成。首创双筒互平衡技术，创新U形截面框架和涟漪抑振侧板的钢骨一体降噪技术；首创智平衡双筒偏心控制技术，构建双筒多体动力学模型；首创多点立体减振技术。在技术创新的同时，利用信息化专利管理系统IPM，将专利保护与技术研发流程深度融合，实现专利全生命周期管理。截至2020年底，双滚筒洗衣机已布局172项专利，其中PCT专利申请27项。

4. 专利技术自实施模式

海尔洗衣机公司始终坚持高质量发展的专利战略，建立起以高价值专利为核心的专利管理体系和运营机制，探索出技术、专利、标准联动的创新模式。

（1）通过“技术预研+专利导航”，确定专利技术路线。通过开放式创新及专利导航，输出创意方案；通过技术预研、专利风控及科学论证体系机制，对用户需求解决方案进行可行性评估。

（2）通过“技术研发+专利布局”，全面保护技术创新。在技术研发过程中，进行专利布局。在完成核心专利布局申请的同时，对于实现方案的变形及其他可行的技术解决方案进行全面的专利保护，并根据创新度的高低确定专利保护类型。主要按照四个方向进行全方位布局规划：①层级搭建，从核心专利到外围专利，以减振降噪为核心，向外辐射。②动态组合，将各模块组合申报，把控制和进排水、减振、烘干等技术相结合，做到全面保护。③扩充来源，进行头脑风暴，对产生的创意方案进行专利布局，特别是产品尚未使用的较有创意的方案。④功效规划，通过技术功效矩阵，把智能、节能、人性化、健康等七个方面作为横轴，把控制、水路、减振、动力等八个方面作为纵轴，纵横结合，寻找空白点，提出解决方案，并进行专利布局。

（3）通过“技术应用+专利运营”，高效实施和运用新技术。在专利授权后结合市场需求开展专利运营，对专利技术进行实施转化，扩大应用范围，实现专利价值最大化。

5. 案例亮点及收益

海尔洗衣机公司以用户需求为导向，以开放式研发为原则，从而确保专利技术的高质量、高价值。同时，专利运营与技术研发过程深度融合，贯穿全流程。并通过技术、专利、标准联动，实现了技术专利化、专利标准化、标准国际化。在双滚筒洗衣机项目中，提案并制定国际标准 1 项、欧盟标准 1 项、国家标准 2 项。

在经济效益方面，海尔洗衣机公司连通国内国际两个市场。在国内，双滚筒洗衣机项目推动卡萨帝品牌占高端市场份额达 78%，2021 年预计收入 15 亿元；在国外，以海尔自主品牌进入德国、俄罗斯、法国、澳大利亚等国际主流市场，2021 年预计收入 1.5 亿元。

双滚筒洗衣机项目引领了行业分区洗的发展，2020 年全球销量达 15200 万台。该专利产品可节水 20.5L，节约占地面积 0.25m^2，省材 21kg，如果产品得以持续推广，将对资源节约和环境保护发挥显著作用，创造巨大的社会效益。

2.1.2 "一种弹性成像中的位移检测方法及装置"专利自实施案例

1. 企业简介

深圳迈瑞生物医疗电子股份有限公司（以下简称迈瑞公司）创始于 1991 年，总部设在深圳，为全球市场提供医疗器械产品，主要业务集中在生命信息与支持、体外诊断、医学影像三大领域。公司自成立以来即重视研发创新以及对研发创新的保护，发明专利多次获得国家、省、市级专利奖。2019 年，迈瑞公司的发明专利（专利号：ZL201110159194.6）"一种弹性成像中的位移检测方法及装置"荣获第二十一届中国专利金奖。

2020 年，迈瑞公司新申请专利 823 件，授权 393 件；截至 2020 年底，共申请专利 6412 件，授权专利 3165 件。迈瑞公司在高端监护仪的智能化、高端麻醉机的交互及气路、4K 高清内窥镜的摄像系统、新超声成像、超声的创新应用和功能、超声智能化、高端血液细胞分析仪的高端参数、样本分析仪流水线的智能化和信息化等方面进行了重点专利布局。

2. 专利技术研发背景

专利“一种弹性成像中的位移检测方法及装置”涉及一种组织位移检测方法与装置，主要应用于超声弹性成像领域。超声弹性成像技术是超声领域近二十年来发展起来的前沿技术，主要提取人体组织的硬度信息进行成像。临床中许多不同疾病或组织损伤都会伴随着组织弹性特征的改变，如乳腺癌、肝纤维化、肝硬化、血管硬化、肌肉损伤、前列腺癌、宫颈癌等，因此弹性成像技术一度成为临床关注的焦点。尤其是对于乳腺癌与肝硬化这类发病率和致死率都较高的重大疾病，常规超声检查在其早期诊断的特异性或灵敏度方面依然存在不足，而弹性成像技术的出现对辅助实现上述疾病的早期定量精准诊断具有重大的临床价值。

与传统的彩超技术不同，弹性成像技术反映的是人体触觉信息，是一个生物力学动态检测过程，涉及人体组织内部的运动、位移或形变，位移检测的灵敏度、速度、准确性等都会影响最终弹性成像的性能表现。传统的位移检测方法，要么计算量大、难以实时超快检测，要么检测灵敏度不足、精度欠缺。本专利所述方法通过创新的思路，在降低计算量的同时，可兼顾 μm 级微小位移和 mm 级大位移的精确捕捉，在弹性图像检测灵敏度和检测速度之间达到非常好的平衡，同时可降低对超声系统硬件平台的要求，适用性广。

3. 专利技术实施过程及模式

在弹性成像技术的发展中，迈瑞公司凭借敏锐的市场触觉，成立了专项研发团队，进行自主研发创新，通过工程技术与临床研究的紧密结合，迅速在竞争中占据了主流席位。尤其是 DC－8、Resona7 等高端弹性彩超产品，凭借其优异的临床辅助诊断性能，成功突破高端彩超市场。

2016 年，迈瑞公司联合以上海交通大学附属瑞金医院为首的国内 17 家知名三甲医院，开展双模态弹性多中心研究，最终编制了首套适用于中国人群的乳腺及甲状腺弹性诊断标准。2018 年，迈瑞公司再次联合中国人民解放军总医院和中山大学附属第三医院牵头的国内 29 家知名三甲医院，共同发起弹性成像评估肝纤维化程度及预后多中心研究，把科研成果转化为临床应用，进而树立属于中国人自己的肝纤维化程度诊断标准，也为世界乙肝治疗领域贡献宝贵经验。2020 年，迈瑞公司二维剪切波弹性成像技术（STE）被美国超声放射医师学会（Society of Radiologist in Ultrasound，SRU）写入新版肝脏弹性专家共识中。

4. 案例亮点及收益

“一种弹性成像中的位移检测方法及装置”是超声弹性成像领域的重要基础专利，广泛应用于迈瑞公司的高端、中端、低端等全系列弹性彩超系统上，产生了较大的市场效益，如：台式彩超 DC－8、DC－70、DC－60、Resona7、Resona6、Resona5 系列，便携彩超 M9、M7、M6 系列，平板彩超 TE7 系列。相关产品取得 CE、FDA、CFDA 等多类注册证，并广泛应用于临床，截至 2018 年底，产品销售额超 89 亿元，利润超 26 亿元。

DC－8 系列高端弹性彩超作为我国第一台自主研发的高端超声系统，上市以来不仅在国内近 20 个省、市、自治区的 1000 余家医院获得广泛应用，而且还出口到美国、英国等十余个国家和地区。截至 2020 年底，DC－8 系列产品三年累计销售约 3900 台，其中出口 2200 余台，销售额近 10 亿元，在国内外 2000 余家医院获得推广应用，累计检查 3500 余万人次。

Resona 系列超高端弹性彩超则是中国第一台自主研发的超高端超声系统，以其优异的图像质量和独特的创新功能打破了进口产品在超高端彩超领域的长期垄断。尤其是其国际领先的实时超快帧率的剪切波定量弹性成像技术，在国内外均引发强烈关注，与欧洲临床中心、国内专家医院均迅速建立临床学术合作。该系列产品上市后仅两年即销售上千台，其中近一半出口至欧美国家，进入国内约 350 家医院，其中包括约 150 家三甲医院，实现销售额超 4 亿元。

专利“一种弹性成像中的位移检测方法及装置”的应用，很好地保障了迈瑞公司弹性彩超产品的性能。例如高灵敏应变式弹性成像技术，可以改变常规应变弹性技术下必须大力按压组织的缺点；实时二维剪切波式弹性成像技术，检测帧率高达 10000 帧，有效保证了对微小剪切波快速传播过程的准确监测。这些技术使得国产超声自主品牌在超声新技术的发展与竞争中迎头追击，产生了较大的市场效益与社会效益。

2.1.3　“一种一体式自拍装置”专利自实施案例

1. 企业简介

源德盛塑胶电子（深圳）有限公司（以下简称源德盛公司）始创于2002年，是一家生产制造手机周边产品的制造商。源德盛公司专注于自主研发与持续创新，截至2020年底，已申请国内专利220多件，申请国外专利50多件。公司主营产品是拍摄辅助类产品，日产5万只，是国内外多家知名手机厂商的直接供应商。

2. 专利技术研发背景

2013年，源德盛公司开始进入自拍杆行业，此时恰好是自拍杆行业竞争激烈、市场上出现了各种各样的自拍杆。为了便于携带，当时市面上的自拍杆一般为分体式结构，可拆分成几个部分，用户使用时需临时组装，使用完又需进行拆分，存在诸多不便。而且在组装、拆分及携带过程中也易造成零部件的损坏和丢失，造成自拍装置提前报废。

源德盛公司在历经几个月的研究与技术攻关后，成功研发出了“一体式自拍装置”（专利号为ZL201420522729.0），其解决方案是在手机夹持部件的上下两部分分别设置一个折弯部和一个缺口，使伸缩杆折叠后恰好能够收纳于缺口和折弯部，从而大大节省了收纳空间，解决了传统自拍杆使用麻烦和不便收纳携带的行业痛点。

3. 专利技术实施过程和模式

2014年下半年，源德盛公司研究“一体式自拍装置”后，在第一时间对该结构申请了实用新型专利。然而，“一体式自拍装置”产品一经上市便被广大同行所借鉴，同时，源德盛公司申请的专利尚未获得授权。在深刻意识到该专利的影响力后，源德盛公司重点关注该专利授权的进度，并在该专利授权的第一时间做了专利权评价报告，以方便后续的技术实施。

2015年，为提高市场占有率和竞争优势，源德盛公司开始针对“一体式自拍装置”的专利进行维权，此时市场上已经存在大量的侵权产品，侵权方数量之多，分布范围之广，前所未见。众多侵权方在专利布局意识上并不高，跟风生产的侵权产品种类多样，同时侵权方为了保证自己产品的竞争优势，还在打价格战，进而导致维权初期源德盛公司的“一体式自拍装置”的市场占有率极低。

维权初期，源德盛公司尝试委托多个律师事务所同时进行维权事项，但整体的维权效果并不好，公司的维权支出一直不能得到很好的赔付。后来，源德盛公司委托一家维权公司进行维权事项处理，由维权公司通过转委托的方式将取证、起诉等事项委托到国内各地合作的律师事务所，在获得侵权赔偿额度后再行结算。此种模式大大地降低了公司前期需要支出的维权成本，同时也能够在第一时间内委托不同的律所进行维权事项，快速地针对全国范围的侵权事项进行维权处理。经过几年的专利维权，源德盛公司逐渐形成了包括线上维权、线下维权以及平台投诉维权等在内的全方位维权方式。

截至 2020 年底，源德盛公司的专利维权案件共有 4000 多件，目前已结案的案件中，无一败诉。源德盛公司通过专利维权，保障了专利技术的顺利实施，大幅减少了自拍杆市场上的侵权产品；同时公司也在不断地开发新产品，每年向市场上推出数十款自拍类产品，年均投入研发费用 2000 余万元。通过专利布局和开发新产品，公司的自拍杆类产品迅速占领了市场。

4. 案例亮点分析

源德盛公司的专利实施案例，让传统的制造型企业意识到专利的重要性，同时也让国内民众认识到并不是只有高精尖的技术才能获得专利权，日常生活中常见的东西也可能获得专利权，且可能具有极大的商业价值。从专利维权案件的数据来看，源德盛公司“一体式自拍装置”的专利结构简单，侵权判定十分明确，从外形即可十分明确地分辨出产品是否存在侵权的问题。

从专利申请数据来看，源德盛公司带动了自拍杆行业的专利申请趋势。原自拍杆生产制造商几乎不申请专利，专利布局的意识普遍较低，自源德盛公司的专利维权事件之后，自拍杆行业的专利申请数量呈现爆发性增长。

2.2　专利转移转化典型案例

2.2.1　通过专门运营机构促进技术转移转化

2006年2月，中国科学院、深圳市人民政府及香港中文大学在深圳市共同建立中国科学院深圳先进技术研究院（以下简称深圳先进院）。经过13年的发展，深圳先进院已初步构建了以科研为主的集科研、教育、产业、资本为一体的微型协同创新生态系统，由九个研究平台、国科大深圳先进技术学院、多个特色产业育成基地、多只产业发展基金、多个具有独立法人资质的新型专业科研机构等组成①。

1. 将技术创新优势转化为专利资源优势

截至2020年底，深圳先进院的中国专利申请量达到7380件，有效专利量为3958件。从申请趋势来看，如图2－1所示，2007—2011年为深圳先进院的技术积累、专利申请稳定增长阶段，2012年之后其技术创新力度加大，专利申请量较前一阶段有大幅增长，并且年度申请量均在500件以上。此外，深圳先进院还积极布局国外专利，其最主要的申请策略是通过PCT途径申请国外专利，目前PCT专利申请共计757件（申请已公开）。深圳先进院的海外专利布局涉及九大区域，包括美国、欧洲专利局、韩国、澳大利亚、日本等，其中美国是最主要的布局区域。深圳先进院运用专利保护技术创新成果，为优势技术的转移转化和专利运营提供了良好基础。

2. 围绕先进技术成果开展专利运营

深圳先进院专利运营的主要模式为专利转让，专利转让次数累计572次，其中2020年度的转让次数为204次，较2019年增长77.4%。深圳先进院围绕先进集成技术、医疗器械、医药技术、数字技术、脑研究等学科领域方向

① 中国科学院深圳先进技术研究院机构简介［EB/OL］．［2021－07－06］．https：//www.siat.ac.cn/jgsz2016/jgjj2016/201605/t20160504_4595589.html.

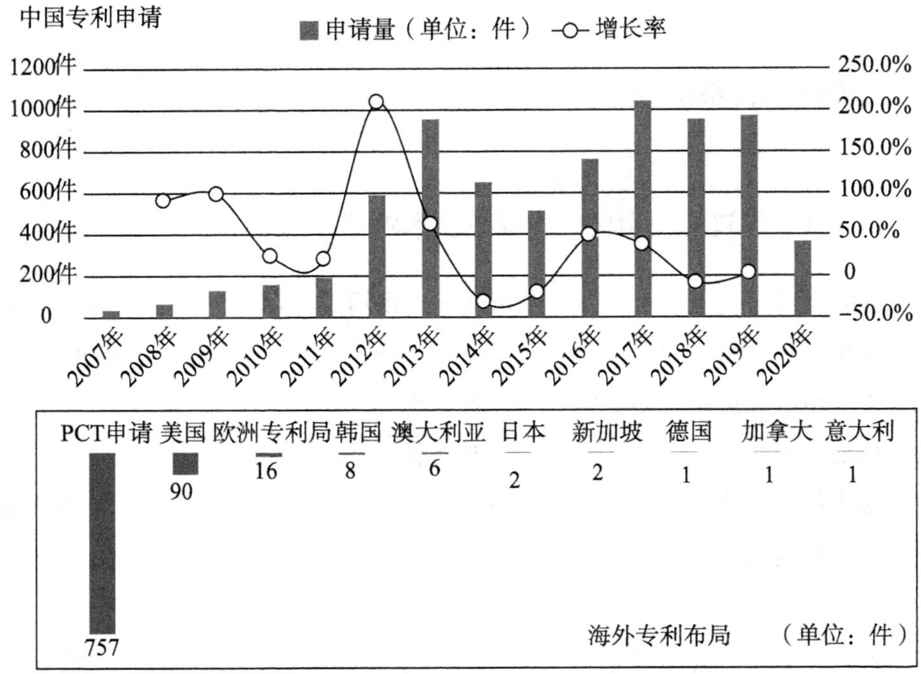

数据来源：知识产权出版社i智库
数据时间：公开日截至2020年12月31日
注：期末数据未完全公开而非申请量下降

图 2－1 深圳先进院的国内外专利申请情况

产生的专利技术进行转移转化，通过技术成果和外部基金结合的投资模式，在低成本健康、高端医学影像、机器人、电动汽车等领域开展科技成果转移转化工作，2020 年转移转化的专利超过 200 件①。

3. *以投资运营模式推进技术成果转化*

截至 2020 年底，深圳先进院累计孵化企业 1186 家，累计持股企业 301 家。一方面，通过深圳中科先进投资管理有限公司、深圳深科先进投资管理有限公司两个投资子公司投资持股，实现对一级企业涉及国有资产的监管；另一方面，拥有深圳中科育成科技有限公司、中科院上海嘉定先进技术创新

① 中国科学院深圳先进技术研究院转移转化［EB/OL］．［2021－07－06］．https：//www.siat.ac.cn/cyh2016/zyzh2016/.

与育成中心两个核心专业孵化器，孵化出上百家企业①。

数据显示，深圳深科先进投资管理有限公司和深圳中科先进投资管理有限公司分别对外投资企业48家和7家，在深圳先进院的专利成果转化中发挥了重要作用。2019年，深圳先进院以转让、许可、作价投资方式转化科技成果的合同金额达到4.93亿元，在高校院所排名榜单中居第二位②；知识产权投资股权变现4.66亿元，专利转化率达到24%③。2020年，深圳先进院实现新增股权变现、专利转让、无形资产投资共计1.6亿元④。

从专利运营数据来看，深圳先进院专利转出主要发生在关联企业之间，"中科系"公司是其转让的重点，大部分专利转让给深圳深科先进投资管理有限公司、深圳中科育成科技有限公司等参股或控股子公司；也有的通过深圳深科先进投资管理有限公司将专利技术转移给"中科系"公司以及外部企业。此外，还有一部分专利以商业性转让的方式转让给非关联方企业，包括华为技术有限公司、博瑞生物医疗科技（深圳）有限公司等，只有少量专利转移给知识产权服务机构、知识产权运营公司。

4. *以知识产权出资入股实现收益*

以深圳先进院医学影像中心团队与上海联影医疗公司的战略合作为例。自2010年合作以来，联合团队研发出我国首台完全具有自主知识产权的3.0T磁共振成像设备。2017年，深圳先进院以3项磁共振成像核心技术专利作价1240万元入股上海联影医疗科技有限公司，后又持续注入一批专利技术进行应用。截至2020年底，深圳先进院共有28件专利转让给上海联影医疗科技有限公司。2020年3月，深圳先进院实现股权退出，股权转让到款4.37

---

① 中国科学院深圳先进技术研究院转移转化［EB/OL］.［2021-07-06］. https://www.siat.ac.cn/cyh2016/zyzh2016/.

② 中国科技评估与成果管理研究会，国家科技评估中心，中国科学技术信息研究所. 中国科技成果转化年度报告2020（高等院校与科研院所篇）［M］. 科学技术文献出版社：2021.

③ 深圳先进院知识产权工作成果亮眼［EB/OL］.［2021-07-06］. http://www.siat.ac.cn/yw2016/202004/t20200426_5563870.html.

④ 持股企业301家　股权估值87亿元_深圳商报数字报［EB/OL］.［2021-07-06］. https://www.sohu.com/a/454504071_121010226.

亿元，股权增值 35 倍①。

5. 运营模式总结

如图 2－3 所示，深圳先进院的专利运营模式可以总结为：通过专业孵化器将自身优势技术成果进行产业孵化，打造“中科系”公司，设立两个专门的投资管理机构负责运营专利资产，以优势团队的先进技术知识产权出资入股，进行股权投资，获得了较高的回报。

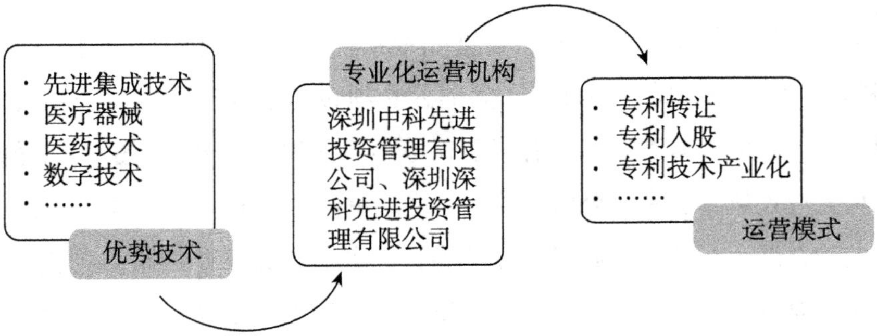

图 2－2　深圳先进院的专利运营模式

2.2.2　通过广泛的产学研合作带动林业技术成果产业化落地

南京林业大学是中央与地方共建的省属重点高校，于 2017 年入选国家“双一流”建设高校名单，是一所以林科为特色，以资源、生态和环境类学科为优势的多科性大学。长期以来，南京林业大学充分发挥学科优势，坚持自主创新，积极推动产学研结合，在科学研究、科技创新、科技成果转化等方面取得了显著成绩。学校现有机电产品包装生物质材料国家地方联合工程研究中心这一国家级工程中心 1 个，林木遗传与生物技术省部共建教育部重点实验室、江苏省人民政府与国家林业和草原局共建的林产化学与材料国际创新高地、银杏产业等 10 个国家级创新联盟，江苏省观赏主题木本花卉产业技术创新战略联盟、江苏省速生木材及农作物秸秆材料工程研究中心、江苏

① 深圳先进院知识产权工作成果亮眼［EB/OL］．［2021－07－06］．http：//www. siat. ac. cn/yw2016/202004/ t20200426_ 5563870. html.

省南方现代林业协同创新中心、国家林业局南方林木种子检验中心等50余个省级、部级研究开发机构、重点实验室和工程研究中心，以及66个校级研究所和研究中心①。

1. 设立技术转移中心，建立科技成果转化机制

南京林业大学于2012年成立了南京林业大学技术转移中心，同年该中心被江苏省科技厅批准为省级技术转移中心。南京林业大学技术转移中心立足江苏、面向南方、辐射全国，以本校科技人才、科技平台与科技成果为支撑，整合学校现有科技成果资源，促进高新技术与资本的有机结合，积极合作共建产学研平台，组织科技成果交易、人才培训，推进科技成果转化和技术转移工作，实现科技成果与市场经济的对接，形成科技成果持续再生、开放流动和有效转化的技术转移新机制。2015年，南京林业大学技术转移中心被科技部认定为国家技术转移示范机构。

在制度建设方面，南京林业大学先后出台《南京林业大学技术合同管理办法（试行）》《南京林业大学技术转移管理办法》等文件，按照规定，南京林业大学技术转移中心主管学校技术合同和对外科技服务。此外，学校鼓励教师开展对外科技服务和成果转化工作，若合作成功并有经费入账，给予到位经费10%的奖励。

2. 加强专利布局，提升专利储备

截至2020年12月（公开日），南京林业大学的中国专利申请总量达到12748件，其中有效专利占57.3%，在审专利占18.7%，失效/无效专利占24.0%。由于以林业为主的学科设置，南京林业大学的专利申请中实用新型专利占比较高，达到48.9%，发明专利占比为41.0%，外观设计专利占10.1%。从申请趋势来看，如图2－3所示，南京林业大学从1985年开始申请专利，2002年之后专利申请快速增长，2015年之后专利申请呈现大幅增长趋势，2018年专利申请量突破3000件，2019年专利申请量接近4000件。

① 南京林业大学学校简介［EB/OL］.（2021－06）［2021－07－06］. https://www.njfu.edu.cn/nlgk/xxjj/index.html.

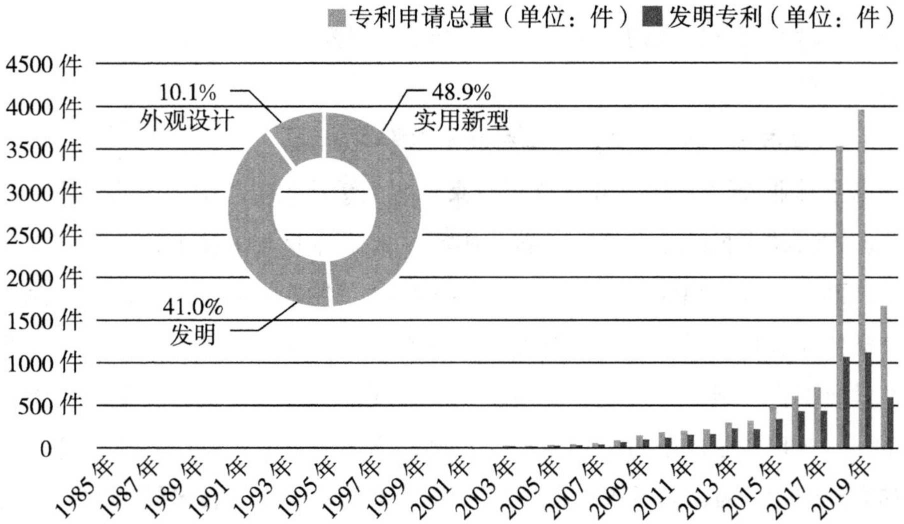

数据来源：知识产权出版社i智库
数据时间：公开日截至2020年12月31日
注：期末数据未完全公开而非申请量下降

图 2－3 南京林业大学的历年专利申请情况

3. 加快专利转化运用，突出重点技术领域

随着专利储备和布局的加强，南京林业大学的专利转化运营日益活跃。2018 年，南京林业大学首次进入当年中国专利实施许可的许可人排名 TOP20 榜单中，以 694 次许可居榜单第二位①。2019 年，南京林业大学共计许可专利 3264 次，许可次数较 2018 年增长了近四倍，约占全国高校许可总次数的 76. 32%，超过国外许可人，成为中国专利许可最为活跃的权利人。2020 年，南京林业大学共计许可专利 1607 次，尽管许可次数较 2019 年有所下降，但仍居中国专利许可榜单首位②。

南京林业大学 2020 年的专利许可共涉及 968 件专利，专利技术主要分布在园林景观、林木栽培种植、竹木家具、生物基建筑材料等实用性比较强、易于向产业转化的技术领域，单件专利的平均许可次数为 1. 7 次。许可次数最高的

① 诸敏刚，李程．中国专利运营年度报告（2018）［M］．知识产权出版社：2019.
② 南京林业大学与其他权利人共同许可的许可次数计算在内。

专利为“一种新型室内设计百叶窗”（申请号为：CN201920543940.3），许可次数为4次，被许可给3家企业。

从被许可人来看，如表2-1所示，2020年南京林业大学将专利技术许可给253家企业，这些企业分布在江苏、安徽、浙江、北京等全国16个省市，被许可次数排名前三的企业为南京厚德生物技术有限公司、南京蒙托克环保科技有限公司和浙江圣奥家具制造有限公司，被许可次数分别为65次、56次和49次。

表2-1 南京林业大学2020年专利被许可企业排名TOP10

排名	被许可企业	被许可次数（次）
1	南京厚德生物技术有限公司	65
2	南京蒙托克环保科技有限公司	56
3	浙江圣奥家具制造有限公司	49
4	滁州蒙托克环保科技有限公司	47
5	合肥双道润公路工程有限公司	41
6	北京九通衢检测技术股份有限公司	41
7	镇江恒安土木科技有限公司	41
8	南京美尚装饰工程有限公司	37
9	南京迪欧家具有限公司第一分公司	36
10	南京道钶特信息科技有限公司	34

除了以许可方式转化专利技术外，南京林业大学也采取转让的方式进行专利转化。2020年，南京林业大学共计转让专利1416次①，涉及100多位专利受让人，受让人主要是企业，如表2-2所示，转让专利以实用新型专利为主，主要涉及园林景观、立体种植装置、家具、检测装置、木材加工设备等。与2019年的336次转让相比，2020年南京林业大学加大对专利技术的转让力度，专利转让次数是2019年的四倍多。

① 南京林业大学与其他权利人共同转让的转让次数计算在内。

表2-2 南京林业大学2020年专利受让企业排名TOP10

排名	受让企业	受让次数（次）
1	南京忆芯信息科技有限公司	107
2	南京尊豪家具有限公司	72
3	苏州金螳螂园林绿化景观有限公司	51
4	丽水市太行环境科技有限公司	48
5	昆山市城北印刷厂	46
6	广东迪欧家具实业有限公司	44
7	南京锦江园林景观有限公司	38
8	南京榴元生物科技有限公司	37
9	杭州蓝天园林建设有限公司	35
10	南京宁特新材料科技有限公司	31

4. 广泛开展产学研合作，带动专利转化运用

南京林业大学不断发挥林业大学的学科优势，以产学研项目对接、建立产学研战略合作关系、共建产学研基地的方式开展广泛的产学研用协同创新，与中国木材集团等众多企业建立了合作关系。在被许可企业及受让企业中，浙江圣奥家具制造有限公司、苏州金螳螂园林绿化景观有限公司等均是南京林业大学的技术合作方。

南京林业大学支持科研人员创办产业化公司，自行实施专利技术。张往祥教授领衔的海棠创新团队，主持了10余项国家级和省部级海棠科技攻关项目，建立了国家级海棠种质基因库，具有近30个自主知识产权的海棠新品种。为了加快产业化进程，张往祥教授还成立了扬州小苹果园艺有限公司。

福建金森集团有限公司和南京林业大学施季森教授团队合作，建成并投产了年产2000万株的林木细胞工程种苗规模化繁育生产线，这是我国首个成功应用细胞工程技术、实现林木种苗规模化繁育的产业化项目，该项目成果于2016年获得国家科学技术进步奖二等奖。2019年，南京林业大学将36件专利技术许可给福建金森集团有限公司的全资子公司福建金硕生物科技有限

公司，进一步推动双方在单细胞育苗等高新技术的深度开发。

5. 专利运营模式总结

如图2－4所示，南京林业大学的专利运营模式可以总结为：在林业实用性较强的技术领域对接产业内众多企业，进行专利技术许可，通过发挥林业大学的学科优势，与企业建立广泛的产学研合作，以此来带动技术成果的转化和运用，并支持科研人员创办产业化企业、与企业合作投资产业化应用项目。

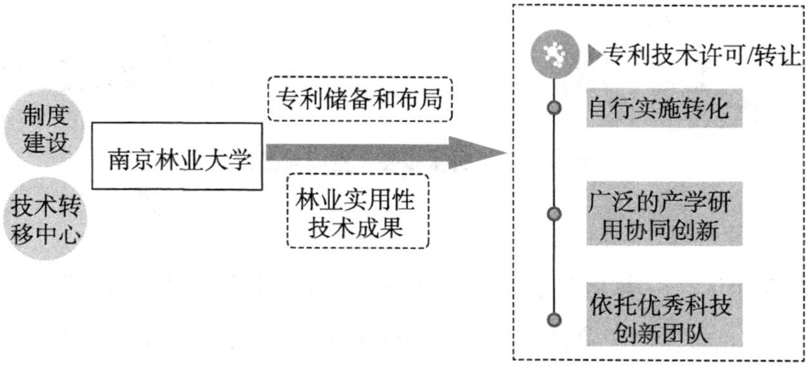

图2－4　南京林业大学的专利运营模式

2.2.3　北京中科微知识产权服务有限公司通过构建专利池推动产业发展

1. 基本情况

为解决我国智能传感器、集成电路产业基础技术和知识产权积累不足、产业发展面临威胁等问题，中国科学院微电子研究所（以下简称微电子所）于2017年12月联合江苏物联网研究发展中心、华进半导体封装先导技术研发中心有限公司，成立了北京中科微知识产权服务有限公司（以下简称中科微知公司）。2018年，中科微知公司成为首批电子信息领域高价值知识产权培育运营合作机构。

成立以来，中科微知公司在专项任务的支持下，以推动智能传感器、集成电路领域的产业发展为核心目标，如图2－5所示，其主要业务布局包括科技成果转化、构建专利池、投资管理、专利运营、高价值专利培育等 6 大板块。

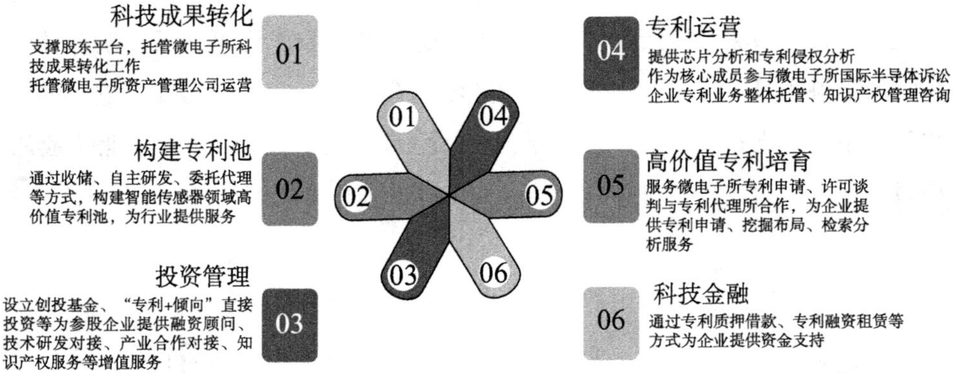

图 2－5　中科微知公司主要业务板块

2. 运营情况

2020 年度，中科微知公司推动微电子所以知识产权作价投资金额达 10435 万元，受托以来合计完成约 42538 万元，并受托完成微电子所相关专利布局、许可和研究课题；以股权直接投资、发起设立成果转化基金的方式完成 11 家相关领域科技企业投资，创立了“专利＋货币”联合投资的新模式并成功完成 2 项投资，投资回报倍数超过 3 倍；以知识产权质押借款的方式为 4 家科技企业提供资金流动性支持；为股东及参股公司提供专利申请辅导、专利挖掘与布局等服务，与参股公司共同培育高价值专利累计近 180 件，其中智能传感器相关专利共 35 件。

中科微知公司团队作为核心成员重点参与了微电子所发起的对英特尔公司专利诉讼案，在国内外均取得阶段性重大进展，在美国 IPR 连续两次获得终局胜利。以“共同反专利流氓”为核心要素推动智能传感器专利池联盟建设，已完成企业会员招募 29 家，涉及专利 243 件，如图 2－6 所示。

图2-6　中科微知公司智能传感器专利池网站

3. 主要经验

在当前国内产业和市场环境下，仅靠专利运营实现公司盈利较为困难；且中科微知公司的资金体量不足以支撑完全以现金收储方式构建高价值专利池，同时需要保障专项资金的安全。在上述约束条件下，中科微知公司形成了以专利运营和投资管理双轮驱动发展的业务模式，主要特点为：①托管股东的科技成果转化、知识产权运营和资产管理工作，推动产业培育，丰富公司行业资源；②采用设立投资基金、放大资金体量的手段，打造和强化专利运营生态链；③采用内部补贴方式为参股企业提供知识产权服务，降低参股企业运营成本，公司主要通过股权退出实现收益；④专利收储以与合作伙伴共同培育为主要手段，少量使用现金收储；⑤在智能传感器领域推进设立专利池联盟，以免费加入、不要求会员转移专利权、无交叉许可义务等宽松条款吸引企业加入，仅在企业将专利许可或转让给专利主张实体（PAE）或专利运营实体（NPE）时做出限制。

4. 智能传感器专利池筹建案例

筹建智能传感器专利池为中科微知公司 2020 年度的三大任务之一。智能传感器作为新基建的核心元器件之一，预计将迎来产业发展的黄金窗口期。由于我国智能传感器产业总体在技术和知识产权上相较西方处于劣势，而中国又具有巨大的市场和不断提升的知识产权司法环境，中国的智能传感器企业在未来很有可能成为国外 PAE 和 NPE 恶意诉讼的目标，因此中科微知公司计划以 LOT 专利联盟为模板构建符合国内行业特点、政策环境的专利池。智能传感器专利池的组建则可以有效避免专利应用与实施所面临的障碍和法律风险，促进新技术的应用与推广，进而为专利权人带来更高的收益，同时能够有效遏制恶意诉讼行为，保护企业创新。

（1）专利池整体规划

结合智能传感器的产业和技术特征，中科微知公司积极开展智能传感器整体与细分领域行业研究，在综合考虑市场现状、产业特点和自身优势等多重因素下，选择以 LOT 专利联盟为模板建设智能传感器专利池组织，并选择智能门锁传感器和微机电系统（MEMS）传感器作为细分领域进行专利池构建和运营，形成一个主专利池和两个细分领域专利池的运营格局。

（2）智能传感器专利池构建

为了明确智能传感器专利池的工作方向和内容，中科微知公司制定了《智能传感器专利池建设方案》，明确记载了专利池会员的权利和义务、企业加入专利池的意义、组织管理机构、专利池协议、入池企业和专利的筛选方向、专利池平台建设和推进计划，并明确了工作重点方向和阶段性成果要求。智能传感器专利池的主要特点是：①会员制，无费用。智能传感器专利池以会员制模式运行，加入专利池完全免费，管理方在国家专项的支持下对专利池进行管理。②无限制，无负担。专利入池后，对会员使用自有专利不产生任何限制，不需要会员提供任何商业和研发信息。③降风险，无义务。当且仅当会员的专利转让给 PAE 或者 NPE 时，该专利被免费许可给其他会员，会员之间在专利池中的专利无交叉许可等任何义务。此外，中科微知公司还制作了《智能传感器入池倡议书》，积极引导企业加入专利池。

(3) 专利池平台建设、宣讲、会员进展

平台建设方面，专利池积极利用公众号等新媒体平台做好宣传，增加专利池成员的黏合度。已完成智能传感器公众号（智能传感器专利池）和专利运营网站（http://www.zncgqzlc.com/）建设工作，用于向专利池成员推送产业、行业以及专利信息，定期发布行业动态，每年发布行业知识产权白皮书等信息。

宣讲方面，为了推广专利池，增加专利池的社会效应与知名度，中科微知公司分别在多地进行专利池宣讲与宣传工作。通过对专利池的宣传和宣讲，增加企业对智能传感器专利池的认可度，并且提供交流机会，引导更多企业加入专利池。

会员进展方面，智能传感器专利池建设的目的是促进产业内的企业协同行动，寻求更大的竞争优势。2020年，中科微知公司在中国知识产权发展联盟成立智能传感器专利池专业委员会，并和中国传感器与物联网产业联盟（上海芯物科技有限公司）达成专利池共建战略合作框架协议。苏州敏芯已加入专利池中，江苏邦融、中科银河芯、深蓝长盛等30家公司成为专利池会员。

(4) 技术和产业分析

专利保护的是技术方案，对技术的了解决定了专利池构建和运营的成败，中科微知公司参与撰写了《智能传感器型谱体系与发展战略》白皮书，对智能传感器技术和产业概况、我国智能传感器产业链现状、智能传感器型谱体系等内容进行分析，对智能传感器体系和技术进行全面梳理，为专利池构建和运营打下坚实的基础。完成《红外测温设备行业的专利分析》《RISC-V技术及产业情况调研报告》《国内热电堆传感器专利情况分析》《第三代半导体领域专利简要分析》《国内外智能传感器领域专利简要分析》《江苏地区高校和研究机构传感器研发人员统计分析》和《北京地区高校和研究机构传感器研发人员统计分析》等多份报告，对细分领域进行深入研究。

(5) 专利收储工作

中科微知公司在构建专利池的时候，首先从法律维度和经济维度对入池的高价值专利进行审核，然后从技术维度、战略维度和市场维度做进一步衡量与筛选。针对 MEMS 技术和红外传感器技术，从江苏物联网中心筛选 10 件高价值专利，进行专利收储，并结合产业现状撰写《收购江苏物联网研究发展中心专利组合运营方案》，对收储专利进行运营，使其产生价值。

2.2.4 以“自主研发＋外部引入”的专利策略助力拓展海外市场

OPPO 广东移动通信有限公司（以下简称 OPPO 公司）成立于 2003 年，是一家专注于终端产品、软件和互联网服务的科技公司。2013 年后，OPPO 公司专注于智能手机的研发制造，手机品牌迅速成长。根据市场调研机构 Counterpoint 公布的数据，2018 年全球高端智能手机市场中，OPPO 公司排名第四。

1. 重视自身专利积累，加强对前沿技术的投入和探索

OPPO 公司一直非常重视技术创新，注重自主知识产权的保护，在《2020 年国家知识产权局年报》发布的 2020 年国内企业发明专利授权量前十榜单上，OPPO 公司排名第二。i 智库数据显示，截至 2020 年 12 月，OPPO 公司全球专利申请量共计 58086 件，其中中国专利申请占 67.0%；OPPO 公司的专利申请从 2012 年开始提速，年度申请量突破千件，2014 年开始，进入快速增长阶段，2018 年中国专利申请量突破 8000 件，如图 2－7 所示。OPPO 公司不断加大技术创新力度和专利保护，为其快速成长的销售市场保驾护航。

根据世界知识产权组织（WIPO）发布的全球国际专利申请排名，2019 年 OPPO 公司以 1927 件的申请量跻身全球前五的行列，2020 年 OPPO 公司以 1801 件的申请量居全球排名第八位。OPPO 公司专利申请所涉及的技术领域包括 5G、充电技术、影像技术、全面屏、AI 等①。

2. 引进国外企业的核心专利，持续扩充自身技术实力

除了掌握核心技术和进行海外专利布局外，为提高技术积累与拓展全球市场，OPPO 公司还不断将杜比实验室、英特尔、爱立信等国外企业在通信

① 2019 全球国际专利申请排名：OPPO 跻身全球前五［EB/OL］．（2020－04－13）［2021－07－02］．https：//www. oppo. com/cn/newsroom/patent/407/.

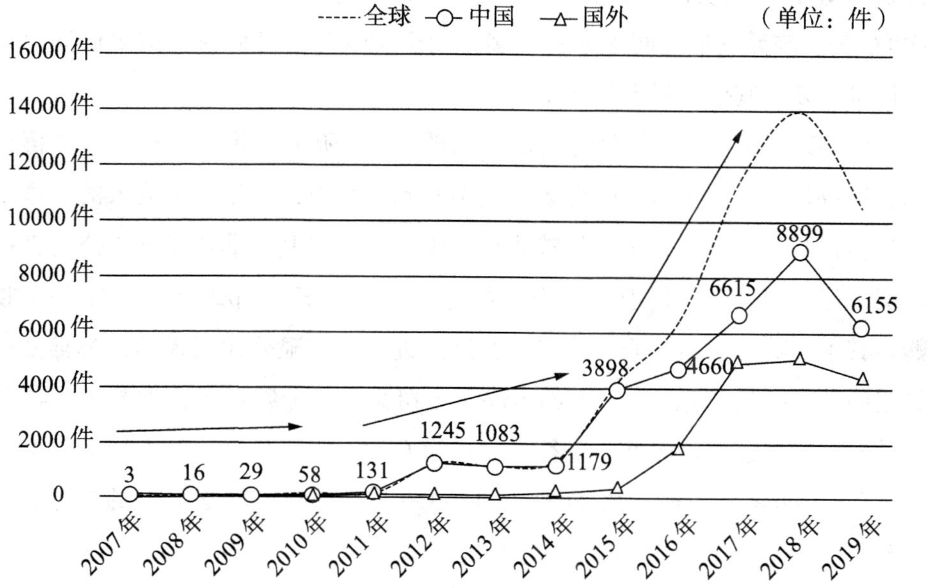

数据来源：知识产权出版社i智库

数据时间：公开日截至2020年12月31日

注：期末数据未完全公开而非申请量下降

图2－7　OPPO公司全球专利布局情况

技术领域的核心专利收入囊中。2018年，OPPO公司收购了出自音频巨头杜比实验室（Dolby）的20多项专利组合，主要涵盖240多个音频和视频技术，在此之前OPPO公司还宣布与杜比实验室正式建立全球性知识产权战略伙伴关系，在杜比HE-AAC以及其他音频、视频和JPEG-HDR技术领域展开共赢合作[①]。2019年，OPPO公司与英特尔签署专利转让协议，获得58项蜂窝移动通信技术领域的核心专利技术[②]。

除直接购买专利外，OPPO公司还灵活运用交叉许可等专利授权方式，实现专利技术的共享。2018年，OPPO公司与诺基亚公司正式签订专利许可

① 最大规模的一次专利收购！OPPO购入杜比实验室240多项专利［EB/OL］．（2018－07－07）［2021－07－02］．https：//www. sohu. com/a/239874438_ 166680/.

② OPPO与英特尔、爱立信达成专利合作，拓展全球市场［EB/OL］．（2019－08－02）［2021－07－02］．https：//www. sohu. com/a/331062235_ 120196169.

协议，基于此协议，双方在移动通信领域实现专利交叉许可①。2019 年，OPPO 公司与爱立信共同签署一项多年期全球专利许可协议，该协议涵盖专利许可和多个其他项目上的合作②。

OPPO 公司的美国专利受让情况如图 2－8 所示，其从爱立信、黑莓公司、英特尔和杜比实验室获得多件美国专利。其中，从爱立信购入的美国专利最多，共计 146 件。在这些转让行为中，有些专利并非由 OPPO 公司直接购买，而是通过金谷控股、天进贸易有限公司和 Hilco patent 这三家公司收购。其中，英特尔的部分专利就是通过天进贸易有限公司买入的，黑莓公司转出的 26 件专利则是通过 Hilco patent 公司买入，金谷控股也参与了黑莓公司的专利交易过程。此外，金谷控股还为 OPPO 公司买入了韩国创意资本公司（Intellectual Discovery）、SeAH Networks 公司和 Neocific 公司等的多件美国专利。

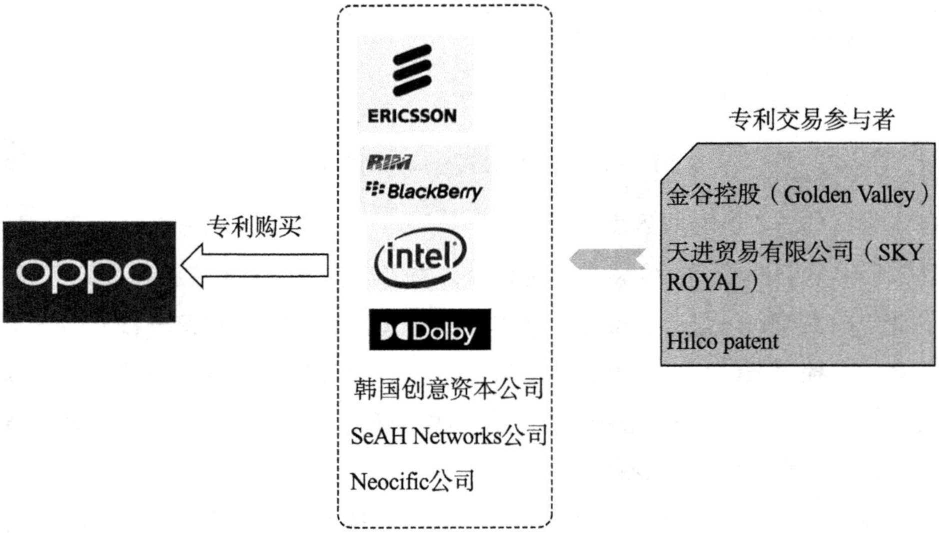

图 2－8　OPPO 公司的美国专利受让情况

① OPPO 与诺基亚签订专利协议：实现交叉许可［EB/OL］．（2018－11－28）［2021－07－02］．https：//baijiahao. baidu. com/s? id＝1618357791559935525&wfr＝spider&for＝pc9.

② OPPO 与爱立信签署专利许可协议［EB/OL］．（2019－02－19）［2021－07－02］．https：//www. oppo. com/cn/blogs/236. html.

i智库中国专利运营数据显示，截至2020年12月31日，OPPO公司所涉及的专利许可次数为871次，均为专利技术的被许可方，许可人均来自国外企业，包括蓝光联合有限责任公司、皇家飞利浦有限公司、杜比实验室特许公司等；所涉及的专利转让次数为365次，以专利转入为主要形式，国外让与人主要有爱立信、英特尔等，如图2－9所示。OPPO公司的中国运营数据也反映了其现阶段的专利运营意图，即主要通过专利许可和专利转让来获得国外企业的优势技术，从而进一步增强自身技术实力。

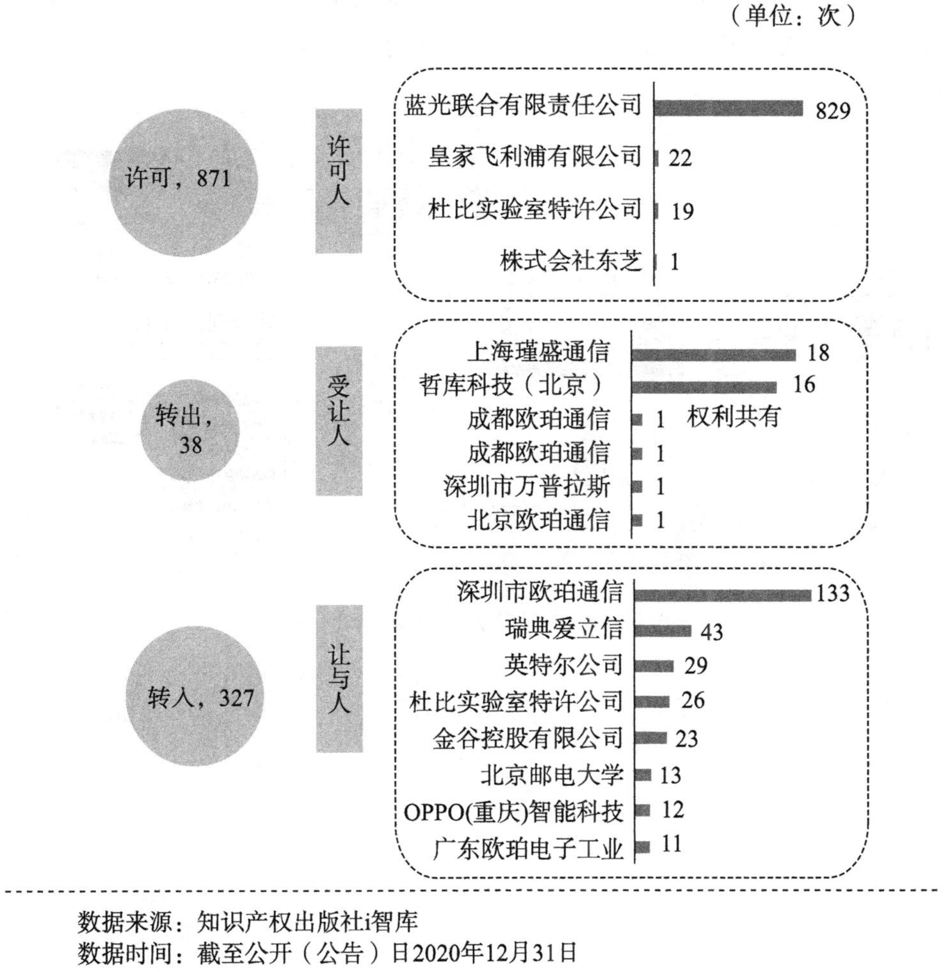

图2－9　OPPO公司在中国的专利许可和转让情况

3. 专利运营模式总结

OPPO 公司在业务规模迅速成长的同时，其专利申请数量也呈现快速增长之势，尤其是启动国际化战略之后，采用相应的海外专利布局为其国际化进程保驾护航。OPPO 公司在企业发展中，通过坚持“核心技术自主研发 + 外部专利引入”的策略来不断加强专利储备。如图 2 – 10 所示，一方面，重视自身专利的积累，不断加强在 5G、AI 等前沿技术的融合创新，提高核心技术专利的拥有量，并在国内外重要市场持续提交专利申请；另一方面，通过专利收购和专利交叉许可等方式进一步完善专利布局，也为其进军海外市场尤其是欧美市场扫清了专利障碍，增强了海外竞争力。

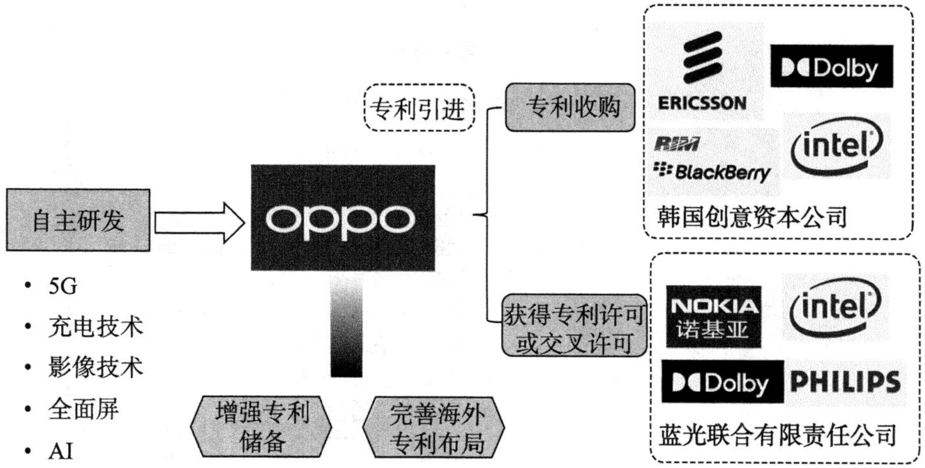

图 2 – 10　OPPO 公司的专利运营模式

第3章　商标转让许可分析

3.1　2020年商标转让数据分析

3.1.1　2020年转让次数越过60万次大关，较上年涨幅达到21.8%

首先从中国商标总量上看，2020年，中国商标注册量保持在576.1万件，截至2020年底，我国有效注册商标量达到3017.3万件①。2020年，涉及转让的中国商标数量达到607020件，转让次数达到613055次，平均每件商标转让1.01次。从发展态势来看，2020年商标转让次数较2019年增长109585次，涨幅达到21.8%；从运营行为占比来看，转让依然是2020年中国商标运营的最主要形式，转让次数占运营次数（转让次数、许可次数和质押次数之和）的91.0%，与2019年相比减少2.3个百分点，与2018年基本持平，如图3-1所示。

3.1.2　中国本土申请人商标转让优势明显，广东、浙江等地转让行为活跃

从申请人地域看，如图3-2所示，2020年中国本土申请人的商标转让行为占绝对优势，次数占比达到94.3%，基本保持了2019年的水平。而国外申请人来华进行商标转让的次数达到34678次，较2019年有微小的提升。

---

① 数据来源：2020年年度知识产权主要统计数据［EB/OL］.（2021-01-27）［2021-07-09］. https://www.cnipa.gov.cn/col/col87/index.html.

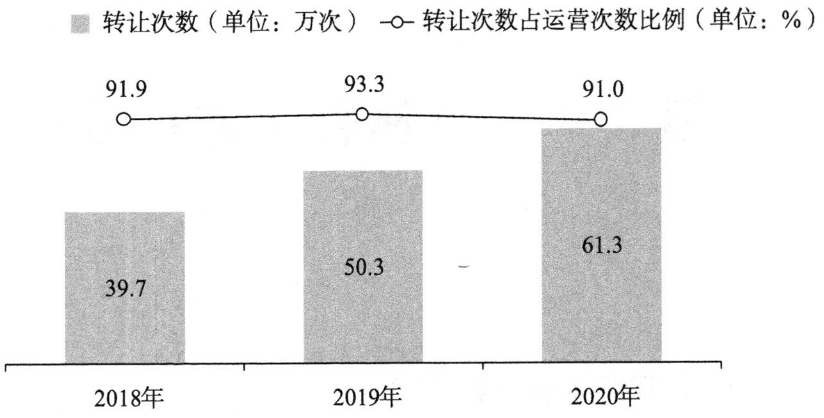

数据来源：知识产权出版社i智库
数据时间：法律状态公告日截至2020年12月31日

图3-1　2018—2020年中国商标转让次数变化趋势

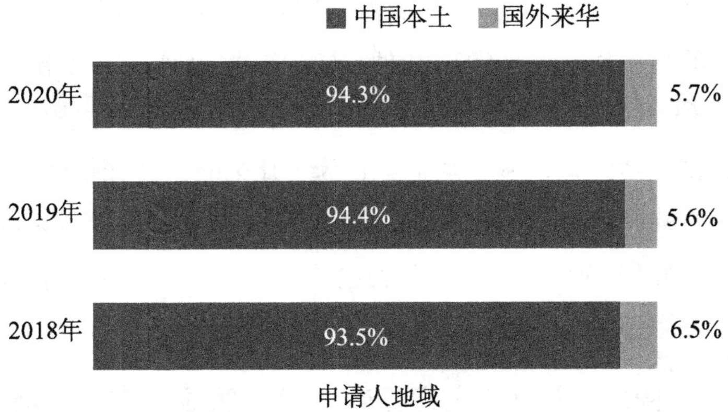

数据来源：知识产权出版社i智库
数据时间：法律状态公告日截至2020年12月31日

图3-2　2018—2020年中国本土/国外来华申请人商标转让情况对比

如图3-3所示，中国本土申请人中，广东、浙江、江苏、北京、福建等省市的商标转让活动最为频繁，合计转让次数占全部本土转让次数的55.4%，这些省市位于粤港澳大湾区、长三角、京津冀以及闽三角经济带的中心区域，经济较为发达。而广东申请人涉及的商标转让行为多达132928

次，约是排名第二位和第三位的省市转让次数之和的1.2倍。近两年，广东继续加大商标运营活动支撑工作的推进力度，在2019年发布的《粤港澳大湾区发展规划纲要》中明确了粤港澳等地对包括商标品牌在内的法规政策的共享工作；此外，广东还探索提高商标运营活动办理效率的新模式，采用“多元受理、归集统办”的方式，最大限度地提高运营活动办理的便捷性。

国外来华进行商标转让的申请人，来源地主要包括美国、开曼群岛、日本、韩国以及德国。其中，美国申请人来华进行商标转让的次数最多，占全部国外来华申请人商标转让次数的23.1%；其次是开曼群岛，来华进行商标转让的次数占全部国外来华申请人商标转让次数的19.1%。

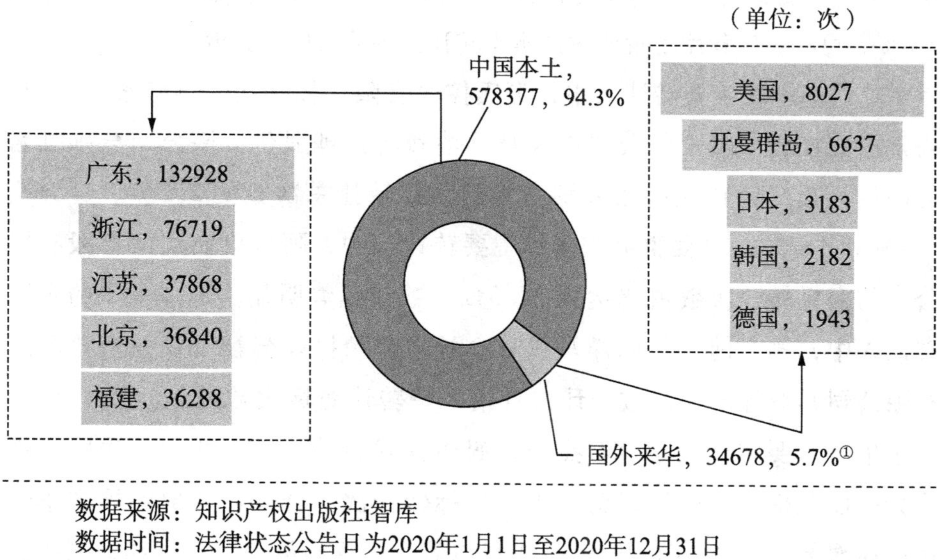

图3-3　2020年中国实施商标转让的申请人地域分布

3.1.3　中国本土和美国来华商标转让人的商标转让活动总体分布差距不明显，开曼群岛、日本和韩国等的商标转让活动集中于主要转让人

中国本土申请人的商标转让次数共计578377次，参与转让活动的人

① 因统计受限，部分数据未计入，且图上没有体现其占比。

或单位约有 141772 个，平均每位转让人或单位的转让次数约为 4.1 次。国外来华申请人的商标转让次数共计 34678 次，参与转让活动的人或单位约有 5790 个，平均每位转让人或单位的转让次数约为 6.0 次。从平均值转让次数来看，中国本土申请人与国外来华申请人在集中度上的差距并不明显。

如表 3－1 所示，中国本土的主要转让人中，排名第一位的转让人是恒安国际集团有限公司，其在 2020 年参与商标转让的次数为 1274 次；排名第二位的是福建省三福百货有限公司，参与商标转让的次数为 1250 次；排名第三位的是宁夏香山酒业（集团）有限公司，参与商标转让的次数为 1090 次。这三个主要商标转让人的转让总次数仅占中国本土申请人商标转让总量的 0.6%，可在一定程度上说明中国本土转让人的分布较为分散。

美国来华的主要转让人中，惠氏控股有限责任公司、英格索兰公司、玛索尼克控股有限责任公司以及拜耳消费者护理股份有限公司分别排名前四位，其商标转让次数分别占本国商标转让总次数的 2.3%、1.8%、1.4% 和 1.4%。开曼群岛来华的主要转让人中，阿里巴巴集团控股有限公司的商标转让次数占比达到 97.3%，数量优势明显。日本来华的主要转让人中，排名前三位的洋马株式会社、麒麟株式会社以及登路普国际有限公司其商标转让次数合计占日本来华转让商标次数的 24.4%。而韩国来华的主要转让人中，希杰娱乐媒体株式会社、希杰欧利芙洋网聚株式会社以及株式会社爱茉莉太平洋商标转让次数合计占全部韩国来华转让商标次数的 20.7%。从表 3－1 可以看出，开曼群岛、日本和韩国的主要转让人的商标转让活动更为集中。

综上所述，2020 年在中国实施商标转让的主要转让人中，中国本土及美国来华的主要转让人商标转让次数在本地区的占比均不足 3%；而开曼群岛、日本和韩国等的主要商标转让人商标转让次数在本地区的比例均超过 9%，体现出主要转让人活动更为集中的特点。

表3-1　2020年中国商标转让排名靠前国家（地区）的主要转让人

排名	国家（地区）	主要转让人	转让次数（次）	占本国商标转让总次数的比例（%）
1	中国	恒安国际集团有限公司	1274	0.2
		福建省三福百货有限公司	1250	0.2
		宁夏香山酒业（集团）有限公司	1090	0.2
2	美国	惠氏控股有限责任公司	187	2.3
		英格索兰公司	142	1.8
		玛索尼克控股有限责任公司	116	1.4
		拜耳消费者护理股份有限公司	115	1.4
3	开曼群岛	阿里巴巴集团控股有限公司	6457	97.3
		株式会社迪桑特	57	0.9
		陕西远景进出口有限公司	14	0.2
		MI能源公司	12	0.2
4	日本	洋马株式会社	378	11.9
		麒麟株式会社	251	7.9
		登路普国际有限公司	146	4.6
5	韩国	希杰娱乐媒体株式会社	197	9.0
		希杰欧利芙洋网聚株式会社	151	6.9
		株式会社爱茉莉太平洋	104	4.8

数据来源：知识产权出版社i智库

数据时间：法律状态公告日为2020年1月1日至2020年12月31日

3.1.4　服装/鞋/帽类最多，美国、开曼群岛、日本以及瑞士侧重于科研用装置及仪器类，韩国、德国和英国侧重于清洁和梳妆用制剂类

如图3-4所示，2020年涉及商标转让行为的中国商标尼斯分类TOP20排行榜中，服装/鞋/帽类（国际分类号25）商标转让次数最多，几乎占全年

商标转让次数的 11.6%；其次是广告/商业服务等（国际分类号 35）商标，转让次数占比接近 8%。分别排名第三位和第四位的植物类食品（国际分类号 30）、科研用装置及仪器（国际分类号 9）这两个类别的商标转让次数占比均保持在 6% 左右。从主要类别变化情况看，2020 年度发生商标转让的主要尼斯分类和排名情况与 2019 年度相同，前五个类别商标转让次数总和超过 2020 年商标转让次数的 1/3，数量优势明显。

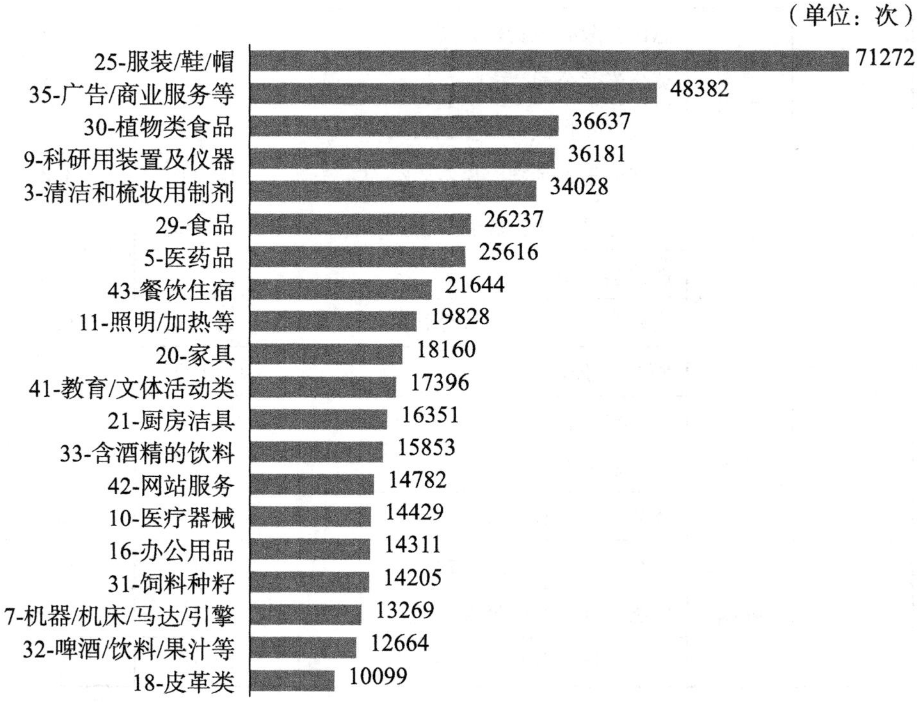

数据来源：知识产权出版社i智库
数据时间：法律状态公告日为2020年1月1日至2020年12月31日

图 3－4　2020 年中国商标转让按尼斯分类 TOP20 排行榜

由表 3－2 可以看出，中国本土转让人商标转让尼斯分类特点与前面分析的总体分类相同，这与中国本土商标转让人的转让数量占据绝对优势有关。美国转让人在科研用装置及仪器、服装/鞋/帽以及医药品三类上的商标转让次数最多，占比（占本地区全部商标转让次数）分别达到 11.1%、7.3% 以及 6.6%；开曼群岛、日本以及瑞士的转让人均是在科研用装置及仪器上的商标转让次数优势更为明显，分别占本地区全部商标转让次数的 12.4%、7.5% 以及 18.7%；而韩国、德国以及英国的转让人则均在清洁和梳妆用制剂上体现出更为活跃的商标转让行为，商标转让次数占比分别达到 21.6%、9.0% 以及 10.3%。

表 3-2　2020 年中国商标转让尼斯分类分布　（单位：次）

尼斯分类	转让人国家（地区）							
	中国	美国	开曼群岛	日本	韩国	德国	英国	瑞士
25－服装/鞋/帽	69462	586	62	206	153	55	136	22
35－广告/商业服务等	45905	510	733	152	223	82	105	89
30－植物类食品	35452	174	19	167	133	37	39	32
9－科研用装置及仪器	32811	894	821	239	134	116	145	280
3－清洁和梳妆用制剂	31756	441	20	233	471	175	188	56
29－食品	25525	98	19	59	41	39	17	9
5－医药品	23856	530	27	191	77	100	172	170
43－餐饮住宿	21137	59	80	66	61	10	14	4
11－照明/加热等	19020	218	11	95	40	84	84	64
20－家具	17665	176	30	52	17	43	23	7
41－教育/文体活动类	15916	223	635	104	81	26	59	40
21－厨房洁具	15605	207	23	109	82	39	54	15
33－含酒精的饮料	15313	61	13	31	10	11	39	2
42－网站服务	13171	308	753	65	31	52	58	58
10－医疗器械	13640	281	9	81	39	64	44	139
16－办公用品	12879	297	549	105	49	44	70	37
31－饲料种籽	13831	86	15	53	8	18	9	6
7－机器/机床/马达/引擎	12346	247	19	106	18	143	67	57
32－啤酒/饮料/果汁等	12054	104	19	128	70	32	26	6
18－皮革类	9154	254	43	105	94	22	60	29

数据来源：知识产权出版社 i 智库

数据时间：法律状态公告日为 2020 年 1 月 1 日至 2020 年 12 月 31 日

3.1.5 企业和个人是主要的商标转让人，集团内部或关联企业之间的非商业化转移占多数

如图 3 – 5 所示，企业性质的转让人是最主要的类型，所涉及的商标转让次数达到 488214 次，几乎占到 2020 年商标转让次数的八成；其次是个人性质的转让人，商标转让次数为 118514 次，占比为 19.3%；而其他类型的转让人商标转让次数占比约为 1.0%，其中事业单位性质的转让人商标转让次数较多，达 2382 次。

（单位：次）

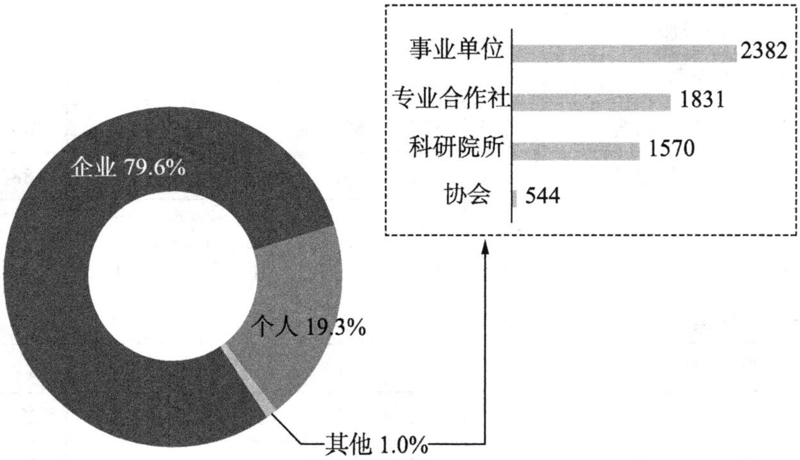

数据来源：知识产权出版社i智库
数据时间：法律状态公告日为2020年1月1日至2020年12月31日

图 3 – 5 2020 年中国本土商标转让人类型

从表 3 – 3 和表 3 – 4 可以看出，来自国外的商标转让人只有阿里巴巴集团控股有限公司，其余全部为中国本土的转让人。从中国商标转让数量来看，阿里巴巴集团控股有限公司以 6457 次的数量占据首位，几乎是排名第二的恒安国际集团有限公司商标转让次数的 5.1 倍。阿里巴巴集团控股有限公司如此大规模的商标转让活动，其主要是通过向创新先进技术有限公司和先进创新技术有限公司（两者均为蚂蚁集团的境外子公司）转让商标的方式实现，最终完成与蚂蚁集团之间的部分知识产权资产的转让。此外，从商业性转让

方面看，有7位转让人存在商业性转让行为。其中，广州共驰信息科技有限公司1036次的商标转让活动中，共涉及946位不同的受让人；广州市朗律信息科技有限公司751次的商标转让活动中，共涉及698位不同的受让人。

而未涉及商业性转让行为的转让人主要有恒安国际集团有限公司、福建省三福百货有限公司、青岛海尔投资发展有限公司等。从模式上看，这些转让主要是发生在集团公司与其子公司之间，或是具备相同投资人的关联公司之间。例如，福建省三福百货有限公司与其受让人三福服饰有限公司，这两个公司都是赵健宁、赵健宜投资的关联公司；转让人泰康之家（北京）投资有限公司所属的泰康人寿保险有限责任公司隶属于受让人泰康保险集团股份有限公司。

表3-3 2020年中国商标转让人排行TOP20 （单位：次）

排名	转让人	国家（地区）	转让次数	商业性转让①
1	阿里巴巴集团控股有限公司	开曼群岛	6457	有
2	恒安国际集团有限公司	中国	1274	无
3	福建省三福百货有限公司	中国	1250	无
4	宁夏香山酒业（集团）有限公司	中国	1090	有
5	广州共驰信息科技有限公司	中国	1036	有
6	青岛海尔投资发展有限公司	中国	853	无
7	广州市朗律信息科技有限公司	中国	751	有
8	石药控股集团有限公司	中国	685	无
9	广州藏知品牌管理有限公司	中国	670	有
10	上海夕尔实业有限公司	中国	631	有
11	泰康之家（北京）投资有限公司	中国	585	无
12	成都美景舒适家居有限公司	中国	574	无
13	书行科技（北京）有限公司	中国	557	无
14	广州米标企业管理有限公司	中国	548	有

① 商标商业性转让，是指转让未发生在集团内子公司之间，或子公司与母公司等关联公司之间。

续表

排名	转让人	国家（地区）	转让次数	商业性转让
15	广州暨北生物科技有限公司	中国	539	无
16	北京风云变幻科技有限公司	中国	530	无
17	云南国际博览事务管理办公室（云南国际博览事务局）	中国	500	无
18	慈溪市公牛电器有限公司	中国	480	无
19	北京摩拜科技有限公司	中国	461	无
20	广州弹幕网络科技有限公司	中国	452	无

数据来源：知识产权出版社 i 智库

数据时间：法律状态公告日为 2020 年 1 月 1 日至 2020 年 12 月 31 日

表 3-4　2020 年中国商标受让人排行 TOP20　（单位：次）

排名	受让人	国家（地区）	受让次数	商业性转让
1	创新先进技术有限公司	开曼群岛	4855	有
2	先进创新技术有限公司	开曼群岛	1594	有
3	恒安（中国）纸业有限公司	中国	1274	无
4	三福服饰有限公司	中国	1258	有
5	曹广江	中国	1090	有
6	北京字节跳动科技有限公司	中国	921	无
7	青岛海商智财管理咨询有限公司	中国	895	无
8	杭州贝咖实业有限公司	中国	709	有
9	成都美景企业管理有限公司	中国	672	无
10	泰康保险集团股份有限公司	中国	585	无
11	福建皮皮跳动科技有限公司	中国	582	无
12	小红书科技有限公司	中国	557	无
13	美颜秘笈（广东）化妆品研究开发有限公司	中国	539	无
14	拉扎斯网络科技（上海）有限公司	中国	533	无

续表

排名	受让人	国家（地区）	受让次数	商业性转让
15	云南省商务研究院	中国	505	无
16	石药集团有限公司	中国	498	无
17	公牛集团股份有限公司	中国	480	无
18	汉海信息技术（上海）有限公司	中国	461	无
19	游艺星际（北京）科技有限公司	中国	452	无
20	芒果超媒股份有限公司	中国	420	无

数据来源：知识产权出版社 i 智库

数据时间：法律状态公告日为 2020 年 1 月 1 日至 2020 年 12 月 31 日

3.1.6　排名前列的商标转让人受让范围窄，集中度较高

从表 3－5 可以看出，排名 TOP5 的商标转让人及其受让人均来自中国本土和开曼群岛。

其中，阿里巴巴集团控股有限公司转让商标次数最多，其涉及的主要受让人包括创新先进技术有限公司、先进创新技术有限公司以及钉钉控股（开曼）有限公司，转让商标的尼斯分类主要包括 9－科研用装置及仪器、36－金融物管和 42－网站服务；恒安国际集团有限公司和福建省三福百货有限公司分列商标转让的第二位和第三位，所涉商标转让均属于集团内部或关联企业之间的非商业性转让行为，所涉商标尼斯分类主要为 5－医药品和25－服装/鞋/帽。

而从主要受让人角度看，恒安国际集团有限公司、福建省三福百货有限公司和宁夏香山酒业（集团）有限公司三位商标转让人均是仅涉及 1 位受让人，较为集中；而广州共驰信息科技有限公司涉及 946 位不同的受让人，平均受让次数仅为 1.1 次左右。

表 3－5　2020 年 TOP5 中国商标转让人的商标转让主要流向

排名	转让人	转让次数（次）	主要受让人	受让次数（次）	是否有商业性转让	转让人国家（地区）	主要尼斯分类
1	阿里巴巴集团控股有限公司	6457	创新先进技术有限公司	4855	是	开曼群岛	9、36、42
			先进创新技术有限公司	1594			
			钉钉控股（开曼）有限公司	8			
2	恒安国际集团有限公司	1273	恒安（中国）纸业有限公司	1274	否	中国	5、16、3
3	福建省三福百货有限公司	1250	三福服饰有限公司	1250	否	中国	25、35、18
4	宁夏香山酒业（集团）有限公司	1090	曹广江	1090	是	中国	33、32、30
5	广州共驰信息科技有限公司	1036	嘉兴邦豆科技有限公司	9	是	中国	3、20、9
			杭州好麦网络科技有限公司	8			
			佛山市吉牧欧卫浴有限公司	7			
			中山市仟城照明科技有限公司	5			
			义乌市文杰箱包有限公司	4			
			南宫市美淼青商贸有限公司	4			
			江苏知原药业有限公司	4			
			其他受让人	995			

数据来源：知识产权出版社 i 智库

数据时间：法律状态公告日为 2020 年 1 月 1 日至 2020 年 12 月 31 日

从表3－6可以看出，排名TOP5的商标受让人及其主要转让人同样来自中国本土和开曼群岛。

其中，排名前二的创新先进技术有限公司和先进创新技术有限公司作为蚂蚁集团的境外子公司，协助完成阿里巴巴集团控股有限公司向其母公司进行知识产权（商标）转移的运营策略。另外，三福服饰有限公司除了主要接收来自福建省三福百货有限公司的商标转移外，还从林伟鹏（6次）和常熟一亩地网络科技有限公司（2次）受让了部分商标，主要涉及“花肌颜”“FOJEON”和“MISS JOSIE”等商标。

表3－6　2020年TOP5中国商标受让人的商标受让主要来源

排名	受让人	受让次数（次）	转让人	转让次数（次）	是否有商业性转让	受让人国家（地区）
1	创新先进技术有限公司	4855	阿里巴巴集团控股有限公司	4855	是	开曼群岛
2	先进创新技术有限公司	1594	阿里巴巴集团控股有限公司	1594	是	开曼群岛
3	三福服饰有限公司	1258	福建省三福百货有限公司	1250	是	中国
			林伟鹏	6		
			常熟一亩地网络科技有限公司	2		
4	恒安（中国）纸业有限公司	1274	恒安国际集团有限公司	1274	否	中国
5	曹广江	1090	宁夏香山酒业（集团）有限公司	1090	是	中国

数据来源：知识产权出版社i智库

数据时间：法律状态公告日为2020年1月1日至2020年12月31日

3.2　2020 年商标许可数据分析

3.2.1　商标许可超 4 万次，同比增长 30.6%

2020 年，中国商标许可活动持续活跃，许可次数达到 41465 次，涉及商标 27788 件，平均每件商标许可 1.5 次。2020 年商标许可次数较 2019 年增长 9713 次，涨幅达到 30.6%。

如图 3－6 所示，2020 年商标许可次数占商标运营次数的比例为 6.2%，与前两年的占比情况相比基本持平。

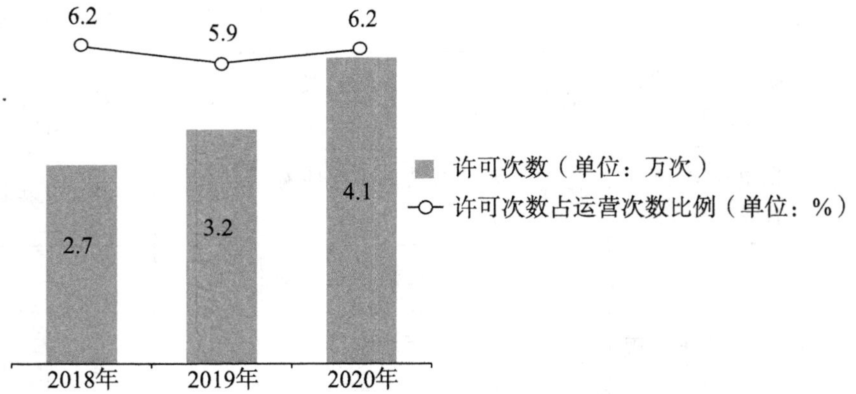

数据来源：知识产权出版社i智库
数据时间：法律状态公告日截至2020年12月31日

图 3－6　2018—2020 年中国商标许可次数变化趋势

3.2.2　中国本土商标许可申请人的许可占比 74.6%，广东、北京、浙江等地许可活跃

从 2020 年中国商标许可申请人主体的地域分布情况来看，如图 3－7 所示，中国本土申请人主体的商标许可次数占比为 74.6%，较前两年有了进一步提升；2020 年国外来华申请人主体的商标许可次数占比为 25.4%，从近三

年的情况可以看出，这一比例正逐年缩小。2020 年，中国本土申请人主体许可商标 30942 次，较 2019 年同期增长 38.1%；国外来华申请人主体共计许可商标 10523 次，较 2019 年同期增长 12.6%。可以看出，中国本土申请人主体的商标许可增幅较大。

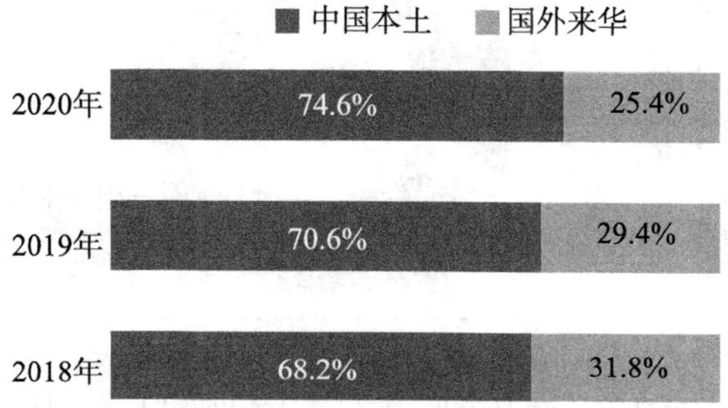

数据来源：知识产权出版社i智库
数据时间：法律状态公告日为2020年1月1日至2020年12月31日

图 3-7 2018—2020 年中国商标许可中国本土/国外来华对比

如图 3-8 所示，广东、北京、浙江、江苏、上海等省市进入 2020 年商标许可申请人全国 TOP5 榜单，其许可数量与 2019 年相比都有较大提高。其中，广东商标许可次数为 4746 次，占 2020 年中国商标许可次数的 11.4%，与 2019 年基本持平，稳居第一位。北京、浙江、江苏、上海分别位居第二至第五，许可次数占比分别为 9.0%、6.4%、5.0%、4.9%。

国外来华申请人的商标许可中，美国的商标许可次数上升明显，较 2019 年同期增长 26.7%，仍居国外来华国家第一位，其商标许可次数占国外来华申请人许可次数的 45.8%；日本商标许可次数与 2019 年基本持平，法国、德国、新加坡略有上升，瑞士、英国等国家有所下降。

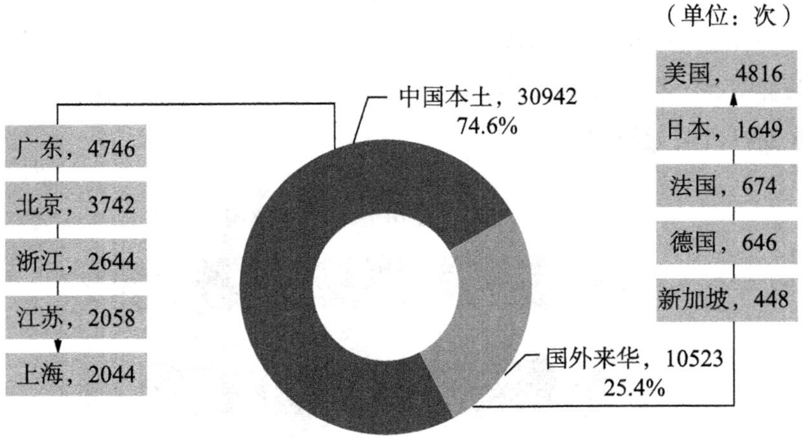

数据来源：知识产权出版社i智库
数据时间：法律状态公告日为2020年1月1日至2020年12月31日

图 3－8　2020 年中国实施商标许可的申请人按地区排行

3.2.3　中国本土申请人的商标许可较为分散，来华国家申请人的商标许可集中度较高

以申请人所在地址统计，中国本土申请人参与商标许可的人或单位约有 7736 个，平均每个许可人商标许可次数约为 4.0 次。来华国家申请人参与商标许可的人或单位约有 970 个，平均每个许可人商标许可次数约为 10.8 次。可见，国外来华的许可人商标许可集中度相对较高。

如表 3－7 所示，中国本土的主要许可人中，排名第一的是物美科技集团有限公司，其 2020 年商标许可次数占当年中国本土商标许可次数的 1.9%，共许可商标 589 次；排名第二的是北京人人车网络技术有限公司，商标许可次数占比为 1.5%；排名第三的是中国太平洋保险（集团）股份有限公司，占比为 1.0%。这三个主要许可人的许可次数之和仅占中国本土商标许可次数的 4.4%。

美国来华的主要许可人中，沃尔玛阿波罗有限责任公司、3M 公司和美国安利有限公司排名前三位，其商标许可次数之和占本国来华商标许可次数的比例为 50.3%。日本来华的主要许可人中，松下电器产业株式会社、太阳控股株式会社和三得利控股株式会社的商标许可次数占据日本来华商标许可次数的20.9%。另外，法国的主要许可人皮尔·卡丹、优诺品牌公司、必维国际检验集团的商标许可次数占据法国来华商标许可次数的43.8%，德国的主要许可人西门子股份公司、美乐家欧罗巴有限公司、泰诺风卡帕阿诺+布恩霍费尔有限公司的商标许可次数占据德国来华商标许可次数的37.6%。

可以看出，2020年在中国实施商标许可的许可人中，无论是从总体商标许可人情况看，还是从排名TOP5国家的主要许可人情况看，中国本土的许可人分布都比较分散，商标许可的集中度不高；而美国、日本、法国、德国等国家的许可人商标许可相对集中。

表3-7　2020年中国商标许可排名TOP5的主要许可人状况

排名	国家（地区）	许可人数量（个）	主要许可人	许可次数（次）	商标许可次数占比（%）
1	中国	7736	物美科技集团有限公司	589	1.9
			北京人人车网络技术有限公司	453	1.5
			中国太平洋保险（集团）股份有限公司	308	1.0
2	美国	255	沃尔玛阿波罗有限责任公司	1634	33.9
			3M公司	481	10.0
			美国安利有限公司	309	6.4
3	日本	261	松下电器产业株式会社	125	7.6
			太阳控股株式会社	110	6.7
			三得利控股株式会社	110	6.7
4	法国	79	皮尔·卡丹	120	17.8
			优诺品牌公司	111	16.5
			必维国际检验集团	64	9.5

续表

排名	国家（地区）	许可人数量（个）	主要许可人	许可次数（次）	商标许可次数占比（%）
5	德国	85	西门子股份公司	108	16.7
			美乐家欧罗巴有限公司	93	14.4
			泰诺风卡帕阿诺 + 布恩霍费尔有限公司	42	6.5

数据来源：知识产权出版社 i 智库

数据时间：法律状态公告日为 2020 年 1 月 1 日至 2020 年 12 月 31 日

3.2.4　植物类食品商标许可最多，各国许可领域侧重不同

2020 年中国商标实施许可的尼斯分类 TOP20 排行榜中，如图 3－9 所示，植物类食品（国际分类号 30）商标许可最多，达到 4727 次；其次是运载工具（国际分类号 12）类，商标许可 2905 次；医药品（国际分类号 5）排名第三位，商标许可 2717 次；饲料种籽（国际分类号 31）、广告/商业服务（国际分类号 35）分别排名第四位、第五位。与 2019 年相比，植物类食品商标许可次数上升最明显，同比增长 97.2%；第 12 类、第 5 类、第 31 类、第 35 类等类别的商标许可次数也都有不同程度的上升。

从各主要国家在中国实施许可的商标尼斯分类发现，其在不同商标类别上的许可侧重各不相同。如表 3－8 所示，中国本土许可人在 30－植物类食品、12－运载工具、31－饲料种籽、5－医药品、29－食品等领域商标许可最活跃；美国许可人在 25－服装/鞋/帽、9－科研用装置及仪器、5－医药品、3－清洁和梳妆用制剂、35－广告/商业服务等领域商标许可最多；日本许可人在 9－科研用装置及仪器、12－运载工具、7－机器/机床/马达/引擎、30－植物类食品、5－医药品等领域商标许可最多；法国许可人在 42－网站服务、29－食品、9－科研用装置及仪器等领域商标许可较为活跃；德国许可人在 7－机器/机床/马达/引擎、6－金属材料、11－照明/加热等、9－科研用装置及仪器等领域商标许可较为活跃；新加坡许可人在 25－服装/鞋/帽、36－金融物管、35－广告/商业服务等领域商标许可较为活跃。

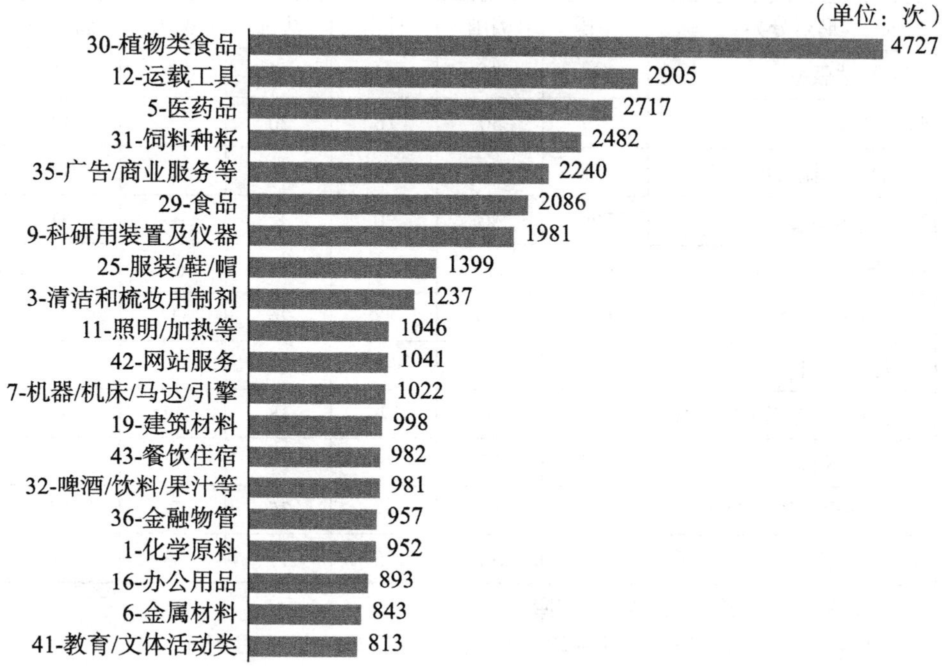

数据来源：知识产权出版社i智库
数据时间：法律状态公告日为2020年1月1日至2020年12月31日

图3－9　2020年中国商标实施许可尼斯分类TOP20

表3－8　2020年中国商标实施许可尼斯分类分布　（单位：次）

尼斯分类	中国	美国	日本	法国	德国	新加坡
30－植物类食品	4205	250	107	22	12	6
12－运载工具	2580	95	137	18	19	11
31－饲料种籽	2356	63	31	11	—	1
5－医药品	2217	264	106	34	5	2
29－食品	1762	167	19	49	3	—
35－广告/商业服务等	1659	256	54	36	21	30
9－科研用装置及仪器	1256	282	177	40	62	20
25－服装/鞋/帽	843	296	39	34	5	45
19－建筑材料	818	70	27	11	42	—

续表

尼斯分类	中国	美国	日本	法国	德国	新加坡
42 - 网站服务	804	73	24	63	29	10
43 - 餐饮住宿	797	50	16	20	3	13
3 - 清洁和梳妆用制剂	795	259	67	9	6	13
36 - 金融物管	790	46	20	8	—	31
11 - 照明/加热等	651	175	71	14	64	—
32 - 啤酒/饮料/果汁等	642	177	88	26	1	—
1 - 化学原料	627	162	97	9	8	—
7 - 机器/机床/马达/引擎	614	96	126	18	77	—
6 - 金属材料	595	83	29	10	71	1
41 - 教育/文体活动类	586	86	6	35	8	15
16 - 办公用品	584	166	35	17	33	9

数据来源：知识产权出版社 i 智库

数据时间：法律状态公告日为 2020 年 1 月 1 日至 2020 年 12 月 31 日

3.2.5 企业是中国商标许可的主要许可人，内部许可和外部许可兼有

从商标许可人的类型来看，如图 3 - 10 所示，中国商标许可的许可人主要是企业，商标许可次数占 2020 年中国商标许可次数比例为 78.6%；其次是个人，商标许可次数占比为 10.8%，科研院所商标许可次数仅占 0.3%；其他许可人的商标许可次数占比约为 10.4%，包括行业协会、服务中心、合作社等。

2020 年中国商标许可的许可人排行 TOP20 如表 3 - 9 所示。在该榜单中，来自国外的许可人共有 5 位，其中有 1 位涉及商业许可，其余 4 位属于集团内部许可，即未涉及商业许可。涉及商业许可的国外来华许可人是韩国的思玛特株式会社，该企业作为国际儿童教育娱乐公司，在 2020 年许可的商标主要涉及碰碰狐（PINKFONG）系列。未涉及商业许可的 4 位国外来华许可人中，沃尔玛阿波罗有限责任公司许可其集团公司沃尔玛公司 1635 次，3M 公司主要许可给明尼苏达矿业制造（上海）国际贸易有限公司、3M 中国有限

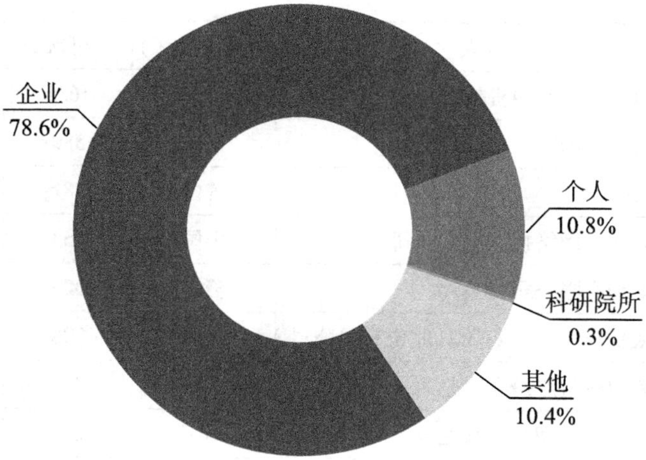

数据来源：知识产权出版社i智库
数据时间：法律状态公告日为2020年1月1日至2020年12月31日

图3－10　2020年中国商标许可的许可人类型分布

公司、3M（天津）国际贸易有限公司等集团公司。

从中国商标许可人的表现来看，上榜的15位许可人中有7位存在商业性许可。其中，表现较为突出的有北京人人车网络技术有限公司、北新集团建材股份有限公司、上海三联（集团）有限公司。例如，北京人人车网络技术有限公司将商标许可给广州达申商务咨询有限公司，商标名称主要涉及"人人车""车人人"等；上海三联（集团）有限公司的被许可人多达271位，包括全国许多地区的眼镜店和眼镜公司，如江苏淮安博士眼镜有限公司交通路分公司、淮安市新代文化用品有限公司鼓楼眼镜分公司等。

未涉及商业性许可的8位中国商标许可人包括6家企业、2家行业协会，非商业性许可模式主要包括母子公司、集团公司以及关联公司或组织之间的商标许可。例如，物美科技集团有限公司与北京物美综合超市有限公司之间的商标许可属于母公司与控股子公司之间的商标许可；安化县茶业协会与中茶湖南安化第一茶厂有限公司、湖南省云上茶业有限公司等公司之间的许可，属于行业协会与其成员之间的许可，该协会在2020年实施许可的商标都是证明商标，如"安化黑茶""安化红""安化红茶""安化千两茶"。

表3－9　2020年中国商标许可的许可人排行TOP20　（单位：次）

排名	许可人	国家（地区）	许可次数	商业性许可①
1	沃尔玛阿波罗有限责任公司	美国	1635	无
2	物美科技集团有限公司	中国	589	无
3	3M公司	美国	481	无
4	北京人人车网络技术有限公司	中国	453	有
5	美国安利有限公司	美国	325	无
6	中国太平洋保险（集团）股份有限公司	中国	308	无
7	北新集团建材股份有限公司	中国	277	有
8	上海三联（集团）有限公司	中国	273	有
9	中国中药有限公司	中国	233	无
10	修正药业集团股份有限公司	中国	233	有
11	粉嫩公主生物科技有限公司	中国	227	无
12	中顺洁柔纸业股份有限公司	中国	180	无
13	华润三九医药股份有限公司	中国	167	有
14	安化县茶业协会	中国	160	无
15	埃克森美孚公司	美国	157	无
16	黑龙江葵花药业股份有限公司	中国	154	有
17	思玛特株式会社	韩国	152	有
18	舟山市水产流通与加工行业协会	中国	152	无
19	中国建银投资有限责任公司	中国	151	无
20	浙江省农业技术推广中心	中国	150	有

数据来源：知识产权出版社i智库

数据时间：法律状态公告日为2020年1月1日至2020年12月31日

2020年中国商标许可的被许可人排行TOP20如表3－10所示。在该榜单中，有2位被许可人来自美国，1位来自法国，1位来自瑞典，其余16位来自中国。这四位国外的被许可人包括美国的沃尔玛公司、埃克森美孚亚太私

① 本书中的商标商业性许可，是指许可未发生在集团内子公司之间，或子公司与母公司等关联公司之间。

人有限公司，法国的皮尔·卡丹管理公司，瑞典的沃尔沃有限公司，它们在2020年获得许可的商标都来自其内部集团。例如，沃尔玛公司的1635次商标许可全部来自沃尔玛阿波罗有限责任公司，埃克森美孚亚太私人有限公司的121次商标许可全部来自埃克森美孚公司，皮尔·卡丹管理公司的150次商标许可全部来自皮尔·卡丹，沃尔沃有限公司的97次商标许可全部来自沃尔沃商标控股有限公司。

中国的16位被许可人主要为北京、广东、上海、江苏等地的企业，其中广州达申商务咨询有限公司、广州艺洲人品牌管理股份有限公司、上海凤翼梧熙体育文化发展有限公司、北京五八拍拍信息技术有限公司这4位被许可人存在商业性许可，其余12位被许可人涉及的商标许可为集团内部或关联公司之间的许可，无商业性许可。例如，北京物美综合超市有限公司被许可的商标全部来自物美科技集团有限公司和北京美廉美连锁商业有限公司，其中北京美廉美连锁商业有限公司是北京物美商业集团股份有限公司的全资子公司。

表3-10　2020年中国商标许可的被许可人排行TOP20　（单位：次）

排名	被许可人	国家（地区）	被许可次数	商业性许可
1	沃尔玛公司	美国	1635	无
2	北京物美综合超市有限公司	中国	680	无
3	广州达申商务咨询有限公司	中国	455	有
4	安利（中国）日用品有限公司	中国	279	无
5	明尼苏达矿业制造（上海）国际贸易有限公司	中国	192	无
6	捷通国际有限公司	中国	175	无
7	广州艺洲人品牌管理股份有限公司	中国	152	有
8	皮尔·卡丹管理公司	法国	150	无
9	安利（中国）电子商务有限公司	中国	137	无
10	3M中国有限公司	中国	127	无
11	埃克森美孚亚太私人有限公司	美国	121	无

续表

排名	被许可人	国家（地区）	被许可次数	商业性许可
12	上海凤翼梧熙体育文化发展有限公司	中国	115	有
13	康宝莱（上海）管理有限公司	中国	114	无
14	优诺乳业有限公司	中国	111	无
15	太阳油墨（苏州）有限公司	中国	110	无
16	刘燕酿制健康科技（北京）有限公司	中国	103	无
17	高露洁棕榄（中国）有限公司	中国	102	无
18	沃尔沃有限公司	瑞典	97	无
19	北京五八拍拍信息技术有限公司	中国	97	有
20	北京得特创新科技有限公司	中国	97	无

数据来源：知识产权出版社 i 智库

数据时间：法律状态公告日为2020年1月1日至2020年12月31日

3.2.6 排名前列的商标许可人主要实施集团内部许可，侧重类别各不相同

从2020年中国商标许可双方排名来看，排名前列的许可人和被许可人主要来自中国和美国①。

如表3-11所示，TOP5商标许可人中，来自美国的沃尔玛阿波罗有限责任公司许可次数最多，达1635次，商标的分类主要包括25-服装/鞋/帽、9-科研用装置及仪器、35-广告/商业服务等、21-厨房洁具、20-家具等；来自中国本土的物美科技集团有限公司排名第二，商标的分类主要包括30-植物类食品、29-食品、35-广告/商业服务等、32-啤酒/饮料/果汁等、31-饲料种籽等；来自美国的3M公司排名第三，商标的分类主要包括17-橡胶制品、1-化学原料、9-科研用装置及仪器、10-医疗器械、5-医药品等。

从涉及的被许可人来看，TOP5商标许可人中除了3M公司的被许可人涉及11个、美国安利有限公司涉及2个外，其余3个TOP5许可人都仅涉

① 以许可人和被许可人的登记地址统计。

及1个被许可人，许可集中度很高。其中，北京人人车网络技术有限公司许可商标给广州达申商务咨询有限公司属于集团外部的许可，涉及商业性许可；而沃尔玛阿波罗有限责任公司将商标许可给沃尔玛公司，物美科技集团有限公司将商标许可给北京物美综合超市有限公司，3M公司将商标许可给明尼苏达矿业制造（上海）国际贸易有限公司、3M中国有限公司、3M（天津）国际贸易有限公司，这些都属于集团公司或关联公司的内部许可。可以看出，排名前列的商标许可人，内部许可和外部许可兼有，但内部许可占据大部分。

表3-11 2020年中国TOP5商标许可人的商标许可主要流向 （单位：次）

排名	许可人	总许可次数	主要被许可人	许可次数	商业性许可	许可人国家（地区）	主要尼斯分类
1	沃尔玛阿波罗有限责任公司	1635	沃尔玛公司	1635	无	美国	25、9、35、21、20
2	物美科技集团有限公司	589	北京物美综合超市有限公司	589	无	中国	30、29、35、32、31
3	3M公司	481	明尼苏达矿业制造（上海）国际贸易有限公司	192	无	中国	17、1、9、10、5
			3M中国有限公司	127	无		
			3M（天津）国际贸易有限公司	64	无		
4	北京人人车网络技术有限公司	453	广州达申商务咨询有限公司	453	有	中国	36、16、37、9、39

续表

排名	许可人	总许可次数	主要被许可人	许可次数	商业性许可	许可人国家（地区）	主要尼斯分类
5	美国安利有限公司	325	捷通国际有限公司	175	无	美国	3、5、30、32、21
			安利（中国）日用品有限公司	150	无		

数据来源：知识产权出版社 i 智库

数据时间：法律状态公告日为 2020 年 1 月 1 日至 2020 年 12 月 31 日

如表 3－12 所示，TOP5 被许可人中，来自中国的有 3 位，来自美国的有 2 位，即中国的北京物美综合超市有限公司、广州达申商务咨询有限公司、安利（中国）日用品有限公司，和美国的沃尔玛公司、明尼苏达矿业制造（上海）国际贸易有限公司。

具体来看，来自中国的被许可人中，排名第一的沃尔玛公司 100% 的被许可商标都来自沃尔玛阿波罗有限责任公司，这两个公司属于内部关联公司；排名第二的北京物美综合超市有限公司有 86.6% 的被许可商标来自物美科技集团有限公司，13.4% 的来自北京美廉美连锁商业有限公司，这三个公司也属于集团内部关联公司；排名第三的被许可人广州达申商务咨询有限公司，其被许可商标主要来自北京人人车网络技术有限公司，属于商业性许可；排名第四的安利（中国）日用品有限公司、第五的明尼苏达矿业制造（上海）国际贸易有限公司，其被许可商标都来自其关联公司。

由此可见，排名前列的商标被许可人，内部许可和外部许可兼有，但内部许可占据大部分。

表3-12 2020年中国商标许可TOP5被许可人的商标主要来源 （单位：次）

排名	被许可人	总被许可次数	主要许可人	许可次数	商业性许可	被许可人国家（地区）
1	沃尔玛公司	1635	沃尔玛阿波罗有限责任公司	1635	无	美国
2	北京物美综合超市有限公司	680	物美科技集团有限公司	589	无	中国
			北京美廉美连锁商业有限公司	91	无	
3	广州达申商务咨询有限公司	455	北京人人车网络技术有限公司	453	有	中国
			郑州明诚汽车销售有限公司	1	有	
			北京诚易旧机动车经纪有限公司	1	有	
4	安利（中国）日用品有限公司	279	美国安利有限公司	150	无	中国
			捷通国际有限公司	129	无	
5	明尼苏达矿业制造（上海）国际贸易有限公司	192	3M公司	192	无	美国

数据来源：知识产权出版社i智库

数据时间：法律状态公告日为2020年1月1日至2020年12月31日

第 4 章　商标品牌培育典型案例

商标是区别商品或服务来源的标志，而品牌则是它的价值体现，商标与品牌是密切联系的有机整体。商标品牌连接着创新和市场，既发挥着承载和引领创新的重要作用，又起到保护和激励创新的作用，是创新发展的重要驱动力。

商标品牌作为国家经济发展的战略性资源和核心要素，在促进经济发展中的作用日益凸显。知名商标品牌的数量和规模已成为衡量一个国家创新能力和综合实力的重要体现。中共中央总书记习近平强调，推动中国制造向中国创造转变、中国速度向中国质量转变、中国产品向中国品牌转变。党的十九大报告指出，我国经济已由高速增长阶段转向高质量发展阶段，正处在转变发展方式、优化经济结构、转换增长动力的攻关期。在实现我国经济由高速增长向高质量发展阶段转换的新动能建设方面，商标品牌已经成为我国经济高质量发展的重要战略资源。特别是随着国家知识产权战略的加快推进，商标品牌建设受到高度重视，商标品牌在各地社会经济发展中的价值愈发凸显。世界知识产权组织的相关研究表明，在全球销售的制成品价值中，超过30% 的价值来源于商标品牌、外观设计和科学技术等元素。①

在经济全球化的今天，品牌是中国产品走出去的“绿卡”，也是中国制造业形象的“名片”，而商标是中国知名品牌的最为重要的知识产权。国际企业往往通过法律将技术、品牌优势转化为知识产权优势，并在世界贸易组织框架内将知识产权优势演变为市场竞争优势。商标培育是企业开展品牌创建的重要内容，也是商标战略实施的核心。企业刚注册的商标，初始价值较

---

① WIPO. World Intellectual Property Report 2017 – Intangible Capital in Global Value Chains [R]. Geneva, Switzerland, November 2017: 3 – 6. 转引自：徐升权、郎玲玲，“双循环”新发展格局下商标品牌作用再认识，发表于 2009 年 10 月《中华商标杂志》。

低，如何不断提升其价值，将其打造成强势品牌，是企业实施商标战略的一个重要课题。本章遴选了我国四家知名企业的商标品牌培育典型案例，重点对其商标品牌培育的路径进行了详述，并对商标品牌培育的策略进行了总结，以期为企业进行商标品牌培育提供启示和借鉴。

4.1　鄂尔多斯——可持续的品牌，可持续的未来

4.1.1　公司及商标品牌介绍

内蒙古鄂尔多斯投资控股集团有限公司（以下简称鄂尔多斯集团）羊绒产业始于1980年，“鄂尔多斯”注册商标则由该集团前身伊克昭盟羊绒衫厂于1987年申请，并于1988年成功注册。

作为行业标志性品牌，“鄂尔多斯”于1999年被认定为纺织行业第一个“中国驰名商标”，并连续20多年获得国际生态纺织品权威检测机构颁发的“国际信心纺织品”资格证书。2017年，“鄂尔多斯”荣获由国家工商总局、世界知识产权组织联合颁发的中国商标金奖——商标运用奖。在“世界品牌实验室”品牌价值评选中，“鄂尔多斯”品牌价值连续多年位居中国服装行业最具价值品牌前列，2021年该品牌价值达1420.68亿元。

4.1.2　商标品牌培育过程

多年来，鄂尔多斯集团在对全国35个城市的5000多名消费者展开深度调研的基础上，对行业、市场、品牌竞争和渠道态势进行研究比较，尤其是对鄂尔多斯品牌运营与发展的现状进行深入分析，最终确立了以市场和消费者为导向的多品牌发展战略。

2017年，鄂尔多斯集团改变原来单一品牌的市场策略，从产品设计、品牌VI形象及渠道多个维度，大胆创新，精准推出了五大品牌，包括适应新兴中产人群的时尚化、国际化的“ERDOS”品牌，针对传统人群的专业化“鄂尔多斯1980”品牌，面向都市新客群的“BLUE ERDOS”品牌，“erdosKIDS”童装

品牌，以及创立了10年之久的定位于精品的“1436”品牌，由此建成了一个区隔经营、有效协同的全新运营管理体系。其中，“1436”品牌在2008年入选中华国宾礼，在2014年入选北京APEC峰会领导人专属配饰品牌，并多次在国家领导人出访、G20峰会完成外交国礼使命，成为连结中国与世界友谊的纽带；“ERDOS”品牌于2020年被中国连锁经营协会授予CCFA连锁品牌“最佳营销奖”，及“2020天猫年度经典焕新品牌大奖”；“鄂尔多斯1980”品牌于2017年被《环球时报》评为“温暖随行，年度品质羊绒生活奖”。

通过差异化品牌形象和宣传策略，鄂尔多斯集团以企划为指挥中枢创立“三上三下”的产品全生命周期管理机制，打通研发、设计、市场和销售各个环节。多品牌经营转型使得品牌价值和品牌形象不断提升，实现了品牌重塑新生，并进一步带动企业内部管理、运营和生产的革新及优化。

当前，面对新的市场环境和消费需求，鄂尔多斯集团根据品牌定位，分别与全国的核心商场及网络平台建立业务关系，开立品牌店铺2000多家。通过更贴近消费者的产品展示活动及明星穿着等方式，传递品牌信息，将品牌与目标消费群体紧密结合的同时，不断提升以羊绒为核心产品的全服装领域竞争能力。同时，配套性地完成了2个专业养护中心的建设，从羊绒制品的清洗、养护到储存，增加消费者的黏合度，引导消费者形成可持续消费观。

4.1.3 商标品牌培育策略

一是质量引领。在品牌创立之初，鄂尔多斯集团就提出：当一流职工，做一流工作，出一流产品，创一流效益。以质量求生存，以技术谋发展。质量是品牌生长的基础，鄂尔多斯集团作为最早通过ISO9000认证的纺织服装企业，一直奉行全员质量意识，从原材料到梳绒、纺纱、编织、染色等各个工序，都植入质量“红线”思维。

二是标准先行。通过标准化的技术手段，打造高质量的产品。目前，鄂尔多斯集团不但是羊绒产业国际标准的制定者，也是国际羊绒行业最具影响力组织之一——“国际羊绒驼绒制造商协会”（CCMI）的第一家中国企业成员。截至2020年，参与主持制定IWTO国际标准1项，ISO国际标准2项，国家和行业标准20余项。有了技术标准作支撑，鄂尔多斯品牌质量更具竞争力，“温暖全世界”的经营理念通过产品被更广泛地传播开来。

三是品牌协同。鄂尔多斯集团紧跟消费升级和市场变化，打造了一系列细分品牌，建成了五大品牌区隔经营、有效协同的全新运营管理体系。同时，提高品牌的可持续竞争力，2019年发布实施*ERDOS WAY*，从供应链、品牌、员工各层面出发，秉承全产业链及全生命周期绿色发展理念，系统性地规划和实施可持续发展战略，更好地传递品牌文化。

4.2　拼多多——加强商标品牌培育，助力企业快速发展

4.2.1　公司及商标品牌介绍

拼多多是上海寻梦信息技术有限公司打造的电子商务平台。作为新时代新电商开创者，拼多多将娱乐、社交场景融入电商运营，开创了拼购模式，让更多用户享受全新的共享式购物体验。目前，拼多多上的商品已覆盖快消、3C、家电、生鲜、家居家装等多个品类，不断满足消费者日益多元化的需求。截至2020年底，拼多多有6.28亿活跃买家和近510万商户，成为中国三大电商平台之一。

拼多多围绕公司当前经营发展情况和长期战略布局，深入挖掘品牌的力量与价值，包括加强商标注册规划，建立完善保护措施，构筑品牌保护体系。截至2020年底，拼多多已获准注册商标450余件，在与互联网电商相关业务如软件（第9类、第42类）、为商品和服务的买卖双方提供在线市场（第35类）等领域进行了大量的商标布局。此外，还有400余件商标在申请流程中，为下一步电商平台向纵深发展做好储备。

4.2.2　商标品牌培育过程

拼多多作为刚成立几年的新电商平台，坚持不懈加强商标培育，将商标品牌培育工作和企业具体需求、发展阶段、长期经营战略相匹配，充分发挥

商标品牌对于企业发展助推器的突出作用，着力放大品牌带动效应，不断推动电商平台快速发展。

1. 以商标为“先行官”，塑造企业显著标识

2015 年 8 月 26 日，拼多多公司在拼多多平台上线前即提出注册申请“拼多多”商标，这一举措为平台快速发展带来了深远影响。“拼多多”成为该公司最早申请注册的商标之一，也成为最核心的商标。拼多多系列商标包括拼多多文字商标和“”图形商标。除了注册商标外，拼多多公司还将图形商标和组合商标“拼多多”在版权局完成著作权登记，从多个维度全面保护企业知识产权。

经过长期、广泛使用，“拼多多”商标已经具有了显著的标识性，承载了“多实惠，多乐趣”的核心价值理念，为消费者和公众所熟知。

2. 以商标为“护城河”，构建企业保护体系

拼多多公司围绕业务发展，做好商标注册管理。一是对核心商标进行全面保护，在与电商有关类别申请注册的基础上，进一步将核心商标拓展注册至全类别。二是围绕业务发展进行提前布局，在重要产品上市前，将相应系列产品的商标进行注册。近年来，拼多多公司先后对“拼小圈”“多多买菜”等相关产品线及时申请注册保护，所辖产品商标品牌体系逐步建立。

同时，拼多多公司有意识地加强防御性商标注册，防止他人“搭便车”。围绕“拼多多”这一核心商标，该公司申请了“拼哆哆”“栟多多”“拚多多”等系列防御商标；围绕“拼小圈”“评小圈”商标，公司申请了“栟小圈”“并小圈”“拼小圈”等系列防御商标。

3. 以商标为“生命线”，维护企业合法权益

拼多多公司珍视品牌声誉，面对商标侵权、仿冒混淆等行为，运用法律武器予以坚决打击。

一方面，对于模仿抄袭拼多多公司商标进行申请注册的，及时提出异议、无效等予以制止。仅 2020 年，拼多多公司就对“拼少少”“拼多多全球购”“拼多购”等近 40 件模仿抄袭的商标注册申请提出异议，国家知识产权局商标局依法对这些以蹭热点、造混淆为目的的商标申请裁定不予注册。

另一方面，充分运用司法手段，制止各类侵权行为。“拼兜兜”商标侵权和不正当竞争案就是全国首例新电商平台起诉仿冒平台侵害商标权及不正当竞争纠纷的案件。某公司采用与“拼多多”近似的名称和足以发生混淆的标识“拼兜兜”，在其网站中大量模仿甚至直接抄袭“拼多多”，误导公众。上海市徐汇区人民法院判决“拼兜兜”停止不正当竞争行为，同时赔偿拼多多公司各类损失和合理开支共计70万元。

4.2.3　商标品牌培育策略

一是高度重视商标品牌培育。缺乏品牌意识，导致商标被竞争对手或者第三方恶意抢注的例子屡见不鲜，一些企业因此付出了惨痛代价，甚至不得不放弃原有品牌，另起炉灶，经营活动受到极大的影响。拼多多公司吸取前人的经验和教训，高度重视商标品牌培育工作，在企业创立之初就提早布局，申请注册企业核心商标。之后，在企业发展过程中坚持“商标保护打造品牌声誉、品牌声誉提升公司发展”的理念，在平台从无到有、从小到大的过程中，不断加强商标布局、打造企业品牌。

二是不断推进商标工作体系建设。拼多多公司在构建商标品牌体系的过程中，坚持脚踏实地、稳步推进，持续投入时间、精力、人员和资金，呈现由事后启动到事前布局、由核心业务延展到全产品线、由主营业务注册扩展到核心商标全类注册的特点，逐步形成了一套完整的商标保护体系，更好地助力企业发展。

三是打防并举加强商标品牌保护。品牌声誉来之不易，当企业遭遇混淆侵权等时，应当及时拿起法律武器，维护自身合法权益。拼多多作为知名电商平台之一，坚决遵守知识产权相关法律法规，同时充分运用法律赋予的权利，通过商标异议、无效等行政程序及时阻止恶意注册行为，通过商标行政执法和民事诉讼对侵犯拼多多商标权、恶意混淆等侵权行为予以坚决回击。

4.3 小罐茶——创新茶叶品牌设计全面保护与持续推广

4.3.1 公司及商标品牌介绍

北京小罐茶业有限公司（以下简称小罐茶）创立于 2014 年，是互联网思维、体验经济下应运而生的一家现代派综合性茶企。该公司以“用一片叶子温暖世界”为使命，坚持使用原产地特级原料，采用传统大师工艺制作，用创新产品和体验，让茶真正回归生活，美化生活。2015 年至 2020 年，小罐茶累计市场零售额超 50 亿元，居全国茶行业前列。

小罐茶的“小罐茶 XIAO GUAN TEA”商标（申请号：16791551，核定使用类别：第 30 类）于 2015 年 4 月 23 日首次申请注册，2016 年 6 月 14 日注册获批。其后，随着企业经营规模的变化及市场需求，小罐茶在全品类茶叶、茶具、饮料、食品等重点品类中进行了大规模的商标布局，截至 2021 年 6 月底，小罐茶申请注册商标共 800 多件，覆盖国内外 40 多个国家和地区。“小罐茶”已经成为北京小罐茶业有限公司旗下主营茶具、茶叶、商业运营与服务的品牌。

4.3.2 商标品牌培育过程

一是商标设计独特，凸显个性价值。2012 年 6 月，小罐茶品牌创始团队历时 3 年遍访国内无数茶农、茶企、行业专家，寻找茶行业品牌化发展答案，并打破农产品思维的禁锢，以消费品思维为核心，思考现代派中国茶品牌。小罐茶创始团队在 2015 年提出“小罐茶、大师作”的品牌理念，又考虑到品牌后期国际化的需要，最终确立了“小罐茶 XIAO GUAN TEA”商标。

二是全面注册保护，夯实法律基础。小罐茶在成长过程中，高度重视品牌价值培育工作，积极构筑品牌商标全面保护体系。自 2015 年开始，小罐茶在茶叶、茶具、饮料、商业经营、茶叶店等多个商品服务类目上进行商标申请：结合品牌的发展与规划，进行多个子品牌商标的储备；考虑到海外市场拓展，在 40 多个国家和地区进行商标布局。同时，小罐茶开展定期监测，对于恶意抢注商标，及时提起无效/异议程序，从法律层面对品牌商标进行全面保护。

三是持续品牌推广，构建大众认知。目前小罐茶已经在全国300余个城市开设500多家风格统一的线下形象店，形象店门头商标标识突出，便于大众识别。同时，小罐茶运用电视广告、航空广告、广播电台、楼宇电梯广告等传统媒体和抖音、小红书等新媒体，广泛传播和推广商标产品，更在2020年将广告推广计划延伸到中国香港TVB、美国社交媒体等平台，极大提高了商标知名度。

四是坚定打假态度，保驾护航发展。作为在传统行业中异军突起的新兴品牌，小罐茶产品上市后遭遇了大量的仿造与攻击。为了维护品牌形象和资产，小罐茶自2017年开始启动品牌维权行动，已在淘宝、天猫、1688、京东、微信、拼多多、抖音、微博等全网各大平台上，处理涉嫌侵权链接12万余条，涉及店铺约3.8万家。2019—2020年，小罐茶积极开展维权活动，深圳市市场监管局查处特大集生产、仓储及销售于一体的侵权工厂一处，行政处罚4000余万元，此案被评为深圳市重大典型商标侵权案件，亦是深圳市历史上最大额度的商标侵权行政处罚案件。除了全网平台的维权工作外，小罐茶还联合各地执法部门完成行政执法150余次，涉及维权案值超千万元；对于重大侵权事件，小罐茶同时通过启动司法诉讼来维护自身权益。

4.3.3　商标品牌培育策略

一是形式多样、全面布局。品牌进入市场前，确保完成商标注册，必要时开展储备型与防御性注册，提前布局，扩大保护范围；建立长期监测机制，对于他人恶意抢注行为及时提出异议、无效等程序；对许可他人使用的商标，及时掌握使用情况，避免被许可人使用商标过程中降低商标美誉度。

二是组织健全、机制完善。建立健全商标管理制度，包括商标设计、商标许可使用、商标档案管理等制度；设立专人专岗负责商标管理工作，确保商标事务全流程管理；组织业内同行、协会平台等探讨研究商标应用策略，确保品牌保护更加全面且符合新的市场环境变化。

三是强化宣传、规范使用。正确规范使用商标，发挥商标区分商品和服务来源的作用，增加商标显著性；坚持对品牌的宣传，提高品牌知名度，扩大品牌影响范围，使品牌在相关公众中有较高认知度，同时，保证产品和服务的品质，提升品牌美誉度；积极承担社会责任、关注公益事业，不断提升企业社会形象。

四是品牌维权、主动作为。在品牌维权工作过程中，积极借助企业、行业、平台、协会、管理部门的力量，共同推进品牌保护工作；运用法律武器，主动与公安部门、市场监督管理局等行政执法部门进行沟通，注重与商标管理部门、平台、协会、执法部门和其他相关管理部门的信息交流，形成共同打击侵犯商标专用权违法行为的合力，营造商标品牌发展良好环境；探索商标、商号一体化保护机制。

4.4 小米——进行品牌分级，布局完善的监控与维权体系

4.4.1 公司及商标品牌介绍

小米科技有限责任公司（以下简称小米公司）成立于 2010 年，是一家专注于智能硬件和电子产品研发的全球化移动互联网企业，同时也是一家专注于高端智能手机、互联网电视及智能家居生态链建设的创新型科技企业。小米公司创造了用互联网模式开发手机操作系统、“发烧友”参与开发改进的模式。同时，小米公司围绕当前经营发展和长期战略布局，深入挖掘品牌的力量与价值。通过 10 年的耕耘，形成了以“小米”“红米（Redmi）”“米家”“小米有品”等为主体的多品牌、有层次的商标品牌布局，并入围全球品牌价值 500 强。

4.4.2 商标品牌培育过程

2010 年 4 月小米公司成立后，创建了“小米”品牌。2010 年 8 月 16 日，MIUI 系统首个内测版推出。2011 年 8 月，小米公司发布第一款小米智能手机。2012 年初，为适应年轻人群的需求，小米公司推出“红米”品牌，明确

“红米”高性价比的品牌定位。2013年7月，小米公司发布了千元双卡双待“神器”——红米手机。2014年11月，小米公司正式在印度市场上发布Redmi Note，将“红米（Redmi）”品牌推向国际。2020年1月，红米系列手机升级为独立品牌“Redmi”，从而在手机及周边市场形成了差异化的品牌定位。“小米”品牌专注中高端和新零售，“红米（Redmi）”品牌专注极致性价比，主攻电商市场。

2016年3月，小米公司创始人雷军在北京发布小米旗下全新智能家庭品牌“米家”。米家“MIJIA”的名字取自小米智能家庭中的“米”与“家”的全拼，造型整体类似盾牌形状，LOGO的释义是既能为智能家庭提供可信赖的防护措施，又希望未来可以在消费者家庭中带来更多的生活情趣。“米家”品牌首款产品“米家压力IH电饭煲”发布，打破了日本高端电饭煲在压力控制技术方面的垄断。后续“米家”品牌还推出了多种智能家庭用品，如电动剃须刀、空气净化器、电热水壶、扫地机器人等。截至2020年3月，小米IoT联网设备数超过1.71亿台（不含手机、平板和笔记本电脑）。

2017年4月，小米公司涉猎电商平台，全新的电商交易平台“米家有品”正式上线，致力于做精选的电商，精挑细选品质好物的同时，精简商品数量，打造精品生活购物平台。2019年5月，“米家有品”正式更名为“小米有品”。“小米有品”秉承小米集团始终坚持做“感动人心，价格厚道”的好产品的理念，通过品控甄选，致力于提供高性价比、高科技感和高品质的生活消费类产品。

至此，小米公司形成了包括“小米”“Redmi（红米）”“米家”“小米有品”的多品牌商标布局。

小米公司非常注重公司品牌文化的传播，通过创建小米社区、米聊、官方微博等网络平台，加强与用户间的交流和沟通，增强“米粉”的参与感，从而形成小米“与用户交朋友”的品牌形象。

同时，小米公司高度重视全球的商标布局和品牌保护，自成立之初即开始在国内及海外市场进行商标申请布局。累计在全球申请商标39000余件，累计授权商标20000余件，覆盖百余个国家与地区。2020年，小米在国内申请商标2199件，海外申请商标约2584件。

4.4.3 商标品牌培育策略

一是实施品牌分级布局策略。小米公司结合公司整体业务发展计划、集团区域性业务发展计划和具体国家/区域的重要程度，对公司商标按重要程度分级，将国内策略与海外策略相结合，根据业务需要，选择“类别布局”或“类别布局 + 防御性布局”等多维度的布局方式；同时从使用时限、显著性、可注册性、防御性、地域拓展等多角度考虑，制定商标海外申请布局策略并快速推动实施，有效地保障了小米公司在海内外业务的发展。

二是在全球范围内建立商标监控体系。在全球范围内，小米公司通过商标主动监控的方式，及时发现恶意抢注行为，并通过发律师函、异议、撤销、无效等有效的争议解决策略，及时阻止他方的抢注行为。截至 2021 年 6 月 30 日，小米公司在全球范围内监控了近似商标 45 万余件，对 4500 余件商标提起了异议、无效、撤销等措施，有效防御了他方恶意抢注后对小米公司造成的诉讼威胁。

对于恶意明显的集团性抢注及“搭便车”假冒仿冒行为，小米公司通过提起商标侵权及不正当竞争诉讼，通过行政和司法认定相关品牌驰名商标跨类保护等方式，有效遏制了恶意抢注人的违法行为。目前，小米公司核心商标除了在中国被认定为驰名商标外，“Mi Logo”商标在西班牙被法院、商标局认定为驰名商标，在韩国被商标局认定为驰名商标。

三是在全球范围内建立打假维权体系。小米公司在全球建立完善的打假维权体系，制定并优化多元化、全方位的品牌主动出击及防御相结合的保护策略，通过线上线下投诉、行政机关查处、民事诉讼、刑事诉讼、海关查处、全球联动、行业协作等方式制止和打击商标假冒、仿冒行为，有力打击了“傍名牌”的现象。

首先，对于侵权恶意严重、涉案金额大的销售商，小米公司采取民事诉讼、侵权索赔和刑事打击等方式。例如，在“小米生活”商标侵权及不正当竞争纠纷案中，小米获赔 5000 万元。此案作为新商标法修订后国内判赔数额最高的适用惩罚性赔偿的商标侵权案，入选江苏法院发布的 2020 年知识产权保护十大典型案例。同时，小米公司通过刑事诉讼打击严重的商标侵权行为，百余起案件的涉案侵权人被逮捕，其中多人被判处3年以上有期徒刑，被查扣的假冒货物价值3650万元。

其次，除重点案件外，小米公司多维度进行线下打假维权活动，包括：对重点城市、重点市场进行调查及线索的找寻，对大规模制假、售假的商家进行刑事或行政打击；对线下未授权的店铺进行相关核实，并根据具体情况进行维权；与重点城市的行政执法机关保持积极沟通，协调市场监管部门，开展各种维权调查取证和案件推进工作；积极参加同行业关于打击假冒伪劣相关会议，通过交流获取该行业最新动态。

最后，除线下维权行动外，小米公司在全球范围内针对各大电商平台侵权链接、社媒账号、APPs进行监控，对其中的侵权内容进行投诉下架处理；与多个电商平台建立快速投诉机制，根据小米公司提供的关键词自动拦截下架/禁止上架产品等；与京东、阿里巴巴、拼多多等平台建立神秘测买机制，并对测买发现的假货研判后予以追责。

四是建立海外展会发布会的禁令风险防控机制。小米公司在参加海外展会前，都提前对展出产品进行严格的商标侵权风险评估，并制定争端解决预案。2017年起，小米公司多次参加西班牙MWC、美国等地区的展会，均顺利进行，未发生一起商标侵权纠纷，为业务的全球化发展起到保驾护航的作用。

五是制定产品上市前的商标合规排查制度。小米公司设立严格的商标风险排查机制，将商标使用风险排查环节引入产品上市前，乃至项目立项时；对于海外相关的商标法律问题、侵权赔偿问题、是否存在商标侵权风险等进行有效的分析与评估，并制定相应的避让措施、应对方案，以确保产品顺利上市，避免侵权被诉。

对于国内上市产品，小米公司也实施了商标合规排查，在商标使用前全面进行风险评估，大幅降低侵权案件风险，并降低商标申请的驳回率。为控制成本，实行内部排查与外部排查相结合，大幅节约排查成本，提高排查效率。

通过11年的商标和品牌布局，小米公司在全球范围内建立起较为完整的商标申请布局体系；同时，建立了完善的商标监控体系，有效监控第三方公司抢注商标行为和商标侵权行为，并通过打假维权体系，对第三方线上线下销售的产品进行有效打击。

知识产权融资服务篇

第5章 上市公司知识产权资产分析

随着知识经济和经济全球化深入发展，知识产权日益成为上市公司获得竞争优势的核心资源。2015年12月，国务院发布《国务院关于新形势下加快知识产权强国建设的若干意见》，强调："加快落实上市企业知识产权信息披露制度。"2018年11月，财政部、国家知识产权局联合印发《知识产权相关会计信息披露规定》，对知识产权会计信息披露的适用范围、披露要求和实施与衔接等事项作出规定，企业知识产权资产在会计信息中的披露不断强化。知识产权信息的披露对于促进上市公司加强知识产权资产管理、推进知识产权资产价值显性化、推动知识产权与资本市场的融合具有重大意义，也是影响投资者决策的重要因素。

为了探究中国上市公司知识产权资产披露情况，本章将选取A股主板、创业板和科创板共计4128家公司①在2020年年度报告中披露的数据作为研究对象，去掉123家＊ST公司和未披露无形资产的22家公司后，共计有效样本3983家公司。

5.1 上市公司2020年知识产权资产概况

5.1.1 九成以上A股上市公司披露了知识产权资产

本章选取的样本中，共计3733家上市公司在资产负债表中披露了知识产权资产情况，占比为93.7%。这些公司按上市板块分布如图5-1所示，其中主板上市

① 本书中的上市公司首发上市时间截至2020年12月31日。

公司 2690 家，创业板上市公司 837 家、科创板上市公司 206 家。

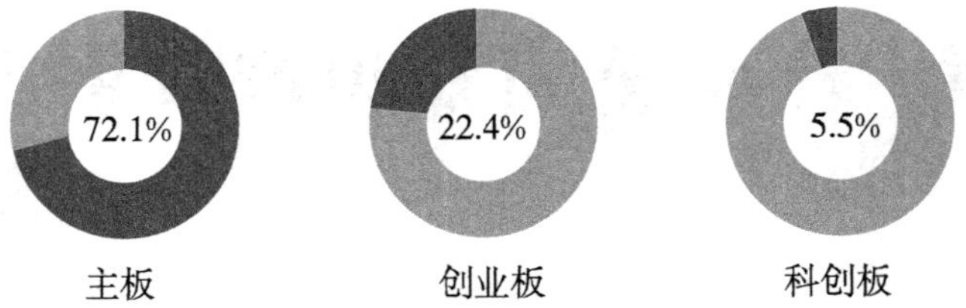

数据来源：上市公司2020年年报

图 5－1　披露知识产权资产的上市公司按上市板块分布

知识产权资产逐渐成为考量企业核心竞争力和市场控制能力的一项重要指标，企业对知识产权的重视程度将影响其自身科技成果转化力和核心竞争力。根据各公司 2020 年年度报告中财务报表附注中的数据，知识产权类无形资产的主要统计对象包括专利技术①、非专利技术、商标权及软件著作权。分类别来看，如图 5－2 所示，披露软件著作权资产的上市公司在所有有效样本中占比最高，共计 3228 家公司拥有软件著作权资产，占比 81.0%。

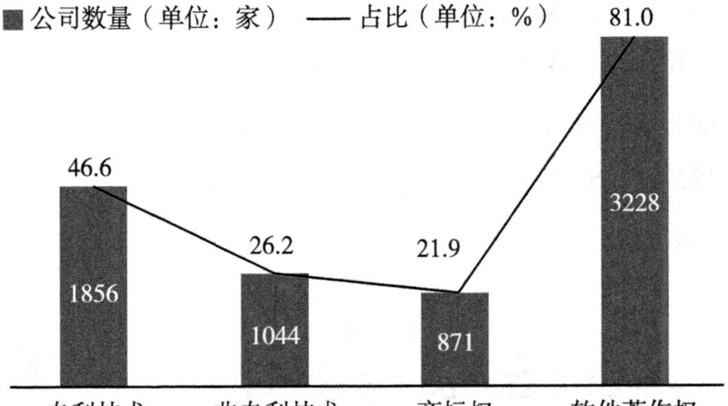

数据来源：上市公司2020年年报

图 5－2　上市公司知识产权资产拥有情况

① 本书中的专利技术资产包含上市公司年报中披露的专利技术资产及专有技术资产。

5.1.2　上市公司知识产权资产占无形资产总量不足两成，软件著作权资产在知识产权资产总量中占比最高

通过对3983家上市公司2020年年报中所披露的无形资产数据进行分析，截至2020年底，A股上市公司持有知识产权类资产共计7710.8亿元，占无形资产总量的比例为15.0%，如图5-3所示。进一步对知识产权资产类型进行分析，如图5-4所示，A股上市公司持有的软件著作权资产最高，共计3270.0亿元，占知识产权类无形资产总量的42.4%；其次是专利技术资产，共计1976.0亿元，占比为25.6%；再次是非专利技术资产，共计1426.4亿元，占比为18.5%；最后是商标权资产，共计1038.4亿元，占比为13.5%。

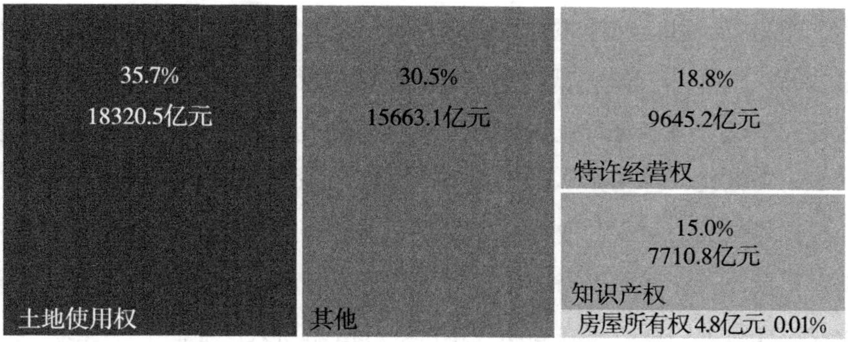

数据来源：上市公司2020年年报

图5-3　上市公司无形资产分布及占比

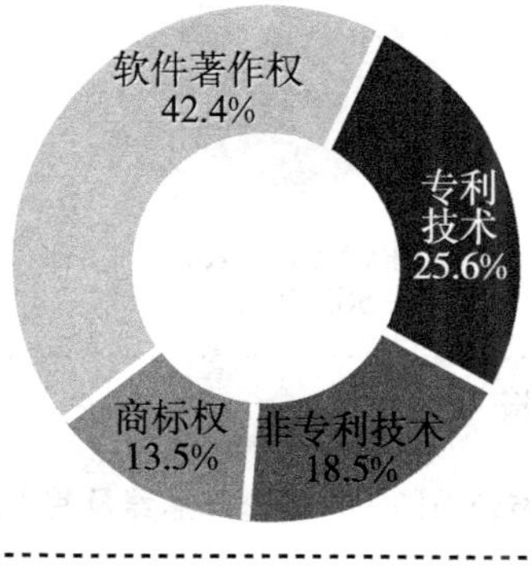

数据来源：上市公司2020年年报

图5-4　A股上市公司各类型知识产权资产分布及占比

5.1.3 科创板上市公司知识产权资产以专利技术资产为主

证券市场中的企业类型繁多，不同类型、行业的企业知识产权呈现出不同特点，也就导致不同的企业在知识产权信息披露过程中呈现出不同的特点，技术含量高的产业，例如医药、新能源、微电子等产业，属于知识产权密集型产业，这类企业更倾向于向投资者展示自己的软实力，因此信息披露情况较为充分；而传统产业，如房地产、加工制造、钢铁等资本密集、劳动密集、资源密集型企业，科技水平较低，知识产权信息披露的数量偏少、水平偏低①。各个板块因包含的企业类型不同，其知识产权资产状况也不尽相同。从各板块上市公司知识产权资产总量及其占无形资产的比例来看，如图 5－5 所示，2020 年主板上市公司共持有知识产权资产 7021.9 亿元，占其无形资产总量的比例为 14.5%，低于其他板块占比情况，这是因为主板上市公司涉及的行业广泛，且传统行业占有较大比例；创业板上市公司的知识产权资产共计 562.7 亿元，占其无形资产总量的比例为 21.9%，这是因为创业板的上市公司以科技类、新兴产业类企业为主；科创板上市公司的知识产权资产共计 126.2 亿元，占其无形资产总量的比例最高，达到 37.1%，这是因为科创板企业所属行业高度集中在高新技术产业和战略新兴产业。

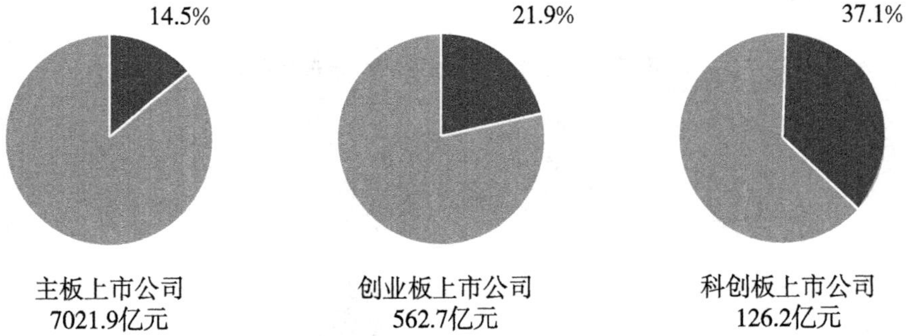

数据来源：上市公司2020年年报

图 5－5 各板块上市公司知识产权资产总量及其占无形资产的比例

① 曾莉，师一顺．上市公司知识产权信息披露研究述评及启示［J］．中国注册会计师，2017（5），41－45.

另外，不同行业在知识产权种类分布上也呈现出显著差异，进一步对各板块上市公司知识产权资产类型的占比情况进行分析，如图5－6所示，主板上市公司的软件著作权资产所占的比例最高，达到42.9%，其次是专利技术，占比为24.7%；创业板上市公司同主板上市公司类似，软件著作权资产占比最高，为40.1%，其次也是专利技术资产，所占的比例为30.1%；科创板上市公司的知识产权各类型占比与其他两个板块有较大区别，占比最高的为专利技术资产，约占其知识产权资产总量的58.5%，其次为软件著作权资产，占比为27.3%。

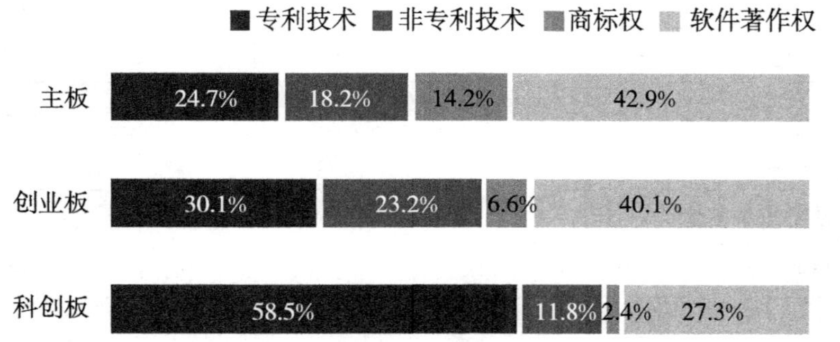

数据来源：上市公司2020年年报

图5－6 各板块上市公司知识产权资产类型占比

5.2 上市公司2020年知识产权资产按行业和地域分析

5.2.1 制造业知识产权资产体量最大，以专利技术资产为主

如表5－1所示，从各行业[①]的知识产权资产分布情况可以看出，制造业居首位，知识产权资产达到4177.5亿元，约占上市公司知识产权资产总量的

① 本书中的行业分类采取中国证券监督管理委员会2021年1季度上市公司行业分类．[EB/OL]．(2021－04－14)[2021－6－30]．http：//www.csrc.gov.cn/pub/newsite/scb/ssgshyfljg/202104/t20210414_395990.html.

54.2%，位居第二和第三的为金融业以及信息传输、软件和信息技术服务业，分别拥有知识产权资产 1407.3 亿元和 772.6 亿元。

从知识产权资产在无形资产中的占比来看，住宿和餐饮业的占比最高，达到 68.5%，接近七成；其次是信息传输、软件和信息技术服务业，其知识产权资产在无形资产中的占比也超过五成，为 52.2%。

表 5-1　各行业知识产权资产及其占无形资产比例

序号	行业分类	上市公司数量（家）	知识产权资产（亿元）	占无形资产比例（%）
1	制造业	2571	4177.5	26.7
2	金融业	116	1407.3	37.4
3	信息传输、软件和信息技术服务业	327	772.6	52.2
4	采矿业	75	319.6	4.0
5	批发和零售业	159	257.8	16.1
6	交通运输、仓储和邮政业	103	191.1	3.3
7	建筑业	96	140.3	1.7
8	电力、热力、燃气及水的生产和供应业	112	123.2	3.7
9	住宿和餐饮业	9	105.3	68.5
10	房地产业	108	43.4	5.9
11	文化、体育和娱乐业	54	41.7	8.3
12	租赁和商务服务业	52	34.4	11.5
13	科学研究和技术服务业	57	29.7	29.9
14	水利、环境和公共设施管理业	70	28.5	1.8
15	综合	15	14.7	13.1
16	农、林、牧、渔业	38	11.7	7.6
17	卫生和社会工作业	11	8.0	23.6
18	教育	9	3.6	8.9
19	居民服务、修理和其他服务业	1	0.3	31.2

数据来源：上市公司 2020 年年报

进一步从各行业知识产权的结构来看，如表5－2所示，信息传输、软件和信息技术服务业，批发和零售业，金融业等13个行业知识产权资产以软件著作权资产为主，尤其是金融业，其软件著作权资产占比达到92.0%。以专利技术资产为主的行业主要有制造业，采矿业，水利、环境和公共设施管理业，农、林、牧、渔业以及综合，其中采矿业的专利技术资产所占比例最高，为67.6%，而住宿和餐饮业则主要以商标权资产为主，占比达85.8%。

表5－2 各行业知识产权资产类型及占比

（单位:%）

行业分类	知识产权资产类型			
	专利技术	非专利技术	商标权	软件著作权
制造业	37.4	28.3	16.4	17.9
信息传输、软件和信息技术服务业	8.0	11.6	0.9	79.4
批发和零售业	8.9	11.0	25.9	54.2
金融业	0.2	0.2	7.5	92.0
电力、热力、燃气及水的生产和供应业	15.0	15.0	6.0	64.1
房地产业	11.8	3.6	12.0	72.6
交通运输、仓储和邮政业	1.3	3.4	17.0	78.3
建筑业	16.2	12.0	11.9	59.8
采矿业	67.6	18.4	0.3	13.7
水利、环境和公共设施管理业	61.8	13.4	1.5	23.3
科学研究和技术服务业	29.4	10.1	9.4	51.0
文化、体育和娱乐业	10.4	4.3	1.3	84.0
租赁和商务服务业	9.7	6.2	34.6	49.5
农、林、牧、渔业	40.2	33.6	1.9	24.3
综合	56.2	31.9	5.3	6.6
卫生和社会工作业	2.6	2.3	37.5	57.7
教育	2.3	0.7	31.6	65.4
住宿和餐饮业	12.6	0	85.8	1.6
居民服务、修理和其他服务业	5.6	0	0	94.4

数据来源：上市公司2020年年报

5.2.2 北上广地区上市公司知识产权资产规模领先

按照注册地对 A 股上市公司进行分类，如表 5－3 所示，可以看出上市公司主要集中于广东、浙江、江苏、北京、上海等地区。从知识产权资产总量来看，北京、广东和上海的上市公司集中了我国较多的知识产权资产，其中北京上市公司披露的知识产权资产最多，共计 2396.5 亿元，占其无形资产的比例为 12.8%；广东作为全国经济“领头羊”，其上市公司数量居全国首位，知识产权资产总量及其占无形资产比例也较高，分别为 1286.1 亿元和 21.3%；按知识产权资产排名第三位的上海，知识产权资产共计 805.3 亿元，占无形资产的比例为 25.2%。

表 5－3 各注册地 A 股上市公司知识产权资产及其占无形资产比例

注册地	上市公司数量（家）	知识产权资产（亿元）	占无形资产比例（%）
广东	653	1286.1	21.3
浙江	508	322.7	15.7
江苏	468	406.4	19.3
北京	367	2396.5	12.8
上海	330	805.3	25.2
山东	221	441.2	13.2
福建	145	103.0	9.1
四川	133	142.6	10.4
安徽	125	159.0	13.8
湖南	113	116.7	10.6
湖北	107	254.8	15.7
河南	81	81.2	7.6
辽宁	70	67.5	9.0
河北	59	132.9	15.4
天津	59	192.3	16.0
陕西	56	84.1	14.9
江西	55	43.7	10.5

续表

注册地	上市公司数量（家）	知识产权资产（亿元）	占无形资产比例（%）
重庆	55	156.9	25.4
新疆	47	86.3	22.7
吉林	42	55.1	26.4
山西	38	108.9	7.7
黑龙江	36	49.4	32.1
云南	34	35.5	7.1
广西	33	28.5	15.0
甘肃	31	6.4	2.4
贵州	30	27.4	18.0
海南	26	47.7	35.3
内蒙古	20	39.1	9.1
西藏	19	23.5	27.2
宁夏	12	2.2	3.2
青海	10	7.8	7.0

数据来源：上市公司2020年年报

各省市上市公司知识产权资产结构和本地区的产业结构有着较强的关联性。如表5-4所示，从上市公司知识产权资产总量排名全国前三的北京、广东和上海来看，北京和上海上市公司披露的知识产权资产以软件著作权为主，其中北京上市公司软件著作权资产的占比超过六成，上海的接近五成，而广东上市公司各种类型的知识产权资产分布比较均衡。

表5-4 各省市各类型知识产权资产占比情况 （单位:%）

注册地	知识产权资产占比			
	专利技术	非专利技术	商标权	软件著作权
广东	26.9	18.4	25.2	29.5
浙江	33.4	17.9	9.0	39.7
江苏	27.3	18.7	15.6	38.3
北京	15.6	13.1	7.0	64.3

续表

注册地	知识产权资产占比			
	专利技术	非专利技术	商标权	软件著作权
上海	27.5	11.9	13.2	47.4
山东	24.7	24.5	35.3	15.5
福建	25.6	16.9	10.0	47.5
四川	28.4	30.5	17.6	23.5
安徽	42.8	17.1	2.3	37.9
湖南	15.6	25.7	16.6	42.0
湖北	60.5	16.3	3.1	20.1
河南	39.1	29.9	2.5	28.5
辽宁	33.1	18.8	4.6	43.4
天津	21.7	6.7	41.1	30.5
河北	35.3	37.0	4.2	23.5
陕西	26.6	25.9	1.0	46.5
重庆	3.9	75.6	4.8	15.6
江西	34.3	26.2	8.5	31.0
新疆	34.6	5.0	10.9	49.4
吉林	19.2	52.4	0	28.4
山西	79.8	8.8	0.7	10.7
黑龙江	22.3	36.7	2.0	39.0
云南	52.9	15.1	0.9	31.2
广西	45.9	12.5	7.8	33.8
甘肃	29.9	12.3	0.1	57.8
贵州	11.6	12.1	3.2	73.1
海南	4.8	82.6	5.6	7.1
内蒙古	31.9	33.3	11.5	23.3
西藏	80.7	4.6	0.6	14.0
宁夏	29.6	21.4	6.6	42.4
青海	52.3	0.1	8.2	39.4

数据来源：上市公司 2020 年年报

5.3　上市公司2020年知识产权资产增量情况

5.3.1　约九成上市公司知识产权资产呈现增长态势，八成上市公司的专利技术资产零增长

分析A股上市公司2020年无形资产、知识产权资产以及专利技术资产的增量情况，如图5－7所示，上市公司2020年无形资产账面原值的期初余额为46046.2亿元，期末余额为51344.5亿元，共计增加5298.3亿元，增幅为11.5%；知识产权资产增加906.5亿元，增幅达到13.3%；专利技术资产增加252.3亿元，增幅为14.6%。

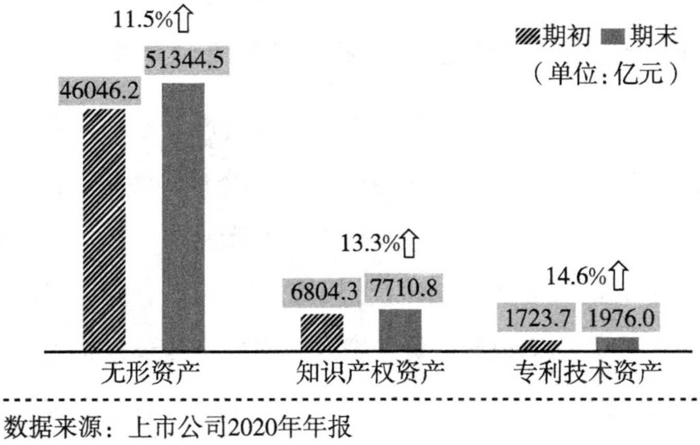

图5－7　上市公司2020年无形资产、知识产权资产及专利技术资产增量

从2020年无形资产、知识产权资产及专利技术资产增量对应的上市公司数量来看，如图5－8所示，共计3111家公司的无形资产处于增长状态，占公司总量的比例为86.6%，无形资产处于下降状态的公司共计630家；知识产权资产处于增长状态的公司共计2930家，占公司总量的比例为77.3%；专利技术资产处于增长状态的公司仅有783家，占公司总量的21.0%，专利技术资产在2020年没有变化的公司有3038家，占公司总量的80.1%。

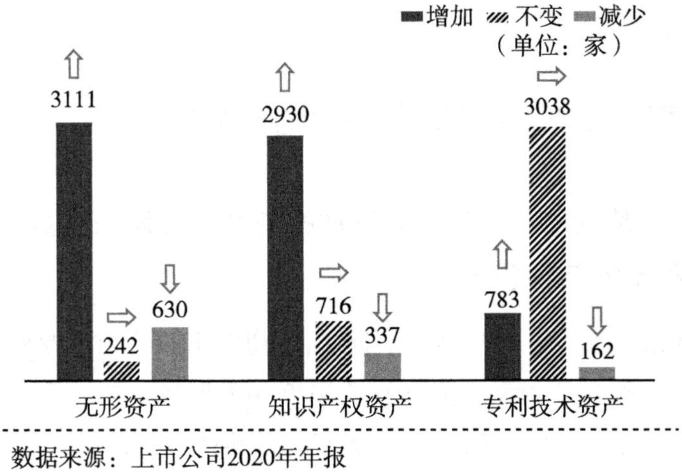

图 5－8　2020 年无形资产、知识产权资产及专利技术资产增量对应的上市公司

5.3.2　制造业知识产权资产增量最多，信息传输、软件和信息技术服务业知识产权资产增量占无形资产增量比例最高

从各行业上市公司的无形资产、知识产权资产及专利技术资产增量情况来看，如表 5－5 所示，制造业上市公司的无形资产、知识产权资产及专利技术资产的增量最多，这与制造业所涉及的企业最多有一定关系。除了制造业，无形资产增量较多的行业还有建筑业，采矿业，电力、热力、燃气及水的生产和供应业等行业；而知识产权资产增量较多的行业还包括金融业，信息传输、软件和信息技术服务业；按专利技术资产增量排名第二位和第三位的行业则分别是信息传输、软件和信息技术服务业以及电力、热力、燃气及水的生产和供应业。

表 5－5　各行业无形资产、知识产权资产及专利技术资产增量

序号	行业分类	无形资产增量（亿元）	知识产权资产增量（亿元）	专利技术资产增量（亿元）
1	制造业	1322.9	510.9	229.8
2	建筑业	1306.0	13.6	1.4
3	采矿业	627.9	10.0	1.4

续表

序号	行业分类	无形资产增量（亿元）	知识产权资产增量（亿元）	专利技术资产增量（亿元）
4	电力、热力、燃气及水的生产和供应业	525.5	15.0	3.2
5	交通运输、仓储和邮政业	502.3	23.3	0.6
6	金融业	355.0	228.8	0.6
7	水利、环境和公共设施管理业	191.1	1.3	0.5
8	批发和零售业	124.3	20.3	1.1
9	信息传输、软件和信息技术服务业	116.3	60.1	7.8
10	房地产业	106.3	5.5	0.7
11	文化、体育和娱乐业	77.4	4.2	0.3
12	科学研究和技术服务业	20.1	5.6	1.7
13	农、林、牧、渔业	14.0	1.9	1.1
14	综合	5.1	0.5	0.5
15	教育	2.2	0.4	0.0
16	卫生和社会工作业	2.0	1.3	0.0
17	住宿和餐饮业	1.1	1.9	1.2
18	居民服务、修理和其他服务业	-0.3	-0.1	0.0
19	租赁和商务服务业	-0.8	2.1	0.3

数据来源：上市公司2020年年报

5.3.3　按上市公司2020年知识产权资产、专利技术资产增量排名前两位的地区均为北京和广东

从各省市无形资产、知识产权资产及专利技术资产增量情况来看，如表5-6所示，北京和广东按上市公司无形资产、知识产权资产以及专利技术资产增量分别排名第一位和第二位。此外，上海、河北的上市公司知识产权资

产增量高于除北京和广东外的其他省市，而黑龙江及吉林的上市公司知识产权资产处于减少状态。所有省市的上市公司专利技术资产均处于增长状态，排名前三位的省市分别为北京、广东和河北。

表5-6 各省市无形资产、知识产权资产及专利技术资产增量情况

注册地	无形资产增量（亿元）	知识产权资产增量（亿元）	专利技术资产增量（亿元）
北京	1899.1	341.1	62.5
广东	708.6	164.9	46.3
湖北	432.1	21.4	6.7
上海	338.8	79.7	14.5
福建	315.8	23.1	5.1
山东	223.0	32.7	10.6
湖南	214.2	10.2	2.4
浙江	175.4	22.9	6.0
江苏	154.8	27.0	13.1
四川	125.2	18.8	5.9
河北	103.7	51.9	29.8
安徽	102.0	21.8	7.8
江西	101.8	7.5	1.8
河南	88.7	8.3	0.9
重庆	65.4	21.3	0.6
天津	45.3	7.5	9.8
内蒙古	41.2	4.0	3.9
辽宁	32.1	8.7	5.1
新疆	25.8	11.9	4.9
山西	25.4	2.5	0.9
广西	18.0	4.2	2.2
陕西	15.6	6.7	1.6
云南	15.3	7.3	6.0

续表

注册地	无形资产增量（亿元）	知识产权资产增量（亿元）	专利技术资产增量（亿元）
甘肃	9.2	1.3	0.4
宁夏	8.3	0.3	0.1
贵州	7.6	1.9	0.003
海南	7.5	6.9	0.1
西藏	6.9	2.7	1.8
青海	6.1	1.1	0.7
黑龙江	5.9	-1.6	0.7
吉林	-20.5	-11.6	0.1

数据来源：上市公司2020年年报

5.4　科创板上市公司2020年知识产权资产概况及行业分析

5.4.1　上海科创板上市公司拥有的无形资产、知识产权资产及专利技术资产均最多

截至2020年底，共有215家公司在科创板完成上市，其中2020年上市的公司共有145家，占科创板上市公司总量的67.4%。如表5-7所示，2020年科创板上市公司主要分布在江苏、上海、北京、广东及浙江等地区。从各省市科创板上市公司披露的无形资产来看，上海科创板上市公司拥有的无形资产最多，其次为北京和江苏的科创板上市公司。在科创板上市公司知识产权资产方面，按资产总量排名前三位的省市仍然是上海、北京和江苏，其中上海科创板上市公司知识产权资产总量占无形资产的比例最高，为57.4%。在专利技术资产方面，上海科创板上市公司拥有的资产总量远高于其他省市，达到54.6亿元。从专利技术资产占知识产权资产的比例来看，上海的占比也最高，达到76.3%。

表 5-7　各省市科创板上市公司 2020 年的无形资产、知识产权资产及专利技术资产

注册地	上市公司数量（家）	无形资产（亿元）	知识产权资产		专利技术资产	
			总量（亿元）	占无形资产比例	总量（亿元）	占知识产权资产比例
江苏	41	35.2	10.9	31.1%	2.6	23.3%
上海	38	124.7	71.5	57.4%	54.6	76.3%
北京	34	66.8	22.9	34.3%	8.8	38.6%
广东	31	25.3	4.5	17.9%	1.4	31.1%
浙江	17	13.4	3.1	22.9%	0.7	22.7%
山东	9	11.2	1.5	13.8%	0.7	43.7%
安徽	8	12.9	3.8	29.5%	2.5	64.7%
湖南	6	4.6	1.7	36.9%	0.1	5.8%
福建	5	4.7	0.3	7.3%	0.03	8.1%
陕西	4	21.4	0.2	0.9%	0.04	21.6%
四川	4	2.5	1.3	51.5%	0.6	44.9%
天津	4	4.5	2.1	47.4%	1.3	61.0%
湖北	4	1.7	0.7	40.6%	0.02	3.3%
江西	3	7.1	1.0	14.6%	0.4	39.9%
辽宁	3	2.1	0.3	14.9%	0.01	3.5%
河南	2	1.1	0.2	16.8%	0.2	85.3%
黑龙江	1	0.3	0.03	12.2%	0.01	33.1%
吉林	1	0.8	0.1	8.3%	0.01	21.4%

数据来源：上市公司 2020 年年报

5.4.2　科创板上市公司约八成属于制造业，制造业拥有的无形资产、知识产权资产及专利技术资产最多

从科创板上市公司所属行业分类来看，共涉及 4 个行业，其中属于制造业的科创板上市公司最多，达到 166 家，占科创板上市公司总量的 77.2%。

另有39家科创板上市公司属于信息传输、软件和信息技术服务业，6家属于水利、环境和公共设施管理业，还有4家属于科学研究和技术服务业。从各行业科创板上市公司拥有的无形资产、知识产权资产以及专利技术资产情况来看，如表5-8所示，制造业的无形资产、知识产权资产及专利技术资产最多，这与相应的科创板上市公司数量最多也有较大关系。从知识产权资产占无形资产的比例来看，信息传输、软件和信息技术服务业最高，为56.0%，其次为制造业。从专利技术资产占知识产权资产的比例来看，制造业最高，达到62.4%，其次为水利、环境和公共设施管理业以及科学研究和技术服务业。

表5-8　各行业科创板上市公司2020年的无形资产、知识产权资产及专利技术资产

行业分类	上市公司数量（家）	无形资产（亿元）	知识产权资产		专利技术资产	
			总量（亿元）	占无形资产比例	总量（亿元）	占知识产权资产比例
制造业	166	306.7	110.1	35.9%	68.7	62.4%
信息传输、软件和信息技术服务业	39	25.1	14.1	56.0%	4.2	29.5%
水利、环境和公共设施管理业	6	3.8	0.8	21.1%	0.4	51.6%
科学研究和技术服务业	4	4.4	1.3	30.1%	0.6	44.0%

数据来源：上市公司2020年年报

5.4.3　仅有四成科创板上市公司披露了专利技术资产

从科创板上市公司的知识产权资产披露情况来看，如图5-9所示，共有206家上市公司披露了知识产权资产，占总量的95.8%。进一步对其专利技术资产的披露情况进行分析，披露了专利技术资产的上市公司有89家，约占总量的四成。大部分科创板上市公司未进行专利技术资产的披露。

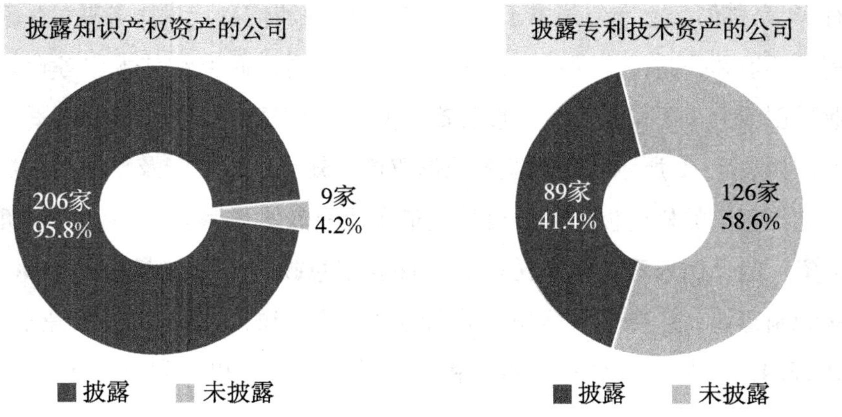

数据来源：上市公司2020年年报

图 5－9　科创板上市公司 2020 年知识产权资产和专利技术资产披露情况

第 6 章　专利质押分析

6.1　2020 年专利质押数据分析

6.1.1　专利质押融资金额增幅超四成，实用新型专利质押占据主导

2020 年，专利质押融资金额达 1558 亿元，较 2019 年同比增长 41.0% 。如图 6 – 1 所示，2020 年中国专利权质押次数达到 38818 次（涉及 38201 件专利[①]），比 2019 年增长 30.3% ；与 2016 年相比增长 18788 次，涨幅达到 256.1% ；涉及质押合同 10207 笔，与 2019 年相比增长 49.6% ，保持了质押合同每年持续增长的态势。

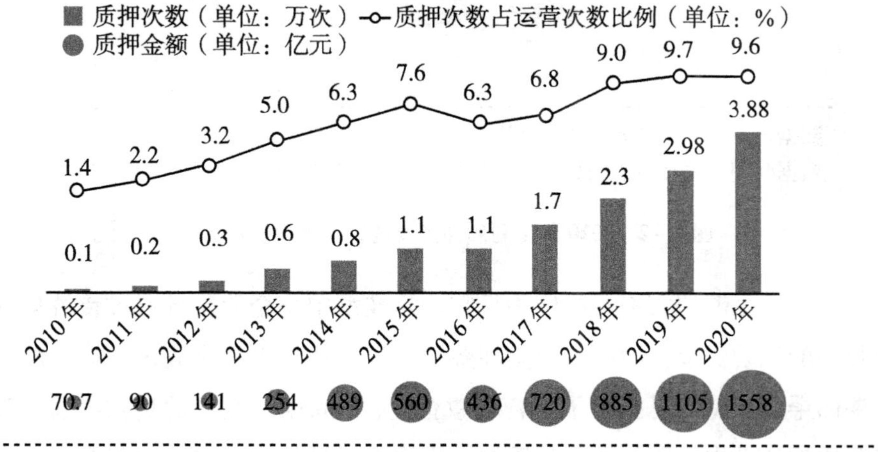

数据来源：质押次数来源于知识产权出版社i智库，质押金额来源于国家知识产权局
数据时间：法律状态公告日截至2020年12月31日

图 6 – 1　2010—2020 年中国专利质押次数变化趋势

① 因部分专利在 2020 年度出现两次“专利权质押合同登记生效”，因而质押次数大于质押专利数。

从 2020 年专利质押所涉及的专利类型来看，如图 6－2 所示，实用新型专利质押次数为 24546 次，占专利质押总次数的 63.2%；发明专利的质押次数为 12795 次，占专利质押总次数的 33.0%；外观设计专利质押次数为 1477 次，占专利质押总次数的 3.8%。与 2019 年相比，2020 年发明专利质押次数占比下降 2.7%，实用新型专利质押次数占比提升 3.8%，外观设计专利质押次数占比下降 1.2%。近三年的专利运营报告数据显示，实用新型专利质押次数占比基本维持在 60% 左右，占据专利质押的主导地位[1]。与 2019 年相比，实用新型专利质押次数的增幅最大（38.9%），发明专利质押次数增长 20.4%，外观设计专利质押次数下降 0.1%。

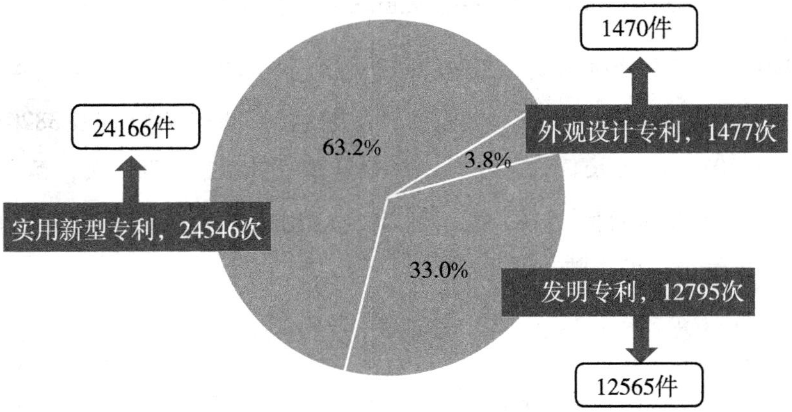

数据来源：知识产权出版社i智库
数据时间：法律状态公告日为2020年1月1日至2020年12月31日

图 6－2　2020 年专利质押涉及的专利类型及占比

由于缺乏足够的实物资产作为抵押，科技型中小企业很难通过传统模式获取足够的流动资金，因此专利质押融资对于科技型中小企业来说成为越来越重要的渠道，特别是拓宽了民营小微企业、“双创”企业的贷款渠道。我国专利质押活动中实用新型专利质押一直占据主导地位，在一定程度上反映了中小微企业的专利储备结构。

① 2018 年实用新型专利质押次数占比为 63.8%，2019 年占比为 59.4%，2020 年占比为 63.2%。

从单笔质押合同所涉及的专利类型来看，如表6－1所示，仅涉及发明专利的合同数为3893笔，占质押合同总数的38.1%；仅涉及实用新型专利的合同数为4471笔，占质押合同总数的43.8%；涉及发明专利和实用新型专利两种类型的合同数占质押合同总数的14.6%，涉及实用新型专利和外观设计专利这两种类型的合同数占1.1%，而三种专利类型均涉及的合同数仅占0.9%；另外，仅涉及外观设计专利的合同数和涉及发明专利与外观设计专利这两种类型的合同数分别占1.4%和0.1%。总体来看，2020年专利质押登记合同中所涉及的专利类型仍以仅涉及发明专利或仅涉及实用新型专利为主，这两种专利类型质押合同占质押合同总数的八成以上，有16.7%的专利质押合同涉及两种或以上专利类型。

表6－1　2020年中国专利质押登记合同所涉及专利类型

单笔质押合同所涉及专利类型	质押合同数（笔）	占质押合同总数比例（%）
仅发明专利	3893	38.1
仅实用新型专利	4471	43.8
仅外观设计专利	140	1.4
发明专利＋实用新型专利	1490	14.6
发明专利＋外观设计专利	13	0.1
实用新型专利＋外观设计专利	112	1.1
发明专利＋实用新型专利＋外观设计专利	88	0.9

数据来源：知识产权出版社i智库

数据时间：法律状态公告日为2020年1月1日至2020年12月31日

从单笔质押合同所涉及的专利数量来看，如表6－2所示，82.8%的质押合同仅涉及1～5件专利，其中仅涉及1件专利的质押合同达到4595笔，占质押合同总数的45.0%；涉及6～10件专利的质押合同占总数的10.4%；涉及11～50件专利的质押合同占总数的6.6%；仅有21笔质押合同所涉及的专利数量达到50件以上，其中涉及51～100件专利的合同有15笔，涉及100～200件专利的合同有3笔，涉及专利数量突破200件的合同有3笔。

表 6－2　2020 年中国专利质押登记合同所涉及专利数量

单笔质押合同所涉及专利数量（件）	质押合同数（笔）	占质押合同总数比例（%）
1～5	8449	82.8
6～10	1063	10.4
11～50	674	6.6
51～100	15	0.1
101～200	3	0
200 以上（不含 200）	3	0

数据来源：知识产权出版社 i 智库
数据时间：法律状态公告日为 2020 年 1 月 1 日至 2020 年 12 月 31 日

6.1.2　广东、浙江、山东、江苏等地表现活跃，重点出质人在汽车、光电领域突出

数据统计显示，按专利质押次数排行前十的省市质押次数占全国专利质押总次数的 75.9%，按专利质押登记合同数量排行前十的省市质押合同数量占全国专利质押登记合同总数的 84.0%，区域集中度较高。从专利质押次数来看，如表 6－3 所示，广东以 6300 次的专利质押次数位居全国第一，占全国专利质押总次数的 16.2%；浙江紧随其后，专利质押次数达 4634 次，占全国专利质押总数的 11.9%；山东居第三位，共计 4379 次，占全国专利质押总次数的 11.3%。

从专利质押登记合同数量来看，如表 6－3、图 6－3 所示，江苏 2020 年专利质押登记合同数量为 1651 笔，继续蝉联全国首位，占全国专利质押登记合同总数的 16.2%；广东以 59.8% 的增幅稳居第二位；浙江 2020 年专利质押登记合同数量为 1350 笔，排名较 2019 年上升两位，增幅为 115.0%。

表 6－3　2020 年中国专利质押活跃地区排名 TOP10

按质押次数排名			按登记合同数排名		
排名	质权人所在省市	专利质押次数（次）	排名	质权人所在省市	质押登记合同数量（笔）
1	广东	6300	1	江苏	1651

续表

按质押次数排名			按登记合同数排名		
排名	质权人所在省市	专利质押次数（次）	排名	质权人所在省市	质押登记合同数量（笔）
2	浙江	4634	2	广东	1440
3	山东	4379	3	浙江	1350
4	江苏	3394	4	山东	1009
5	安徽	3171	5	安徽	934
6	北京	1758	6	陕西	674
7	河南	1711	7	四川	429
8	福建	1564	8	福建	423
9	四川	1371	9	北京	415
10	湖南	1197	10	湖南	248

数据来源：知识产权出版社 i 智库

数据时间：法律状态公告日为 2020 年 1 月 1 日至 2020 年 12 月 31 日

注：地域分布统计以质权人所在地为准

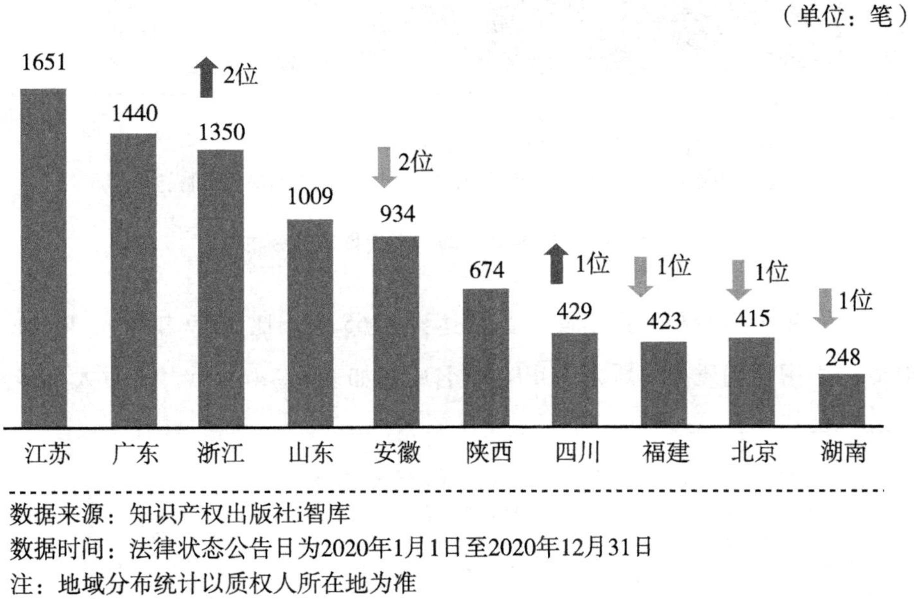

图 6－3 按 2020 年中国专利质押登记合同数量排名的地区名次变化

从 2020 年中国专利质押地域分布来看，如图 6－4 所示，华东地区①的质押次数达 18974 次，占全国专利质押总次数的 48.9%，且华东地区有 5 个省市进入质押次数排名前十榜单，因而区域优势较为明显；华南地区②、华中地区③和华北地区④均列华东地区之后，其专利质押次数分别占 2020 年全国专利质押次数的 17.1%、9.1% 和 7.3%；西南⑤、西北⑥和东北⑦地区的专利质押次数较少，仅占 2020 年全国专利质押次数的 6.0%、3.3% 和 2.9%。

（单位：次）

数据来源：知识产权出版社i智库
数据时间：法律状态公告日为2020年1月1日至2020年12月31日
注：质权人中属于中国以外区域或无法判断地域归属的计入“其他”

图 6－4　2020 年中国专利质押地域分布

2020 年中国专利质押出质人数量达到 8865 个，比 2019 年增长 44.9%。2020 年中国专利质押出质人 TOP10 排名中，如表 6－4 所示，出质人所涉及

① 华东地区：上海、山东、江苏、浙江、江西、安徽、福建、台湾。
② 华南地区：广东、广西、海南、香港、澳门。
③ 华中地区：河南、湖北、湖南。
④ 华北地区：北京、天津、河北、山西、内蒙古。
⑤ 西南地区：四川、贵州、云南、西藏、重庆。
⑥ 西北地区：陕西、甘肃、宁夏、新疆、青海。
⑦ 东北地区：黑龙江、吉林、辽宁。

的质押专利数在85~415件之间，有4位出质人质押合同超过2笔，其他6位出质人均仅有1笔质押合同。前十出质人单笔质押合同涉及专利数量较多。

排名第一的专利质押出质人为北京宝沃汽车股份有限公司，涉及2笔质押合同，415件专利，对应质权人为北汽福田汽车股份有限公司；排名第三的宝沃汽车（中国）有限公司，涉及2笔质押合同，285件专利，对应质权人也是北汽福田汽车股份有限公司。①

排名第二的专利质押出质人为芜湖东旭光电科技有限公司，涉及1笔质押合同，298件专利，对应质权人为北京国资融资租赁股份有限公司，该公司是北京市国有资产经营管理有限公司作为主发起人、联合北京金融街资本运营中心和北京国有资本经营管理中心共同成立的一家中外合资融资租赁股份公司。

表6-4 2020年中国专利质押出质人排行TOP10

排名	出质人	质押专利数（件）	质押合同数（笔）	涉及质权人数量（位）
1	北京宝沃汽车股份有限公司	415	2	1
2	芜湖东旭光电科技有限公司	298	1	1
3	宝沃汽车（中国）有限公司	285	2	1
4	郑州旭飞光电科技有限公司	256	1	1
5	速珂智能科技（上海）有限公司	196	2	1
6	广东紫丁香实业股份有限公司	156	1	1
7	重庆万国半导体科技有限公司	100	1	1
8	四川中车玉柴发动机股份有限公司	99	3	1
9	昆明普尔顿环保科技股份有限公司	88	1	1
10	贝朗（中国）卫浴有限公司	85	1	1

数据来源：知识产权出版社i智库

数据时间：法律状态公告日为2020年1月1日至2020年12月31日

① 登记号为Y2020990000977的质押合同中出质人为宝沃汽车（中国）有限公司（172件）、北京宝沃汽车股份有限公司（341件），对应质权人为北汽福田汽车股份有限公司；登记号为Y2020990000978的质押合同中出质人为宝沃汽车（中国）有限公司（113件）、北京宝沃汽车股份有限公司（74件），对应质权人为北汽福田汽车股份有限公司。

6.1.3　银行占质权人六成，融资担保公司发挥重要作用

2020 年中国专利质押质权人类型分布中，如图 6－5 所示，银行[①]涉及质押合同占 69.4%，融资担保公司涉及质押合同占 19.6%，其他类型质权人涉及质押合同占 11.0%，银行作为质权人是专利质押融资中的首选。

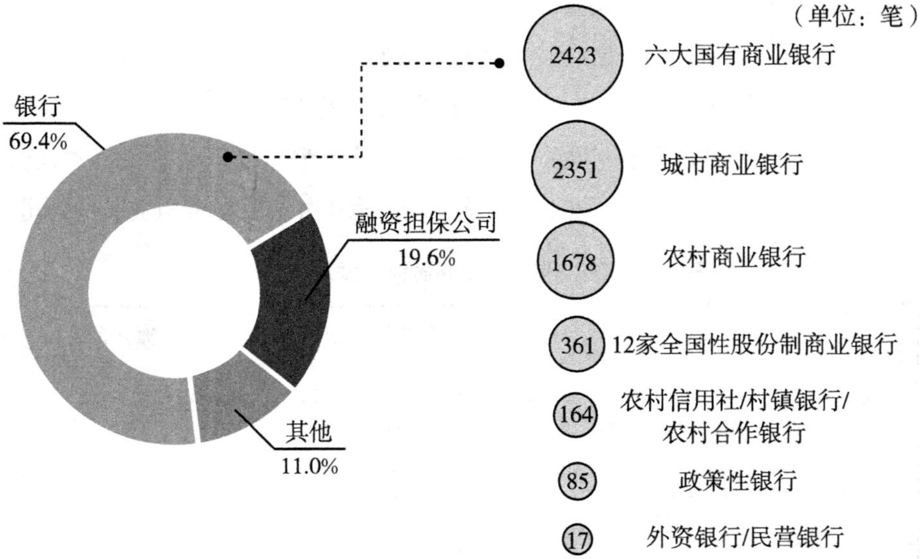

数据来源：知识产权出版社i智库
数据时间：法律状态公告日为2020年1月1日至2020年12月31日

图 6－5　2020 年中国专利质押质权人类型分布

2020 年参与专利质押贷款的银行具体包括政策性银行[②]、六大国有商业银行[③]、

① 银行包括六大国有商业银行、城市及农村商业银行、12 家全国性股份制商业银行、农村信用社/村镇银行、政策性银行等。银行作为质权人的模式为直接质押融资模式，即专利权人以其合法、有效的专利权为质押标的物出质，经评估作价后从商业银行取得资金，并按期偿还资金本息的融资模式。

② 中国三大政策性银行：国家开发银行、中国进出口银行、中国农业发展银行。

③ 六大国有商业银行：中国工商银行、中国农业银行、中国银行、中国建设银行、交通银行、中国邮政储蓄银行。

12家全国性股份制商业银行①、城市商业银行②、农村商业银行③、村镇银行、农村信用社、农村合作银行、外资银行和民营银行。六大国有商业银行和城市商业银行是最主要的参与者。六大国有商业银行共涉及2423笔专利质押合同，占质押合同总数的23.7%，占银行质押合同数的34.2%，其中中国银行、中国建设银行和江苏银行股份有限公司按质押合同数排名前三位。城市商业银行共涉及2351笔专利质押合同，其中江苏银行、南京银行表现突出；农村商业银行中江苏紫金农村商业银行表现突出。融资担保公司作为质权人参与专利质押，涉及2000笔专利质押合同，占质押合同总数的19.6%。

从2020年中国专利质押质权人排名TOP10来看，有8家银行、2家融资担保公司，中国银行、中国建设银行和江苏银行位列前三，六大国有商业银行中有5家进入榜单前十。中国银行蝉联榜首，是2020年度参与专利质押贷款业务最多的银行（以质押合同数计）。

西安创新融资担保有限公司和成都中小企业融资担保有限责任公司这两家担保公司在2020年的专利权质押融资担保业务表现突出，其也是非银行机构中开展专利权质押业务最多的企业，其中西安创新融资担保有限公司的质押合同数量达到298笔，涉及295件专利。

此外，作为城市商业银行的代表，江苏银行和南京银行也进入TOP10的榜单，分别涉及348笔和220笔专利权质押合同。

表6-5 2020年中国专利质押质权人排行TOP10

排名	质权人	质押合同数（笔）	涉及专利数（件）	质权人类型
1	中国银行股份有限公司	980	3687	国有大型商业银行
2	中国建设银行股份有限公司	567	2302	国有大型商业银行

① 12家全国性股份制商业银行：招商银行、中信银行、中国光大银行、华夏银行、上海浦东发展银行、中国民生银行、广发银行、兴业银行、平安银行、浙商银行、渤海银行、恒丰银行。

② 城市商业银行：20世纪90年代中期，中央以城市信用社为基础组建城市商业银行，银保监会数据显示，截至2018年12月底，国内共有134家城市商业银行。

③ 农村商业银行：由辖内农民、农村工商户、企业法人和其他经济组织共同发起成立的股份制地方性金融机构，银保监会数据显示，截至2018年12月底，国内共有1427家农村商业银行。

续表

排名	质权人	质押合同数（笔）	涉及专利数（件）	质权人类型
3	江苏银行股份有限公司	348	479	城市商业银行
4	西安创新融资担保有限公司①	298	295	融资性担保公司
5	中国农业银行股份有限公司	296	1478	国有大型商业银行
6	南京银行股份有限公司	220	420	城市商业银行
7	中国工商银行股份有限公司	213	618	国有大型商业银行
8	成都中小企业融资担保有限责任公司	210	366	融资性担保公司
9	江苏紫金农村商业银行股份②有限公司	206	194	农村商业银行
10	中国邮政储蓄银行股份有限公司	200	513	国有大型商业银行

数据来源：知识产权出版社 i 智库

数据时间：法律状态公告日为2020年1月1日至2020年12月31日

农村金融机构主要包括农村信用社、农村商业银行、农村合作银行、村镇银行、农村资金互助社和贷款公司等。如表6-6所示，2020年农村金融机构的专利权质押合同数达到1842笔，占全年专利权质押合同总数的18.0%，约为六大国有商业银行专利权质押合同数的4/5，约为12家全国性股份制商业银行专利权质押合同数的5.1倍。农村金融机构在我国专利权质押贷款中持续发挥着重要作用。

① 西安创新融资担保有限公司298笔合同中有2笔合同涉及2件专利，其他296笔合同都是单件专利质押；涉及295件专利中有5件专利在2020年度被质押2次。

② 江苏紫金农村商业银行股份有限公司206笔合同全部为单件专利质押；涉及194件专利中有12件专利在2020年度被质押2次。

表6-6　2020年中国专利质押质权人农村金融机构排行TOP10

排名	农村金融机构	质押合同数（笔）	涉及专利数（件）
1	江苏紫金农村商业银行股份有限公司	206	194
2	武汉农村商业银行股份有限公司	83	479
3	广东南海农村商业银行股份有限公司	80	526
4	杭州联合农村商业银行股份有限公司	67	98
5	浙江温州龙湾农村商业银行股份有限公司	60	83
6	广东顺德农村商业银行股份有限公司	52	393
7	山东青州农村商业银行股份有限公司	43	82
8	浙江嘉善农村商业银行股份有限公司	36	69
9	浙江瑞安农村商业银行股份有限公司	31	170
10	浙江温岭联合村镇银行股份有限公司	31	38

数据来源：知识产权出版社i智库

数据时间：法律状态公告日为2020年1月1日至2020年12月31日

6.2　2020年重点城市（城区）专利质押分析

6.2.1　重点城市（城区）专利质押融资总额占全国五成，台州居首位，具有区域特色的多元化知识产权质押融资体系已基本形成

2020年，37个重点城市（城区）专利质押融资总额达到809亿元，占全国专利质押融资总额的51.9%；涉及专利质押合同5633笔，约占全国专利质押合同总量的55.2%。从各个城市（城区）质押融资的金额来看，台州的最高，共计105.3亿元，其次为深圳和杭州，专利质押融资金额分别为96.7亿元和71.5亿元。

从专利质押登记合同数来看，排名前五的城市分别是南京、西安、广州、成都和杭州，其中成都的专利质押登记合同数量为365笔，较2019年增加262笔，增幅达到254.4%。

如表6-7所示，第一批重点城市实现专利质押融资金额共计143.1亿元，同比增长37.6%，涉及的合同总数为1580笔。其中，苏州、宁波等城

市的专利质押融资金额有较大幅度增长。具体来看，西安作为全国知识产权质押融资试点城市，近年来以知识产权为核心的质押融资工作发展迅速，2020 年西安的质押金额达到 31.4 亿元，签订质押合同 646 笔，无论是按质押金额还是签订质押合同数衡量，西安均位居第一批重点城市之首。

成都在 2020 年实现专利质押融资金额 28.1 亿元，较 2019 年增加了 5.2 亿元，签订质押合同 365 笔，增幅达到 254.4%。成都针对科技型企业融资痛点，积极破解知识产权抵押存在的“质押难”“估值难”“处置难”等问题，创新性地推出“纯知识产权质押融资”服务。该服务由成都知识产权交易中心、锦泓科贷、智信九鼎联合开发，三方联动，打造了知识产权评估、融资、展示处置的闭环，最大限度地帮助硬科技企业实现知识产权价值最大化，享受创新红利。①

宁波在 2020 年实现专利质押融资金额 26.0 亿元，较 2019 年增加了 14.8 亿元，增幅达到 132.1%。宁波市市场监管局和中国人民银行宁波市中心支行 2020 年联合发布《关于进一步推进知识产权质押融资工作的意见》，为知识产权质押融资扩容提质，创新型企业因为“轻资产、缺担保”而融资难的问题得到有效缓解。②

表 6－7　2019—2020 年第一批重点城市专利质押概况

重点城市	质押融资金额（亿元）			质押登记合同数量（笔）		
	2019 年	2020 年	同比变化	2019 年	2020 年	同比变化
江苏苏州	4.1	16.7	307.3%	65	112	72.3%
浙江宁波	11.2	26.0	132.1%	35	50	42.9%
四川成都	22.9	28.1	22.7%	103	365	254.4%
湖南长沙	14.9	18.3	22.8%	79	111	40.5%
陕西西安	32.9	31.4	－4.6%	566	646	14.1%

① 成都首例“纯知识产权质押融资”签约［EB/OL］.（2019－6－18）［2020－7－27］. http://cdst.chengdu.gov.cn/cdkxjsj/c108731/2019－06/18/content_42d3ff0bde8544f8a6c387dab7dbeea6.shtml.

② 宁波市知识产权质押融资扩容提质_宁波民生 e 点通（cnnb.com.cn）。

续表

重点城市	质押融资金额（亿元）			质押登记合同数量（笔）		
	2019年	2020年	同比变化	2019年	2020年	同比变化
河南郑州	1.2	1.9	58.3%	21	28	33.3%
福建厦门	6.7	9.6	43.3%	77	120	55.8%
山东青岛	10.1	11.1	9.9%	157	148	-5.7%

数据来源：国家知识产权局

如表6-8所示，第二批重点城市（城区）实现专利质押融资金额315.5亿元，同比增长66.1%，涉及的合同总数为2418笔。除了上海浦东新区、海南海口外，其余城市（城区）的专利质押融资金额均处于上升状态。其中，位列第一的深圳专利质押融资金额为96.7亿元，比2019年增长了65.8亿元，增幅为212.9%；位于第二名的杭州专利质押融资金额为71.5亿元，比2019年增长33.2亿元，增幅为86.7%。

表6-8 2019—2020年第二批重点城市（城区）专利质押概况

重点城市（城区）	质押融资金额（亿元）			质押登记合同数量（笔）		
	2019年	2020年	同比变化	2019年	2020年	同比变化
北京海淀	25.0	26.8	7.2%	166	215	29.5%
上海浦东	9.3	8.4	-9.7%	58	43	-25.9%
江苏南京	18.8	28.4	51.1%	621	876	41.1%
浙江杭州	38.3	71.5	86.7%	158	364	130.4%
湖北武汉	8.7	12.7	46.0%	72	104	44.4%
广东广州	54.1	66.8	23.5%	334	464	38.9%
广东深圳	30.9	96.7	212.9%	158	337	113.3%
海南海口	4.9	4.2	-14.3%	12	15	25.0%

数据来源：国家知识产权局

如表6-9所示，第三批重点城市（城区）共计实现专利质押融资金额250.8亿元，同比增长148.6%，涉及的合同总数为1168笔。其中，台州位列第一的专利质押融资金额为105.3亿元，比2019年增长88.8亿元，增幅为 538.2%；位列第二的东莞专利质押融资金额为 69.9 亿元，增幅为 132.2%。

表 6－9　2019—2020 年第三批重点城市（城区）专利质押概况

重点城市（城区）	质押融资金额（亿元）			质押登记合同数量（笔）		
	2019 年	2020 年	同比变化	2019 年	2020 年	同比变化
浙江台州	16.5	105.3	538.2%	114	320	180.7%
山东济南	9.9	17.9	80.8%	106	145	36.8%
上海徐汇	9.5	3.1	-67.4%	8	8	0
江苏无锡	15.5	32.4	109.0%	96	230	139.6%
广东东莞	30.1	69.9	132.2%	73	278	280.8%
河北石家庄	2.0	1.7	-15.0%	15	13	-13.3%
天津东丽	1.0	0.7	-30.0%	4	7	75.0%
重庆江北	0.0	0.0	—	0	0	—
辽宁大连	2.4	2.0	-16.7%	6	10	66.7%
福建泉州	14.0	17.8	27.1%	88	157	78.4%

数据来源：国家知识产权局

如表 6－10 所示，第四批重点城市（城区）共计实现专利质押融资金额 99.6 亿元，涉及的合同总数为 467 笔，与前面三批重点城市（城区）相比，无论是融资金额还是合同笔数都有一定的差距。其中，烟台专利质押融资金额最多，为 29.7 亿元；合肥第二，专利质押融资金额为 21.6 亿元，其涉及的合同总数最多，为 176 笔。

表 6－10　2019—2020 年第四批重点城市（城区）专利质押概况

重点城市（城区）	质押融资金额（亿元）			质押登记合同数量（笔）		
	2019 年	2020 年	同比变化	2019 年	2020 年	同比变化
北京朝阳	7.6	2.2	-71.1%	33	33	0
天津滨海新区	3.0	11.2	273.3%	31	28	-9.7%

续表

重点城市（城区）	质押融资金额（亿元）			质押登记合同数量（笔）		
	2019 年	2020 年	同比变化	2019 年	2020 年	同比变化
山西太原	1.0	0.9	-10.0%	14	15	7.1%
辽宁沈阳	37.9	4.4	-88.4%	9	20	122.2%
吉林长春	7.2	5.6	-22.2%	80	66	-17.5%
安徽合肥	22.4	21.6	-3.6%	247	176	-28.7%
山东烟台	5.7	29.7	421.1%	52	74	42.3%
河南洛阳	2.7	3.7	37.0%	31	27	-12.9%
湖北宜昌	4.0	14.7	267.5%	1	7	600.0%
云南昆明	0.7	3.1	342.9%	12	14	16.7%
新疆乌鲁木齐	0.9	2.5	177.8%	7	7	0

数据来源：国家知识产权局

6.2.2 各重点城市（城区）的主要质权人类型不尽相同，均各自探索适合本地区的质押融资模式

进一步对37个重点城市（城区）专利质押的主要质权人进行分析，各城市（城区）的主要质权人类型也不尽相同，有的城市（城区）的主要质权人为银行，而有的城市（城区）的质权人主要以融资担保公司为主，也有的城市（城区）的主要质权人涉及银行和非银行金融机构。

如表6-11所示，第一批重点城市中，西安的出质人和质权人最多，主要质权人为融资担保公司，业务集中度高，其中西安创新融资担保有限公司、西安投融资担保有限公司共完成质押合同425笔，占西安质押合同总量的65.8%；青岛的融资担保类公司同样发挥了重要作用，其中青岛高创科技融资担保有限公司表现突出，完成专利质押合同101笔，占青岛质押合同总数的68.2%；厦门的专利质押融资业务也主要由融资担保公司承担，厦门金原融资担保有限公司、厦门市融资担保有限公司、福建金海峡融资担保有限公司共计完成专利质押合同74笔，占厦门质押合同总量的61.7%。

苏州、宁波、成都、长沙的主要质权人涉及银行和非银行金融机构。郑州的主要质权人为银行。

表6-11　2020年第一批重点城市主要质权人概况

重点城市	出质人数量（个）	质权人数量（个）	主要质权人	质押合同数（笔）
江苏苏州	85	20	苏州市融风科技小额贷款有限公司	34
			江苏银行股份有限公司昆山支行	13
浙江宁波	47	17	宁波天瑾创业服务有限公司	30
			中信银行股份有限公司宁波分行	3
四川成都	299	37	成都中小企业融资担保有限责任公司	210
			成都银行股份有限公司科技支行	57
			中国民生银行股份有限公司成都分行	34
湖南长沙	91	39	长沙银行股份有限公司科技支行	14
			湖南金信融资担保有限责任公司	12
			长沙银行股份有限公司星城支行	10
陕西西安	418	42	西安创新融资担保有限公司	298
			西安投融资担保有限公司	127
			西安科技金融服务中心有限公司	37
河南郑州	20	11	中国银行股份有限公司郑州文化支行	8
			河南巩义农村商业银行股份有限公司	4
福建厦门	84	14	厦门金原融资担保有限公司	34
			厦门市融资担保有限公司	29
			福建金海峡融资担保有限公司	11
山东青岛	149	22	青岛高创科技融资担保有限公司	101
			青岛华商汇通融资担保有限公司	15
			青岛昌阳融资担保有限公司	9

如表6-12所示，第二批重点城市（城区）中，上海浦东新区、南京、杭州、武汉的主要质权人涉及银行和非银行金融机构。南京的出质人和质权人数量最多，其中表现突出的质权人有江苏紫金农村商业银行股份有限公司科技支行、江苏省信用融资担保有限责任公司和南京银行股份有限公司江宁支行。

广州、海口的质权人主要为银行。广州出质人和质权人数量仅次于南京，主要出质人为中国建设银行股份有限公司广州天河支行、中国银行股份有限公司广州天河支行和中国建设银行股份有限公司广州经济技术开发区支行。为更好地解决企业科技创新普遍面临的融资难、融资贵等问题，建行广东省分行主动作为，以“技术流”专属评价体系为基础，开创了知识产权线上评价的“建行模式”，打造了知识产权线上产品“科技云贷”，成立了知识产权特色支行，从理论、产品、架构等多方面立体化推进知识产权金融创新的探索。[①]

北京海淀、深圳的质权人主要为融资担保公司。其中，北京中技知识产权融资担保有限公司是北京首家专为科技型企业提供以“知识产权+股权”为抵押物进行投融资业务的融资性担保公司。[②] 深圳排名前三位的质权人中，深圳市中小企业融资担保有限公司持续创新，助力中小企业发展，针对“高技术、轻资产”的科技型中小微企业，想办法将其“知本”转化成“资本”，其设计的“科技通”纯信用产品，创新风险评价模式，直击科技型中小微企业融资的痛点，并与南山区科技创新局合作发起南山区“知识产权质押担保贷款”项目，盘活中小企业“知产”，开创中小企业知识产权质押融资的“南山模式”。[③]

---

① 从看“砖头”到看专利，金融之光闪耀南粤［EB/OL］.（2019-8-30）［2021-06-28］. https：//www.cnipa.gov.cn/art/2019/8/30/art_55_126133.html.

② 北京中技知识产权融资担保有限公司［EB/OL］.（2019-12-11）［2021-06-28］. http：//www.zjipfs.com/newsinfo/1966621.html.

③ 从“深圳样本”到“全国标杆”！中小担集团为中小企业融资发展赋能［EB/OL］.（2018-9-13）［2021-06-28］. https：//www.sohu.com/a/253762848_683703.

表6－12　2020年第二批重点城市（城区）主要质权人概况

重点城市（城区）	出质人数量（个）	质权人数量（个）	主要质权人	质押合同数（笔）
北京海淀	167	28	北京海淀科技企业融资担保有限公司	81
			北京中技知识产权融资担保有限公司	80
			北京中关村科技融资担保有限公司	73
上海浦东新区	47	14	上海浦东科技融资担保有限公司	23
			上海浦创龙科融资租赁有限公司	18
			中国工商银行股份有限公司上海市张江科技支行	7
江苏南京	683	85	江苏紫金农村商业银行股份有限公司科技支行	102
			江苏省信用融资担保有限责任公司	98
			南京银行股份有限公司江宁支行	54
浙江杭州	297	68	杭州高科技融资担保有限公司	152
			杭州银行股份有限公司科技支行	42
			杭州联合农村商业银行股份有限公司科技支行	14
湖北武汉	92	17	武汉农村商业银行股份有限公司光谷分行	68
			湖北国创融资担保有限公司	14
			武汉农村商业银行股份有限公司蔡甸支行	4
广东广州	438	68	中国建设银行股份有限公司广州天河支行	47
			中国银行股份有限公司广州天河支行	40
			中国建设银行股份有限公司广州经济技术开发区支行	38
广东深圳	278	31	深圳市中小企业融资担保有限公司	98
			深圳市高新投小额贷款有限公司	73
			深圳市高新投融资担保有限公司	30
海南海口	14	8	中国光大银行股份有限公司海口分行	5

如表6－13所示，第三批重点城市（城区）中，参与专利质押融资业务最多的质权人为银行，但参与银行类型各不相同，如济南的质权人代表银行为齐鲁银行股份有限公司，台州的为浙江泰隆商业银行股份有限公司，无锡的为中国银行股份有限公司、中国农业银行股份有限公司。

表6－13 2020年第三批重点城市（城区）主要质权人概况

重点城市（城区）	出质人数量（个）	质权人数量（个）	主要质权人	质押合同数（笔）
浙江台州	216	77	浙江泰隆商业银行股份有限公司台州分行	45
			浙江温岭联合村镇银行股份有限公司	28
			浙江泰隆商业银行股份有限公司台州温岭支行	14
山东济南	116	46	齐鲁银行股份有限公司济南科技创新中心支行	25
			齐鲁银行股份有限公司济南长清支行	15
			山东省科技融资担保有限公司	13
上海徐汇	0	4	中国工商银行股份有限公司上海市漕河泾开发区支行	2
			交通银行股份有限公司上海徐汇支行	2
江苏无锡	153	42	中国银行股份有限公司无锡惠山支行	28
			中国农业银行股份有限公司无锡科技支行	20
			中国银行股份有限公司无锡锡山支行	15
广东东莞	233	14	东莞银行股份有限公司东莞分行	140
			中国建设银行股份有限公司东莞市分行	96
			中国光大银行股份有限公司东莞分行	19
河北石家庄	11	8	中国光大银行股份有限公司石家庄分行	4
天津东丽	5	2	天津财信汇通小额贷款有限责任公司	1
			天津滨海农村商业银行股份有限公司	1

续表

重点城市（城区）	出质人数量（个）	质权人数量（个）	主要质权人	质押合同数（笔）
重庆江北	0	2	兴业银行股份有限公司重庆分行	6
			国家开发银行重庆市分行	1
辽宁大连	6	8	中国建设银行股份有限公司大连高新技术产业园区支行等	1
福建泉州	95	38	德化县农村信用合作联社	9
			中国建设银行股份有限公司泉州台商投资区支行	8

如表 6－14 所示，第四批重点城市（城区）中，合肥的出质人和质权人数量最多，主要质权人均为融资担保公司，分别为合肥高新融资担保有限公司、肥东县中小企业融资担保有限公司、合肥国控建设融资担保有限公司；天津滨海新区的主要质权人也是融资担保公司。北京朝阳、长春、烟台、洛阳等地区参与专利质押融资业务最多的质权人为银行。太原、沈阳、昆明的主要质权人涉及银行和非银行金融机构。

表 6－14　2020 年第四批重点城市（城区）主要质权人概况

重点城市（城区）	出质人数量（个）	质权人数量（个）	主要质权人	质押合同数（笔）
北京朝阳	29	10	浦发硅谷银行有限公司北京分行	3
天津滨海新区	24	3	天津中关村科技融资担保有限公司	15
			天津科融融资担保有限公司	8
山西太原	11	7	山西经开融资担保有限公司	7
			山西省融资再担保集团有限公司	4
			晋商银行股份有限公司太原高新区科技支行	3

续表

重点城市（城区）	出质人数量（个）	质权人数量（个）	主要质权人	质押合同数（笔）
辽宁沈阳	17	8	沈阳盛京融资担保有限公司	10
			辽交建信（辽宁）基金管理有限公司	4
			国家开发银行辽宁省分行	3
吉林长春	56	14	吉林省众信科技信用融资担保有限公司	32
			中国光大银行股份有限公司长春分行	14
			吉林九台农村商业银行股份有限公司长春分行	7
安徽合肥	163	63	合肥高新融资担保有限公司	29
			肥东县中小企业融资担保有限公司	17
			合肥国控建设融资担保有限公司	10
山东烟台	55	28	中国光大银行股份有限公司烟台分行	8
			青岛银行股份有限公司烟台分行	5
河南洛阳	30	7	中国银行股份有限公司洛阳分行	17
			中国银行股份有限公司洛阳车站支行	5
			河南洛宁农村商业银行股份有限公司	2
湖北宜昌	8	7	湖北远安农村商业银行股份有限公司等	1
云南昆明	11	11	中国农业银行股份有限公司富民县支行	5
			昆明呈贡华夏村镇银行股份有限公司	2
			中信富通融资租赁有限公司昆明分公司	2
新疆乌鲁木齐	6	4	北京银行股份有限公司乌鲁木齐分行	7

数据来源：知识产权出版社 i 智库

第 7 章 商标专用权质押分析

7.1 2020 年商标专用权质押数据分析

7.1.1 商标专用权质押融资增长显著，四成多的质押项目仅涉及单件商标

2020 年，商标专用权质押融资增长显著，商标专用权质押达到 16487 件，质押金额达到 622 亿元，较 2019 年同期增长 51.3%；质押项目达 1807 笔，较 2019 年同期增长 37.9%①；质押次数②占 2020 年商标运营次数（商标转让次数、许可次数和质押次数之和）的 2.9%，较前两年上升明显，如图 7-1 所示。

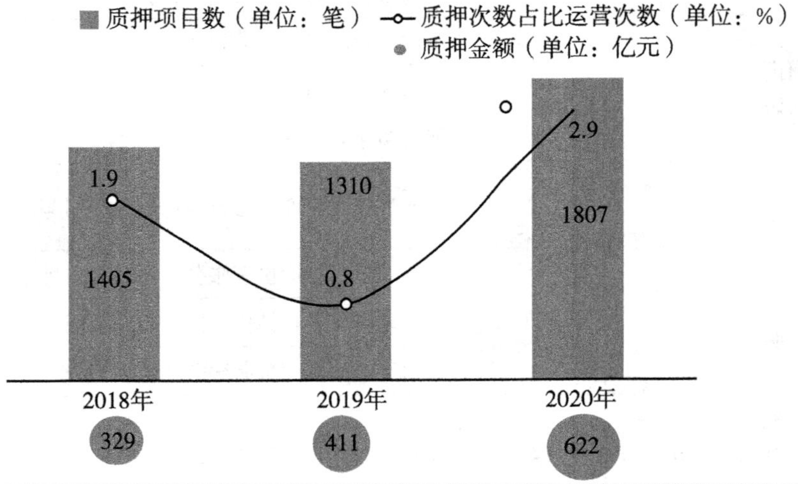

数据来源：国家知识产权局、知识产权出版社i智库
数据时间：截至2020年12月31日

图 7-1 2018—2020 年中国商标专用权质押融资金额和质押项目数

① 2019 年、2020 年商标专用权质押融资金额、质押项目数来自国家知识产权局。

② 质押次数统计来源于知识产权出版社 i 智库。

如表7－1所示，从2020年单笔质押项目所涉及的商标数量来看，1807笔质押项目中，75.6%的质押项目仅包含1～5件商标，其中仅涉及1件商标的质押项目达到770笔，数量最多，约占质押项目总数的42.6%。包含6～10件商标的质押项目占总数的8.6%，包含11～50件商标的质押项目占总数的12.2%。仅有64笔质押项目所包含的商标数量达到50件以上，其中包含51～100件商标的质押项目有35笔，包含101～200件商标的质押项目有19笔，有10笔质押项目涉及的商标数量突破200件。

表7－1　2020年中国商标专用权质押项目所涉商标数量

单笔质押项目所涉及商标数量（件）	质押项目数（笔）	占质押项目总数比例（%）
1～5	1366	75.6
6～10	156	8.6
11～50	221	12.2
51～100	35	1.9
101～200	19	1.1
200＋	10	0.6

数据来源：国家知识产权局

数据时间：2020年1月1日至2020年12月31日

7.1.2　浙江商标专用权质押最为活跃，华东地区商标专用权质押金额占比超六成

数据显示，按商标专用权质押金额排行前十的省市其质押金额占全国商标专用权质押金额的77.3%；按商标专用权质押登记数量排行前十的省市其质押项目数量占全国商标专用权质押项目数量的85.4%，区域集中度较高。

以第一出质人所在地统计，从商标专用权质押金额来看（见表7－2、图7－2），浙江以200.5亿元的金额蝉联全国第一，其商标专用权质押金额占2020年全国商标专用权质押金额的32.2%；山东与2019年相同，仍排名第二位，商标专用权质押金额为101.5亿元，占全国商标专用权质押金额的

16.3%；广东和江苏的排名较2019年都有所上升，其商标专用权质押金额均为27.5亿元，占全国商标专用权质押金额的4.4%。

从商标专用权质押项目数量来看（见表7－2、图7－3），浙江2020年商标专用权质押项目数量为903笔，蝉联全国第一，约占全国商标专用权质押项目数的一半；安徽以293笔排名第二位，与2019年排名相同；江苏以75笔居第三位，排名较2019年上升4位。此外，与2019年相比，广东、广西、福建排名有所上升，分别位居第四位、第八位、第十位；四川、山东、北京、陕西、吉林排名有所下降。

表7－2　2020年中国商标专用权质押地区排名TOP10

排名	商标专用权质押出质人所在省市	商标专用权质押金额（亿元）	排名	商标专用权质押出质人所在省市	质押项目数量（笔）
1	浙江	200.5	1	浙江	903
2	山东	101.5	2	安徽	293
3	广东	27.5	3	江苏	75
4	江苏	27.5	4	广东	58
5	湖南	24.2	5	四川	42
6	上海	22.5	6	山东	40
7	安徽	22.2	7	北京	35
8	福建	21.5	8	广西	34
9	北京	17.3	9	内蒙古	32
10	四川	15.9	10	福建	31

数据来源：国家知识产权局，质押金额及质押项目归属按照第一出质人所在地统计

数据时间：2020年1月1日至2020年12月31日

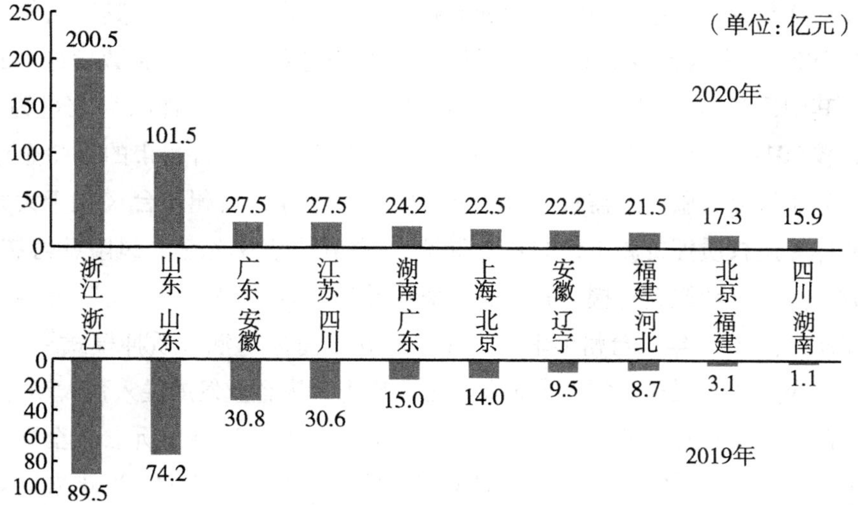

数据来源：国家知识产权局

数据时间：2020年1月1日至2020年12月31日

图7－2　2019—2020年中国商标专用权质押金额TOP10省市

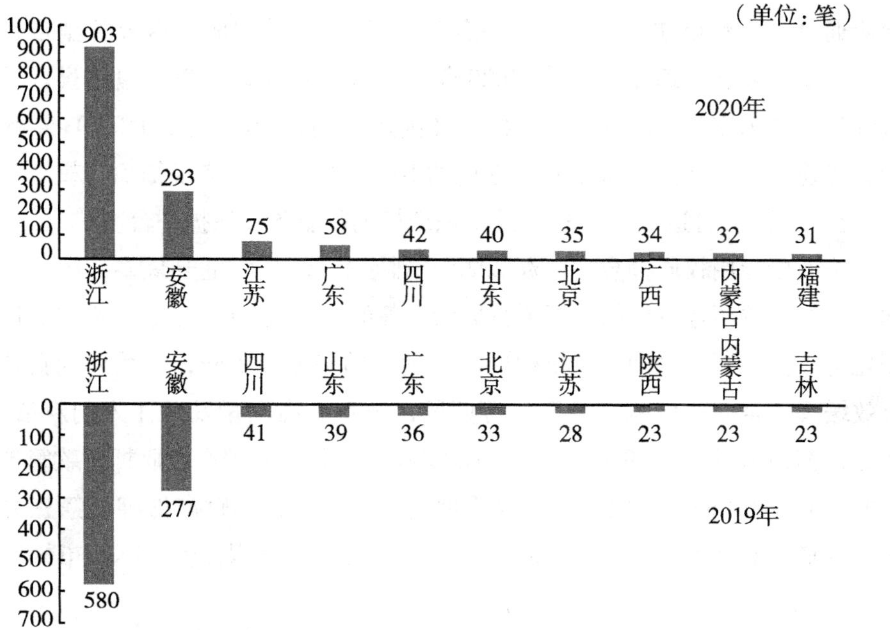

数据来源：国家知识产权局

数据时间：法律状态公告日为2020年1月1日至2020年12月31日

图7－3　2019—2020年中国商标专用权质押项目数量TOP10省市

浙江是商标专用权质押金额和质押项目数量最多的省份，其下辖的台州市是2020 年全国各城市中商标专用权质押融资金额最大、项目数量最多的城市。其中，商标专用权质押融资金额达到 50.5 亿元；质押项目数量为 536 笔，较 2019 年增加 156 笔，同比上升 41.1 个百分点。台州市的小微企业众多，对小微金融服务的需求一直十分旺盛，2015 年，台州出台《关于大力推进商标专用权质押贷款工作的若干意见》，并在全省率先建立风险补偿制度；同时，大力推动银企对接，着力破解商标质押贷款“评、贷、还”等各环节阻滞瓶颈。2020 年，台州市率先开展“专利 + 商标”混合质押模式[①]，进一步拓宽企业融资渠道，缓解了企业的融资压力，为企业发展注入强大动力。

此外，浙江省宁波市商标专用权质押金额也达到 37.4 亿元，在全国各城市中排名第四位。宁波作为全国知识产权质押融资试点城市，近年来以知识产权为核心的质押融资工作发展迅速。据了解，宁波市围绕商标注册、运用、管理和保护等环节，不断推进商标品牌战略实施，先后出台《宁波市地理标志商标品牌助力强企富农三年行动计划（2018—2020）》《宁波市商标专用权保险工作实施方案》等文件，组建并启动宁波市知识产权运营基金。宁波市政府通过《宁波市知识产权运营基金总体组建方案》，成立由分管副市长任主任的运营基金管理委员会。[②] 2020 年，正式启动知识产权大厦建设，项目选址为宁波国家高新区软件园新材料（国际）创新中心，总面积 10364 平方米，将建成含“质押融资中心”在内的 10 个“中心”，实现知识产权事项办理“全覆盖”，打造“一站式”的知识产权创新服务和保护平台。

按商标专用权质押金额江苏 2020 年排名较 2019 年上升最多，已升至全国第三位；按商标专用权质押项目数量江苏的排名较 2019 年上升 4 位。这一变化与江苏不断探索知识产权融资综合创新的努力分不开，一系列创新政策有效缓解了企业融资难、融资贵等问题，为企业高质量发展注入创新活力。例如，苏州市早在 2009 年起，就制定实施《苏州市知识产权质押贷款管理暂行办法》，明确企业办理知识产权质押贷款时无须其他财产抵押或第三方担保，且贷款额度不设上限。同时，为了提高银行贷款积极性，苏州市知识产

① 台州推广知识产权混合质押模式，上半年为企业融资 22 亿元［EB/OL］.（2020 - 07 - 09）［2021 - 07 - 02］. http://news.taizhou.com.cn/2020 - 07/13/content_6356678.htm? from = singlemessage.

② 《宁波市 2020 年知识产权发展与保护状况》发布［EB/OL］.（2021 - 04 - 27）［2021 - 07 - 02］. https://baijiahao.baidu.com/s? id = 1698155199018640501&wfr = spider&for = pc.

权局向银行提供已结清知识产权质押贷款发放额1.5%的风险补贴和1%的奖励，各区出台配套企业贴息政策。2020年4月，苏州市市场监督管理局发布《关于印发2020年苏州市知识产权金融深化工程实施方案的通知》（苏市监管知服发〔2020〕5号），指出：加强银行、担保、保险、知识产权机构等多方之间的合作，探索建立知识产权质押贷款风险分担机制，积极尝试“政府+担保+银行”的风险共担模式。①

从2020年中国商标专用权质押的区域分布来看（见图7-4），华东地区的质押金额达399.4亿元，占全国商标专用权质押金额的64.2%，区域优势较为明显。其中，华东地区有6个省市进入商标专用权质押金额排名前十榜单中，即浙江、山东、江苏、上海、安徽、福建。西南地区、华北地区、华南地区、华中地区均列华东地区之后，这四个区域的商标专用权质押金额分别占2020年中国商标专用权质押金额的6.3%、6.0%、5.5%、5.5%。东北地区和西北地区的商标专用权质押金额相对较少，占比分别为3.8%和3.1%。与2019年相比，中国各区域的商标专用权质押金额除东北地区、西

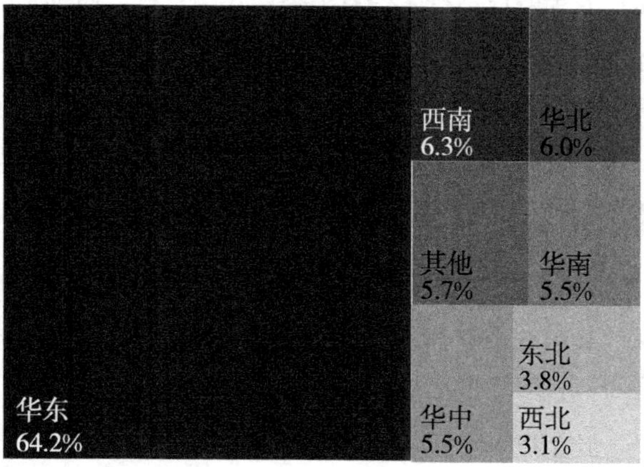

数据来源：国家知识产权局

数据时间：2020年1月1日至2020年12月31日

注：申请人中属于中国以外区域或无法判断地域归属的计入“其他”

图7-4　2020年中国商标专用权质押金额占比的地域分布

① 关于印发2020年苏州市知识产权金融深化工程实施方案的通知［EB/OL］.（2021-04-01）［2021-07-02］. http://www.suzhou.gov.cn/szsrmzf/bmwj/202005/18881fa34b7f4c2da3cb982ff0eb348c.shtml.

南地区有所减少外，其他5个区域的质押金额都有所增加，其中华东地区增加最为显著，增长金额达到176.2亿元，同比增长79.0%。

7.1.3 出质人以企业为主体，涉及多个行业

2020年，中国商标专用权质押的出质人数量约有1732个，其中90.2%的出质人是企业，余下的出质人包括个人、合作社等。

2020年中国商标专用权质押的出质人排名中，如表7-3所示，排名前十的出质人所涉及的质押商标项目数量为2~5笔①，都仅涉及1个质权人。这些出质人涉及农产品、机械、新材料、医疗器械、物流服务平台等多个行业。

2020年，商标专用权质押项目数量最多的出质人是安徽笑果农牧产业科技有限公司，对应的质权人是安徽省力天新材料股份有限公司，累计质押金额1900万元。排名第二位的浙江五一机械有限公司，2020年质押商标专用权4笔，对应质权人为浙江衢州柯城农村商业银行股份有限公司，质押金额4986万元。排名第三位的天元（湖北）新材科技园集团有限公司，2020年质押商标专用权3笔，对应质权人为营口银行股份有限公司花园支行，质押金额14280万元。

可以看出，中小微企业在商标出质人中占据很大一部分，如安徽笑果农牧产业科技有限公司、浙江五一机械有限公司、安徽新虹纺织有限公司等，这表明众多中小微企业正通过知识产权质押途径获得融资支持，尤其在2020年新冠肺炎疫情肆虐之时，商标专用权质押为企业融资带来及时雨，帮助企业渡过难关，知识产权运用效益大幅提升。

表7-3 2020年中国商标专用权质押的出质人按质押项目数量排名

排名	出质人	商标专用权质押项目数量（笔）	涉及的质权人
1	安徽笑果农牧产业科技有限公司	5	安徽省力天新材料股份有限公司
2	浙江五一机械有限公司	4	浙江衢州柯城农村商业银行股份有限公司
3	天元（湖北）新材科技园集团有限公司	3	营口银行股份有限公司花园支行

① 其中质押项目数量为2笔的出质人较多，此处仅列1位代表。

续表

排名	出质人	商标专用权质押项目数量（笔）	涉及的质权人
4	云南滇雪粮油有限公司	3	云南省融资担保有限责任公司
5	云南锦苑花卉产业股份有限公司	3	昆明产业开发投资有限责任公司
6	金湖县青荷农副产品专业合作社	3	江苏荷王农业科技有限公司
7	安徽新虹纺织有限公司	3	安徽飞凯电子技术有限公司
8	安徽思为医疗器械有限公司	3	马鞍山安信小额贷款有限公司
9	安徽邓氏机械制造有限公司	3	安徽新虹新材料科技有限公司
10	浙江专线宝网阔物联科技有限公司	2	杭州联合农村商业银行股份有限公司浦沿支行

数据来源：国家知识产权局

7.1.4　质权人超七成为银行，城市商业银行和农村商业银行发挥着重要作用

2020年中国商标专用权质押的质权人类型分布中，如图7－5所示，银行占77.1%，融资担保公司占12.7%，企业占7.2%，其他类型占3.0%。其中，2020年银行共参与商标专用权质押项目1393笔，是商标专用权质押融资中出现最多的质权人类型，主要包括城市商业银行、农村商业银行、六大国有商业银行、全国性股份制商业银行、村镇银行、政策性银行和民营银行。

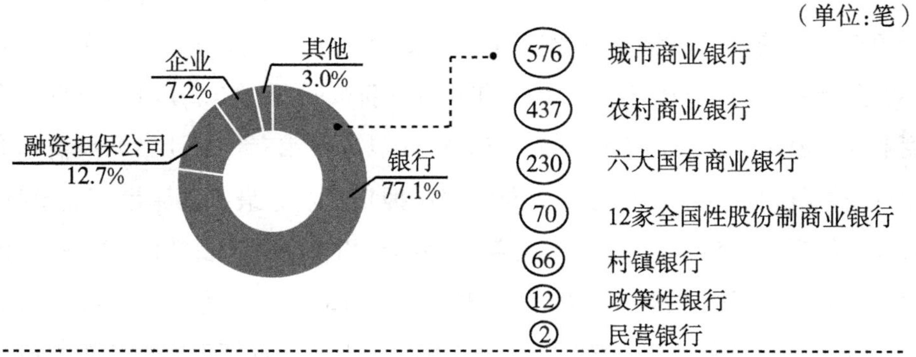

数据来源：国家知识产权局
数据时间：2020年1月1日至2020年12月31日

图7－5　2020年中国商标专用权质押质权人类型

在2020年中国商标专用权质押的质权人总体排行TOP10中，如表7－4所示，有6家城市商业银行、2家农村商业银行、1家村镇银行、1家融资担保公司，其中浙江泰隆商业银行股份有限公司台州分行、浙江泰隆商业银行股份有限公司台州温岭支行、浙江温岭联合村镇银行股份有限公司位列前三。

表7－4　2020年中国商标专用权质押的质权人总体排行TOP10

排名	质权人	商标专用权质押项目数量（笔）	质权人类型
1	浙江泰隆商业银行股份有限公司台州分行	74	城市商业银行
2	浙江泰隆商业银行股份有限公司台州温岭支行	37	城市商业银行
3	浙江温岭联合村镇银行股份有限公司	33	村镇银行
4	浙江泰隆商业银行股份有限公司台州玉环支行	25	城市商业银行
5	浙江泰隆商业银行股份有限公司台州临海支行	22	城市商业银行
6	浙江台州路桥农村商业银行股份有限公司	22	农村商业银行
7	蚌埠融资担保集团有限公司	21	融资担保公司
8	江苏紫金农村商业银行股份有限公司科技支行	18	农村商业银行
9	台州银行股份有限公司临海支行	15	城市商业银行
10	浙江泰隆商业银行股份有限公司绍兴越城小微企业专营支行	14	城市商业银行

数据来源：国家知识产权局

可以看出，城市商业银行在全国商标专用权质押中发挥着重要作用。2020年，共有232家城市商业银行（或支行、分行）参与了商标专用权质押，共计质押项目576笔，占2020年质押项目数的31.9%。其中，浙江泰隆商业银行股份有限公司累计有13家分行（以分行或支行数计）开展商标专用权质押贷款业务，是参与商标专用权质押贷款业务最多的城市商业银行，累计质押项目185笔，占城市商业银行商标专用权质押项目数的32.1%，占银行类商标专用权质押项目数的13.3%，占2020年商标专用权质押项目数的10.2%，涉及的质押金额累计达5.4亿元。其中，浙江泰隆商业银行股份有限公司台州分行、浙江泰隆商业银行股份有限公司台州温岭支行、浙江泰隆商业银行股份有限公司台州玉环支行、浙江泰隆商业银行股份有限公司台州临海支行表现突出，如表7-5所示。

台州银行股份有限公司在城市商业银行商标专用权质押项目中的表现仅次于浙江泰隆商业银行股份有限公司，累计质押项目148笔，占2020年城市商业银行商标专用权质押项目数的25.7%，占银行类商标专用权质押项目数的10.6%，占2020年商标专用权质押项目数的8.2%，涉及的质押金额累计2.1亿元。其中，台州银行股份有限公司临海支行、台州银行股份有限公司临海杜桥支行表现较为突出，如表7-5所示。

表7-5 2020年中国商标专用权质押城市商业银行质权人排名

排名	城市商业银行	商标专用权质押项目数量（笔）
1	浙江泰隆商业银行股份有限公司台州分行	74
2	浙江泰隆商业银行股份有限公司台州温岭支行	37
3	浙江泰隆商业银行股份有限公司台州玉环支行	25
4	浙江泰隆商业银行股份有限公司台州临海支行	22
5	台州银行股份有限公司临海支行	15
6	浙江泰隆商业银行股份有限公司绍兴越城小微企业专营支行	14
7	台州银行股份有限公司临海杜桥支行	12
8	金华银行股份有限公司台州分行	11
9	浙江民泰商业银行股份有限公司椒江市府大道支行	9
10	台州银行股份有限公司天台支行	9
11	台州银行股份有限公司玉环支行	9

数据来源：国家知识产权局

含农村商业银行、村镇银行在内的农村金融机构也在商标专用权质押中发挥了重要作用。2020年，有265家农村金融机构（以分支机构计算）参与商标专用权质押贷款，全年实施商标专用权质押项目503笔，占全年商标专用权质押项目数的27.8%，惠及400多家企业，如安徽卓尔航空科技有限公司、安徽格林开思茂光电科技股份有限公司、浙江忘不了柑桔专业合作社、浙江味老大工贸有限公司、四川蓝剑蓥华山天然矿泉水有限公司等，都通过农村金融机构进行了商标专用权质押。其中，农村商业银行参与商标专用权质押项目437笔，占农村金融机构商标专用权质押项目数的86.9%，参与质押的农村商业银行达245家（以分支机构计算）。2020年中国商标专用权质押农村商业银行质权人排名如表7－6所示。

表7－6　2020年中国商标专用权质押农村商业银行质权人排名

排名	农村商业银行	商标专用权质押项目数量（笔）
1	浙江台州路桥农村商业银行股份有限公司	22
2	江苏紫金农村商业银行股份有限公司科技支行	18
3	山东寿光农村商业银行股份有限公司	13
4	广东顺德农村商业银行股份有限公司大良支行	11
5	浙江玉环农村商业银行股份有限公司	8
6	浙江长兴农村商业银行股份有限公司	7
7	安徽全椒农村商业银行股份有限公司	6
8	浙江温州龙湾农村商业银行股份有限公司永昌支行	5
9	浙江温州龙湾农村商业银行股份有限公司高新支行	5
10	芜湖津盛农村商业银行股份有限公司	5
11	杭州联合农村商业银行股份有限公司宝善支行	5
12	安徽歙县农村商业银行股份有限公司	5

数据来源：国家知识产权局

2020年，有80家企业也作为质权人参与了商标专用权质押，涉及130笔商标专用权质押项目，占2020年商标专用权质押项目数的7.2%，如马鞍山安信小额贷款有限公司、马鞍山市晏家食品有限公司、安徽省力天新材料股份有限公司、多一度（泉州）电子商务有限公司、重庆理文卫生用纸制造有限公司等。2020年，还有100多家融资担保公司作为质权人参与商标专用权质押，涉及229笔商标专用权质押项目，约占质押项目总数的12.7%。此外，参与商标专用权质押的质权人还包括个人、农村信用社、合作社等，这些质权人涉及的质押项目数占项目总数的3.0%。

7.2　案例分析："金锣"的商标专用权质押

"金锣"是临沂新程金锣肉制品集团有限公司的一个知名品牌，1994年11月21日在商标局申请注册，1996年注册成功，之后又进行了2次商标续展，专用权期限至2026年8月27日。临沂新程金锣肉制品集团有限公司（以下简称金锣集团）成立于1994年，是一家以肉制品生产加工为主的综合性大型企业。金锣集团现有总资产55亿元，员工2万多人，拥有以山东、黑龙江、吉林、内蒙古、湖南、四川、河南等生产基地为主的生猪、肉鸡屠宰及肉制品生产加工线，是全国农业产业化重点龙头企业，是中国大型生猪屠宰加工和肉制品生产企业。2019年，金锣集团以209.48亿元的品牌价值入选"中国500最具价值品牌"排行榜。

金锣集团一直很重视知识产权，其旗下品牌"肉粒多""无淀粉""健食力""哈啰伙伴"等在上市之前就已通过商标注册，并申请了产品包装外观专利。此外，金锣集团通过从字体库和图案的使用风险排查，到商标设计的自主创新，逐步构建起自己的管理团队，进一步加强内部管理工作机制，构建了完善的商标管理体系，从而对核心商标进行有效的创造、保护、应用、管理。

2020年，金锣集团商标专用权质押融资达47亿元，是全国商标专用权质押融资额最高的企业，对应的质权人为中国农业银行股份有限公司临沂兰山支行。

如表7-7所示，在2020年发生商标专用权质押的金锣集团商标中，有近2/3的商标名称包含知名品牌"金锣"这两个字。金锣集团采用主副商标策略，被质押的商标包括"金锣"主商标，以及名称为金锣王中王、金锣王、金锣娃、金锣香嫩王、金锣香甜王、金锣宝肚、金锣能量王、金锣煌、金锣皇、金锣瑝、金锣王中皇等100多个副商标。其中名称为"金锣"的主商标在2020年涉及质押的尼斯分类多达36个，占尼斯分类总数45个类别的4/5；其余副商标多集中在29-肉蛋奶类食品、30-植物类食品、35-广告/

商业服务、11－照明/加热这几个尼斯分类上。

金锣集团先后围绕知名商标品牌“金锣”在 1～3，5～9，11～13，15～22，24～26，28～30，32，34～37，39～45 共 37 个商标类别上进行了商标注册，并在这些成功商标的基础之上，申请了多个副商标对“金锣”产品的用途、功能、成分、品质等作为补充商标保护，相得益彰。副商标其实是主商标的一种延伸策略，主要是利用消费者对于主商标的忠诚度和信赖度，推动副商标下产品或服务的销售，获得市场优势，在品牌运营过程中形成不同档次、不同需求的产品品牌。金锣集团不仅通过自己知名度较高的品牌“金锣”主商标进行多类别质押，还辅以多个副商标的组合方式进行商标专用权质押，获得了较高的质押金额。

商标是企业的无形资产，是一项重要的知识产权，它不仅是一种企业文化的表现形式，更是企业形象和信誉的集中表现，是企业进行市场竞争的锐利武器。作为国内肉制品行业领军品牌，金锣集团多年来一直高度重视商标保护工作，2020 年通过商标专用权的质押融资，在一定程度上解决了企业的资金紧张问题，促进企业的经济高质量可持续发展。

表 7－7　2020 年金锣集团质押商标中名称含“金锣”的主要商标列表

涉及的尼斯分类号	1～3，5～9，11～13，15～22，24～26，28～30，32，34～37，39～45		
被质押的商标名称	金锣	乐享金锣王	金锣鲜辣
	金锣王中王	珍品金锣王	金锣健康家园 JINLUO HEALTH HOME
	金锣王	金锣王中王农场	金锣口口福
	金锣娃	金锣脆脆	金锣红
	金锣香嫩王	金锣爵脆	金锣植爱 JIN LUO PLANT LOVE
	金锣香甜王	珍宝金锣王	金锣素爱
	金锣宝肚	金锣 健康智选 JL	金锣优养生鲜
	金锣能量王	金锣卤肉王	金锣大肉粒
	金锣煌	金锣好口福	金锣 Q
	金锣皇	金锣家家乐	金锣易烹乐享

续表

涉及的尼斯分类号	1～3，5～9，11～13，15～22，24～26，28～30，32，34～37，39～45		
被质押的商标名称	金锣瑝	金锣大骨王	金锣珍品小膳
	金锣王中皇	金锣珍品	金锣成长派
	金锣王之皇	金锣 健食力 JL	金锣 玉米肠 香甜味
	金锣皇中王	金锣 JL	金锣好厨易
	金锣黑猪王	金锣大肉王	金锣 玉米肠 香甜味
	珍品金锣王	金锣 U－膳	

“十三五”知识产权运营回顾篇

第8章　“十三五”时期专利运营数据分析

8.1　整体状况分析

8.1.1　专利运营数量大幅增加，期内呈持续增长态势

“十三五”时期，中国专利运营次数为138.6万次，涉及的专利数量为116.2万件，平均每件专利运营1.2次；“十三五”时期的专利运营次数是“十二五”时期的2.5倍，涉及专利为“十二五”时期的2.4倍。“十三五”时期，无论是专利运营次数还是涉及专利件数较“十二五”时期都有大幅增加。

“十三五”时期各年，如图8－1所示，无论是专利运营次数还是运营涉及专利件数均呈持续增长态势，专利运营次数年平均增长率为23.7%，与“十二五”时期的15.9%相比增加7.8个百分点。“十三五”时期，2017年和2020年的专利运营次数同比分别增长43.2%和32.0%，增长相对较快，2018年增长相对较慢，同比增长2.1%。

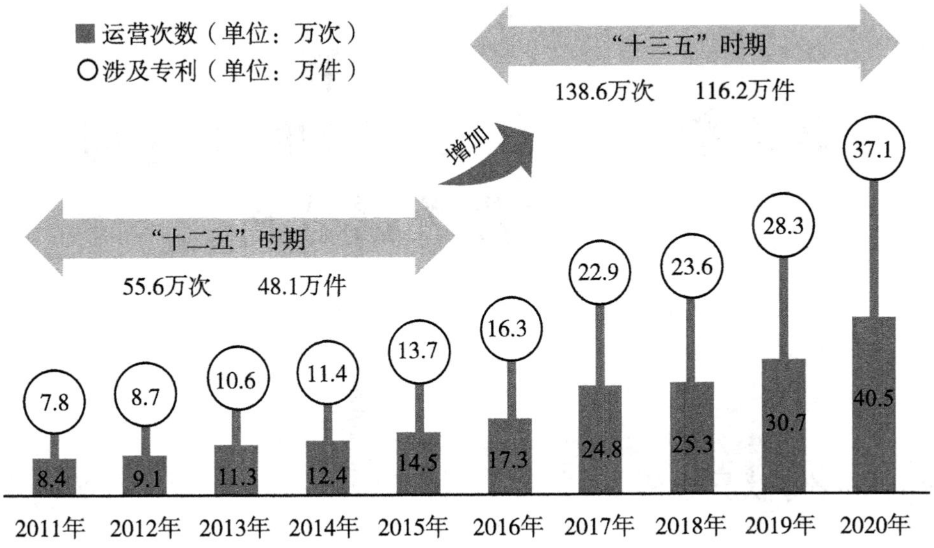

数据来源：知识产权出版社i智库

数据时间：法律状态公告日为2011年1月1日至2020年12月31日

图8-1 “十三五”及“十二五”时期中国专利运营次数及涉及专利件数变化

8.1.2 发明专利运营次数大幅增加，质量效益愈发明显

“十三五”时期，如图8-2所示，涉及发明专利的中国专利运营活动78.5万次，与“十二五”时期相比，增量为51.1万次，是“十二五”时期的2.9倍。“十三五”时期，发明专利运营次数占全部专利运营次数的56.6%，比“十二五”时期提高7.3个百分点，特别是2020年，发明专利的运营次数达24.3万次，占该年度专利运营次数的59.9%，创历史新高，技术含量较高的发明专利得到更加充分的市场化运营。

“十三五”时期，中国实用新型专利运营次数共计50.8万次，占全部专利运营次数的36.7%，与“十二五”时期占比相比虽下降2.9个百分点，但次数大幅增加约1.3倍。

“十三五”时期，中国外观设计专利运营次数共9.3万次，占全部专利运营次数的6.7%，与“十二五”时期相比，在次数上虽有一定增加，但在占比上下降明显，约下降4.5个百分点。

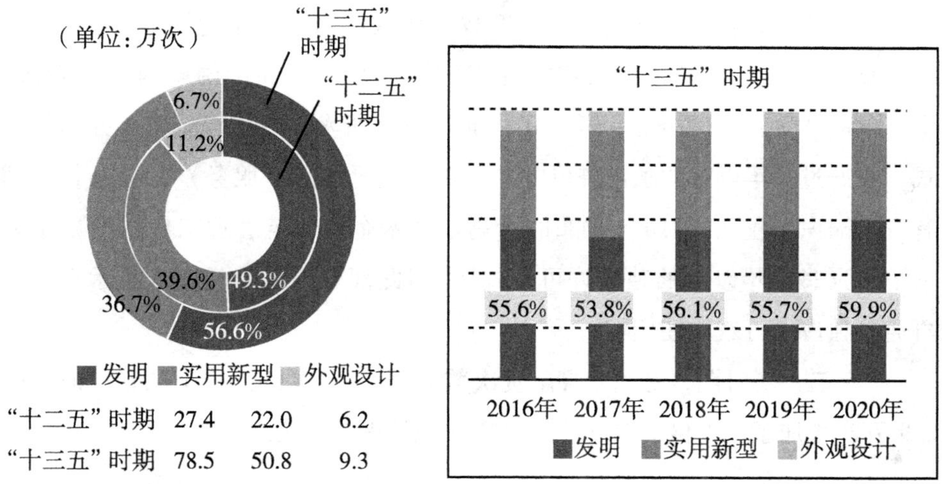

数据来源：知识产权出版社i智库

数据时间：法律状态公告日为2011年1月1日至2020年12月31日

图8-2 “十三五”及“十二五”时期中国专利运营涉及专利类型对比

8.1.3 专利转让主导地位进一步增强，专利许可降幅明显

从三种专利运营类型来看，如图8-3所示，专利转让为“十三五”时期中国专利运营活动主要类型，与“十二五”时期相比，专利转让主导地位进一步增强，转让次数由“十二五”时期的42.8万次增加到122.3万次，增加了79.5万次，占全部专利运营次数的比例也由“十二五”时期的77.0%增加到88.3%，增加11.3个百分点。特别是2020年，虽然专利转让次数占全部专利运营活动的比例与“十三五”时期其他年份相比不够突出，但转让次数明显增加，比2019年增加9万余次。

相比之下，专利许可活跃度在“十三五”时期明显下降，无论是许可次数还是占全部专利运营次数的比例，相对于“十二五”时期都出现了大幅回落，许可次数由“十二五”时期的9.9万次降到“十三五”时期的4.3万次，降幅达56.6%，占全部专利运营次数的比例也由17.8%降到3.1%，下降了14.7个百分点。究其原因，可能是由于高新技术企业认定取消了独占许可的知识产权认定，2016年颁布的《高新技术企业认定管理工作指引》中指出，“高新技术企业认定所指的知识产权须在中国境内授权或审批审定，并在中国法律的有效保护期内。知识产权权属人应为申请企业”。不同于 2008 年颁布的《高新技术企业认定管理工作指引》中“在中国境内（不含港、澳、台地区）注册的企业，近三年内通过自主研发、受让、受赠、并购等方式，或通过 5 年以上的独占许可方式，对其主要产品（服务）的核心技术拥有自主知识产权”，2016 年颁布的《高新技术企业认定管理工作指引》中取消了“通过 5 年以上的独占许可方式”，因此部分待认定的高新技术企业不再通过独占许可获取使用权。

“十三五”时期，专利质押融资次数为 11. 9 万次，比“十二五”时期的 2. 9 万次增加了 3. 1 倍，专利质押融资活动越来越活跃。

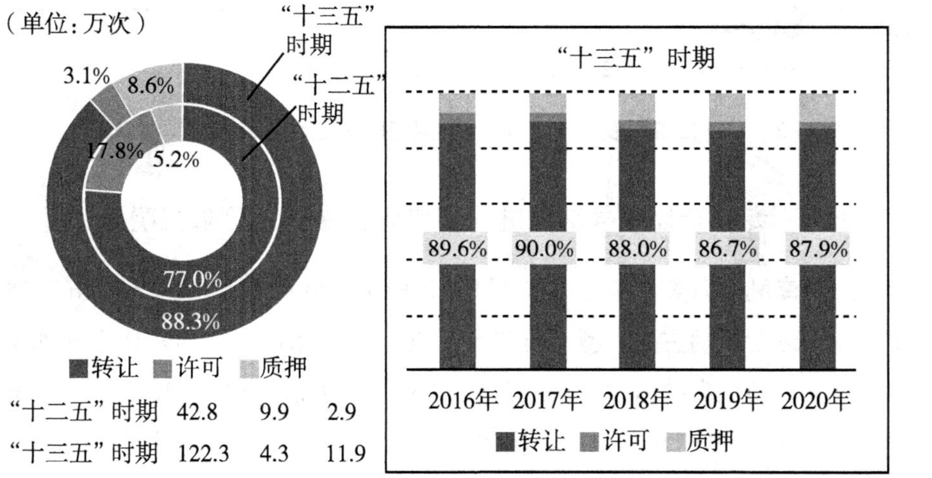

数据来源：知识产权出版社i智库

数据时间：法律状态公告日为2011年1月1日至2020年12月31日

图 8 –3 “十三五”及“十二五”时期中国专利运营类型对比

8. 1. 4 金属制品、机械和设备修理业专利运营次数最多，增量最大

“十三五”时期，中国专利运营活动覆盖国民经济行业分类的全部 54 个大类。如表 8 –1 所示，与“十二五”时期相比，“十三五”时期各产业专利运营次数均呈现增长趋势，阶段增长率在 500% 以上的有畜牧业、林业等 6 个产业，在 300% ~500% 之间的有家具制造业、非金属矿采选业、石油和天

然气开采业等7个产业，在200%～300%之间的有铁路、船舶、航空航天和其他运输设备制造业及农副食品加工业、金属制品业等18个产业，在100%～200%之间的有石油、煤炭及其他燃料加工业和水的生产和供应业等22个产业，在100%以下的只有开采专业及辅助性活动1个产业。可以看出，阶段增长率为100%～300%之间的产业较多。

无论是“十二五”时期还是“十三五”时期，金属制品、机械和设备修理业以及仪器仪表制造业和专用设备制造业等产业都是专利运营重点产业。其中，金属制品、机械和设备修理业在“十三五”时期的专利运营次数为642322次，较“十二五”时期增加最多，排名由“十二五”时期的第二位提高至“十三五”时期的第一位；仪器仪表制造业专利运营次数为622873次，仅比位居第一的金属制品、机械和设备修理业约少1.9万次，比“十二五”时期增加约37.5万次，但排名由“十二五”时期的第一位跌至“十三五”时期的第二位；位居第三的专用设备制造业的专利运营次数明显少于金属制品、机械和设备修理业及仪器仪表制造业，比前两个产业分别少近50%；机动车、电子产品和日用产品修理业，通用设备制造业，计算机、通信和其他电子设备制造业，电气机械和器材制造业，软件和信息技术服务业，金属制品业及非金属矿物制品业也进入前十之列，专利运营次数均超过10万次。

表8－1　“十三五”及“十二五”时期中国专利运营产业分布

产业分布	“十三五”时期		“十二五”时期		阶段增长率（%）
	排名	专利运营（次）	排名	专利运营（次）	
金属制品、机械和设备修理业	1	642322	2	238518	169.3
仪器仪表制造业	2	622873	1	247834	151.3
专用设备制造业	3	331361	3	108470	205.5
机动车、电子产品和日用产品修理业	4	293238	4	108378	170.6
通用设备制造业	5	287952	5	89810	220.6
计算机、通信和其他电子设备制造业	6	205786	6	87219	135.9

续表

产业分布	“十三五”时期		“十二五”时期		阶段增长率（%）
	排名	专利运营（次）	排名	专利运营（次）	
电气机械和器材制造业	7	159176	7	67879	134.5
软件和信息技术服务业	8	115804	8	41722	177.6
金属制品业	9	104504	11	28233	270.1
非金属矿物制品业	10	101794	9	39573	157.2
化学原料和化学制品制造业	11	96573	10	34215	182.3
互联网和相关服务	12	74203	12	23415	216.9
橡胶和塑料制品业	13	51112	13	14106	262.3
木材加工和木、竹、藤、棕、草制品业	14	45905	14	13444	241.5
汽车制造业	15	35405	15	11273	214.1
文教、工美、体育和娱乐用品制造业	16	25411	23	6235	307.6
造纸和纸制品业	17	24948	17	7707	223.7
电信、广播电视和卫星传输服务	18	24035	16	8495	182.9
铁路、船舶、航空航天和其他运输设备制造业	19	23805	25	5952	299.9
土木工程建筑业	20	21710	21	6741	222.1
酒、饮料和精制茶制造业	21	20534	22	6618	210.3
医药制造业	22	20232	19	7205	180.8
废弃资源综合利用业	23	19657	18	7633	157.5
电力、热力生产和供应业	24	18058	20	6883	162.4
水的生产和供应业	25	17953	24	6055	196.5
纺织业	26	17357	26	5268	229.5
农、林、牧、渔业及辅助性活动	27	16079	28	3778	325.6
农副食品加工业	28	11601	32	3016	284.6
有色金属冶炼和压延加工业	29	10646	27	3974	167.9
印刷和记录媒介复制业	30	10411	31	3127	232.9
其他采矿业	31	9470	29	3558	166.2

续表

产业分布	"十三五"时期		"十二五"时期		阶段增长率（%）
	排名	专利运营（次）	排名	专利运营（次）	
食品制造业	32	8656	30	3186	171.7
其他制造业	33	8609	39	1318	553.2
皮革、毛皮、羽毛及其制品和制鞋业	34	7799	34	2384	227.1
黑色金属冶炼和压延加工业	35	7592	33	2417	214.1
化学纤维制造业	36	6893	37	1555	343.3
建筑安装业	37	6705	35	2066	224.5
家具制造业	38	6396	41	1165	449.0
石油、煤炭及其他燃料加工业	39	6023	36	2024	197.6
房屋建筑业	40	5295	40	1168	353.3
纺织服装、服饰业	41	5079	38	1483	242.5
农业	42	4655	46	593	685.0
建筑装饰、装修和其他建筑业	43	3902	47	574	579.8
林业	44	3638	49	442	723.1
煤炭开采和洗选业	45	2547	42	922	176.2
有色金属矿采选业	46	2546	42	922	176.1
黑色金属矿采选业	46	2546	42	922	176.1
非金属矿采选业	48	2448	48	493	396.6
燃气生产和供应业	49	1694	45	702	141.3
石油和天然气开采业	50	1453	50	317	358.4
渔业	51	863	52	141	512.1
畜牧业	52	787	53	80	883.8
烟草制品业	53	488	51	216	125.9
开采专业及辅助性活动	54	73	54	41	78.0

数据来源：知识产权出版社 i 智库

数据时间：法律状态公告日为 2011 年 1 月 1 日至 2020 年 12 月 31 日

8.2 专利转让数据分析

8.2.1 “十三五”时期专利转让次数较“十二五”时期增加近两倍

“十三五”时期，如图 8－4 所示，中国专利共进行转让 122.3 万次，占全部专利运营次数的 88.3%，转让次数比“十二五”时期增加 79.5 万次，增幅达到 185.7%，占比增加 11.4 个百分点。

“十三五”时期，专利转让次数年平均增长率为 25.9%，高于专利运营次数年平均增长率 2.2 个百分点，比“十二五”时期多 5.4 个百分点。“十三五”时期，除 2018 年专利转让次数与上一年持平外，其他各年均呈快速增长态势，其中 2017 年专利转让次数增长率最高，为 44.0%，2020 年专利转让次数增加最多，专利转让活跃。

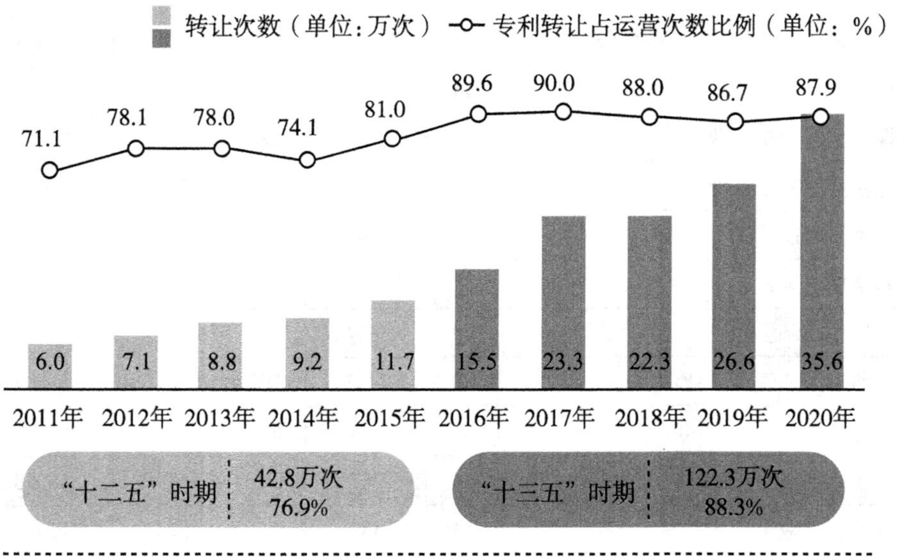

数据来源：知识产权出版社i智库

数据时间：法律状态公告日为2011年1月1日至2020年12月31日

图 8－4 “十三五”及“十二五”时期中国专利转让次数变化

8.2.2 发明专利转让活动愈发活跃，“十三五”期内持续快速增长

如图8-5所示，“十三五”时期，中国发明专利转让次数为72.0万次，比“十二五”时期增加2.1倍；占全部专利转让活动的58.9%，略高于中国专利运营总体情况（“十三五”时期中国发明专利运营次数占全部专利运营活动的比重达为56.6%），比“十二五”时期提高5.4个百分点。“十三五”期内，发明专利的转让次数呈持续性快速增长态势，特别是2020年，发明专利转让次数达22.5万次，占比达到63.2%，创历史新高。

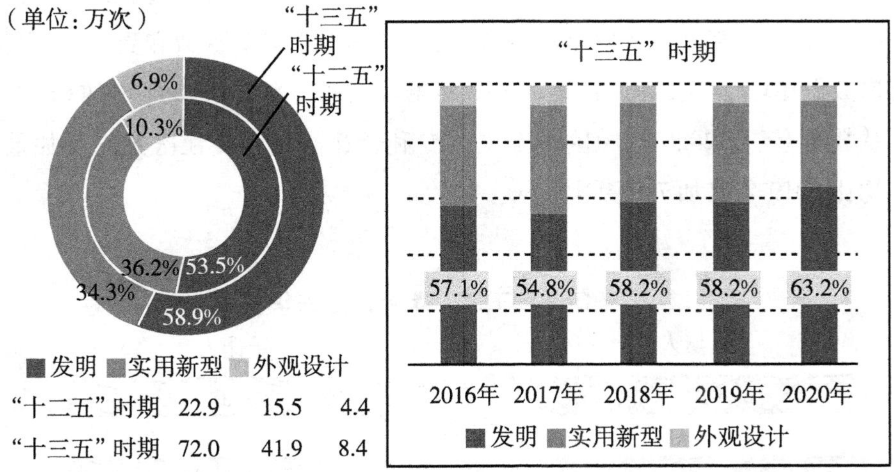

数据来源：知识产权出版社i智库

数据时间：法律状态公告日为2011年1月1日至2020年12月31日

图8-5 “十三五”及“十二五”时期中国专利转让涉及专利类型对比

“十三五”时期，中国实用新型专利转让次数为41.9万次，占全部专利转让次数的34.3%；中国外观设计专利转让次数为8.4万次，占比为6.9%。实用新型和外观设计专利的转让次数占比与“十二五”时期相比均有所下降，分别为1.9个百分点和3.4个百分点，但转让次数均大幅增加，增加幅度分别为1.7倍和0.9倍，这一点与中国专利运营总体情况类似。

8.2.3 中国本土主体专利转让占近九成，以本国内部流动为主

从中国专利转让主体地域分布情况来看，如图 8－6 所示，“十三五”时期，无论是专利让与人还是专利受让人，都主要来自中国本土，占比都达到近九成：让与人中，中国本土让与人出让专利共 108.4 万次，比“十二五”时期增长约 2.2 倍，占该时期专利转让总次数的 88.6%，比“十二五”时期增加 9.3 个百分点；受让人中，中国本土受让人共受让专利 108.6 万次，比“十二五”时期增长约 2.2 倍，占该时期专利受让总次数的 88.7%，比“十二五”时期增加 9.1 个百分点，中国本土让与人、受让人专利转让次数、受让次数与“十二五”时期相比均有较大提升。“十三五”期内，从占比上看，除 2020 年略有下降外，其他年份中国本土让与人专利转让次数和受让人专利受让次数占比均逐年提高，其中，2017 年增幅最大，均比 2016 年增加 6% 左右；从数量上看，2020 年中国本土主体专利转让次数和受让次数均增加最多，均比 2019 年增加 7.9 万次。

（单位：万次）

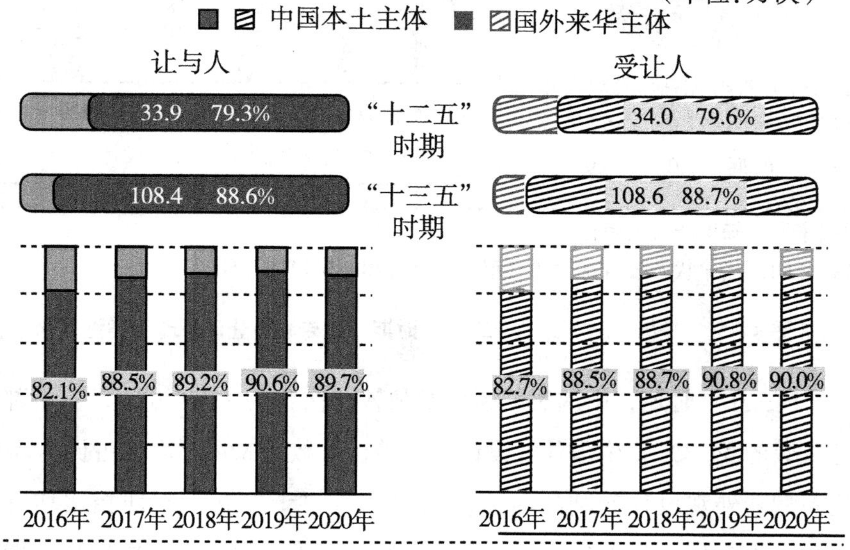

数据来源：知识产权出版社i智库

数据时间：法律状态公告日为2011年1月1日至2020年12月31日

图 8－6 “十三五”及“十二五”时期中国专利转让主体地域分布

"十三五"时期，国外来华让与人和受让人参与的专利转让次数占比约为一成，与"十二五"时期的20.7%和20.4%相比，约均下降9个百分点，但专利转让和受让次数均有大幅增加。其中，国外来华让与人共出让专利13.9万次，比"十二五"时期增加57.4%；国外来华受让人共受让专利13.8万次，比"十二五"时期增加57.8%，增幅均远小于中国本土让与人和受让人。

中国专利转让主体地域流向图（见图8－7）显示，"十三五"时期中国专利转让仍然主要发生在中国本土让与人、受让人之间，转让次数占比达88.1%，比"十二五"时期增加近10个百分点。其次是国外来华让与人、受让人之间的转让，占比为10.8%，比"十二五"时期降低9个百分点。中国本土与国外来华主体之间的专利转让较少，其中，中国本土让与人转出给国外来华受让人的专利转让次数占0.5%，比"十二五"时期下降0.1个百分点，广东、江苏、上海、福建、北京是主要技术输出省市，美国、日本、新加坡、英国、瑞士为主要技术输入国；国外来华让与人转出给中国本土受

（单位：次）

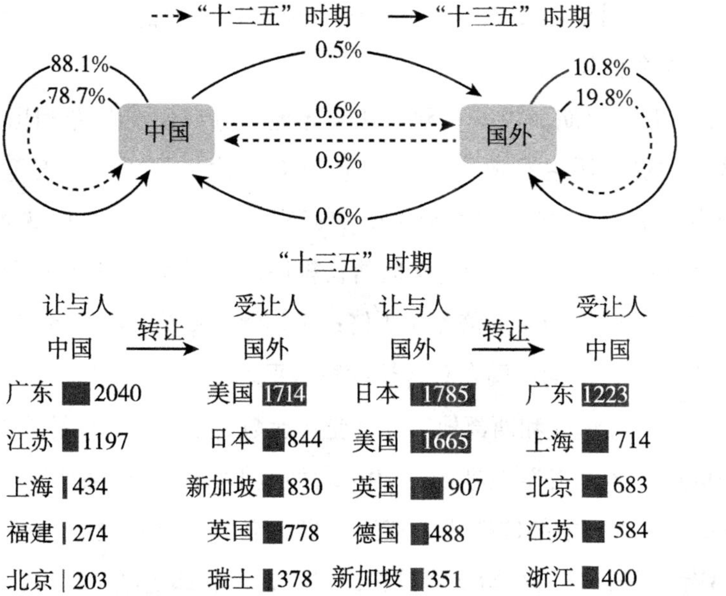

数据来源：知识产权出版社i智库

数据时间：法律状态公告日为2011年1月1日至2020年12月31日

图8－7 "十三五"及"十二五"时期中国专利转让主体地域流向

让人的专利转让次数占0.6%，比“十二五”时期下降0.3个百分点，日本、美国、英国、德国、新加坡是主要技术输出国，广东、上海、北京、江苏、浙江是主要技术输入省市。

8.2.4 东部地区专利转让仍居主导，中西部地区快速成长

从中国专利转让主体地区分布情况可以看出，“十三五”时期，东部地区在专利出让方面居主导地位，共让出专利78.9万次，是“十二五”时期的3.1倍，但占比由“十二五”时期的75.8%下降至73.6%，下降2.2个百分点；中部地区和西部地区专利出让次数分别为14.3万次和10.8万次，分别是“十二五”时期的3.9倍和3.7倍，平均增长率分别为37.5%和33.2%，分别高于“十三五”时期中国专利转让次数年平均增长率11.6个百分点和7.3个百分点，增速较快；从中部地区和西部地区专利出让次数占中国专利出让次数的比例看，中部地区由“十二五”时期的11.0%增加至“十三五”时期的13.3%，西部地区由8.8%增加至10.1%。相比之下，东北部地区专利出让次数增速较缓，“十三五”时期专利出让次数为3.2万次，是“十二五”时期的2.2倍，占中国专利出让次数的3.0%，比“十二五”时期低1.4个百分点。

“十三五”时期，中国专利受让主体地区分布情况与专利出让类似。东部地区专利受让居主导地位，共受让79.0万次，是“十二五”时期的3.1倍，但占比由“十二五”时期的76.7%下降至73.3%，下降3.4个百分点。中部地区和西部地区专利受让次数增长较快，分别为15.1万次和10.5万次，是“十二五”时期的4.1倍和3.7倍；平均增长率为39.2%和29.0%，分别高于“十三五”时期中国专利转让次数年平均增长率13.3个百分点和3.1个百分点；从中部地区和西部地区专利受让次数占中国专利出让次数的比例看，中部地区由“十二五”时期的11.0%增加至14.0%，西部地区由8.4%增加至9.8%，其中，中部地区“十三五”期间各年呈持续增长态势，西部地区在2018年达到顶峰后开始下降。相比之下，东北部地区专利出让次数增速较缓，“十三五”时期专利出让次数为3.2万次，是“十二五”时期的2.4倍，占中国专利出让次数的2.9%，比“十二五”时期低1.1个百分点。

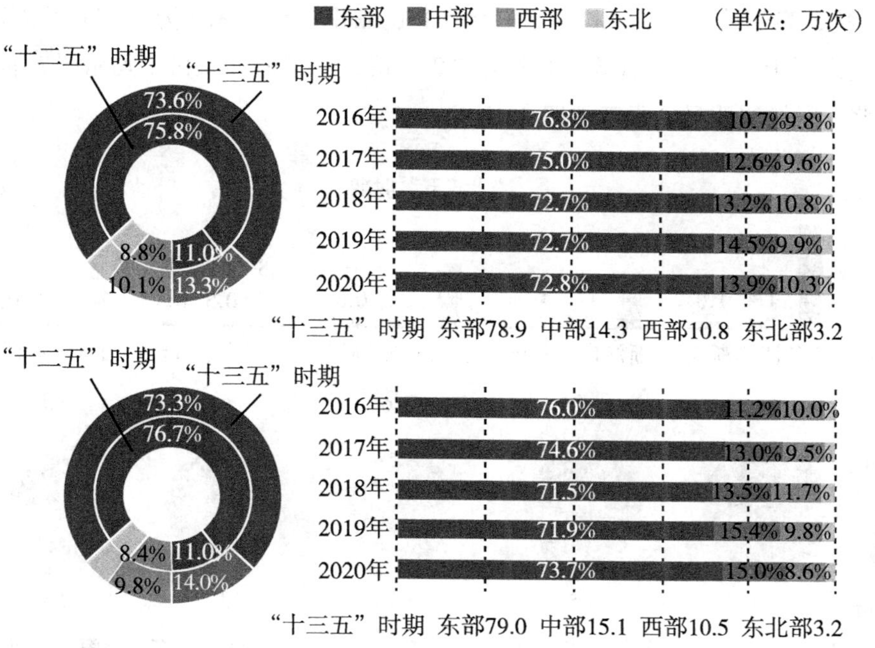

数据来源：知识产权出版社i智库

数据时间：法律状态公告日为2011年1月1日至2020年12月31日

图8-8 “十三五”及“十二五”时期中国专利转让主体地区分布

8.2.5 专利转让地域集中度进一步提高，跨省转让大幅增加

“十三五”时期，按专利出让、受让次数排名前五的省份均为广东、浙江、江苏、北京和山东，仅出让和受让次数排名略有不同；如图8-9所示，“十二五”时期，中国专利出让活跃的五个省份依次为广东、浙江、江苏、北京和上海。“十三五”时期，广东、浙江、江苏、北京依然保持较高的活跃度，位居前四，山东专利出让次数超过上海，进入前五之列。“十三五”时期，广东、浙江、江苏、北京和山东五个省份共计出让专利64.8万次，占“十三五”时期专利转让次数的53.0%，与“十二五”时期相比，前五省份专利出让次数增加2.1倍，占比增加4.6个百分点，专利出让地域集中度进一步提高。其中，中国专利出让最为活跃的省份为广东，共计出让专利20.8万次，比“十二五”时期增加2.6倍，高于前五省份平均水平；浙江和江苏分别出让专利15.1万次和13.9万次，分别比“十二五”时期增加2.4倍和

2.6 倍，高于前五省份平均水平；北京和山东出让专利 8.5 万次和 6.5 万次，分别比“十二五”时期增加 1.3 倍和 2.0 倍，低于前五省份平均水平，特别是北京，增幅明显低于其他四个省份。

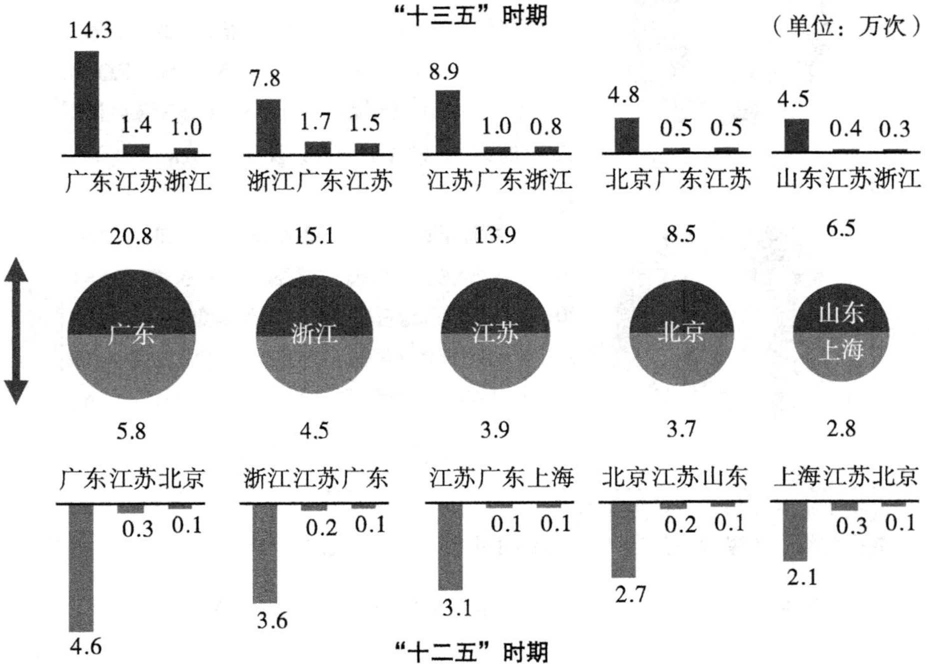

数据来源：知识产权出版社 i 智库

数据时间：法律状态公告日为2011年1月1日至2020年12月31日

图 8-9　“十三五”及“十二五”时期中国专利转让让与人省份分布

“十二五”时期，专利受让活跃的五个省份依次为广东、江苏、浙江、北京和上海，与专利出让情况类似，前四省份在“十三五”时期的专利受让次数排名不变，但山东专利受让次数已超过上海，进入前五之列。如图 8-10 所示，广东、江苏、浙江、北京和山东五个省份共计受让专利 65.9 万次，占“十三五”时期转让总次数的 53.9%，与“十二五”时期前五省份相比，专利受让次数增加 2.1 倍，占比增加 3.9 个百分点，专利受让地域集中度进一步提高。其中，中国专利受让最为活跃的省份仍然是广东，共计受让专利 21.6 万次，比“十二五”时期增加 2.9 倍，明显高于前五省份平均水平；江苏、浙江和山东分别受让专利 16.3 万次、13.1 万次和 7.1 万次，比“十二五"时期分别增加2.5倍、2.2倍和2.4倍，高于前五省份平均水平；北京受让专利7.8万次，比"十二五"时期增加0.9倍，明显低于前五省份平均水平。

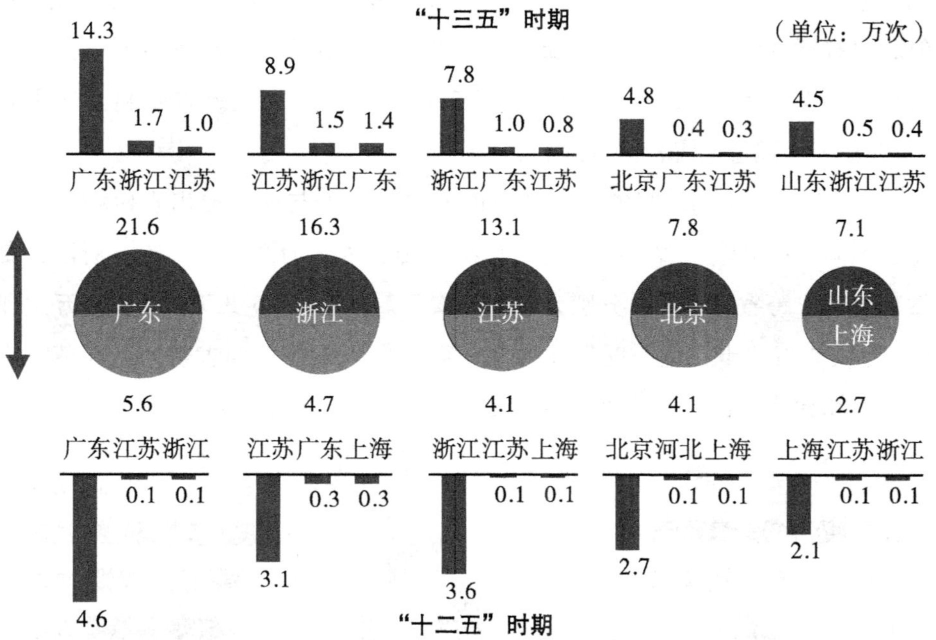

数据来源：知识产权出版社i智库

数据时间：法律状态公告日为2011年1月1日至2020年12月31日

图8-10　"十三五"及"十二五"时期中国专利转让受让人省份分布

从专利转让活动的流向来看，不论是"十二五"时期还是"十三五"时期，前五省份的专利转让都是以各省份内部的转让为主。"十三五"时期，广东、江苏、浙江、北京和山东内部转让次数分别为14.3万次、8.9万次、7.8万次、4.8万次和4.5万次，分别占各省份"十三五"时期出让专利总次数的68.8%、64.0%、51.7%、56.5%、69.2%，占各省份受让专利总次数的66.2%、54.7%、59.3%、61.7%和63.2%。其余专利转让行为也大多发生在前五省份之间，专利转让活动呈现出明显的地域集中态势。

如图8-11所示，"十三五"时期，中国专利跨省转让共计45.3万次，占"十三五"时期专利转让总次数的37.0%，与"十二五"时期相比，转让次数增加4.6倍，占比增加18个百分点，跨省专利转让活跃度大幅提升。

与“十二五”时期相比，跨省专利转让主要专利输出省份和输入省份均有一定变化。“十二五”时期的主要输出省份依次为广东、北京、浙江、江苏和上海；“十三五”时期，广东、北京、浙江、江苏依然位居前五之列，但名次有所变化，排名依次为浙江、广东、江苏和北京，跨省专利出让次数分别为7.3万次、6.5万次、5.0万次和3.6万次，安徽跨省专利出让次数（2.9万次）超过上海，位居第五。

“十三五”时期，跨省专利转让前五输入省份与前五输出省份相同，仅排名不同，前五输入省份按专利受让次数排名依次为江苏、广东、浙江、安徽和北京，跨省受让次数分别为7.4万次、7.3万次、5.3万次、3.0万次和3.0万次，与“十二五”时期比，除安徽为新进入前五的省份外，江苏、广东、浙江和北京在“十二五”时期也位居前五，仅排名不同。

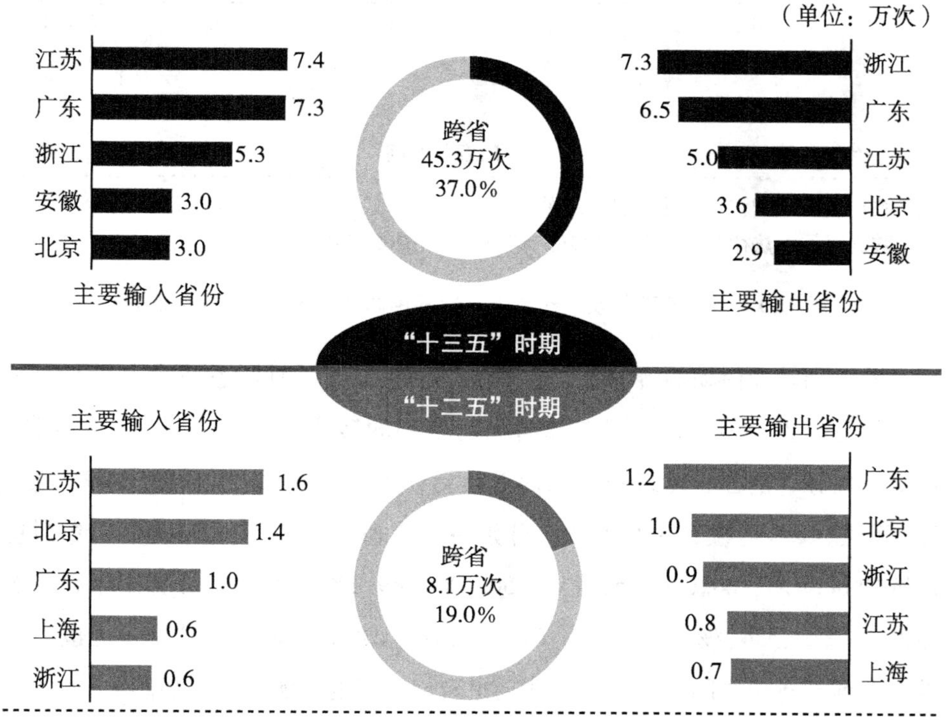

数据来源：知识产权出版社 i 智库

数据时间：法律状态公告日为2011年1月1日至2020年12月31日

图 8－11 “十三五”及“十二五”时期中国专利跨省转让省份分布

8.2.6 金属制品、机械和设备修理业专利转让次数最多，仪器仪表制造业紧随其后

"十三五"时期，中国专利转让活动覆盖国民经济行业分类的全部54个大类，产业按转让次数排名与中国专利运营总体情况一致。如表8-2所示，与"十二五"时期相比，"十三五"时期各产业专利转让次数均呈增长趋势，增长率在1000%以上的有畜牧业、林业等4个产业，在500%~1000%之间的有石油和天然气开采业、渔业、家具制造业等8个产业，在400%~500%之间的有纺织服装、服饰业以及农副食品加工业等5个产业，在300%~400%之间的有农、林、牧、渔业及辅助性活动等7个产业，在200%~300%之间的有造纸和纸制品业等23个产业，在100%~200%之间的有电力、热力生产和供应业等7个产业。不难看出，增长率在200%~300%之间的产业较多。

具体来看，"十三五"时期，金属制品、机械和设备修理业以及仪器仪表制造业的专利转让次数分别为56.0万次和54.5万次，位居第一和第二，两者相差不大，明显多于其他52个产业，这两个产业同时也是"十二五"时期专利转让次数最多的两个产业，仅排名次序略有区别；位居第三的专用设备制造业的专利转让次数为29.3万次，比前两个产业少近50%；机动车、电子产品和日用产品修理业，通用设备制造业，计算机、通信和其他电子设备制造业，电气机械和器材制造业，软件和信息技术服务业，金属制品业及非金属矿物制品业也进入前十之列，其中，通用设备制造业、金属制品业排名与"十二五"时期相比有所提升，相对地，机动车、电子产品和日用产品修理业，计算机、通信和其他电子设备制造业，非金属矿物制品业排名则有所下降。

表8-2 "十三五"及"十二五"时期中国专利转让产业分布对比

产业分布	"十三五"时期		"十二五"时期		阶段增长率（%）
	排名	转让数量（次）	排名	转让数量（次）	
金属制品、机械和设备修理业	1	559644	2	184414	203.5
仪器仪表制造业	2	545232	1	189563	187.6
专用设备制造业	3	293367	4	77656	277.8
机动车、电子产品和日用产品修理业	4	264288	3	87830	200.9

续表

产业分布	“十三五”时期		“十二五”时期		阶段增长率（%）
	排名	转让数量（次）	排名	转让数量（次）	
通用设备制造业	5	250714	6	62247	302.8
计算机、通信和其他电子设备制造业	6	189725	5	67027	183.1
电气机械和器材制造业	7	142428	7	52166	173.0
软件和信息技术服务业	8	108170	8	35683	203.1
金属制品业	9	90136	12	18339	391.5
非金属矿物制品业	10	87600	9	30024	191.8
化学原料和化学制品制造业	11	84790	10	25151	237.1
互联网和相关服务	12	69581	11	20596	237.8
橡胶和塑料制品业	13	44739	13	9553	368.3
木材加工和木、竹、藤、棕、草制品业	14	38777	14	9338	315.3
汽车制造业	15	31680	15	8119	290.2
文教、工美、体育和娱乐用品制造业	16	23174	25	4249	445.4
电信、广播电视和卫星传输服务	17	22639	16	6685	238.7
铁路、船舶、航空航天和其他运输设备制造业	18	21688	24	4315	402.6
造纸和纸制品业	19	21653	19	5515	292.6
土木工程建筑业	20	19564	20	5107	283.1
医药制造业	21	18240	22	4750	284.0
酒、饮料和精制茶制造业	22	17705	21	4852	264.9
废弃资源综合利用业	23	17598	17	6179	184.8
电力、热力生产和供应业	24	16326	18	5541	194.6
水的生产和供应业	25	15416	23	4522	240.9
纺织业	26	15379	26	3496	339.9
农、林、牧、渔业及辅助性活动	27	13794	28	2806	391.6
农副食品加工业	28	9889	33	1701	481.4
印刷和记录媒介复制业	29	9461	30	2532	273.7
有色金属冶炼和压延加工业	30	9303	27	2823	229.5

续表

产业分布	“十三五”时期		“十二五”时期		阶段增长率（%）
	排名	转让数量（次）	排名	转让数量（次）	
其他采矿业	31	8635	29	2613	230.5
其他制造业	32	7881	37	854	822.8
食品制造业	33	7386	31	2042	261.7
皮革、毛皮、羽毛及其制品和制鞋业	34	7000	34	1602	337.0
黑色金属冶炼和压延加工业	35	6674	32	1749	281.6
化学纤维制造业	36	6090	38	803	658.4
建筑安装业	37	5779	36	1133	410.1
家具制造业	38	5740	41	648	785.8
房屋建筑业	39	4565	40	716	537.6
石油、煤炭及其他燃料加工业	40	4549	35	1163	291.1
纺织服装、服饰业	41	4542	39	768	491.4
农业	42	3948	47	267	1378.7
建筑装饰、装修和其他建筑业	43	3582	46	308	1063.0
林业	44	3130	49	246	1172.4
非金属矿采选业	45	2200	48	260	746.2
煤炭开采和洗选业	46	2152	42	642	235.2
有色金属矿采选业	47	2151	42	642	235.0
黑色金属矿采选业	47	2151	42	642	235.0
燃气生产和供应业	49	1392	45	410	239.5
石油和天然气开采业	50	1359	51	124	996.0
渔业	51	786	52	76	934.2
畜牧业	52	751	53	44	1606.8
烟草制品业	53	462	50	157	194.3
开采专业及辅助性活动	54	69	54	9	666.7

数据来源：知识产权出版社 i 智库

数据时间：法律状态公告日为2011年1月1日至2020年12月31日

8.2.7 企业专利转让数量快速增长，中国企业专利转让愈发活跃

如图 8 - 12 所示，“十二五”时期，中国专利转让活动由企业主导，企业作为专利技术产业化运用最主要的主体，专利受让次数明显多于出让次数，“十三五”时期上述情况更加明显。具体来看，在让与人方面，企业让与人出让专利次数由“十二五”时期的 25.9 万次增加至 78.8 万次，增加 2 倍之多，占同期全部转让专利次数的比例也由 60.6% 提高至 64.4%，提高 3.8 个百分点；在受让人方面，企业受让人受让专利次数由“十二五”时期的 33.5 万次增加至 103.7 万次，增加 2.1 倍，占同期全部转让专利次数的比例也由 78.3% 提高至 84.8%，提高 6.5 个百分点。“十三五”时期，高校院所和个人的出让专利次数和受让专利次数与“十二五”时期相比明显增加；在占比方面，高校院所和个人让与人的出让专利次数占比以及个人受让人受让专利次数占比均没有明显变化，高校院所作为受让人时的受让专利次数占比明显下降。

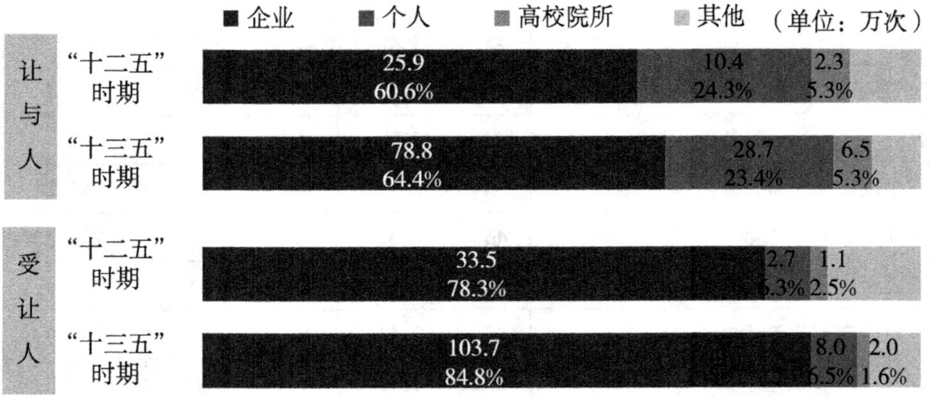

数据来源：知识产权出版社i智库
数据时间：法律状态公告日为2011年1月1日至2020年12月31日

图 8 - 12 “十三五”及“十二五”时期中国专利转让主体类型

如表 8 - 3 所示，“十三五”时期，中国专利转让让与人 TOP10 中，中国企业有 7 位，开曼群岛企业有 2 位，芬兰企业有 1 位，与“十二五”时期不同，中国企业专利出让活跃度明显增强。“十三五”时期 TOP10 让与人的专利出让次数约占专利转让总量的 3.7%，与“十二五”时期的 5.7% 相比，专

利出让活动更加分散。

具体来看，7家中国企业中，有5家属于生产研究型企业，具体为中兴通讯股份有限公司、无锡小天鹅股份有限公司、武汉钢铁（集团）公司、北京汽车研究总院有限公司和华为技术有限公司，专利出让次数分别为3749次、3583次、3257次、3035次和2614次，分别位居第五、第六、第八、第九和第十；有2家知识产权服务型企业，为广东高航知识产权运营有限公司和广州博鳌纵横网络科技有限公司，专利出让次数分别为6049次和4140次，分别位居第三和第四，出让次数多于生产研究型企业，少于开曼群岛的2家企业。可见，“十三五”时期知识产权服务型企业的专利出让活动逐渐增多。来自国外的3家企业全部是生产研究型企业，其中开曼群岛的2家企业为阿里巴巴集团控股有限公司和先进创新技术有限公司，位居前二位次；芬兰的1家企业为诺基亚公司，位居第七。

表8-3　“十三五”及“十二五”时期中国专利转让让与人TOP10（单位：次）

排名	“十三五”时期			“十二五”时期		
	让与人	国家（地区）	转让次数	让与人	国家（地区）	转让次数
1	阿里巴巴集团控股有限公司	开曼群岛	8622	微软公司	美国	5703
2	先进创新技术有限公司	开曼群岛	7396	松下电器产业株式会社	日本	4243
3	广东高航知识产权运营有限公司	中国	6049	中芯国际集成电路制造（上海）有限公司	中国	2555
4	广州博鳌纵横网络科技有限公司	中国	4140	三星电子株式会社	韩国	2161
5	中兴通讯股份有限公司	中国	3749	摩托罗拉公司	美国	1829
6	无锡小天鹅股份有限公司	中国	3583	大唐移动通信设备有限公司	中国	1665
7	诺基亚公司	芬兰	3304	广东美的电器股份有限公司	中国	1579

续表

排名	“十三五”时期			“十二五”时期		
	让与人	国家（地区）	转让次数	让与人	国家（地区）	转让次数
8	武汉钢铁（集团）公司	中国	3257	北京京东方光电科技有限公司	中国	1579
9	北京汽车研究总院有限公司	中国	3035	上海华虹 NEC 电子有限公司	中国	1538
10	华为技术有限公司	中国	2614	日本电气株式会社	日本	1419

数据来源：知识产权出版社 i 智库

数据时间：法律状态公告日为 2011 年 1 月 1 日至 2020 年 12 月 31 日

如表 8－4 所示，“十三五”时期，中国专利转让受让人 TOP10 中，中国企业有 6 家，开曼群岛企业有 2 家，芬兰和瑞士企业各有 1 家，与“十二五”时期相比，中国企业专利受让活跃度明显增强。TOP10 受让人的专利受让次数约占总量的 3.8%，与“十二五”时期的 5.4% 相比，专利受让活动更加分散。

具体来看，6 家中国企业中，有 4 家属于生产研究型企业，具体为阿里巴巴（中国）有限公司、无锡小天鹅电器有限公司、武汉钢铁有限公司和北京汽车集团越野车有限公司，专利受让次数分别为 3896 次、3675 次、3300 次和 2836 次，分别位居第五、第七、第九和第十；有 2 家知识产权服务型企业，为广东高航知识产权运营有限公司和广州博鳌纵横网络科技有限公司，专利受让次数分别为 6104 次和 4141 次，分别位居第三和第四，受让次数多于生产研究型企业，少于开曼群岛的 2 家企业。可见，“十三五”时期知识产权服务型企业的专利受让活动逐渐增多。来自国外的 4 家企业全部是生产研究型企业，其中开曼群岛的 2 家企业为创新先进技术有限公司和先进创新技术有限公司，位居前二位次；芬兰的 1 家企业为诺基亚技术有限公司，位居第六；瑞士的 1 家企业为 ABB 瑞士股份有限公司，位居第八。需要注意的是，先进创新技术有限公司、广东高航知识产权运营有限公司、广州博鳌纵横网络科技有限公司、无锡小天鹅股份有限公司在专利出让和受让方面都较为活跃，都进入前十之列。

表8-4 “十三五”及“十二五”时期中国专利转让受让人TOP10

（单位：次）

排名	“十三五”时期			“十二五”时期		
	受让人	国家（地区）	转让次数	受让人	国家（地区）	转让次数
1	创新先进技术有限公司	开曼群岛	7905	微软技术许可有限责任公司	美国	5705
2	先进创新技术有限公司	开曼群岛	7398	三星显示有限公司	韩国	3381
3	广东高航知识产权运营有限公司	中国	6104	上海华虹宏力半导体制造有限公司	中国	2852
4	广州博鳌纵横网络科技有限公司	中国	4141	摩托罗拉移动公司	美国	1926
5	阿里巴巴（中国）有限公司	中国	3896	奥林巴斯株式会社	日本	1735
6	诺基亚技术有限公司	芬兰	3757	电信科学技术研究院	中国	1668
7	无锡小天鹅电器有限公司	中国	3675	松下电器（美国）知识产权公司	美国	1616
8	ABB瑞士股份有限公司	瑞士	3386	京东方科技集团股份有限公司；北京京东方光电科技有限公司	中国	1582
9	武汉钢铁有限公司	中国	3300	美的集团股份有限公司	中国	1513
10	北京汽车集团越野车有限公司	中国	2836	耐克创新有限合伙公司	美国	1244

数据来源：知识产权出版社i智库

数据时间：法律状态公告日为2011年1月1日至2020年12月31日

8. 3　专利许可数据分析

8. 3. 1　专利许可次数明显减少，期末两年有所回升

“十三五”时期，中国专利共许可 43427 次，占全部专利运营次数的 3. 1%，明显低于“十二五”时期，数量上下降 56. 3%，占比上降低 14. 8 个百分点。

如图 8 – 13 所示，与专利运营次数快速增长的总体趋势不同，“十三五”时期，专利许可次数年平均增长率为 – 13. 6%，总体为负增长。其中，2016 年的专利许可次数跌幅最大，与“十二五”规划的收官之年 2015 年相比，下降 56. 8%。在经历了 3 年的低迷期之后，2019 年，专利许可次数大幅增加，之后又开始减少。2019 年和 2020 年的年专利许可次数虽明显少于 2015 年，但多于 2016—2018 年的年专利许可次数。

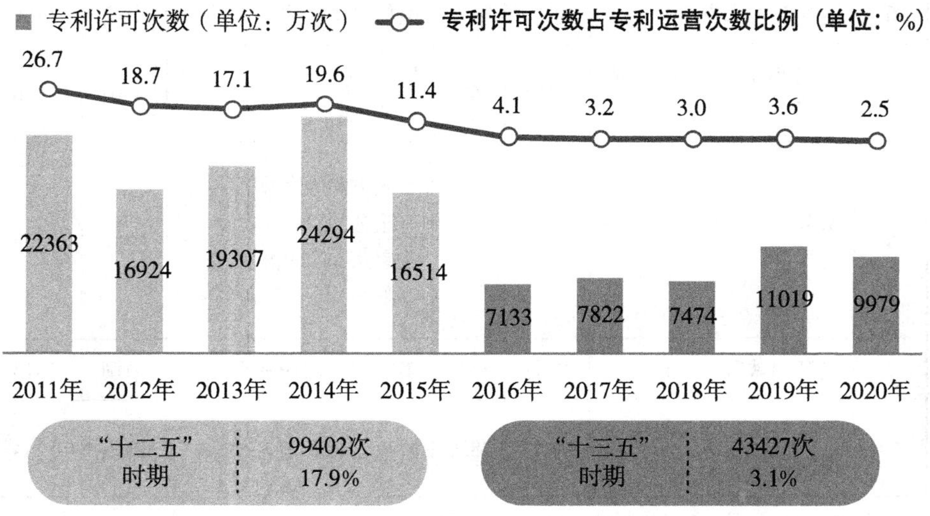

数据来源：知识产权出版社 i 智库
数据时间：法律状态公告日为2011年1月1日至2020年12月31日

图 8 – 13　“十三五”及“十二五”时期中国专利许可次数变化

8.3.2　发明专利许可居主导，期末两年主导地位弱化

如图8－14所示，“十三五”时期，中国发明专利许可次数最多，为24419次，占该时期专利许可总次数的56.2%，与“十二五”时期相比，次数下降明显，约降低31.9%，占比增加20.1个百分点，发明专利已成为“十三五”时期专利许可的主要类型。其次为中国实用新型专利许可次数，为15189次，占全部专利许可次数的35.0%，与“十二五”时期相比，次数约降低67.9%，占比降低12.6个百分点。中国外观设计专利许可次数最少，为3819次，占比为8.8%，与“十二五”时期相比，次数约降低76.5%，占比降低7.5个百分点。与“十二五”时期相比，实用新型专利和外观设计专利许可次数及占比均有大幅下降，发明专利质量效益愈发明显。

从图8－14可以看出，“十三五”时期的前三年，发明专利许可次数占比逐年提高，并于2018年达到顶点，之后明显下降，2019年和2020年的专利许可虽仍以发明专利为主，但实用新型专利许可次数已与发明专利相差不大，占比仅比发明专利少3.4个百分点（2019年）和5.2个百分点（2020年）。

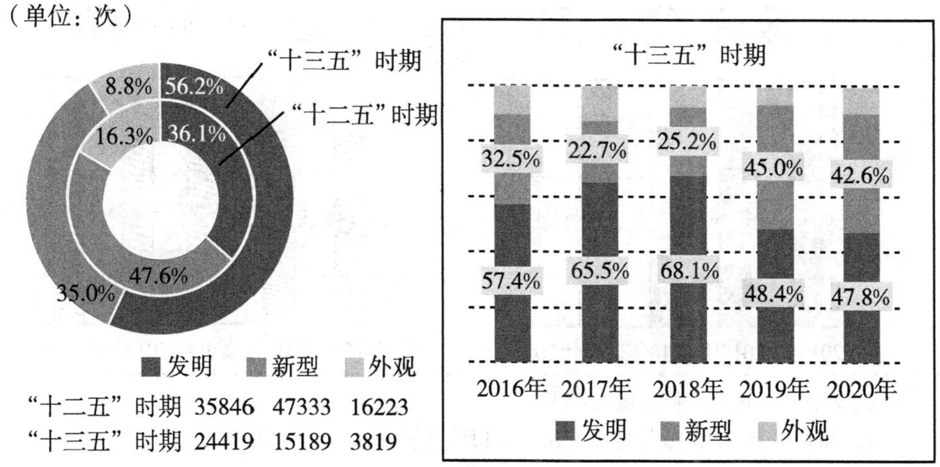

数据来源：知识产权出版社i智库
数据时间：法律状态公告日为2011年1月1日至2020年12月31日

图8－14　“十三五”及“十二五”时期中国专利许可涉及专利类型对比

8.3.3 以中国本土内部许可为主，国外来华许可人作用愈发明显

从中国专利许可主体地域分布情况来看，如图 8－15 所示，“十三五”时期，无论是专利许可人还是被许可人，都主要来自中国本土，尤其是来自中国本土主体的被许可专利次数占该时期中国专利许可次数的比例近 99%，说明通过许可引进中国专利技术的国外来华主体较少。

具体来看，许可人中，中国本土专利许可人在“十三五”时期共实施许可 35263 次，比“十二五”时期减少 59.9%；占该时期专利许可次数的 81.2%，比“十二五”时期降低 7.2 个百分点，下降较为明显。从图 8－15 可以看出，占比的降低主要是 2017 年中国本土许可人专利许可次数降低导致，其他年份均呈增长趋势。被许可人中，中国本土被许可人“十三五”时期被许可专利共 42920 次，比“十二五”时期降低 56.3%；占该时期专利许可次数的 98.8%，与“十二五”时期基本一致，仅降低 0.1 个百分点。

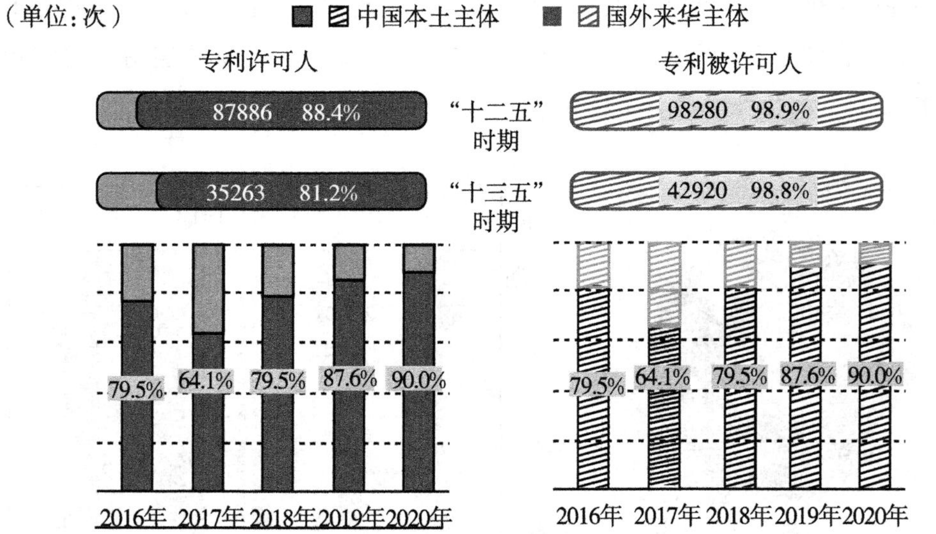

数据来源：知识产权出版社i智库

数据时间：法律状态公告日为2011年1月1日至2020年12月31日

图 8－15 “十三五”及“十二五”时期中国专利许可主体地域分布

“十三五”时期，国外来华许可人、被许可人参与的专利许可次数均有大幅减少，其中，国外来华许可人共实施专利许可 8164 次，比“十二五”时期

减少29.1%；国外来华被许可人被许可专利共507次，比"十二五"时期减少54.8%；但在占比方面，两者在"十三五"时期均有增长，国外来华许可人专利许可次数和被许可人专利被许可次数占同时期专利许可总次数的比例分别为18.8%和1.2%，与"十二五"时期的11.6%和1.1%相比，分别提高7.2个百分点和0.1个百分点，国外来华许可人实施的专利许可次数占比增长明显。

如图8-16所示，"十三五"时期中国专利许可仍然主要发生在中国本土许可人、被许可人之间，许可次数占比达80.8%，比"十二五"时期降低近7个百分点。其次是国外来华许可人与中国本土被许可人之间的许可，占比为18.1%，比"十二五"时期提高了6.8个百分点，专利许可活跃度明显增强，卢森堡、美国、爱尔兰、荷兰和日本是专利许可的主要技术输出国，江苏、广东、浙江、安徽和山东是主要输入省份。国外来华主体之间以及中国本土许可人与国外来华被许可人之间的专利许可次数占比较小，分别占0.7%和0.4%，与"十二五"时期相比，前者有所提高，后者有所降低，且后者的技术输出省份主要为陕西、浙江和江苏，受让国主要为日本和英国。

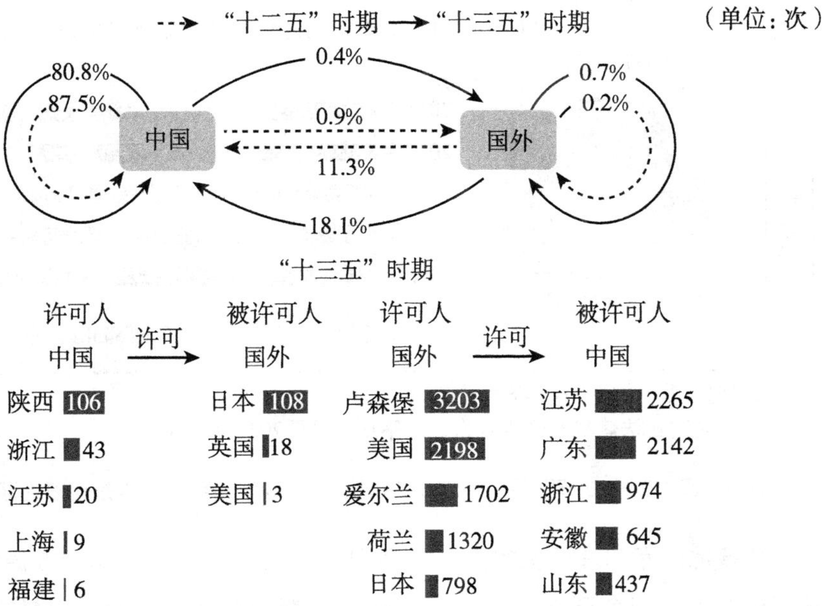

数据来源：知识产权出版社i智库

数据时间：法律状态公告日为2011年1月1日至2020年12月31日

图8-16 "十三五"及"十二五"时期中国专利许可主体地域流向

8.3.4 中东西部专利许可次数降幅明显，东部地区稳居主导地位

如图 8－17 所示，与“十二五”时期相比，“十三五”时期中东西部及东北部地区的专利许可次数均呈下降趋势，降幅均达 50% 以上：东北部地区不论是专利许可还是被许可下降幅度均最大，分别下降 87.4% 和 83.3%；中部地区也有大幅下降，降幅分别为 65.3% 和 64.4%；东部地区和西部地区降幅均小于东北部地区和中部地区，其中东部地区降幅分别为 55.6% 和 51.3%，西部地区降幅分别为 59.4% 和 54.9%。

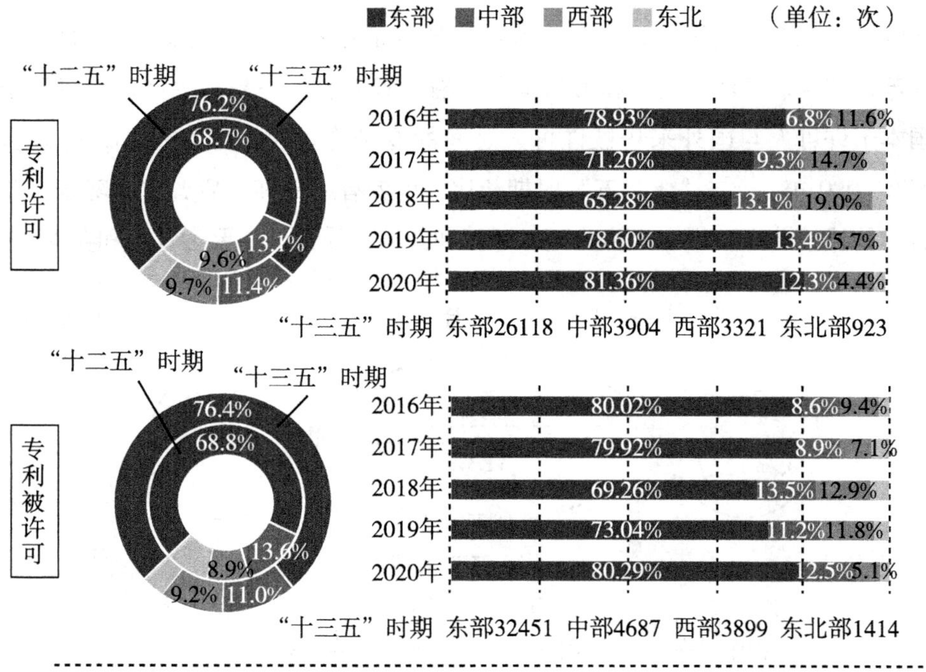

数据来源：知识产权出版社i智库
数据时间：法律状态公告日为2011年1月1日至2020年12月31日

图 8－17 “十三五”及“十二五”时期中国专利许可主体中东西部地区分布

从各地区专利许可次数占同时期中国专利许可总次数比例方面看，不论是“十二五”时期还是“十三五”时期，都是东部地区的占比最高。此外，“十三五”时期的前三年，东部地区许可次数及其占比虽总体呈下降趋势，但后两年明显增加，东部地区作为被许可人亦表现出类似趋势，这说明东部

地区在"十三五"时期稳居主导地位。西部地区专利许可次数占同时期中国专利许可总次数比例与"十二五"时期相比也略有增长，但增幅较小，作为许可人和被许可人时的占比分别9.7%和9.2%，比"十二五"时期分别增加了0.1个百分点和0.3个百分点。中部和东北部地区专利许可次数占比则有所下降，其中，东北部地区降幅明显，作为许可人和被许可人时的次数占比比"十二五"时期分别降低5.8个百分点和5.3个百分点。

8.3.5　前五省份许可次数过半，跨省许可重要性增强

如图8-18所示，"十二五"时期，作为许可人实施专利许可较为活跃的五个省份依次为浙江、广东、江苏、北京和黑龙江；"十三五"时期，广东、浙江、江苏、北京依然保持较高的活跃度，位居前四，其中，浙江和江苏的排名有所变化，浙江由"十二五"时期的第一位降到"十三五"时期的第三位，江苏则上升至第一位；湖南专利许可的次数超过黑龙江，进入前五

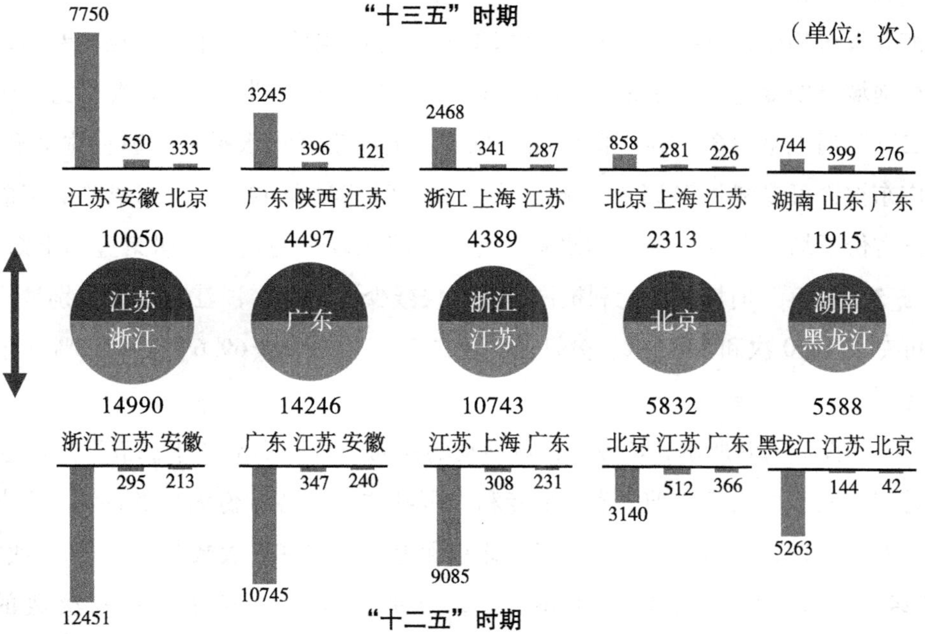

数据来源：知识产权出版社i智库

数据时间：法律状态公告日为2011年1月1日至2020年12月31日

图8-18　"十三五"及"十二五"时期中国专利许可人省份分布

之列。“十三五”时期，江苏、广东、浙江、北京和湖南五个省份作为许可人时共计实施专利许可 23164 次，占同期专利许可总次数的 53.3%，与“十二五”时期前五省份相比，专利许可次数减少 54.9%，占比增加 1.6 个百分点，专利许可地域集中度略有提高。具体来看，江苏作为许可人共实施专利许可 10050 次，比“十二五”时期减少 33.0%，降幅明显低于前五省份平均水平及全国总体水平；广东、浙江和北京许可专利次数比“十二五”时期分别减少 68.4%、59.1% 和 60.3%，降幅较大；湖南专利许可次数比“十二五”时期减少 27.5%，降幅明显低于前五省份平均水平及全国总体水平。

如图 8－19 所示，“十二五”时期，专利被许可较为活跃的五个省份依次为广东、浙江、江苏、北京和黑龙江，与专利许可情况类似，前四省份在“十三五”时期专利被许可次数方面依然位居前四，仅广东、浙江和江苏的排名略有不同，前三依次为江苏、广东和浙江，上海专利被许可次数超过黑龙江，进入前五之列。江苏、广东、浙江、北京和上海五个省份共计被许可专利 27996 次，占“十三五”时期许可总次数的 64.5%，与“十二五”时期前五省份相比，专利许可次数减少 52.3%，占比增加 5.5 个百分点，专利许可地域集中度进一步提高。具体来看，江苏被许可专利共 12070 次，比“十二五”时期减少 37.2%，降幅明显低于前五省份平均水平及全国总体水平；广东被许可专利共 7155 次，比“十二五”时期减少 49.6%，降幅略低于前五省份平均水平及全国总体水平；此外，降幅较小的还有位居第五的上海，与“十二五”时期相比专利被许可次数仅减少 22.0%。浙江和北京分别被许可专利 4150 次和 2359 次，分别比“十二五”时期减少 69.6% 和 60.6%，下降明显。

如图 8－20 所示，从专利许可活动的流向来看，不论“十二五”时期还是“十三五”时期，前五省份的专利许可都主要是各省份内部的许可。“十三五”时期，江苏、广东、浙江、北京和上海内部许可次数分别为 7750 次、3245 次、2468 次、858 次和 644 次，分别占各自同期许可专利次数的 77.1%、72.2%、56.2%、37.1% 和 38.9%，占各自同期被许可专利次数的 64.2%、45.4%、59.5%、36.4% 和 28.5%。其余专利许可行为也大多发生在前五省份之间，呈现出明显的地域集中态势。

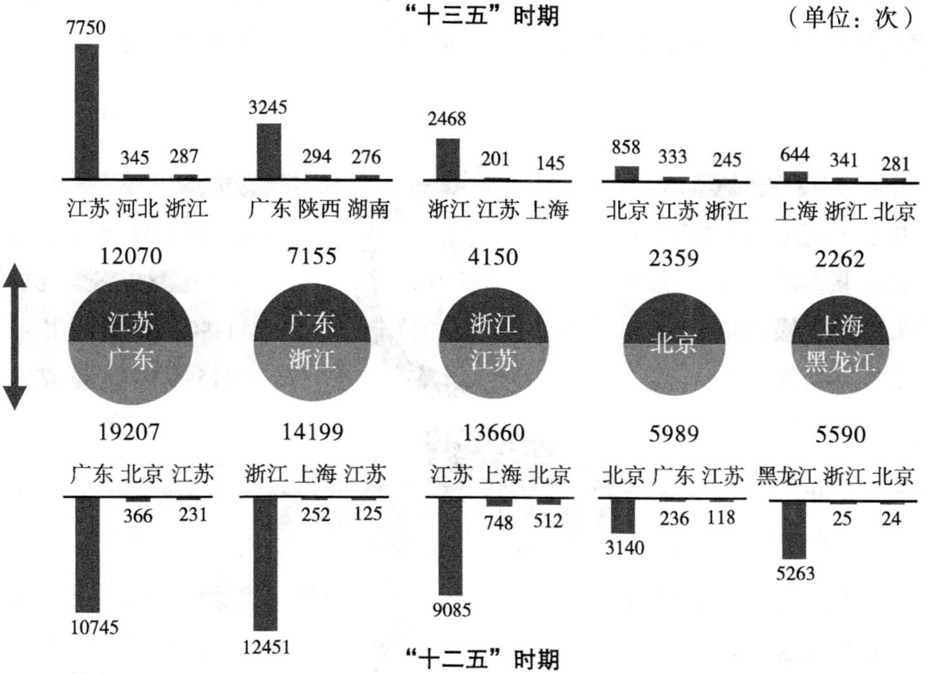

数据来源：知识产权出版社i智库

数据时间：法律状态公告日为2011年1月1日至2020年12月31日

图8-19 “十三五”及“十二五”时期中国专利被许可人省份分布

“十三五”时期，中国跨省专利许可共计21895次，约占“十三五”时期许可总次数的一半，与“十二五”时期相比，许可次数虽减少约三成，但占比增加17.7个百分点，跨省专利许可在中国专利许可活动中的作用愈发明显。

跨省专利许可主要专利输出省份和输入省份均有一定变化。其中，“十二五”时期的主要输出省份依次为广东、北京、浙江、上海和江苏；“十三五”时期，广东、北京、浙江、江苏依然位居前五之列，但名次有所变化，排名依次为江苏、浙江、北京和广东，跨省专利许可次数分别为2549次1864次、1427次和1190次，湖南跨省专利许可次数（1158次）超过上海，位居第五。“十三五”时期，前五输入省份按被许可专利次数排名依次为江苏、广东、浙江、安徽和上海，跨省被许可专利次数分别为4258次、3977

次、1670 次、1632 次和 1617 次，与“十二五”时期相比，除安徽为新进入前五的省份外，江苏、广东、浙江和上海仍位居前五，仅排名不同。

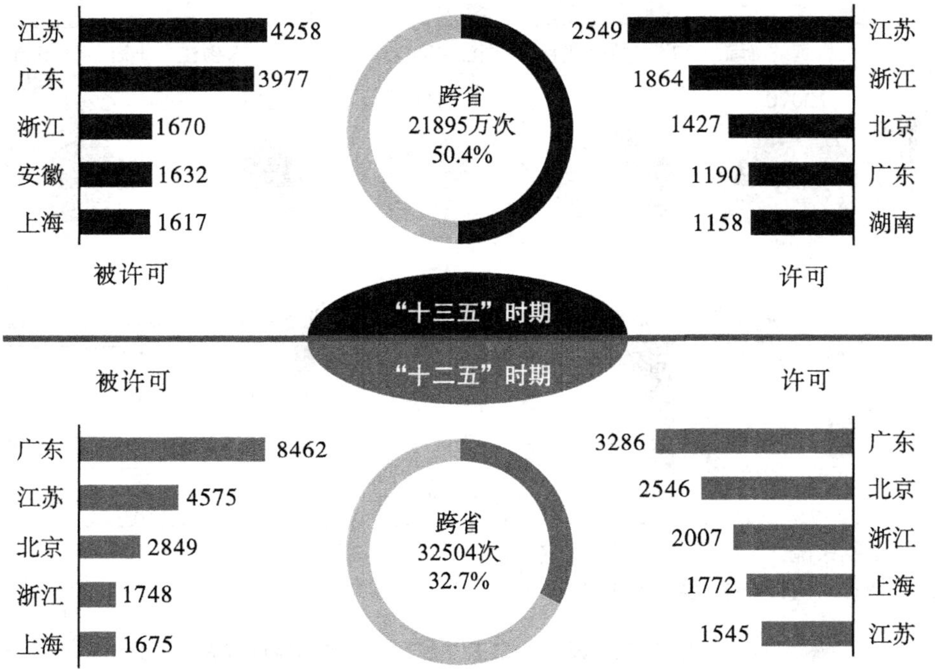

数据来源：知识产权出版社 i 智库

数据时间：法律状态公告日为2011年1月1日至2020年12月31日

图 8－20 “十三五”及“十二五”时期中国专利跨省许可分布

8.3.6 绝大多数产业专利许可次数明显减少，仪器仪表制造业仍居第一

“十三五”时期，中国专利许可活动涉及国民经济行业分类的 53 个大类，仅有开采专业及辅助性活动没有涉及专利许可活动。如表 8－5 所示，仪器仪表制造业以及金属制品、机械和设备修理业位居第一和第二，专利许可次数分别为 21226 次和 20944 次，两者相差不多，但明显多于其他 51 个产业；位居第三的专用设备制造业的专利许可次数为 7485 次，比前两个产业约少 65%；机动车、电子产品和日用产品修理业，通用设备制造业，非金属矿

物制品业，计算机、通信和其他电子设备制造业，金属制品业，软件和信息技术服务业及电气机械和器材制造业也进入前十之列，专利许可次数在3313～7070次之间。无论是“十二五”还是“十三五”时期，仪器仪表制造业，金属制品、机械和设备修理业，专用设备制造业等都是专利许可重点产业，位居前三，但许可次数都呈下降趋势，其中，仪器仪表制造业专利许可次数下降最多，比“十二五”时期减少22861次。前十产业中，机动车、电子产品和日用产品修理业，非金属矿物制品业，软件和信息技术服务业排名与“十二五”时期相比有所提升，通用设备制造业，计算机、通信和其他电子设备制造业、电气机械和器材制造业排名则有所下降。

从增长率上看，“十三五”时期除农、林、牧、渔业及辅助性活动，石油、煤炭及其他燃料加工业和农业专利许可次数较“十二五”时期有所增加外，其他产业均呈下降趋势，降幅在13.9%～100%之间。前十产业中，降幅最大的3个产业为通用设备制造业，计算机、通信和其他电子设备制造业及电气机械和器材制造业，降幅超过七成，排名位居第一的仪器仪表制造业降幅达51.9%，位居第二的金属制品、机械和设备修理业降幅达47.6%。

表8-5 “十三五”及“十二五”时期中国专利许可产业分布对比

产业分布	“十三五”时期		“十二五”时期		阶段增长率（%）
	排名	许可数量（次）	排名	许可数量（次）	
仪器仪表制造业	1	21226	1	44087	-51.9
金属制品、机械和设备修理业	2	20944	2	39983	-47.6
专用设备制造业	3	7485	3	23506	-68.2
机动车、电子产品和日用产品修理业	4	7070	6	15270	-53.7
通用设备制造业	5	5149	4	20816	-75.3
非金属矿物制品业	6	5080	9	7251	-29.9
计算机、通信和其他电子设备制造业	7	4604	5	16593	-72.3
金属制品业	8	3756	8	7771	-51.7
软件和信息技术服务业	9	3355	11	4684	-28.4
电气机械和器材制造业	10	3313	7	11713	-71.7

续表

产业分布	“十三五”时期		“十二五”时期		阶段增长率（%）
	排名	许可数量（次）	排名	许可数量（次）	
化学原料和化学制品制造业	11	2871	10	6717	-57.3
木材加工和木、竹、藤、棕、草制品业	12	2661	13	3092	-13.9
互联网和相关服务	13	1668	16	1999	-16.6
橡胶和塑料制品业	14	1249	12	3471	-64.0
农、林、牧、渔业及辅助性活动	15	964	31	716	34.6
石油、煤炭及其他燃料加工业	16	811	33	641	26.5
汽车制造业	17	726	14	2489	-70.8
电信、广播电视和卫星传输服务	18	585	19	1390	-57.9
造纸和纸制品业	19	566	18	1595	-64.5
医药制造业	20	559	15	2017	-72.3
土木工程建筑业	21	500	22	1258	-60.3
酒、饮料和精制茶制造业	22	497	23	1227	-59.5
文教、工美、体育和娱乐用品制造业	23	471	17	1614	-70.8
铁路、船舶、航空航天和其他运输设备制造业	24	468	21	1294	-63.8
水的生产和供应业	25	465	24	1059	-56.1
废弃资源综合利用业	26	401	25	991	-59.5
电力、热力生产和供应业	27	400	28	874	-54.2
印刷和记录媒介复制业	28	274	39	419	-34.6
农业	29	262	42	250	4.8
纺织业	30	235	20	1335	-82.4
林业	31	231	49	159	45.3
有色金属冶炼和压延加工业	32	216	27	925	-76.6
其他制造业	33	207	41	358	-42.2
家具制造业	34	205	38	442	-53.6
房屋建筑业	35	204	40	372	-45.2

续表

产业分布	"十三五"时期		"十二五"时期		阶段增长率（%）
	排名	许可数量（次）	排名	许可数量（次）	
建筑安装业	36	196	30	731	-73.2
农副食品加工业	37	185	26	947	-80.5
燃气生产和供应业	38	153	43	246	-37.8
黑色金属冶炼和压延加工业	39	149	37	544	-72.6
其他采矿业	40	146	32	664	-78.0
食品制造业	41	136	29	808	-83.2
皮革、毛皮、羽毛及其制品和制鞋业	42	98	35	564	-82.6
建筑装饰、装修和其他建筑业	43	84	44	219	-61.6
化学纤维制造业	44	79	36	560	-85.9
纺织服装、服饰业	45	71	34	622	-88.6
有色金属矿采选业	46	51	45	188	-72.9
煤炭开采和洗选业	46	51	45	188	-72.9
黑色金属矿采选业	46	51	45	188	-72.9
非金属矿采选业	49	25	48	166	-84.9
石油和天然气开采业	50	23	50	139	-83.5
渔业	51	15	51	58	-74.1
烟草制品业	52	8	52	51	-84.3
畜牧业	52	8	53	34	-76.5
开采专业及辅助性活动	54	0	54	16	-100.0

数据来源：知识产权出版社 i 智库

数据时间：法律状态公告日为2011年1月1日至2020年12月31日

8.3.7 专利许可活动中企业、高校院所重要性增强，企业许可次数占比过半

如图8-21所示，从专利许可人类型看，"十三五"时期，企业作为专利许可人的重要性增强，许可次数占比过半，成为最重要的专利许可人，与

“十二五”时期相比，增加 9.8 个百分点；高校院所创新源头供给作用更加凸显，许可次数占比达 26.4%，比“十二五”时期增加 18.1 个百分点，在专利许可次数总体呈下降趋势的情况下，专利许可次数明显增多，比“十二五”时期增加 3228 次，增幅为 39.3%。

从专利被许可人类型看，无论是“十二五”还是“十三五”时期，企业作为专利技术转化运用最主要的主体，专利被许可次数占比一直居高不下；高校院所、个人等其他被许可人的被许可次数占比非常低。

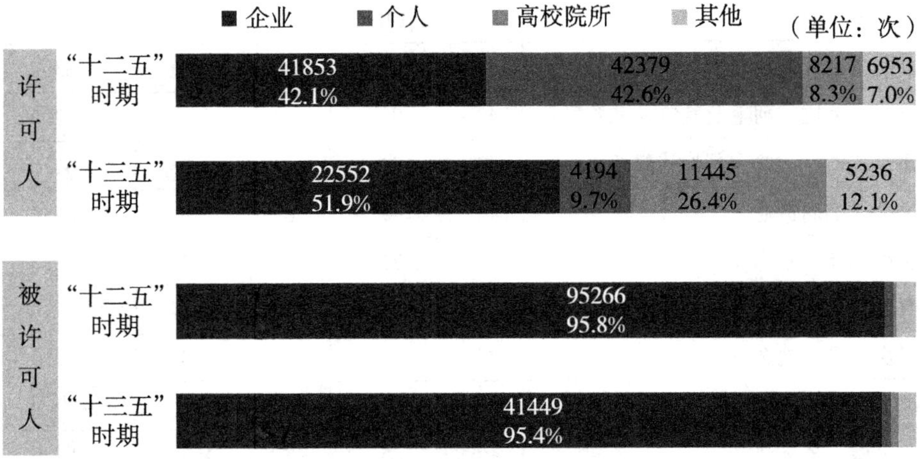

数据来源：知识产权出版社i智库
数据时间：法律状态公告日为2011年1月1日至2020年12月31日

图 8－21 “十三五”及“十二五”时期中国专利许可主体类型

如表 8－6 所示，“十三五”时期，中国专利许可人 TOP10 中，6 位来自中国，4 位来自国外（涉及国外企业 5 家，包括 2 家美国企业以及卢森堡、荷兰、瑞典企业共 3 家），而“十二五”时期只有 4 位中国许可人入榜，中国专利许可人的专利许可活跃度较“十二五”时期明显增强。TOP10 许可人的专利许可总次数为 14968 次，占总量的 34.5%，在专利许可次数总体呈下降趋势的情况下，TOP10 许可人的专利许可次数和占比较“十二五”时期均明显增加，许可次数增加 41.5%，占比增加 23.9 个百分点，说明专利许可活动集中度增加。

具体来看，6位中国许可人中，南京林业大学、南京邮电大学2家高校专利许可次数较多，分别为5553次和1146次，位居第一和第四；还有4家属于生产研究型企业，具体为中民筑友科技投资有限公司、西安西电捷通无线网络通信股份有限公司、浙江正泰电器股份有限公司、奇瑞汽车股份有限公司，位居第七至第十。来自国外的5家企业中有4家是生产研究型企业，另有1家知识产权服务型企业为蓝光联合有限责任公司。

表8-6　"十三五"及"十二五"时期中国专利许可人TOP10（单位：次）

排名	"十三五"时期			"十二五"时期		
	许可人	国家（地区）	许可次数	许可人	国家（地区）	许可次数
1	南京林业大学	中国	5553	蓝光联合有限责任公司	美国	4014
2	地板工业有限公司；尤尼林管理私营公司	卢森堡/荷兰	2902	稳瑞得有限责任公司	美国	1715
3	蓝光联合有限责任公司	美国	1171	尤尼林管理私营公司；地板工业有限公司	荷兰/卢森堡	824
4	南京邮电大学	中国	1146	华为技术有限公司	中国	813
5	地板工业有限公司；尤尼林管理私营公司；佩尔戈（欧洲）股份公司	卢森堡/荷兰/瑞典	1040	中兴通讯股份有限公司	中国	809
6	路博润公司	美国	799	日本显示器株式会社；松下液晶显示器株式会社	日本	676
7	中民筑友科技投资有限公司	中国	759	东旭集团有限公司	中国	557
8	西安西电捷通无线网络通信股份有限公司	中国	707	日立金属株式会社	日本	513
9	浙江正泰电器股份有限公司	中国	484	浙江大学	中国	342
10	奇瑞汽车股份有限公司	中国	425	飞利浦电子有限公司	荷兰	328

数据来源：知识产权出版社i智库

数据时间：法律状态公告日为2011年1月1日至2020年12月31日

如表 8－7 所示，“十三五”时期，中国专利许可被许可人 TOP10 全部为中国企业，可见，通过许可方式获取中国专利技术的主要为中国企业。TOP10 被许可人的专利被许可总次数为 5074 次，占总量的 11.7%，专利被许可次数下降 32.2%，但占比增加 4.2 个百分点，专利被许可集中度增加。10 家中国企业主要分布在我国东部地区，具体名单与“十二五”时期不同，有 9 家属于生产研究型企业，另外还有 1 家知识产权服务型企业，为温州联科知识产权服务有限公司，专利被许可次数为 422 次，位居第五。

表 8－7　“十三五”及“十二五”时期中国专利许可被许可人 TOP10

（单位：次）

排名	“十三五”时期			“十二五”时期		
	被许可人	国家（地区）	许可次数	被许可人	国家（地区）	许可次数
1	东莞市德吉特影音技术有限公司	中国	840	中国华录集团有限公司	中国	875
2	路博润添加剂（珠海）有限公司	中国	799	深圳市麦思美科技有限公司	中国	869
3	江苏南邮物联网科技园有限公司	中国	758	广东欧珀移动通信有限公司	中国	847
4	温州正泰电器科技有限公司	中国	446	广州番禺巨大汽车音响设备有限公司	中国	821
5	温州联科知识产权服务有限公司	中国	422	TCL 通力电子（惠州）有限公司	中国	817
6	中民筑友科技（胶州）有限公司	中国	391	苹果公司	美国	805
7	展讯通信（上海）有限公司	中国	390	深圳市中兴微电子技术有限公司	中国	790

续表

排名	“十三五”时期			“十二五”时期		
	被许可人	国家（地区）	许可次数	被许可人	国家（地区）	许可次数
8	中民筑友科技投资有限公司	中国	371	京东方科技集团股份有限公司	中国	776
9	西安克瑞斯半导体技术有限公司	中国	369	黑龙江省华安科维医药有限公司	中国	541
10	重庆长安新能源汽车科技有限公司	中国	288	哈尔滨远大通讯技术服务有限责任公司	中国	342

数据来源：知识产权出版社 i 智库

数据时间：法律状态公告日为 2011 年 1 月 1 日至 2020 年 12 月 31 日

8.4 专利质押数据分析

8.4.1 专利质押数量持续快速增加，质押融资金额达 4705 亿元

如图 8－22 所示，“十三五”时期，中国专利质押次数为 11.9 万次，是“十二五”时期的 4.1 倍；占全部专利运营活动的 8.6%，比“十二五”时期增加 3.4 个百分点。“十三五”时期，专利质押次数年平均增长率为 30.0%，高于专利运营总体水平 6.3 个百分点，其中，2020 年较 2019 年增加 9032 次，增加数量最多。

“十三五”时期，专利质押融资金额达到 4705 亿元，是“十二五”时期的 3.1 倍，2020 年专利质押融资金额达到 1558 亿元，是“十二五”期末的 2.8 倍。

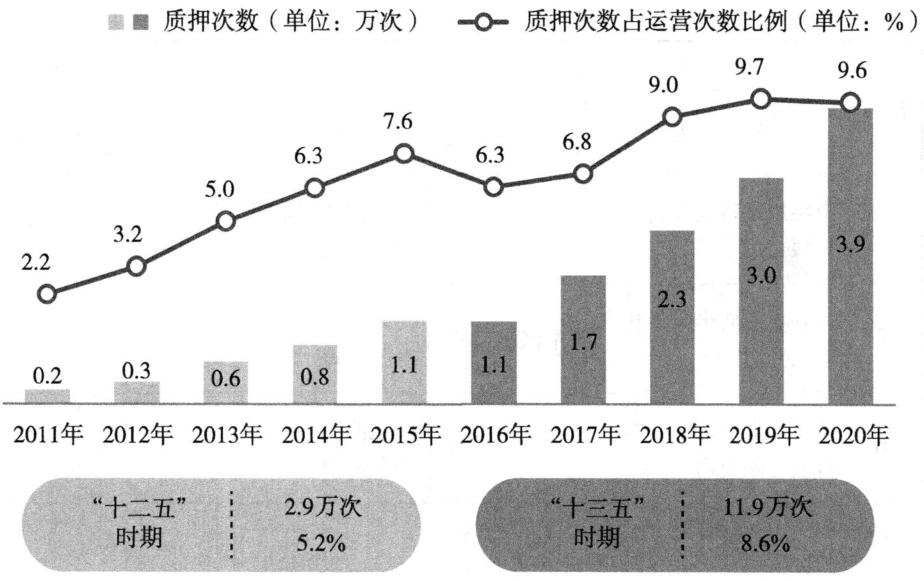

数据来源：知识产权出版社 i 智库

数据时间：法律状态公告日为2011年1月1日至2020年12月31日

图 8－22　“十三五”及“十二五”时期中国专利质押次数变化

8.4.2　质押专利类型变化不明显，实用新型专利为主流

如图 8－23 所示“十三五”时期，专利质押以实用新型专利为主，质押次数为 7.4 万次，约占该时期专利质押总次数的六成；其次是发明专利，共质押 4.1 万次，占比达 34.1%；外观设计专利质押次数占比最小，为 4.2%，质押次数为 5000 次。与“十二五”时期相比，“十三五”时期三种类型专利质押次数占比变化不大；质押次数均呈增加趋势，其中实用新型专利质押次数增加最多，增加了 5.6 万次。

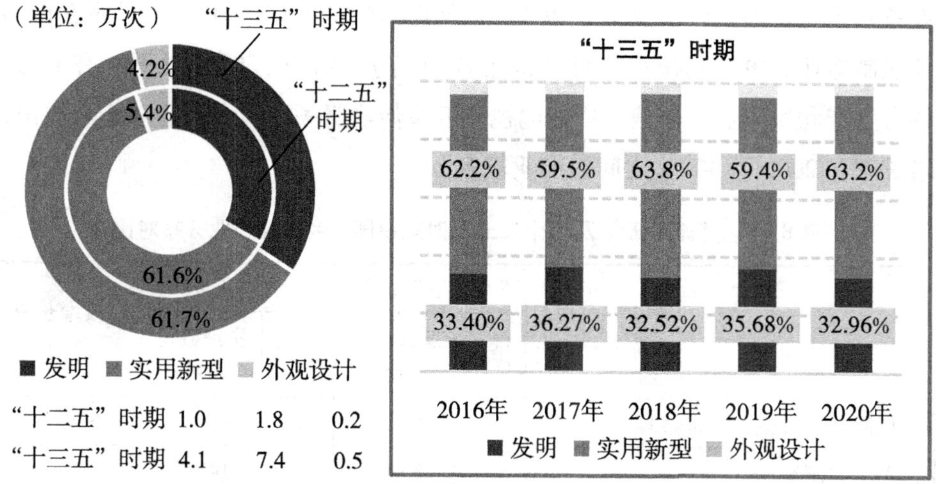

数据来源：知识产权出版社 i 智库

数据时间：法律状态公告日为2011年1月1日至2020年12月31日

图8－23 “十三五”及“十二五”时期中国专利质押涉及专利类型对比

8.4.3 金属制品、机械和设备修理业专利质押次数最多，增量最大

如表8－8所示，“十三五”时期，中国专利质押活动覆盖国民经济行业分类的全部54个大类。其中，金属制品、机械和设备修理业的专利质押次数最多，为61734次，与“十二五”时期相比增加47613次，增量最大；仪器仪表制造业由“十二五”时期的第一位跌落至第二位，专利质押次数为56415次；位居第三的通用设备制造业的专利质押次数为32089次，比金属制品、机械和设备修理业少近50%；专用设备制造业，机动车、电子产品和日用产品修理业，电气机械和器材制造业，计算机、通信和其他电子设备制造业，金属制品业，非金属矿物制品业，化学原料和化学制品制造业也进入前十之列。

与“十二五”时期相比，“十三五”时期除开采专业及辅助性活动外，各产业专利质押次数均呈增加趋势，增长率在500%以上的有黑色金属冶炼和压延加工业、房屋建筑业等6个产业，在400%～500%之间的有纺织服装、服饰业，农业等4个产业，在300%～400%之间的有金属制品、机械和设备修理业，通用设备制造业等 17 个产业，在 200% ～300% 之间的有仪器仪表制造业、电气机械和器材制造业等 21 个产业，在 200% 以下的有电力、热力生产和供应业，电信、广播电视和卫星传输服务等 5 个产业。不难看出，增长率在 200% ～400% 之间的产业较多。

表 8－8　“十三五”及“十二五”时期中国专利质押产业分布对比

产业分布	“十三五”时期		“十二五”时期		阶段增长率（%）
	排名	质押数量（次）	排名	质押数量（次）	
金属制品、机械和设备修理业	1	61734	2	14121	337.2
仪器仪表制造业	2	56415	1	14184	297.7
通用设备制造业	3	32089	4	6747	375.6
专用设备制造业	4	30509	3	7308	317.5
机动车、电子产品和日用产品修理业	5	21880	5	5278	314.6
电气机械和器材制造业	6	13435	6	4000	235.9
计算机、通信和其他电子设备制造业	7	11457	7	3599	218.3
金属制品业	8	10612	10	2123	399.9
非金属矿物制品业	9	9114	9	2298	296.6
化学原料和化学制品制造业	10	8912	8	2347	279.7
橡胶和塑料制品业	11	5124	12	1082	373.6
木材加工和木、竹、藤、棕、草制品业	12	4467	13	1014	340.5
软件和信息技术服务业	13	4279	11	1355	215.8
汽车制造业	14	2999	15	665	351.0
互联网和相关服务	15	2954	14	820	260.2
造纸和纸制品业	16	2729	16	597	357.1
酒、饮料和精制茶制造业	17	2332	17	539	332.7
水的生产和供应业	18	2072	18	474	337.1
文教、工美、体育和娱乐用品制造业	19	1766	25	372	374.7
纺织业	20	1743	22	437	298.9
废弃资源综合利用业	21	1658	20	463	258.1

续表

产业分布	“十三五”时期		“十二五”时期		阶段增长率（%）
	排名	质押数量（次）	排名	质押数量（次）	
铁路、船舶、航空航天和其他运输设备制造业	22	1649	27	343	380.8
土木工程建筑业	23	1646	24	376	337.8
农副食品加工业	24	1527	26	368	314.9
医药制造业	25	1433	21	438	227.2
电力、热力生产和供应业	26	1332	19	468	184.6
农、林、牧、渔业及辅助性活动	27	1321	30	256	416.0
食品制造业	28	1134	28	336	237.5
有色金属冶炼和压延加工业	29	1127	31	226	398.7
电信、广播电视和卫星传输服务	30	811	23	420	93.1
黑色金属冶炼和压延加工业	31	769	37	124	520.2
建筑安装业	32	730	34	202	261.4
化学纤维制造业	33	724	35	192	277.1
皮革、毛皮、羽毛及其制品和制鞋业	34	701	33	218	221.6
其他采矿业	35	689	29	281	145.2
印刷和记录媒介复制业	36	676	36	176	284.1
石油、煤炭及其他燃料加工业	37	663	32	220	201.4
房屋建筑业	38	526	43	80	557.5
其他制造业	39	521	38	106	391.5
纺织服装、服饰业	40	466	39	93	401.1
家具制造业	41	451	45	75	501.3
农业	42	445	44	76	485.5
有色金属矿采选业	43	344	40	92	273.9
煤炭开采和洗选业	43	344	40	92	273.9
黑色金属矿采选业	43	344	40	92	273.9
林业	46	277	50	37	648.6

续表

产业分布	“十三五”时期		“十二五”时期		阶段增长率（%）
	排名	质押数量（次）	排名	质押数量（次）	
建筑装饰、装修和其他建筑业	47	236	48	47	402.1
非金属矿采选业	48	223	46	67	232.8
燃气生产和供应业	49	149	49	46	223.9
石油和天然气开采业	50	71	47	54	31.5
渔业	51	62	53	7	785.7
畜牧业	52	28	54	2	1300.0
烟草制品业	53	18	52	8	125.0
开采专业及辅助性活动	54	4	51	16	-75.0

数据来源：知识产权出版社 i 智库

数据时间：法律状态公告日为 2011 年 1 月 1 日至 2020 年 12 月 31 日

8.4.4 银行质权人占比近七成，在专利质押中的作用进一步增强

如图 8-24 所示，“十三五”时期，银行作为质权人的专利质押次数占比为 66.6%，比“十二五”时期增加 1.7 个百分点，说明“十三五”时期银行作为质权人仍然是专利质押融资的首选，在质押融资中发挥的作用进一步增强。

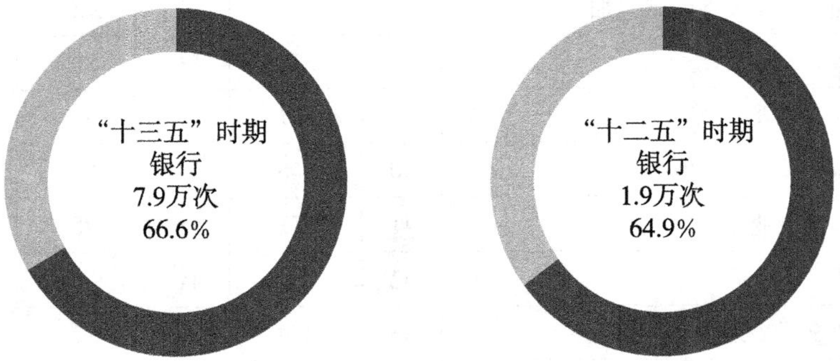

数据来源：知识产权出版社 i 智库

数据时间：法律状态公告日为2011年1月1日至2020年12月31日

图 8-24 “十三五”及“十二五”时期中国专利质押质权人类型

从“十三五”时期中国专利质押质权人 TOP10 来看，如表 8－9 所示，有 7 家银行、2 家融资担保公司、1 家生产研究型企业，银行占七成，进一步证明了银行是专利质押融资中最主要的质权人。从集中度上看，TOP10 质权人的专利质押次数约占质押次数总量的 10.8%，与“十二五”时期的 13.8% 相比，集中度下降。从区域上看，TOP10 质权人中，除两家机构位于陕西、湖北外，其他 8 家全部位于东部地区，广东最多。

位居榜首的为青岛高创科技融资担保有限公司，“十三五”时期其作为质权人参与专利质押的次数为 2647 次，为青岛三维海容机电有限公司、青岛科尼乐集团有限公司、青岛镭创光电技术有限公司等 200 多家公司和个人提供资金；中国光大银行股份有限公司中山分行参与的专利质押次数为 2283 次，位居第二，出质人涉及广东紫丁香实业股份有限公司、中山市科力高自动化设备有限公司、中山市波信太阳能科技有限公司等 70 多家公司和个人；排名第三至第六的广东南海农村商业银行股份有限公司科创支行、西安创新融资担保有限公司、武汉农村商业银行股份有限公司光谷分行、中国建设银行股份有限公司东莞市分行其专利质押次数均过千。TOP10 质权人中，青岛高创科技融资担保有限公司、武汉农村商业银行股份有限公司光谷分行、中国农业银行股份有限公司无锡科技支行在“十二五”时期专利质押也非常活跃，按专利质押次数排名也是位于前十之列。

表 8－9　“十三五”及“十二五”时期中国专利质押质权人 TOP10

（单位：次）

排名	“十三五”时期			“十二五”时期		
	质权人	省份	质押次数	质权人	省份	质押次数
1	青岛高创科技融资担保有限公司	山东	2647	中国农业银行股份有限公司无锡科技支行	江苏	713
2	中国光大银行股份有限公司中山分行	广东	2283	重庆三峡银行股份有限公司北部新区支行	重庆	488
3	广东南海农村商业银行股份有限公司科创支行	广东	1322	蚌埠融资担保集团有限公司	安徽	422

续表

排名	“十三五”时期			“十二五”时期		
	质权人	省份	质押次数	质权人	省份	质押次数
4	西安创新融资担保有限公司	陕西	1278	北京中关村科技融资担保有限公司	北京	402
5	武汉农村商业银行股份有限公司光谷分行	湖北	1114	中国进出口银行	北京	395
6	中国建设银行股份有限公司东莞市分行	广东	1022	国家开发银行股份有限公司	北京	369
7	北京银行股份有限公司深圳分行	广东	970	深圳市高新投融资担保有限公司	广东	344
8	中国农业银行股份有限公司嘉兴科技支行	浙江	895	武汉农村商业银行股份有限公司光谷支行	湖北	332
9	北汽福田汽车股份有限公司	北京	700	青岛高创科技融资担保有限公司	山东	293
10	中国农业银行股份有限公司无锡科技支行	江苏	685	深圳市中小企业信用融资担保集团有限公司	广东	279

数据来源：知识产权出版社 i 智库

数据时间：法律状态公告日为 2011 年 1 月 1 日至 2020 年 12 月 31 日

从专利质押出质人类型看，“十三五”时期，企业作为专利质押出质人的地位进一步增强，质押次数为 115446 次，占比达 96.9%，比“十二五”时期增加 10.2 个百分点，其他类型出质人的专利质押次数占比均明显下降。

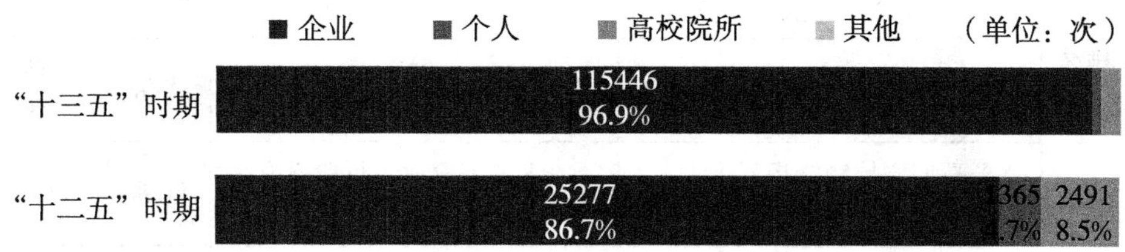

数据来源：知识产权出版社i智库

数据时间：法律状态公告日为2011年1月1日至2020年12月31日

图 8－25　“十三五”及“十二五”时期中国专利质押出质人类型

从"十三五"时期中国专利质押出质人TOP10来看，如表8－10所示，全部为生产研究型企业，专利质押共4039次，占"十三五"时期专利质押次数的3.4%，与"十二五"时期的5.8%相比，集中度下降；TOP10出质人涉及企业12家，9家位于东部，3家位于中部，其中北京最多。

神雾科技集团股份有限公司位居榜首，"十三五"时期的专利质押次数为553次，出质人为北京银行股份有限公司安华路支行、天风证券股份有限公司、南京银行股份有限公司北京分行和北方国际信托股份有限公司；北京国双科技有限公司紧随其后，专利质押次数为537次，出质人为深圳黑马天下投资咨询有限公司；深圳市华星光电技术有限公司专利质押次数为500次，位居第三；其他TOP10出质人的专利质押次数在289次至441次之间。

表8－10 "十三五"及"十二五"时期中国专利质押出质人TOP10

（单位：次）

排名	"十三五"时期			"十二五"时期		
	出质人	省份	质押次数	出质人	省份	质押次数
1	神雾科技集团股份有限公司	北京	553	苏州东菱振动试验仪器有限公司	江苏	291
2	北京国双科技有限公司	北京	537	重庆大唐科技股份有限公司； 重庆大唐测控技术有限公司	重庆	222
3	深圳市华星光电技术有限公司	广东	500	河南科信电缆有限公司	河南	187
4	广东紫丁香实业股份有限公司	广东	441	常州联力自动化科技有限公司	江苏	181
5	北京宝沃汽车股份有限公司	北京	415	北京亚都室内环保科技股份有限公司	北京	144
6	速珂智能科技（上海）有限公司	上海	354	濮阳贝英数控机械设备有限公司	河南	137
7	海南正业中农高科股份有限公司	海南	339	重庆润通动力制造有限公司	重庆	136

续表

排名	“十三五”时期			“十二五”时期		
	出质人	省份	质押次数	出质人	省份	质押次数
8	普天信息技术有限公司	北京	313	富美科技集团有限公司	山东	133
9	芜湖东旭光电科技有限公司	安徽	298	嘉兴市正麒高新面料复合有限公司	浙江	131
10	泰富国际工程有限公司；泰富海洋工程装备（天津）有限公司；泰富重工制造有限公司	湖南/天津/湖南	289	珠海普乐美厨卫有限公司	广东	130

数据来源：知识产权出版社 i 智库

数据时间：法律状态公告日为 2011 年 1 月 1 日至 2020 年 12 月 31 日

第9章 “十三五”时期重点城市(城区)专利运营分析

自2017年起，国家知识产权局联合财政部陆续支持四批共37个重点城市（城区）开展知识产权运营服务体系建设，其目前已经成为推动全国专利运营工作的重要增长极。启动建设以来，四批37个重点城市（城区）的创新主体共开展40.7万次专利运营活动，获得1636.2亿元专利质押融资。

9.1 重点城市（城区）专利转让数据分析

9.1.1 第二批重点城市（城区）专利转让最为活跃，深圳和广州为专利转让主要城市

当重点城市（城区）的创新主体作为让与人时，37个重点城市（城区）自入选年起共出让专利37.0万次，各城市（城区）年平均出让专利4253次，其中深圳市最多，年平均出让专利16375次，其次是广州市，为11660次，这两个城市都是第二批入选的城市。重点城市（城区）自入选年起专利出让次数普遍呈增加趋势①，33个重点城市（城区）的专利出让次数有所增长，其中，天津滨海新区增幅最高，为191.7%，其次是上海徐汇，增幅为136.0%。

如表9－1所示，第一批重点城市（城区）的专利出让总次数为13.2万次，各城市年平均4136次。其中，苏州专利出让次数最多，为8507次，郑州的专利出让平均增长率最高，为48.7%；2020年8个城市的平均出让次数

① 2020年入选的11个重点城市（城区）与2019年进行对比。

为 5443 次，同比增长 34.8%，青岛最为突出，2020 年同比增长 101.2%。如表 9－2 所示，第二批重点城市（城区）的专利出让总次数为 16.4 万次，各城市（城区）年平均 6834 次。其中，深圳和广州位居前二，年平均专利出让次数分别为 16375 次和 11660 次；南京的平均增长率最高，为 66.7%；2020 年第二批重点城市（城区）的平均出让次数为 9231 次，同比增长 45.3%，广州增长最快，专利出让次数由 2019 年的 9799 次增加至 2020 年的 16889 次，同比增长 72.4%。如表 9－3 所示，第三批重点城市（城区）的专利出让总次数为 5.3 万次，各城市（城区）年平均 2661 次。其中，泉州的年平均专利出让次数最多，为 6305 次，但 2020 年呈下降趋势；2020 年第三批重点城市（城区）的平均专利出让次数为 2721 次，同比增长 4.6%；上海徐汇 2020 年同比增长 136.0%，增幅明显大于其他 9 个重点城市（城区）；济南增量最大，比 2019 年增加 1709 次。第四批重点城市（城区）2020 年专利出让总次数为 20406 次，各城市（城区）平均 1885 次，同比增长 38.9%。其中，合肥 2020 年专利出让次数最多，为 5334 次；天津滨海新区增幅最大，同比增长 191.7%。综合转让次数和增长率来看，第二批重点城市（城区）整体专利出让最为活跃，其次是第一批重点城市（城区）。

表 9－1　第一批重点城市（城区）入选当年及以后各年专利转让情况　（单位：次）

重点城市（城区）	专利出让次数						重点城市（城区）	专利受让次数					
	2017年	2018年	2019年	2020年	年平均	平均增长率（%）		2017年	2018年	2019年	2020年	年平均	平均增长率（%）
江苏苏州	7348	7839	8347	10495	8507	13.0	江苏苏州	5334	5457	8369	13777	8234	40.1
山东青岛	3631	2700	3784	7613	4432	38.6	山东青岛	2957	2473	3756	6849	4009	39.3
四川成都	5194	5307	5913	6500	5729	7.8	四川成都	3013	3969	4105	4992	4020	18.9
浙江宁波	6352	4599	4502	6025	5370	1.4	浙江宁波	3864	3355	3481	4182	3721	3.6
河南郑州	1271	1818	2821	4175	2521	48.7	湖南长沙	2092	1669	2737	2868	2342	16.2

续表

重点城市（城区）	专利出让次数						重点城市（城区）	专利受让次数					
	2017年	2018年	2019年	2020年	年平均	平均增长率（%）		2017年	2018年	2019年	2020年	年平均	平均增长率（%）
陕西西安	1657	1856	2333	3751	2399	32.8	陕西西安	1364	1593	2292	2846	2024	28.3
湖南长沙	1935	1600	2715	2528	2195	15.2	福建厦门	2432	1863	1863	2671	2207	6.7
福建厦门	1921	1493	1882	2455	1938	11.4	河南郑州	1176	1471	2480	1926	1763	23.8

数据来源：知识产权出版社 i 智库

数据时间：法律状态公告日为2017年1月1日至2020年12月31日

表9-2 第二批重点城市（城区）入选当年及以后各年专利转让情况 （单位：次）

重点城市（城区）	专利出让次数					重点城市（城区）	专利受让次数				
	2018年	2019年	2020年	年平均	平均增长率（%）		2018年	2019年	2020年	年平均	平均增长率（%）
广东深圳	13372	15625	20129	16375	22.8	广东深圳	12648	14776	15137	14187	9.6
广东广州	8292	9799	16889	11660	45.3	广东广州	9741	8760	14428	10976	27.3
浙江杭州	4334	6594	10376	7101	54.8	浙江杭州	3248	5336	11676	6753	91.6
北京海淀	5050	6592	9113	6918	34.4	江苏南京	4216	6618	9142	6659	47.6
江苏南京	3290	6117	9020	6142	66.7	北京海淀	3755	4831	5216	4601	18.3
湖北武汉	2435	2597	4503	3178	40.0	湖北武汉	2010	2754	3494	2753	31.9
上海浦东新区	2338	3200	3552	3030	23.9	上海浦东新区	2114	2478	3340	2644	26.0
海南海口	233	295	265	264	8.2	海南海口	348	472	458	426	16.3

数据来源：知识产权出版社 i 智库

数据时间：法律状态公告日为2018年1月1日至2020年12月31日

表 9－3　第三批重点城市（城区）入选当年及以后各年专利转让情况　（单位：次）

重点城市（城区）	专利出让次数				重点城市（城区）	受让人专利受让次数			
	2019 年	2020 年	年平均	平均增长率（%）		2019 年	2020 年	年平均	平均增长率（%）
福建泉州	6603	6007	6305	－9.0	江苏无锡	6396	3506	4951	－45.2
广东东莞	4815	5581	5198	15.9	广东东莞	4658	4592	4625	－1.4
江苏无锡	6526	3364	4945	－48.5	浙江台州	3068	5742	4405	87.2
浙江台州	2609	4092	3351	56.8	山东济南	2035	3957	2996	94.4
山东济南	2029	3738	2884	84.2	福建泉州	1706	2537	2122	48.7
河北石家庄	1005	1239	1122	23.3	河北石家庄	1216	1832	1524	50.7
辽宁大连	882	1193	1038	35.3	辽宁大连	1164	1044	1104	－10.3
上海徐汇	617	1456	1037	136.0	上海徐汇	471	947	709	101.1
天津东丽	518	222	370	－57.1	天津东丽	531	268	400	－49.5
重庆江北	413	320	367	－22.5	重庆江北	382	412	397	7.9

数据来源：知识产权出版社 i 智库

数据时间：法律状态公告日为 2019 年 1 月 1 日至 2020 年 12 月 31 日

表 9－4　2019—2020 年第四批重点城市（城区）专利转让情况　（单位：次）

重点城市（城区）	专利出让次数			重点城市（城区）	专利受让次数		
	2019 年	2020 年	2020 年同比增长（%）		2019 年	2020 年	2020 年同比增长（%）
安徽合肥	4645	5334	14.8	安徽合肥	3671	4706	28.2
北京朝阳区	2774	3590	29.4	北京朝阳区	3330	3136	－5.8
天津滨海新区	959	2797	191.7	天津滨海新区	1237	1594	28.9
辽宁沈阳	1230	1945	58.1	辽宁沈阳	1365	1548	13.4
吉林长春	893	1540	72.5	山东烟台	1094	1488	36.0
山东烟台	1263	1449	14.7	吉林长春	789	1467	85.9

续表

重点城市（城区）	专利出让次数			重点城市（城区）	专利受让次数		
	2019年	2020年	2020年同比增长（%）		2019年	2020年	2020年同比增长（%）
云南昆明	838	996	18.9	山西太原	987	1198	21.4
山西太原	725	924	27.4	云南昆明	961	882	-8.2
新疆乌鲁木齐	518	759	46.5	湖北宜昌	385	505	31.2
河南洛阳	570	659	15.6	河南洛阳	465	473	1.7
湖北宜昌	278	413	48.6	新疆乌鲁木齐	447	400	-10.5

数据来源：知识产权出版社 i 智库

数据时间：法律状态公告日为2019年1月1日至2020年12月31日

当重点城市（城区）的创新主体作为受让人时，37个重点城市（城区）自入选年起共受让专利32.4万次，各城市（城区）年平均3726次。其中，深圳最多，年平均专利受让次数为14187次，其次是广州，这两个城市都是第二批入选的重点城市（城区）。重点城市（城区）自入选年起专利受让次数普遍呈增长趋势，30个重点城市（城区）的专利受让次数有所增长。其中，上海徐汇的增幅最高，为101.1%，其次是济南和杭州，增幅分别为94.4%和91.6%。

如表9-1所示，第一批重点城市（城区）的专利受让总次数为11.3万次，各城市（城区）年平均3540次。其中，苏州的年平均专利受让次数最多，为8234次，该市也是第一批重点城市（城区）中平均增长率最高的城市，为40.1%；2020年第一批重点城市（城区）的平均专利受让次数为5014次，同比增长37.9%，苏州增量最大，比2019年增加5408次，青岛增速最快，2020年同比增长82.3%。第二批重点城市（城区）的专利受让总次数为14.7万次，各城市（城区）年平均6125次。其中，深圳和广州位居前二，年平均专利受让次数分别为14187次和10976次，杭州的平均增长率最高，为91.6%；2020年第二批重点城市（城区）的平均受让次数为7861次，同比增长36.6%，杭州增长最快，受让次数由2019年的5336次增加至

2020 年的 11676 次，同比增长 118.8%。第三批重点城市（城区）的专利受让总次数为 4.6 万次，各城市（城区）年平均 2323 次。其中，无锡和东莞位居前二，年平均专利受让次数分别为 4951 次和 4625 次，两城市 2020 年专利受让次数均呈下降趋势；2020 年第三批重点城市（城区）的平均受让次数为 2484 次，同比增长 14.8%，台州增量最大，比 2019 年增加 2674 次，上海徐汇增速最快，2020 年同比增长 101.1%。第四批重点城市（城区）2020 年专利受让总次数为 1.7 万次，各城市（城区）平均 1582 次，同比增长 18.1%。其中，合肥专利受让次数最多（4706 次），增量也最大，比 2019 年增加 1035 次；长春增速最快，2020 年同比增长 85.9%。综合专利受让次数和增长率来看，第二批重点城市（城区）整体专利受让最为活跃，其次是第一批重点城市（城区）。

9.1.2 企业专利转让活跃，第四批重点城市（城区）转让主体集中度相对较高

数据显示，四批重点城市（城区）的专利转让中都是企业表现较为突出，不论是让与人还是受让人位居 TOP10 的均主要为企业，另有少量高校和科研机构。四批重点城市（城区）TOP10 让与人/受让人的专利转让集中度普遍不高。

1. 第一批重点城市（城区）

从 TOP10 让与人/受让人类型上看，如图 9－1 所示，TOP10 让与人中企业有 8 位，受让人全部为企业，说明企业专利转让活跃度高，以生产研究型企业为主，同时，苏州大学、陕西科技大学也积极通过专利转让方式实现专利价值。

从转让主体集中度上看，TOP10 让与人出让专利次数占第一批重点城市（城区）2017 年后专利出让总次数的 5.8%，TOP10 受让人专利受让次数占 6.5%，专利转让集中度低。让与人中，歌尔科技有限公司、宁波奥克斯空调有限公司表现相对突出，专利出让次数分别为 1746 次和 1387 次，分别占 2017 年后第一批重点城市（城区）专利出让总次数的 1.3% 和 1.0%；受让人中，奥克斯空调股份有限公司、苏州江南嘉捷电梯有限公司和常熟市知识产权运营中心有限公司专利受让次数相对较多，分别为 1414 次、1065 次

和 1036 次，分别占 2017 年后专利出让总次数的 1.2%、0.9% 和 0.9%。

从地域分布上看，TOP10 让与人中，青岛、苏州、成都各 2 位，宁波、郑州、长沙、西安各 1 位，厦门尚没有让与人进入 TOP10；TOP10 受让人中，苏州表现突出，TOP10 占据 4 席，青岛、长沙各有 2 位受让人进入前十之列，宁波、厦门也各有 1 位，成都、西安、郑州尚没有受让人进入 TOP10。

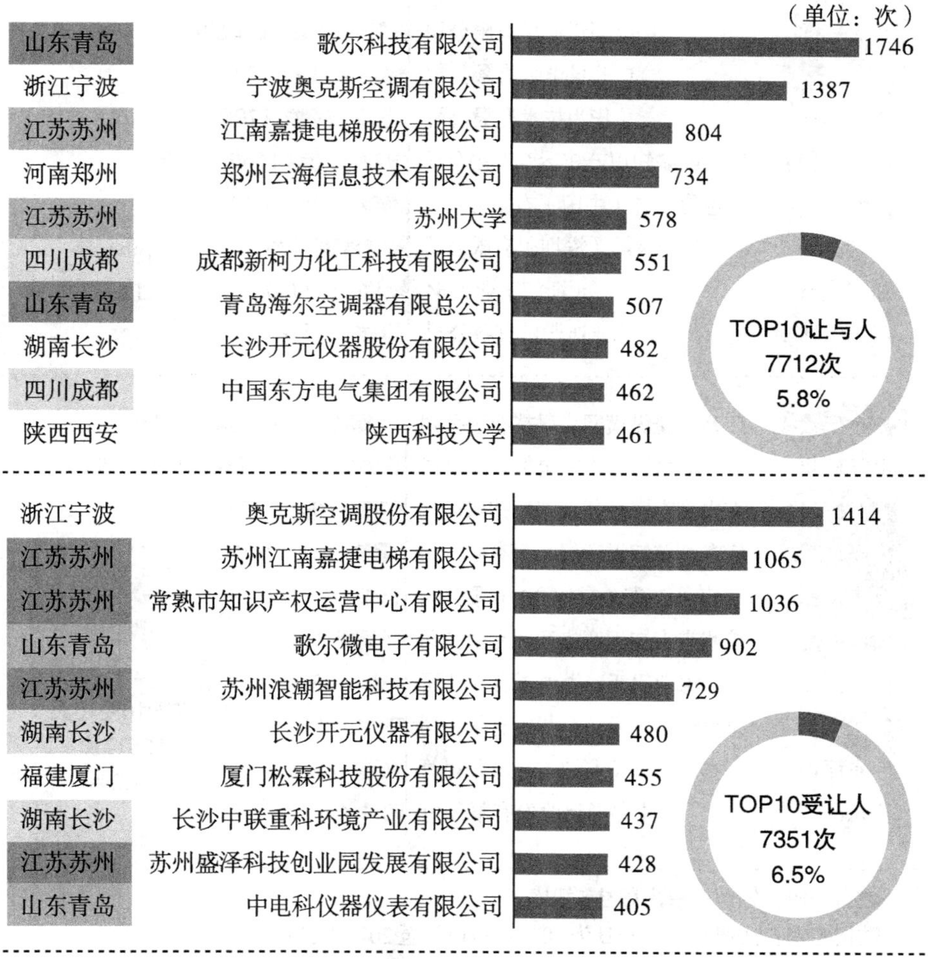

数据来源：知识产权出版社 i 智库

数据时间：法律状态公告日为 2017年1月1日至 2020年12月31日

图 9-1 第一批重点城市（城区）入选当年及以后专利转让主体情况

2. 第二批重点城市（城区）

如图 9－2 所示，从 TOP10 让与人/受让人类型上看，企业专利转让活跃度高，以生产研究型企业为主。具体来看，TOP10 让与人中有 6 位为生产研

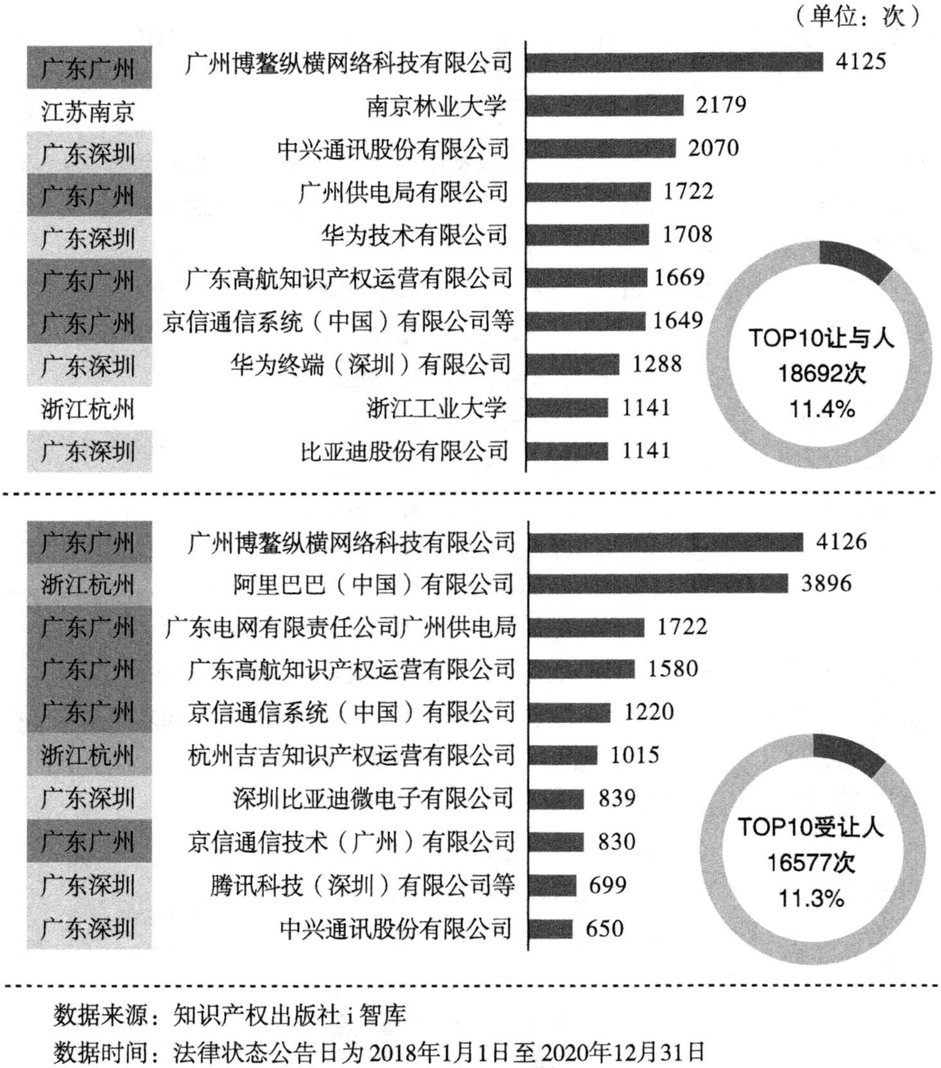

数据来源：知识产权出版社 i 智库

数据时间：法律状态公告日为2018年1月1日至2020年12月31日

注：京信通信系统（中国）有限公司等包括京信通信系统（中国）有限公司、京信通信系统（广州）有限公司、京信通信技术（广州）有限公司、天津京信通信系统有限公司；腾讯科技（深圳）有限公司等包括腾讯云计算（北京）有限责任公司、腾讯科技（深圳）有限公司

图 9－2　第二批重点城市（城区）入选当年及以后专利转让主体情况

究型企业，2位为知识产权服务型企业，南京林业大学、浙江工业大学也积极通过专利转让方式实现专利价值；TOP10受让人全部为企业，其中7位为生产研究型企业，广州博鳌纵横网络科技有限公司、广东高航知识产权运营有限公司、杭州吉吉知识产权运营有限公司3家知识产权服务型企业也有突出表现。

从转让主体集中度上看，TOP10让与人出让专利次数占第二批重点城市（城区)2018年后专利出让总次数的11.4%，TOP10受让人专利受让次数占11.3%，专利转让集中度明显高于第一批重点城市（城区）。

从地域分布上看，TOP10让与人中，广东的广州和深圳表现突出，TOP10各占据4席，南京、杭州各有1位让与人进入前十之列，北京海淀、武汉、上海浦东新区、海口尚没有让与人进入TOP10；TOP10受让人全部被广州、深圳和杭州包揽，其中，广州有5位，深圳有3位，杭州有2位，南京、北京海淀、武汉、上海浦东新区、海口尚没有受让人进入TOP10。

3. 第三批重点城市（城区）

如图9-3所示，从TOP10让与人/受让人类型上看，企业专利转让活跃度高，以生产研究型企业为主。具体来看，TOP10让与人中有6位生产研究型企业，1位知识产权服务型企业，另有2家高校和1家科研机构也进入TOP10，分别为江南大学、东莞理工学院和中国科学院上海生命科学研究院；TOP10受让人全部为企业，其中有9位生产研究型企业，1位知识产权服务型企业，为台州市吉吉知识产权运营有限公司。

从转让主体集中度上看，TOP10让与人出让专利次数占第三批重点城市（城区)2019年后专利出让总次数的13.3%，TOP10受让人专利受让次数占18.4%，专利转让集中度仅低于第四批重点城市（城区)。让与人中，无锡小天鹅股份有限公司位居第一，专利出让次数为3581次，占TOP10让与人专利出让次数的一半，占第三批重点城市（城区）2019年后专利出让总次数的6.7%，遥遥领先于其他让与人；受让人中，仍是无锡小天鹅电器有限公司独占鳌头，专利受让次数为3675次，约占TOP10受让人专利受让次数的四成，占第三批重点城市（城区）2019年后专利受让总次数的7.9%，此外，华为终端有限公司的专利受让次数过千。

从地域分布上看，TOP10让与人中，无锡、东莞、济南各2位，上海徐汇、台州、重庆江北区、天津东丽区各 1 位，泉州的专利出让次数虽然较多，表现突出的让与人较少，石家庄、大连也没有让与人进入 TOP10；TOP10 受让人中，东莞、台州、济南各 2 位，无锡、石家庄、天津东丽区、重庆江北区各 1 位，泉州、大连、上海徐汇区尚没有受让人进入 TOP10。

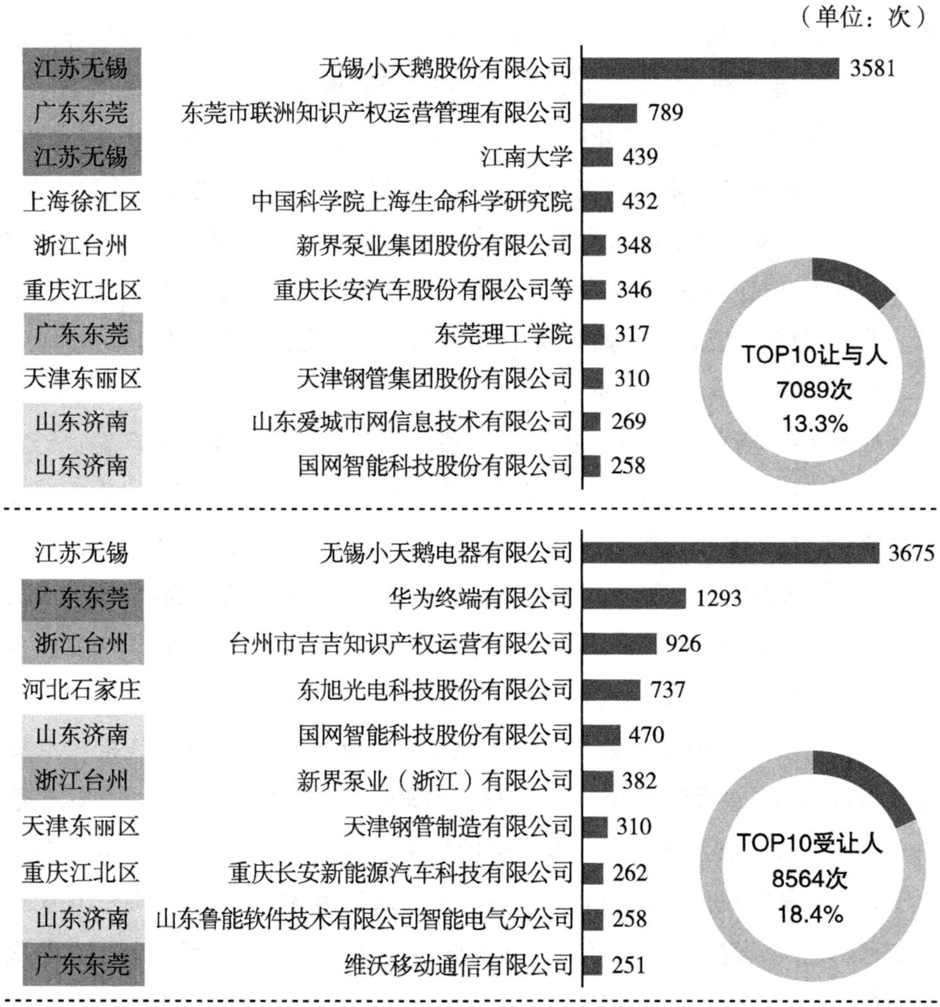

数据来源：知识产权出版社 i 智库

数据时间：法律状态公告日为2019年1月1日至2020年12月31日

注：重庆长安汽车股份有限公司等包括重庆长安新能源汽车有限公司、重庆长安汽车股份有限公司

图 9－3　第三批重点城市（城区）入选当年及以后专利转让主体情况

4. 第四批重点城市（城区）

如图9－4所示，从TOP10让与人/受让人类型上看，企业专利转让活跃

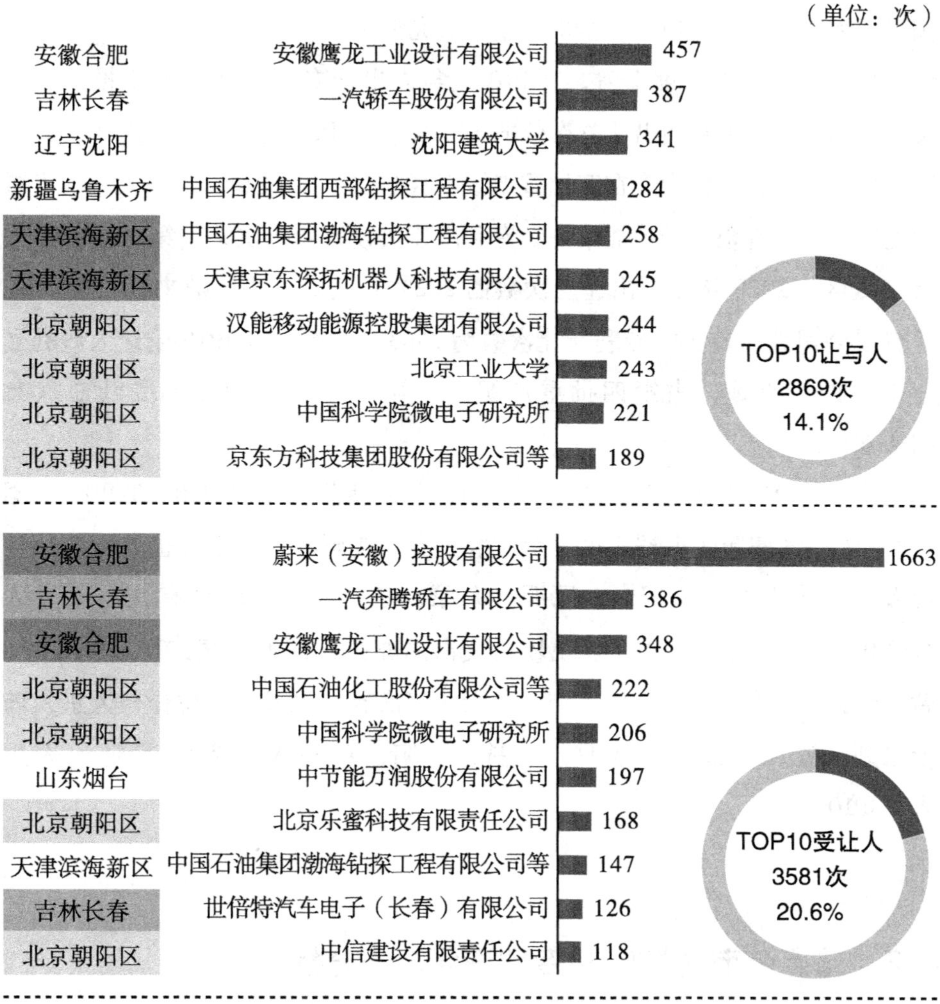

数据来源：知识产权出版社i智库

数据时间：法律状态公告日为2020年1月1日至2020年12月31日

注：京东方科技集团股份有限公司等包括京东方科技集团股份有限公司、北京京东方光电科技有限公司；中国石油化工股份有限公司等包括中国石油化工股份有限公司、中石化川气东送天然气管道有限公司；　中国石油集团渤海钻探工程有限公司等包括中国石油天然气集团有限公司、中国石油集团渤海钻探工程有限公司

图9－4　第四批2020年重点城市（城区）专利转让主体情况

度高，涉及的企业全部为生产研究型企业。具体来看，TOP10 让与人中有 7 位生产研究型企业，另有 2 家高校和 1 家科研机构也进入 TOP10，分别为沈阳建筑大学、北京工业大学和中国科学院微电子研究所；TOP10 受让人除中国科学院微电子研究所外，全部为生产研究型企业。

从转让主体集中度上看，TOP10 让与人出让专利次数占第四批重点城市（城区）2020 年专利出让总次数的 14.1%，TOP10 受让人专利受让次数占 20.6%，专利转让集中度在四批重点城市（城区）中最高。让与人中，安徽鹰龙工业设计有限公司位居第一，专利出让次数为 457 次，占第四批重点城市（城区）2020 年专利出让总次数的 2.2%；受让人中，蔚来（安徽）控股有限公司独占鳌头，专利受让次数为 1663 次，约占 TOP10 受让人专利受让次数的近五成，占第四批重点城市（城区）2020 年专利受让总次数的 9.6%。

从地域分布上看，TOP10 让与人中，北京朝阳区表现突出，TOP10 占据 4 席，天津滨海新区占据 2 席，合肥、长春、沈阳、乌鲁木齐也各有 1 位让与人进入前十之列，烟台、昆明、太原、洛阳、宜昌尚没有让与人进入 TOP10；TOP10 受让人中，表现较为突出的亦是北京朝阳区，TOP10 占据 4 席，合肥、长春各占据 2 席，烟台、天津滨海新区也各有 1 位让与人进入前十之列，沈阳、太原、昆明、宜昌、洛阳、乌鲁木齐尚没有受让人进入 TOP10。

9.2 重点城市（城区）专利许可数据分析

9.2.1 第二批重点城市（城区）专利许可相对活跃，南京、烟台、泉州表现突出

数据显示，如表 9－5～表 9－8 所示，37 个重点城市（城区）的创新主体作为许可人时，自入选年起共许可专利 15974 次，各城市（城区）年平均为 184 次，其中，南京最多，年平均为 2140 次，其次是长沙，为 434 次。自

入选年起，37个重点城市（城区）中的21个总体呈增长趋势，其中，烟台在2020年入选后专利许可次数大幅提升，2019年该市专利许可次数为6次，2020年为128次，增加约20倍，泉州、天津滨海新区、郑州、长春的平均增长幅度也较大，在2倍以上。

从四批重点城市（城区）入选年后的专利许可情况来看，第一批8个重点城市（城区）的专利许可总次数为4423次，各市年平均为138次，其中，长沙的年平均专利许可次数最多，为434次，郑州平均增长率最高，为392.1%；2020年8个城市的平均许可次数为111次，同比下降42.0%，仅宁波、郑州、厦门呈增长趋势，郑州最为突出，2020年同比增长744.4%，增量为67次。第二批重点城市（城区）的专利许可总次数为10325次，各城市（城区）年平均为430次，其中，南京的年平均专利许可次数最多，为2140次，该市也是第二批重点城市（城区）中平均增长率最高的，为132.7%；2020年8个城市（城区）的平均许可次数为448次，同比下降26.0%，仅上海浦东新区、杭州、武汉呈增长趋势，杭州最为突出，2020年同比增长163.6%，增量为301次。第三批重点城市（城区）的专利许可总次数为862次，各城市（城区）年平均为43次，其中，泉州和济南位居前二，年平均专利许可次数分别为136次和127次；2020年10个城市（城区）的平均许可次数为40次，同比下降13.0%，仅上海徐汇区、东莞、泉州呈增长趋势，泉州增长速度较快，同比增长为600.0%。第四批重点城市（城区）2020年专利许可总次数为364次，各城市（城区）平均为33次，同比下降24.2%，其中，北京朝阳区、天津滨海新区、长春、烟台、昆明呈增长趋势，烟台增加幅度最大，该市同时也是第四批重点城市（城区）中专利许可次数最多的城市。综合许可次数和增长率来看，第二批重点城市（城区）专利许可次数虽整体呈下降趋势，但与其他三批相比专利许可更为活跃。

表 9－5　第一批重点城市（城区）入选当年及以后各年专利许可情况

（单位：次）

重点城市（城区）	专利许可次数						重点城市（城区）	专利被许可次数					
	2017 年	2018 年	2019 年	2020 年	年平均	平均增长率（%）		2017 年	2018 年	2019 年	2020 年	年平均	平均增长率（%）
湖南长沙	143	412	779	403	434	76.3	江苏苏州	403	381	767	348	475	13.7
陕西西安	333	382	168	49	233	-37.4	陕西西安	72	49	476	59	164	250.6
江苏苏州	81	136	380	146	186	61.9	山东青岛	25	75	418	39	139	188.9
四川成都	130	133	113	76	113	-15.2	湖南长沙	57	378	57	27	130	141.9
浙江宁波	70	59	33	42	51	-10.8	四川成都	155	120	93	104	118	-11.1
山东青岛	26	58	46	63	48	46.4	浙江宁波	107	113	91	36	87	-24.8
河南郑州	2	11	9	76	25	392.1	福建厦门	16	18	40	72	37	71.6
福建厦门	18	5	6	35	16	143.7	河南郑州	9	10	33	62	29	109.7

数据来源：知识产权出版社 i 智库

数据时间：法律状态公告日为 2017 年 1 月 1 日至 2020 年 12 月 31 日

表9-6 第二批重点城市（城区）入选当年及以后各年专利许可情况

（单位：次）

重点城市（城区）	专利许可次数					重点城市（城区）	专利被许可次数				
	2018年	2019年	2020年	年平均	平均增长率（%）		2018年	2019年	2020年	年平均	平均增长率（%）
江苏南京	847	3402	2172	2140	132.7	江苏南京	406	1796	1221	1141	155.2
广东深圳	295	495	313	368	15.5	广东深圳	385	468	307	387	-6.4
浙江杭州	200	184	485	290	77.8	上海浦东新区	656	54	186	299	76.3
广东广州	100	303	238	214	90.8	广东广州	137	343	294	258	68.0
北京海淀	156	263	131	183	9.2	北京海淀	133	87	261	160	82.7
上海浦东新区	253	66	85	135	-22.6	浙江杭州	118	86	182	129	42.3
湖北武汉	44	99	154	99	90.3	湖北武汉	31	41	148	73	146.6
海南海口	10	28	2	13	43.6	海南海口	17	6	6	10	-32.4

数据来源：知识产权出版社 i 智库

数据时间：法律状态公告日为2018年1月1日至2020年12月31日

表9-7 第三批重点城市（城区）入选当年及以后各年专利许可情况

（单位：次）

重点城市（城区）	专利许可次数				重点城市（城区）	专利被许可次数			
	2019年	2020年	年平均	平均增长率（%）		2019年	2020年	年平均	平均增长率（%）
福建泉州	34	238	136	600.0	福建泉州	41	247	144	502.4
山东济南	193	60	127	-68.9	山东济南	175	57	116	-67.4
江苏无锡	101	13	57	-87.1	江苏无锡	141	51	96	-63.8
广东东莞	39	44	42	12.8	广东东莞	82	99	91	20.7
上海徐汇	21	22	22	4.8	辽宁大连	61	43	52	-29.5

续表

重点城市（城区）	专利许可次数				重点城市（城区）	专利被许可次数			
	2019 年	2020 年	年平均	平均增长率（%）		2019 年	2020 年	年平均	平均增长率（%）
浙江台州	18	14	16	-22.2	浙江台州	41	17	29	-58.5
天津东丽	30	1	16	-96.7	天津东丽	20	11	16	-45.0
辽宁大连	19	8	14	-57.9	上海徐汇	20	5	13	-75.0
河北石家庄	6	1	4	-83.3	河北石家庄	22	1	12	-95.5
重庆江北	0	0	0	—	重庆江北	0	3	2	300.0

数据来源：知识产权出版社 i 智库

数据时间：法律状态公告日为 2019 年 1 月 1 日至 2020 年 12 月 31 日

表 9-8 2019—2020 年第四批重点城市（城区）专利许可情况（单位：次）

重点城市（城区）	专利许可次数			专利被许可次数		
	2019 年	2020 年	2020 年同比增长（%）	2019 年	2020 年	2020 年同比增长（%）
山东烟台	6	128	2033.3	67	54	-19.4
北京朝阳	29	68	134.5	52	54	3.8
辽宁沈阳	102	48	-52.9	25	36	44.0
天津滨海新区	7	37	428.6	65	33	-49.2
云南昆明	25	29	16.0	55	22	-60.0
河南洛阳	174	18	-89.7	111	21	-81.1
吉林长春	4	13	225.0	32	21	-34.4
山西太原	98	11	-88.8	26	11	-57.7
湖北宜昌	5	6	20.0	7	10	42.9
安徽合肥	13	3	-76.9	92	5	-94.6
新疆乌鲁木齐	17	3	-82.4	9	1	-88.9

数据来源：知识产权出版社 i 智库

数据时间：法律状态公告日为 2019 年 1 月 1 日至 2020 年 12 月 31 日

当重点城市（城区）的创新主体作为被许可人时，37个重点城市（城区）自入选年起被许可专利共13484次，各市年平均为155次，其中，南京最多，年平均为1141次，其次是苏州，为475次。自入选年起，37个重点城市（城区）中的18个总体呈增长趋势，其中，泉州表现较为突出，2019年该市专利被许可次数为41次，2020年为247次，增加约5倍。

从四批重点城市（城区）入选年后的专利被许可情况来看，第一批8个重点城市（城区）的专利被许可总次数为4710次，各市年平均为147次，其中，苏州年平均被许可次数最多，为475次，其次是西安，该市同时也是平均增长率最高的城市；2020年8个城市的平均被许可次数为93次，同比下降62.2%，下降幅度较大，仅成都、郑州、厦门呈增长趋势。第二批8个重点城市（城区）的专利被许可总次数为7369次，各城市（城区）年平均为307次，其中，南京的年平均专利被许可次数最多，为1141次，该市也是第二批重点城市（城区）中平均增长率最高的城市，为155.2%；2020年8个重点城市（城区）的平均被许可次数为326次，同比下降9.6%，北京海淀、上海浦东新区、杭州、武汉呈增长趋势。第三批10个重点城市（城区）的专利被许可总次数为1137次，各城市（城区）年平均为57次，其中，泉州的年平均专利被许可次数最多，为144次；2020年10个重点城市（城区）的平均被许可次数为53次，同比下降11.4%，仅东莞、重庆江北、泉州呈增长趋势，泉州增加幅度最大。第四批11个重点城市（城区）2020年专利被许可总次数为268次，各城市（城区）平均为24次，同比下降50.5%，其中，北京朝阳区、合肥2020年专利被许可次数最多，均为54次，长春、合肥、宜昌呈增长趋势，增加幅度不大。综合被许可次数和增长率来看，第二批重点城市（城区）专利被许可次数虽整体呈下降趋势，但与其他三批相比专利被许可相对活跃。

9.2.2 专利许可主体集中度高于专利转让主体，第二批重点城市（城区）中高校创新源头供给作用突出

四批重点城市（城区）的创新主体作为专利许可人时，企业较为活跃，第二批重点城市（城区）中，南京林业大学等高校院所创新源头供给作用较

为突出；重点城市（城区）作为被许可人时，TOP10主要为生产研究型企业。四批重点城市（城区）TOP10许可人/被许可人的专利许可集中度普遍高于专利转让。

1. 第一批重点城市（城区）

如图9－5所示，从TOP10许可人/被许可人类型上看，企业专利许可活跃度高，以生产研究型企业为主。具体来看，TOP10许可人中有7位为生产研究型企业，另有个人、高校、科研机构各1位，分别为周钟杰、中国石油大学（华东）、中国科学院苏州生物医学工程技术研究所；TOP10被许可人中企业占9位，主要为生产研究型企业；此外，南京邮电大学张家港研究院也有突出表现。

从许可主体集中度上看，TOP10许可人实施的专利许可次数占第一批重点城市（城区）2017年后专利许可总次数的59.8%，TOP10被许可人专利被许可次数占42.3%，专利许可集中度较高。许可人中，中民筑友科技投资有限公司、西安西电捷通无线网络通信股份有限公司表现相对突出，专利许可次数分别为759次和654次，共约占TOP10许可人专利许可次数的一半，占第一批重点城市（城区）2017年后专利许可总次数的31.9%；被许可人中，中民筑友科技（胶州）有限公司、中民筑友科技投资有限公司和西安克瑞斯半导体技术有限公司专利被许可次数相对较多，分别为391次、371次和369次，分别占2017年后专利许可总次数8.3%、7.9%和7.8%。

从地域分布上看，TOP10许可人中，长沙表现最为突出，占据TOP10的半壁江山，西安、苏州各占据2席，青岛也有1位许可人进入前十之列，宁波、成都、郑州和厦门尚没有许可人进入TOP10；TOP10被许可人中，苏州表现突出，TOP10占据6席，西安有2位被许可人进入前十之列，青岛、长沙也各有1位，宁波、成都市、郑州市和厦门市尚没有被许可人进入TOP10。

（单位：次）

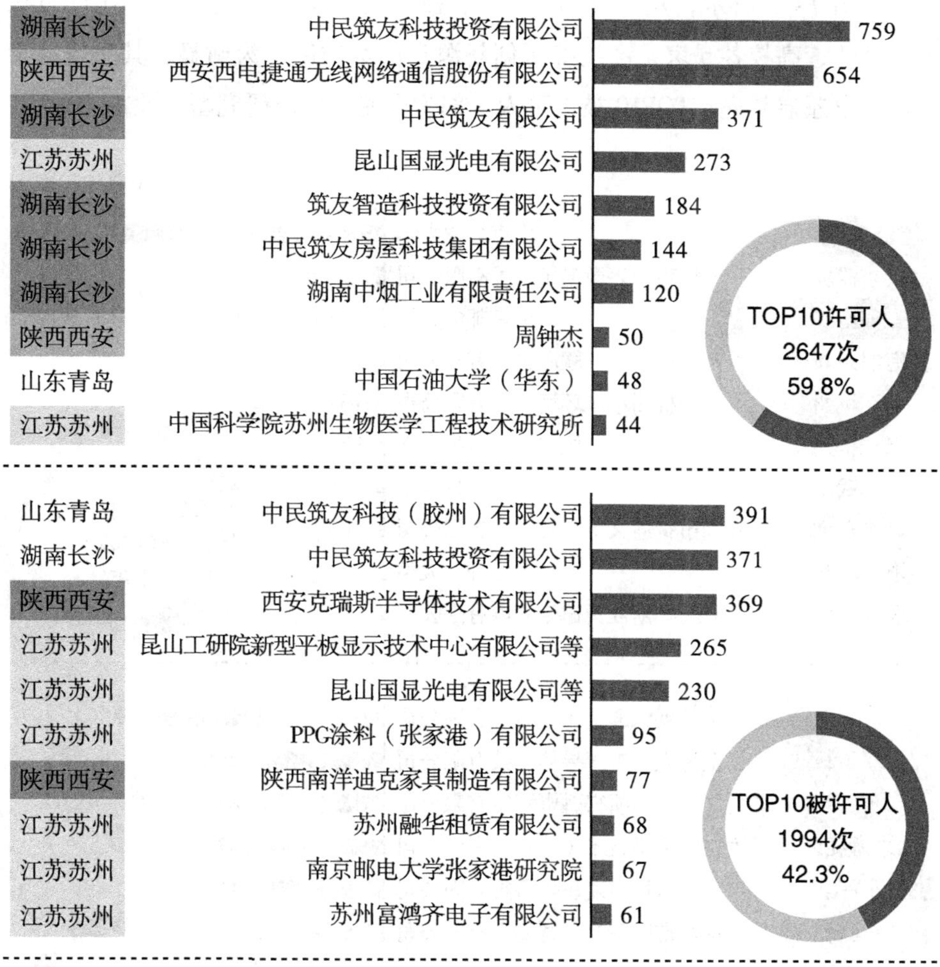

数据来源：知识产权出版社 i 智库

数据时间：法律状态公告日为2017年1月1日至2020年12月31日

注：昆山工研院新型平板显示技术中心有限公司等包括云谷（固安）科技有限公司、昆山工研院新型平板显示技术中心有限公司、霸州市云谷电子科技有限公司；昆山国显光电有限公司等包括昆山国显光电有限公司、昆山工研院新型平板显示技术中心有限公司、霸州市云谷电子科技有限公司

图9-5 第一批重点城市（城区）入选当年及以后专利许可主体情况

2. 第二批重点城市（城区）

如图 9－6 所示，从 TOP10 许可人/被许可人类型上看，TOP10 许可人中，企业、高校各 5 家，高校院所创新源头供给作用较为凸显，其中，南京林业大学遥遥领先；TOP10 被许可人全部为企业，生产研究型企业占主导。

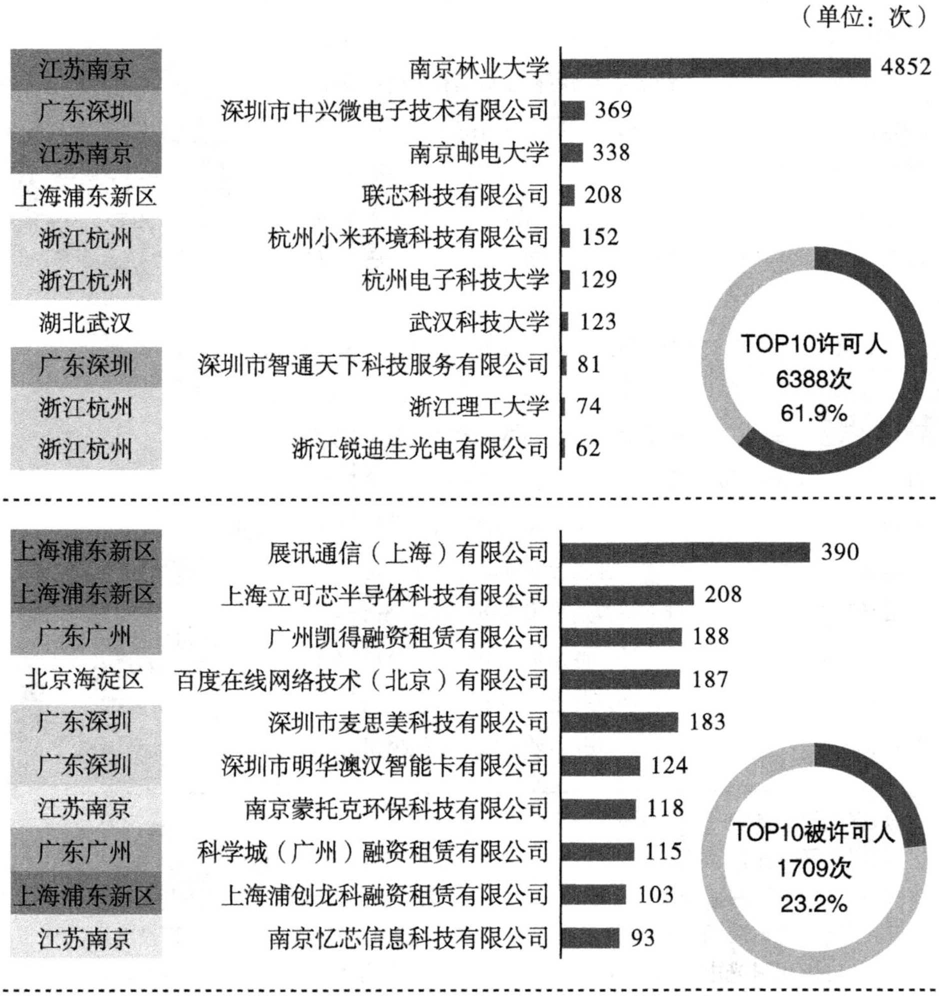

数据来源：知识产权出版社 i 智库

数据时间：法律状态公告日为2018年1月1日至2020年12月31日

图 9－6　第二批重点城市（城区）入选当年及以后专利许可主体情况

从许可主体集中度上看，受南京林业大学影响，第二批重点城市（城区）TOP10许可人专利许可集中度在四批重点城市（城区）中最高，TOP10许可人专利许可次数占第二批重点城市（城区）专利许可总次数的61.9%；TOP10被许可人专利被许可集中度在四批重点城市（城区）中最低，占比为23.2%。许可人中，南京林业大学最为突出，遥遥领先于其他许可人，专利许可次数为4852次，占TOP10许可人专利许可次数的近八成，占第一批重点城市（城区）2018年后专利许可总次数的近五成；被许可人中，展讯通信（上海）有限公司专利被许可次数相对较多，为390次，占2018年后专利许可总次数的5.3%。

从地域分布上看，TOP10许可人中，杭州表现突出，TOP10占据4席，南京、深圳各占据2席，上海浦东新区、武汉也各有1位许可人进入前十之列，北京海淀区、广州和海口尚没有许可人进入TOP10；TOP10被许可人中，表现较为突出的是上海浦东新区，TOP10占据3席，广州、深圳和南京各占据2席，北京海淀区也有1位许可人进入前十之列，杭州、武汉和海口尚没有被许可人进入TOP10。

3. 第三批重点城市（城区）

如图9－7所示，从TOP10许可人/被许可人类型上看，企业专利许可活跃度高，以生产研究型企业为主。具体来看，TOP10许可人中，生产研究型企业最为活跃，占据5席，高校和科研机构创新源头供给作用也较为突出，各占2席，另有个人1位；TOP10被许可人中企业占9席，主要为生产研究型企业，此外，泉州市绿色低碳研究院也有突出表现。

从许可主体集中度上看，TOP10许可人专利许可次数占第三批重点城市（城区）2019年后专利许可总次数的41.5%，TOP10被许可人专利被许可次数占37.1%。许可人中，山东电力研究院位居第一，专利许可次数为78次，占第三批重点城市（城区）2019年后专利许可总次数的9.0%，其次是国网山东省电力公司电力科学研究院，为69次；被许可人中，国网智能科技股份有限公司遥遥领先，专利被许可次数为147次，被许可次数占TOP10被许可次数的34.8%。占第三批重点城市（城区）2019年后专利被许可总次数的12.9%。

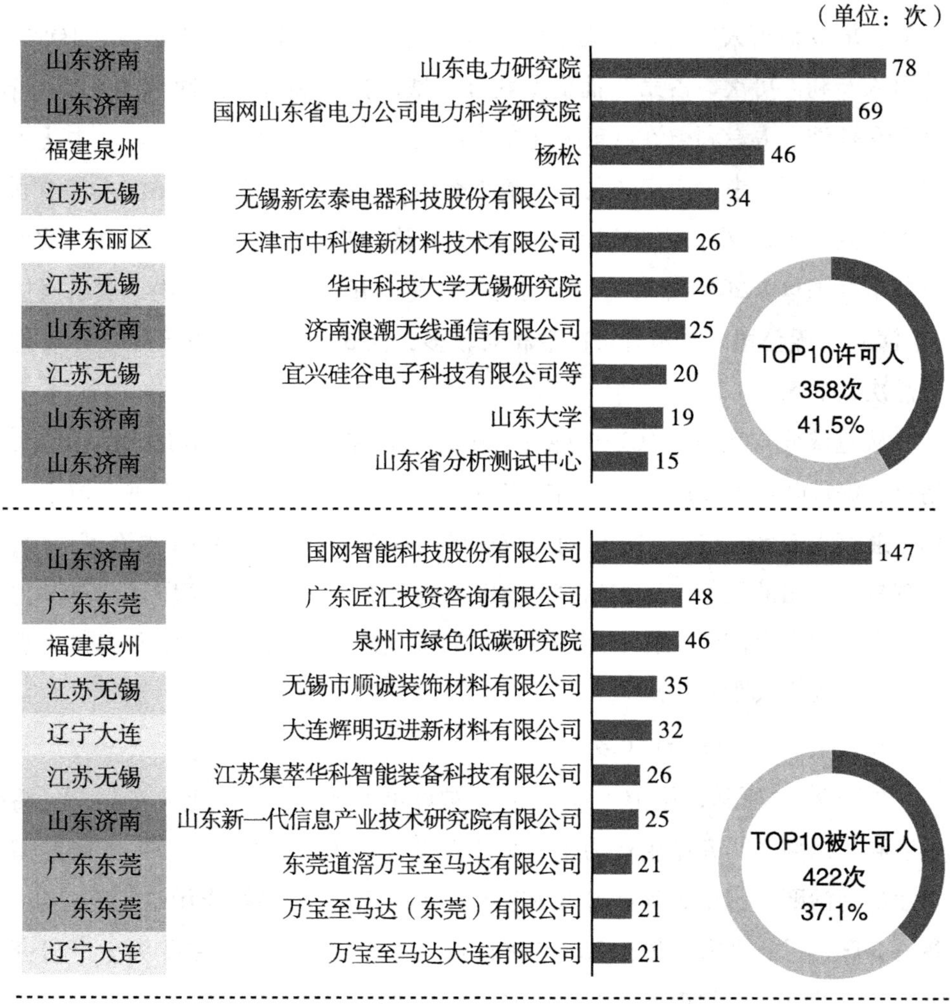

数据来源：知识产权出版社 i 智库

数据时间：法律状态公告日为2019年1月1日至2020年12月31日

注：宜兴硅谷电子科技有限公司等包括宜兴硅谷电子科技有限公司、广州兴森快捷电路科技有限公司、广州市兴森电子有限公司、深圳市兴森快捷电路科技股份有限公司

图 9－7　第三批重点城市（城区）入选当年及以后专利许可主体情况

从地域分布上看，TOP10许可人中，济南表现突出，占据TOP10的半壁江山，其次是无锡，占据3席，泉州和天津东丽各1位，台州、上海徐汇、东莞、石家庄、重庆江北和大连尚没有许可人进入TOP10；TOP10被许可人中，东莞表现突出，TOP10占据3席，济南、无锡和大连各占据2席，泉州也有1位许可人进入前十之列，台州、上海徐汇、石家庄、天津东丽和重庆江北尚没有许可人进入TOP10。

4. 第四批重点城市（城区）

如图9-8所示，从TOP10许可人/被许可人类型上看，企业专利许可活跃度高，主要为生产研究型企业。具体来看，TOP10许可人中有9位为企业，主要是生产研究型企业，另有1家高校也进入TOP10，为东北大学；TOP10被许可人全部为生产研究型企业。

从许可主体集中度上看，TOP10许可人专利许可次数占第四批重点城市（城区）2019年后专利许可总次数的50.8%，TOP10被许可人专利被许可次数占60.1%，专利被许可人集中度在四批重点城市（城区）中最高。许可人中，东北大学、汇益融资租赁（天津）有限公司位居前二，专利许可次数分别为37次和35次，占第四批重点城市（城区）2020年专利许可总次数的10.2%和9.6%；被许可人中，合肥双道润公路工程有限公司位居首位，专利被许可次数为41次，占第四批重点城市（城区）2020年专利被许可总次数的15.3%。

从地域分布上看，TOP10许可人中，烟台表现突出，TOP10占据4席，北京朝阳区、昆明各占据2席，沈阳、天津滨海新区也各有1位许可人进入前十之列，太原、长春、合肥、洛阳、宜昌和乌鲁木齐尚没有许可人进入TOP10；TOP10被许可人中，表现较为突出的亦是北京朝阳区，TOP10占据4席，宜昌占据2席，合肥、沈阳、昆明、天津滨海新区也各有1位许可人进入前十之列，太原、长春、烟台、洛阳和乌鲁木齐尚没有被许可人进入TOP10。

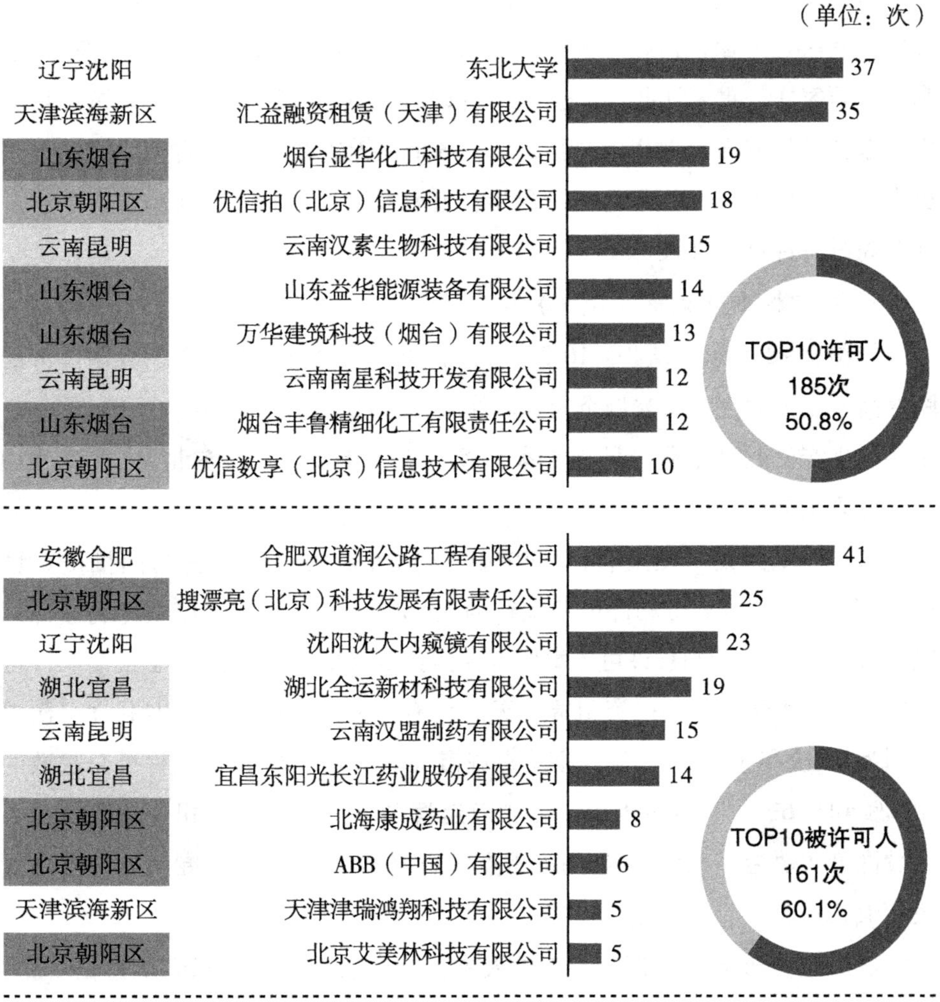

数据来源：知识产权出版社 i 智库

数据时间：法律状态公告日为2019年1月1日至2020年12月31日

图 9－8　2020 年第四批重点城市（城区）专利许可主体情况

9.3 重点城市（城区）专利质押数据分析

9.3.1 第二批重点城市（城区）专利质押合同数最多，南京位居首位

重点城市（城区）专利质押合同数显示，如表9－9所示，37个重点城市（城区）自入选年起的合同总量为11399笔，各城市（城区）年平均为131笔，其中，南京最多，平均为596笔，西安仅次于南京，为532笔。各重点城市（城区）自入选年起专利质押合同数普遍呈增加趋势，27个重点城市（城区）的专利质押合同数平均增长率大于零，其中，宜昌最高，为600%，其次是东莞，为280.8%。

从各批重点城市（城区）入选年后的具体情况来看，第一批8个重点城市（城区）专利质押合同总量为4243笔，各城市（城区）年平均为133笔；其中，西安的年平均专利质押合同数最多，为532笔，厦门的平均增长率最高，为159.6%。第二批8个重点城市（城区）专利质押合同总量为5011笔，各城市（城区）年平均为209笔，在四批重点城市（城区）中位居首位；其中，南京的年平均专利质押合同数最多，为596笔，居37个重点城市（城区）之首，广州的平均增长率最高，为85.4%。第三批10个重点城市（城区）专利质押合同总量为1678笔，各城市（城区）年平均为84笔；其中，台州的年平均专利质押合同数最多，为217笔，东莞的平均增长率最高，为280.8%。第四批11个重点城市（城区）2020年专利质押合同总量为467笔，各城市（城区）平均专利质押合同数约为42笔，四批重点城市（城区）中最少；其中，合肥的专利质押合同数相对最多，为176笔，宜昌的增长率最高，为600.0%。

表 9－9　重点城市（城区）入选当年及以后各年专利质押合同数量情况　（单位：笔）

批次	重点城市（城区）	质押登记合同					
		2017 年	2018 年	2019 年	2020 年	入选年后年平均	平均增长率(%)
第一批	陕西西安	428	486	566	646	532	14.7
	四川成都	61	63	103	365	140	107.0
	山东青岛	107	135	157	148	137	12.2
	江苏苏州	72	46	65	112	74	25.8
	湖南长沙	33	40	79	111	66	53.1
	福建厦门	10	17	77	120	56	159.6
	浙江宁波	28	6	35	50	30	149.2
	河南郑州	13	15	21	28	12	29.6
第二批	江苏南京		291	621	876	596	77.2
	广东广州		144	334	464	312	85.4
	浙江杭州		156	158	364	225	65.8
	广东深圳		144	158	337	214	61.5
	北京海淀		149	166	215	176	20.5
	湖北武汉		68	72	104	81	25.2
	上海浦东新区		50	58	43	43	－4.9
	海南海口		12	12	15	13	12.5
第三批	浙江台州			114	320	217	180.7
	江苏无锡			96	230	165	139.6
	广东东莞			73	278	151	280.8
	福建泉州			88	157	122	78.4
	山东济南			106	145	118	36.8
	河北石家庄			15	13	14	－13.3
	辽宁大连			6	10	9	66.7
	上海徐汇			8	8	7	0
	天津东丽			4	7	5	75.0
	重庆江北			0	0	0	—

续表

批次	重点城市（城区）	质押登记合同					
		2017年	2018年	2019年	2020年	入选年后年平均	平均增长率(%)
第四批	安徽合肥			247	176	176	-28.7
	吉林长春			80	66	66	-17.5
	山东烟台			52	74	74	42.3
	北京朝阳			33	33	33	0
	天津滨海新区			31	28	28	-9.7
	河南洛阳			31	27	27	-12.9
	山西太原			14	15	15	7.1
	辽宁沈阳			9	20	20	122.2
	云南昆明			12	14	14	16.7
	新疆乌鲁木齐			7	7	7	0
	湖北宜昌			1	7	7	600.0

9.3.2 第二批重点城市（城区）专利质押金额最高，深圳位居首位

如表9-10所示，37个重点城市（城区）自入选年起的专利质押金额共1636.2亿元，年平均为18.8亿元，其中，深圳最多，平均为86.4亿元，广州位居第二，为61.0亿元。37个重点城市（城区）中的25个自入选年起专利质押融资金额整体呈增加趋势，其中，台州平均增长率最高，为538.2%，其次是烟台，为421.1%。

从各批重点城市（城区）入选年后的具体情况来看，第一批8个重点城市（城区）专利质押金额共393.6亿元，各城市（城区）年平均为12.3亿元；其中，西安的年平均专利质押融资金额最多，为28.5亿元，宁波的平均增长率最高，为114.1%。第二批8个重点城市（城区）专利质押金额共791.3亿元，各城市（城区）年平均为33.0亿元，在四批重点城市（城区）中位居首位；其中，深圳的年平均专利质押融资金额最多，为86.4亿元，居

37 个重点城市（城区）之首，上海浦东新区的平均增长率最高，为 78.0%。第三批 10 个重点城市（城区）专利质押金额共 351.7 亿元，各城市（城区）年平均为 17.6 亿元；其中，台州的年平均专利质押融资金额最多，为 60.9 亿元，该市平均增长率也最高，为 538.2%，居 37 个重点城市（城区）之首。第四批 11 个重点城市（城区）2020 年专利质押金额共 99.6 亿元，各城市（城区）平均为 9.1 亿元，四批重点城市（城区）中最少；其中，烟台的专利质押融资金额相对最多，为 29.7 亿元，该市平均增长率也最高，为 421.1%。

表 9-10 重点城市（城区）入选当年及以后各年的专利质押金额情况

（单位：亿元）

批次	重点城市（城区）	专利质押金额					
		2017 年	2018 年	2019 年	2020 年	年平均	平均增长率(%)
第一批	湖南长沙	7.0	10.1	14.9	18.3	12.6	38.2
	江苏苏州	18.8	7.5	4.1	16.7	11.8	67.3
	陕西西安	21.5	28.3	32.9	31.4	28.5	14.4
	浙江宁波	12.1	2.9	11.2	26.0	13.1	114.1
	山东青岛	6.6	6.8	10.1	11.1	8.7	20.5
	四川成都	9.9	7.6	22.9	28.1	17.1	66.9
	福建厦门	2.0	3.2	6.7	9.6	5.4	70.9
	河南郑州	0.8	1.4	1.2	1.9	1.3	39.7
第二批	广东深圳		131.6	30.9	96.7	86.4	68.2
	广东广州		62.1	54.1	66.8	61.0	5.3
	浙江杭州		29.0	38.3	71.5	46.3	59.4
	北京海淀		34.9	25.0	26.8	28.9	-10.6
	江苏南京		10.2	18.8	28.4	19.1	67.7
	上海浦东新区		3.5	9.3	8.4	7.1	78.0
	湖北武汉		9.3	8.7	12.7	10.2	19.8
	海南海口		5.2	4.9	4.2	4.8	-10.0

续表

批次	重点城市（城区）	专利质押金额					
		2017年	2018年	2019年	2020年	年平均	平均增长率(%)
第三批	浙江台州			16.5	105.3	60.9	538.2
	广东东莞			30.1	69.9	50.0	132.2
	江苏无锡			15.5	32.4	24.0	109.0
	福建泉州			14.0	17.8	15.9	27.1
	山东济南			9.9	17.9	13.9	80.8
	辽宁大连			2.4	2.0	2.2	-16.7
	上海徐汇			9.5	3.1	6.3	-67.4
	河北石家庄			2.0	1.7	1.9	-15.0
	天津东丽			1.0	0.7	0.9	-30.0
	重庆江北			0.0	0.0	0.0	—
第四批	山东烟台			5.7	29.7	29.7	421.1
	安徽合肥			22.4	21.6	21.6	-3.6
	湖北宜昌			4.0	14.7	14.7	267.5
	天津滨海新区			3.0	11.2	11.2	273.3
	吉林长春			7.2	5.6	5.6	-22.2
	辽宁沈阳			37.9	4.4	4.4	-88.4
	河南洛阳			2.7	3.7	3.7	37.0
	云南昆明			0.7	3.1	3.1	342.9
	新疆乌鲁木齐			0.9	2.5	2.5	177.8
	北京朝阳			7.6	2.2	2.2	-71.1
	山西太原			1.0	0.9	0.9	-10.0

9.4 重点城市（城区）建设经验及典型案例

9.4.1 江苏苏州知识产权运营服务体系建设经验及典型案例

1. 总体情况

苏州以加强知识产权运营、实现知识产权效益为核心，构建企业、高校和科研院所、产业、平台、资本“五位一体”的工作体系，其中多个案例入选国务院深化服务贸易创新发展试点“最佳实践案例”，并在全国推广，包括建设全链条、全生态的知识产权运营服务体系，江苏国际知识产权运营交易中心开展技术进出口“不见面”备案和实行进口研发（测试）用未注册医疗器械分级管理。

（1）知识产权运营供给水平不断提升

引导创新主体提升专利申请质量，加强海内外布局，促进知识产权创造实现量质齐升。2020 年全市国内专利授权量 138861 件，较 2019 年同比增长 71.13%。有效发明专利量达 74008 件，同比增长 17.36%，每万人口有效发明专利拥有量 68.85 件，比上年末增加 10.03 件；PCT 国际专利申请 3905 件，同比增长 53.32%；20 项专利获 2020 年苏州市优秀专利奖，4 项专利获第二十二届中国专利奖金奖，获奖总数 48 件，连续 6 年保持全省第一。

（2）知识产权运营主体能力不断增强

全面推进落实《苏州市企业知识产权登峰行动计划（2017—2020 年）》《苏州市知识产权高质量发展三年行动计划（2021—2023 年）》等政策举措，提升知识产权运营主体综合实力。苏州本地 20 多家知识产权运营机构分别形成了各自的知识产权运营模式，宝时得科技（中国）有限公司等一批企业逐步探索出适合自身发展的知识产权运营之路。全市 151 家企业成为国家知识产权示范企业和优势企业，数量名列全省第一；1600 余家企业通过知识产权管理规范贯标第三方认证和绩效评价；58 家企业实施省市高价值专利培育计划项目；37 家企业实施市知识产权登峰行动计划项目。此外，苏州在全国首先成立企业上市知识产权服务中心，为拟上市和已上市企业提供精准服务。苏州大学入选首批国家知识产权试点高校。苏州大学、中科院苏州纳米所等高校和科研院所都设立了专门的知识产权运营部门，不断推进知识产权运营。

（3）知识产权促进产业发展不断深入

印发实施《苏州市重点产业知识产权运营中心建设指导意见》，探索建立生物医药、集成电路、智能制造、人工智能、光电、医疗器械、光通信、纳米等重点产业知识产权运营中心，重点开展产业专利数据库建设、专利池构建等，形成产业联盟，为产业发展提供知识产权支撑；率先在全国成立"长三角光通信产业知识产权联盟"，并启动"光通信产业专利池"；持续推进苏州国家纳米技术应用产业和医疗器械专利导航产业发展实验区建设，开展宏观产业专利导航工作。

（4）知识产权运营资源不断集聚

设立全省唯一的知识产权运营交易平台——江苏国际知识产权运营交易中心，主要开展知识产权展示、交易、金融、运营等各类服务。中心系统"一站式全产业链服务云"上线运行，整合工商、知识产权以及司法涉诉等各类大数据资源，注册会员单位约2000家，发布知识产权转让信息万余项。2019年，协助苏州一家企业完成22件国际专利购买，交易金额达865万美元。在全国率先成立苏州市知识产权运营协会，立足苏州，辐射长三角，为知识产权运营提供精准服务。

（5）知识产权金融模式不断创新

设立全国首只地级市知识产权运营引导基金，目前已完成首期规模2亿元的投资任务，8只合作子基金总规模超83亿元，放大财政资金40余倍。深入推进知识产权质押融资工作，2020年知识产权质押融资备案额超25亿元，惠及企业近100家。全国首单知识产权质押创新创业疫情防控债券成功发行。全国首只以知识产权交易中心为发行主体的医疗器械产业知识产权证券化产品"苏州高新区第1～5号知识产权资产支持专项计划"成功获批。

（6）知识产权运营服务不断升级

推动苏州高新区知识产权服务业集聚区建设，顺利通过全国首批国家知识产权服务业集聚发展示范区验收。成立知识产权服务业商会，加强行业自律。搭建知识产权服务超市，实现“知识产权服务＋互联网”的模式。选择知识产权专业服务机构为苏州创新型企业提供全方位知识产权托管服务。实施《姑苏知识产权人才计划实施细则（试行）》，对来苏工作的高端知识产权人才给予最高 250 万元的安家补贴。与英国普雷塞斯技术转移中心合作开展国际注册技术经理人认证（RTTP）系列培训，为知识产权运营提供强有力的人才支撑。组织实施知识产权执法保护专项行动，开展展会执法维权工作。

2. 建设经验及典型案例

主题一：苏州市知识产权强企培育工程深入推进

苏州大力开展知识产权强企培育工程，深入实施创新驱动战略和知识产权战略，鼓励企业做强做优，增强企业知识产权综合实力和核心竞争力，促进产业结构调整和区域经济发展。通过精准施策，分类指导，逐步形成一批拥有知识产权优势、具有市场竞争力的地标型知识产权品牌强企。苏州市共有国家知识产权优势企业 107 家、示范企业 44 家，总量位列全省第一。具体措施如下：

（1）以推动企业开展贯标认证为基础，不断夯实企业知识产权管理能力

苏州坚持企业主体、政府引导、机构服务的工作原则，深入贯彻《企业知识产权管理规范》国家标准（以下简称贯标），以创新型企业（主要包括高新技术企业、创新创业领军人才企业、民营科技企业、文化创意企业等）、规上企业、上市企业、外向型企业等为重点，着力强化企业知识产权管理制度、管理程序、管理模式、管理方法的规范化建设，结合企业战略发展需求，扎实开展贯标工作，切实增强企业知识产权管理能力，促进企业创新发展。2017—2020 年，苏州共有 1200 多家企业参加贯标备案、900 多家企业通过贯标第三方认证，330 多家企业通过江苏省贯标绩效评价。

（2）以实施知识产权项目为引导，逐步提升企业知识产权综合实力

苏州根据企业发展实际和不同成长阶段对知识产权工作的需求，由低到高分类设计了侧重企业专利信息分析能力提升的专利导航计划，侧重高价值专利布局与培育体系建设的高价值专利培育计划和企业知识产权登峰行动计划等知识产权项目，分类分级引导培育企业逐步成长。通过项目推动，2017

年以来，苏州市已有140家企业荣获中国专利奖，其中，中国专利奖金奖3项，外观设计金奖2项，中国专利奖银奖4项，外观设计银奖1项；苏州市企业获立省高价值专利培育计划项目10个，省企业知识产权战略推进计划项目67个。

（3）以建设强企培育工程管理平台为抓手，不断完善企业知识产权管理体系

为不断增强企业核心竞争力，苏州建立了入库培育、梯队建设、动态管理等系统的企业知识产权培育体系，开发了"苏州市知识产权强企培育工程管理平台"，根据苏州创新型企业发展的不同阶段，按照知识产权成长型企业、优势型企业、引领型企业三级由低到高逐级培育。实施首批5000家企业入库培育，之后每年滚动遴选符合条件的企业入库，通过政策激励、指标引导、项目提升、整体服务等措施，精准施策，分类指导，培育知识产权入库企业从成长型、优势型到引领型不断上升，逐步形成一批拥有知识产权优势、具有市场竞争力的知识产权强企。

主题二：苏州市知识产权金融服务模式和产品深化创新

苏州积极创新知识产权融资模式和产品，推进"创新+知识产权+资本"的知识产权产业化，构建知识产权运营资本与金融服务支撑体系，助力中小企业创新发展。全国首只地级市知识产权运营引导基金运作良好。

（1）苏州市知识产权运营引导基金

2017年，苏州被列为首批国家知识产权运营服务体系建设重点城市（城区）。为增加知识产权运营资本供给，充分发挥政府财政资金的杠杆作用，加快苏州市知识产权运营服务体系建设，助力产业转型升级和知识产权与产业的高度黏合，苏州市知识产权局、财政局、金融办（现地方金融监督管理局）共同设立苏州市知识产权运营引导基金（以下简称引导基金）。引导基金采用有限合伙制，按照"政府引导、市场运作、防范风险、滚动发展"的原则进行运作。引导基金首期规模2亿元，其中，中央财政资金1亿元、地方财政资金9800万元（按基金运作情况逐步出资到位）、基金管理公司200万元。引导基金采用"股权投资"或"直接投资"的方式重点投向拟落户苏

州市范围内重点产业、重点企业的知识产权产业化项目、知识产权专利池、知识产权运营机构以及企业并购等，同时引导设立若干由社会资本组成的知识产权密集型行业子基金。

引导基金根据苏州产业发展现状和现有知识产权工作状况，重点关注人工智能、纳米技术、医疗器械、生物医药、光电缆、高端装备制造等高度依赖创新和知识产权的新兴产业，并逐步扩大为面向国际科技前沿、苏州市战略需求与未来产业发展的前瞻性产业。截至2020年底，共8只子基金和1个直投项目通过基金投资管理委员会决议，8只合作子基金总规模超83亿元。通过子基金间接投资项目74个，投资总额超33.8亿元，其中苏州项目19个，投资金额约8.46亿元。所投企业中江苏北人机器人、奇安信科技和苏州昀冢电子科技已成功在科创板上市。

（2）苏州市知识产权证券化

2020年，苏州市开始实施知识产权金融深化工程，启动了知识产权证券化试点，探索知识产权与金融业务的深度结合。同年，苏州成功发行全国首单知识产权质押增信的创新创业疫情防控债券与江苏省首单知识产权证券化产品，获批全国首个以知识产权交易中心为发行主体的医疗器械产业知识产权证券化产品。

2020年5月，苏州工业园区推动金枪新材料股份有限公司发行全国首单通过知识产权质押增信的“苏州金枪新材料股份有限公司创新创业疫情防控债券”2000万元。该债券经国家知识产权局允许，将发行前无法明确的质权人设置为未来全体债权人，并以证券公司作为债权人的代理人，顺利完成质押登记。此举为解决疫情期间中小企业融资难、融资贵做出了有益的尝试，也为推进知识产权证券化奠定了基础。

2020年11月，“苏州工业园区第1~10期知识产权资产支持专项计划”获批，储架额度10亿元。同年12月，第1期发行，金额0.45亿元，聚焦生物医药行业8家成长性强、有上市需求的中小企业，平均每家企业融资400万~700万元。该产品从优化评估、国资增信、风险分担三个角度进行了专项创新，引入专业无形资产评估机构，从知识产权角度评估专利稳定性及其对企业的关键作用；同时，发挥园区优势，利用生物医药投资机构的成熟经验，从企业发展角度完成评估。通过双重评估，确定专利实际价值，进一步降低基础资产风险。利用3A评级国资主体作为债券的增信方，在债券出现风险时，由增信方进行差额补足。通过第三方增信，推动中小企业突破自身无信用评级局限，提高债券发行评级，降低债券发行利率，从而降低企业融资成本。充分发挥政府风险资金的引导作用，提高市场主体积极性。通过优化知识产权证券化产品架构，引入园区新兴产业风险补偿资金作为债券第二重担保，可将原始权益人和增信方的风险分担比例降至30%，有效激发各方主体的创新活力。

9.4.2 浙江宁波知识产权运营服务体系建设经验及典型案例

1. 总体情况

2017年，宁波市被国家确定为知识产权运营服务体系建设重点城市后，围绕构建高价值知识产权培育体系、知识产权运营服务体系和知识产权大保护格局开展了一系列工作，进一步强化知识产权创造、运用、保护和服务。

（1）聚焦创新发展，加强顶层设计

为进一步加强知识产权工作，宁波市知识产权工作领导小组组长由宁波市副市长担任升格为由宁波市委副书记担任，成员单位包括市场监管局、科技局、中级人民法院等18个部门的领导。2020年印发的《关于全面加强知识产权工作的实施意见》中确定了加强全市知识产权保护体系建设等4大工作重点，提出了24条具体举措，是宁波市建制以来第一个以市委办和市府办联合出台的知识产权工作纲领性文件。根据国家知识产权战略部署，结合宁波“十四五”发展战略定位，高水平谋划“十四五”知识产权发展规划，并将其列入市级专项规划。

（2）立足体系建设，制定配套政策

围绕宁波市政府印发的《宁波市知识产权运营服务体系建设实施方案》，先后制定出台了《宁波市知识产权运营服务体系建设资金使用管理办法》《宁波市知识产权质押融资风险池基金管理办法（暂行）》《宁波市知识产权运营基金管理办法》《宁波市“科技创新2025”重大专项实施方案》《宁波市知识产权保护机制实施方案》《宁波市地理标志运用促进工程实施方案

(2020—2022)》《宁波市入选“泛3315计划”科技服务创新创业团队（人才）管理暂行办法》等一系列配套政策，对专利创造、知识产权运营机构培育、知识产权运营公共服务平台、人才培养、知识产权产业化等予以支持。

（3）坚持问题导向，开展三大建设

针对宁波市在知识产权创造、运用、保护、服务环节中存在的短板，开展了高价值知识产权培育体系建设、知识产权运营服务体系建设和知识产权大保护格局建设工作。一是在高价值知识产权培育体系建设方面，实施31项高价值专利组合培育项目，为企业核心技术和产品提供系统保护；开展46项专利导航项目，为企业指明重点产品开发路径和专利布局策略，规避专利侵权风险；积极推动知识产权托管服务，2019—2020年托管服务共覆盖中小微企业1737家；2017—2020年知识产权管理规范贯标企事业单位数量合计502家。二是在知识产权运营服务体系建设方面，开发建设知识产权运营公共服务平台，提供大数据检索分析服务、知识产权与产业融合分析服务、知识产权保护服务、知识产权转化交易服务和知识产权监测管理服务五大知识产权公共服务；推动知识产权运营机构培育，提升运营机构布局分析、专利许可转让等服务水平；知识产权运营基金自2020年底启动运行以来，已完成投资项目4项，投资金额800万元；截至2020年底，知识产权质押登记金额116.42亿元，其中融资风险池累计签订融资项目42项，授信金额合计8000万元；成立宁波知识产权学院，支持高校开展知识产权人才培养项目，加强对领导干部、企业家和科研人员的知识产权培训。三是在知识产权大保护格局建设方面，以宁波市知识产权综合运用和保护第三方平台为载体，加强与司法行政衔接，案件均在一个月内解决；积极参与诚信体系建设，将知识产权违法活动情况列入企业信用信息管理系统，落实联合惩戒工作；推进案件查处信息化建设，提升打击知识产权侵权假冒行为效率；加强中国（宁波）知识产权保护中心建设，面向汽车及零部件领域开展预审确权、快速维权等工作。

2. 建设经验及典型案例

主题一：宁波创"四法"用好地理标志，强企富农

近年来，宁波市积极实施商标品牌战略，培育100家农产品品牌龙头企业，重点抓好涉农龙头企业和区域公用品牌培育运用工作。截至2020年底，全市的地理标志57件，自2010年起连续11年位列全省首位，位居15个副省级城市第二位。一方面，地理标志强企富农作用明显，全市产值等级超亿元的地理标志达19件，从业人员超过万人的达15件。另一方面，当地企业和农民的品牌意识不断增强。

1. 高标引领法打好"质量牌"

通过政府主导的宏观发展标准和各地自主制定的产业发展标准协同发展，推动产业转型升级和产品质量提升，培育高质量地理标志产品。2018—2020年，宁波市先后印发《宁波市地理标志商标助力强企富农三年行动计划(2018—2020)》《宁波市地理标志运用促进工程实施方案（2020—2022)》《关于印发〈宁波市商标品牌战略专项资金管理办法〉的通知》，制定地理标志运用促进项目申报资金补助管理办法。在全市明确地理标志发展布局的基础上，各区县（市）也纷纷出台激励政策，高标准确定任务路径。连续八年获评"全国重点产茶县（全国茶叶百强县)"的宁波市宁海县2018—2020年各级财政用于茶产业建设补助资金平均每年达120万元，鼓励茶叶基地投身高标准创建全域化无公害生产。宁海望海茶作为"浙江十大名茶"之一，其基地连获市、省、国家级农业标准化示范区，并完成国家农业综合开发"一县一特"产业发展项目。全县还改造了一批低能低效茶厂，帮扶36家茶厂取得食品生产许可证，培育2家省级龙头企业，创建3个省级标准化名茶场，实现茶产业转型升级。高标准引领带来高质量发展，全市地理标志中的3件茶叶类地理标志全部荣获"中绿杯"金奖、中国国际茶叶博览会金奖，"慈溪杨梅"获中国驰名商标保护，"象山梭子蟹"等5个特色产品入选"2020年全国乡村特色产品和能工巧匠名单"，2020年全市对30件地理标志产品质量进行抽检，27件地理标志产品合格率达100%，另外3件合格率为98%左右。

2. 广设触点法念好“教学经”

农产品生产经营者受自身素质和传统经营模式限制，早年商标意识淡薄，针对这种情况，宁波市自 2011 年起率先在基层有计划地广布局、深植点，培育建设集教学培训、收集农产品商标档案、丰富商标梯次培育库等诸多功能于一体的品牌指导服务站，每年通过这些广泛分布在基层的“触角”向广大农业企业和农民输送“你点我讲”商标品牌课、“送商标到田头”培训、“4·26”系列活动等教学内容，在夯实基层工作的同时提升农产品生产经营者创牌护牌业务能力。2019 年，宁海县“双峰香榧”地理标志证明商标注册成功，但当地有 70 多户重点种植户和经销户对如何规范有效使用商标、如何进一步推介提升品牌价值等尚不清楚。当地通过在品牌指导服务站及时推出系列培训，重点宣传其他地区地理商标富农增收典型案例，使种植户和经销户了解“双峰香榧”地理标志证明商标的来源和价值提升途径。自 2020 年起，“双峰香榧”品牌运作驶入“快车道”，当年产品销售额达 5200 万元，比 2019 年增长 40% 以上，单价从每千克 360 元上升到 400 元。近三年来，全市品牌指导服务站以每年 10% 以上的增速提量扩面，截至目前已建立有效运作的品牌指导服务站 133 个，实现全市 10 个区县（市）和 5 个功能区全覆盖，其中涉农服务站 80 家，占比 60.15%。

3. 科技溯源法打出“防伪拳”

符合地理标志登记认证要求的对象必须是优质农产品，但农产品的质量特征具有隐蔽性，消费者仅凭肉眼无法通过农产品表征获取完整的产品质量信息。通过现代化手段，利用二维码防伪溯源等方式采集跟踪农产品生产、仓储、销售等关键环节的具体信息，对产品赋予身份证明，可从根源上解决产品质量信息不对称问题。以奉化水蜜桃为例，为提高“奉化水蜜桃”防伪溯源信息的准确性和科学性，宁波市奉化区于 2018 年起在浙江省农科院开发的“果品质量安全信息溯源与品牌防伪技术”基础上，新建“奉化水蜜桃品牌防伪与溯源销售专业平台”，并应用于本土水蜜桃的生产与销售环节。平台通过对水蜜桃品牌的授权使用、贴牌防伪、质量追溯和市场销售实行大数据科学管理，形成了品牌主体管理、果园农事记录、品牌防伪保护、溯源直销下单、销路跟踪分析等覆盖奉化水蜜桃全产业链的信息服务体系，三年来已在全区38家百亩以上的水蜜桃园推广应用。基于"一箱一码"的包装封口身份识别机制，累计投放"奉化水蜜桃防伪溯源二维码标签"50多万张，平均助力水蜜桃销售价格提升3%~5%。目前全市半数以上地理标志产品都贴上了防伪溯源码，如"余姚杨梅""余姚榨菜"三年销售增益双双超过6亿元，应用效益显著。

4. 抱团取市法走稳"奔富路"

由于部分生产企业在起步阶段地区内部竞争激烈，形成多个良莠不齐的企业品牌，使消费者对该地区地理标志农产品的认知产生混乱，宁波市采取各地因地制宜"产业联盟+共用品牌"抱团闯市场的做法，发展壮大区域特色产业集群，提升同地区同类产品的核心竞争力。如宁波市象山县于2016年组建柑橘产业联盟，带领农户"抱团闯市场"，出品的柑橘在达到质量标准并缴纳保证金和备案费的前提下，均可使用"象山柑橘"品牌上市销售；凡在县级以上大中城市开设门店的，一律印制"子母商标"统一品牌形象。此举既保障了"象山柑橘"商标固定在生产经营稳定、品牌机制完善、经济效益稳定的企业范围内使用，用"高门槛"确保柑橘质量；又通过"地理标志+企业品牌"产业化经营模式，将象山农产品市场规模做大做强，可谓一举多得。截至目前，全县已有254家企业被授权使用"象山柑橘"品牌。2018年，象山柑橘的均价就达到44元/千克，而县域外均价或四川、云南部分地区最低价仅为10元/千克；三年来全县柑橘生产总值从2018年的2亿元提高到2020年的7亿元，橘农收入明显提高。通过抱团发展，"余姚蜜梨""慈溪葡萄"三年销售增益超亿元，地理标志作为区域特色商标提高产品竞争力、促进区域经济文化发展的作用得到进一步发挥。

主题二：全国首创商标权保险，打造知识产权运用促进"宁波模式"

为强化知识产权创造、运用和保护，探索构建新型知识产权运用促进工作体系，2018年6月，宁波市在全国首推商标专用权保险，采取"商标保险+维权+服务"的模式，提供两大保险产品，减轻企业在商标国际注册和商标维权中的费用负担，解决企业维权力量不足、维权成本高、诉讼执行难等突出问题。该模式实行三年以来，已为全市103家企业2919件商标提供了承保服务，累计保障额度2019万元，理赔立案34笔，理赔合计94万元。2020年9月，全省首单奉化千层饼地理标志商标专用权保险也在宁波率先发出。2020年11月，宁波市就此项创新工作在第三届中国国际进口博览会“贸易与商标品牌”论坛上作专题发言。

1. 围绕市场需求，构建商标知识产权运用促进新模式

（1）保障内容有创新

宁波市市场监管局与中国平安财产保险股份有限公司宁波分公司、中国人寿财产保险股份有限公司宁波分公司共同签订《商标专用权保险合作协议》，在国内率先推出“商标申请费用损失补偿保险”和“商标被侵权损失补偿保险”两大创新产品，首次以商标专用权为保险标的，遵循“政府主导、商业运作、注重服务、多方共赢”的原则，鼓励引导企业通过商业保险手段来减少商标专用权创造、运用和保护过程中的资金损失风险。根据目前的方案，参保企业一年支付的保费分为1万元、1.2万元、1.5万元三个档次，每次赔偿额分别可达10万元、15万元、20万元，一年累计赔偿最多分别可达30万元、40万元、50万元。

（2）参保对象有扩容

充分考虑全市品牌发展现状，在纳入一大批知名度较高的制造业品牌基础上，将1356个农产品优势品牌、老字号商标、地理标志商标（产品）和其他高知名度商标纳入保险试点范围。同时，加大知识产权保障力度，尤其突出对马德里商标注册的风险保障，鼓励企业注册境外商标。截至目前，全市已有境外商标1.8万余件，其中马德里商标注册1166件，居全省首位。2020年起，推出面向中小微企业的保险方案。

（3）保险责任有扩展

除了赔偿常规调查费用和法律费用以外，新增了对经司法判决金额的保险责任，任何经由法院判裁的商标侵权案件，需要由商标侵权人承担的赔偿金额，保险公司将先赔付、后追偿，从根本上解决传统的执行不力等问题，最大限度保障商标权人的合法权益。例如，针对得力集团商标被侵权情况，在司法部门判决构成商标侵权后，得力集团第一时间收到保险公司近4万元赔款，可补偿此前商标维权案件所产生的全部调查费用、法律费用和法院判

决的直接损失，并省却了大量清偿赔款工作。

2. 围绕聚力共建，形成商标知识产权运用促进新常态

（1）构建共保体，扩大覆盖面

遴选综合实力强、偿付能力足、机构网点全、承保理赔服务优、自愿参加的保险机构，组建共保体，作为实施商标专用权保险的专门机构。目前，宁波市共保体由中国平安财产保险股份有限公司宁波分公司和中国人寿财产保险股份有限公司宁波分公司组成，71个保险机构网点覆盖全市各县（市、区）和乡镇街道，从业人员2135人。

（2）成立运营中心，提高专业度

设立宁波市商标专用权保险运营服务中心，作为独立的第三方服务机构，建立并完善商标专用权事先风险预防、事中风险控制、事后定损理赔相统一的工作机制，承担全市范围内"政府推动、市场运作"的商标专用权等知识产权类服务等相关工作。运营中心下设综合管理部、承保管理部、理赔部三个部门，在各县（市、区）设立分中心。截至目前，已召开商标专用权保险企业对接会15场，参会企业达587家，并结合世界知识产权日、中国品牌日等重要时间节点，开展法律维权等知识宣传。

3. 围绕特色服务，引领商标知识产权运用促进新风尚

（1）形成"普惠+增值"服务

运营中心配套提供包括普惠服务、增值服务在内的特色服务。其中，普惠服务包括线下商标被侵权维权援助、商标法律顾问咨询、商标相关培训；增值服务包括电商平台商标维权援助、协助打击不正当市场竞争、商标基础流程。在事前帮助企业提升品牌保护能力，降低被侵权的风险；在事后帮助企业高效进行维权，减少人力、物力投入。通过经济补偿、维权援助、法律咨询三大功能帮助企业实现在商标专用权管理上更省力、更省心、更省钱的目的。截至目前，已为参保单位提供商标注册、维权等专业咨询及培训服务33次，组织召开商标品牌企业专题培训10余次，线上商标维权援助5次，线下异地打假7次，近似商标注册预警17次。

（2）形成"专家+技术"队伍

建立专家队伍，聘请由9名知名律师、商标代理人、监管部门及行业专

家组成的专家队伍，提供风险咨询、技术指导，研究制定商标专用权保护举措、风险管理服务，解决侵权调查、风险评估、保险理赔、索赔时效等关键问题；建立技术队伍，负责商标侵权大数据收集、分析、传递工作，搭建商标侵权全国性维权平台，将全市参保企业的商标维权工作覆盖至全国范围，强化对商标异地侵权和电商平台商标侵权的服务功能。截至目前，已接受商标权人维权委托20起，联合专业第三方机构受理商标维权案件15起。

9.4.3 湖南长沙知识产权运营服务体系建设经验及典型案例

1. 总体情况

长沙市自2017年获批国家知识产权运营服务体系建设重点城市以来，坚持精心统筹、精准布局、精细管理，全力推进知识产权运营服务体系建设，构建了“基础扎实、要素完备、体系健全、运行顺畅、特色鲜明”的新型运营“长沙模式”。长沙市广大创新主体知识产权保护意识及运营能力明显提升，知识产权专业化运营机构蓬勃发展，创造、保护、运用、服务等环节得到有效贯通，知识产权支撑产业经济高质量发展的作用更加凸显。

（1）主动融入地方政府工作大局，精心统筹，实现“一盘棋”推进

一是坚持政府统筹推进。市委市政府主要领导对运营服务体系建设工作亲自部署、亲自推进。长沙市人民政府调整升格了知识产权和打击侵权假冒工作领导小组，由市长任组长；《长沙市政府工作报告》将运营服务体系建设列入年度重点任务；市政府常务会议多次研究解决重大问题。二是坚持政策集成推进。以“知识产权保护12条”为统领，先后印发《长沙市知识产权运营服务体系建设实施方案》《知识产权强市创建实施方案》《知识产权综合管理改革试点工作实施方案》《知识产权军民融合试点工作实施方案》等多个专项方案，并率先在全国出台《长沙市促进驻长高校知识产权在长转化若干措施》，全面构建“1+4+1”的知识产权政策集成体系。三是坚持部门协同推进。争取省委省政府支持，继续保留知识产权局为政府组成部门，长沙市知识产权局成为全国省会唯一保留独立部门和行政建制的地方局。长沙市知识产权和打击侵权假冒工作领导小组办公室承担日常管理与协调职能，市财政局、市政府督查室分别做好资金保障和跟踪督查。长沙市发改、科技、

工信、金融等部门深入推进知识产权与产业、科技、金融发展融合。各区县市、园区配套出台支持政策，主动承担运营服务体系具体建设项目。

（2）紧扣服务高质量发展主线，精准布局，构建"三位一体"的运营模式

一是强化区域布局，着力培育好运营主体。成功培育4个知识产权集聚园区，5个知识产权密集型产业，98家专利、商标、版权数量与质量引领行业的知识产权密集型企业，推动325家企业通过知识产权贯标认证，为全市2743家中小微企业提供知识产权托管服务，共完成产业（企业）专利导航研究45项。布局30个对产业发展和国际竞争力具有支撑保障作用的高价值专利组合项目（不含园区配套培育的14个项目），培育期累计申请发明专利1857件、PCT国际专利242件，高价值专利产品为企业新增产值621.69亿元，其中2项专利获中国专利奖金奖、3项获银奖、10项获优秀奖。二是强化功能布局，着力搭建好运营平台。科学布局全市运营平台与机构15个，重点围绕岳麓山国家大学科技城建设，省、市联动建立中南大学、湖南大学、长沙理工大学知识产权中心，形成知识产权成果"推送之翼"；引进外地服务机构入驻大科城科技园，推动湖南省高等院校知识产权中心入驻宁乡经开区、高新区，推动建设自贸区长沙片区知识产权分中心，形成园区"承接之翼"，成功构建"一核两翼"的高校知识产权转化格局，中南大学、湖南大学入选首批国家知识产权示范高校，3年内累计转让知识产权金额将近20亿元。支持建立视频文创版权交易平台、知识产权区块链技术平台，支持湖南省知识产权交易中心向一体化、综合性服务发展。三是强化直接融资与间接融资布局，着力开展好知识产权金融服务。出台专利、商标、著作权质押融资、评估、保险补助政策，2017—2020年累计完成知识产权质押融资52.65亿元，为114家企业贴息1527万元，大幅降低企业融资门槛和融资成本。设立3000万元的知识产权质押融资风险补偿资金，有效分担融资风险。委托长沙市科技风险投资管理有限公司募集资金。设立规模约2亿元的长沙市知识产权创业投资基金，累计投资项目4个（含1个直投项目），投资金额5000万元，为知识产权属性较强的成长型企业发展壮大提供了有力支持。3年累计支持12家企业上市，23家企业纳入拟上市企业排队计划。

（3）聚焦经济社会发展贡献度，精细管理，完善“管督考”长效机制建设

一是推进管理常态化。对项目实施分门别类管理，建立线上工作群和电子台账，纪检监督、专项审计、财政资金绩效评价全过程跟踪、监管、评价项目实施及资金使用情况。二是推进管理标准化。成功编制《长沙市高价值专利组合培育指引》《长沙市知识产权保护典型案例集》等具有参考价值和典型意义的制度和资料，推进项目标准化建设与管理。三是推进管理制度化。将知识产权多项指标纳入政府年度绩效考核和真抓实干考核评价体系，并逐年增加考核权重。市人大常委会全力支持《知识产权促进与保护条例》地方性立法，强化长沙知识产权事业发展法律保障。长沙市发改委协同长沙市知识产权局编制知识产权十四五发展规划，将推进运营服务体系建设继续列为十四五期间知识产权工作重点。

2. 建设经验及典型案例

主题一：高价值专利组合培育助推长沙经济高质量发展

长沙市认真贯彻落实国家知识产权局高质量发展要求，出台系列政策措施，深入推进高价值专利组合培育工作。从 2018 年起，围绕长沙 22 条重点优势产业链，建立以企业为主体，高校和服务机构参与的高价值专利组合培育机制，推动产学研协同创新，共确定 30 个高价值专利组合培育项目，其中 2018 年培育项目 20 个，2019 年培育项目 10 个。

主要做法是：一是项目设置科学化。采用企业、高校与服务机构三方联合申报的模式，以项目合作的形式点对点推动校企直接合作、直接转化、直接运用，有效凝聚技术供给端（高校）、技术需求端（企业）、转化服务端（服务机构）三者间的合力。确定每个项目培育期 2 年，提供市级财政资助资金 100 万 ~200 万元，将高价值专利组合培育项目纳入市政府对园区的绩效考核任务，推动园区进行政策和资金配套。二是项目筛选严把关。聚焦长沙市支柱产业、战略性新兴产业、助力“三高四新”战略产业以及“卡脖子”技术，重点支持与长沙市 22 条产业链关键共性技术契合度高，且在长沙产业化条件成熟的关键技术，优选龙头企业、重点企业，强化领先地位，从

源头把控好项目的质量关。三是项目管理标准化。编制《长沙市高价值专利培育指引》，推动企业建立标准化与规范化的知识产权管理体系。指导培育单位制定培育方案，签订企业、高校（科研组织）和知识产权服务机构三方合作协议，建立合作运行机制，举办高价值专利组合培育实务培训班、企业家知识产权高级研修班、工作座谈会、推进会等10余次，开展现场走访80余次，面对面为企业答疑解惑，提供具体工作指导。四是督促考核常态化。注重项目实施效果与评价，建立全流程的跟踪督促机制，每半年报送一次项目实施进展情况与工作计划，采用实地考察与专家评审相结合的方式对项目进行中期评估，根据中期评估结果确定等级，在培育期结束后进行验收评价，促进项目实施单位提高认识，加强管理，将财政经费切实转化成企业的竞争力。

通过培育，长沙市高价值专利组合培育项目新出台知识产权制度文件共237项，形成竞争态势分析报告67份，专利布局分析报告55份，共申请专利3176件，专利产品产值共计621.69亿元。湖南圣湘生物科技股份有限公司（以下简称圣湘生物）的"基因诊断及在重大疾病防控中的实施与应用"和湖南明康中锦医疗科技有限公司的"智能呼吸诊疗装备"高价值专利产品为抗击新冠肺炎疫情做出了重大贡献。

圣湘生物承担的基因诊断系统高价值专利组合培育项目成功转化核酸检测试剂盒、肝癌检测试剂等产品，累计带来销售收入36.9亿元。其中2020年成功研制的新型冠状病毒核酸检测试剂盒，通过欧盟、美国、巴西等国家和地区注册认证；便携式全自动核酸检测系统实现了最快30分钟出具检测结果，为抗击新冠肺炎疫情做出了重大贡献。2020年8月28日，圣湘生物成功在科创板上市，成为"抗疫第一股"。2020年，中国（长沙）知识产权保护中心主动对接，帮助企业防疫产品专利申请进入绿色通道，优先审查，圣湘生物的10项发明专利接连获得授权，授权率100%，授权时间缩短至50天左右。

中冶长天国际工程有限责任公司承担的催化吸附法烟气多污染物治理及资源化技术研究与应用高价值专利组合培育项目研究开发了烟气多污染物超低排放技术，实现了系统节能、高效、安全运行及副产品资源化利用，培育期共申请专利 167 件，其中发明专利 99 件，项目专利实施于 15 个工程的 26 台套产品中，专利实施率达 85%，项目直接经济效益 22.62 亿元。项目“烟气脱硫脱硝方法与装置”获第二十一届中国专利奖银奖。

楚天科技股份有限公司承担的药品智能分装机器人及配套的智能装备整体解决方案高价值培育项目，建立了全流程培育工作管理体系，深度融入企业经营战略，实现全流程数据整合与管理，并形成数据管理平台，实时监控专利全生命周期。培育期间共形成专利竞争态势分析报告 5 份，布局分析报告 4 份，查新检索报告 160 余份，共申请专利 262 件，专利运用率 82%，产生经济效益 16.83 亿元。

主题二：三端合力，打通高校知识产权就地转化“最后一公里”

长沙作为省会城市，高校众多，科技创新资源丰富，广大驻长高校不仅肩负基础研究和重大科研攻关的重要使命，也承担着支持产业转型升级、带动地方经济发展的重大责任。高校是创新创造的主体和生力军，数据显示，截至 2020 年底，长沙共拥有有效发明专利 33629 件，其中驻长沙高校拥有 13773 件，占比超过 40%。通过专业机构从技术、市场、法律等多个维度对高校的有效发明专利进行评估分析，52 所驻长沙高校有效发明专利中有一半左右集中在碳基材料、人工智能及机器人、新型轻合金、增材制造、先进储能材料、食品、工程机械等产业领域，与长沙市 22 条重点优势产业链关联度和匹配度极高，具备就地转化的条件与优势。然而，从实际备案登记数量来看，仅有不到 6% 的有效发明专利实现了转让、许可和交易，其中在长转化的比例更低。如何调动广大驻长高校发扬“在长为长”精神，唤醒“沉睡”专利，助力长沙产业经济转型升级、高质量发展，成为长沙市委、市政府亟须破解的难题。

2019 年 7 月，长沙市人民政府办公厅印发《关于促进驻长高校知识产权在长转化若干措施的通知》，率先出台首个支持高校知识产权就地转化的专门政策。该措施坚持问题导向，聚焦调研中发现的高校知识产权转化过程中动力不足、机制不顺、渠道不畅等核心问题，重点围绕“体制机制、承载平台、服务能力、转化环境”等内容，创新性地提出 15 条极具针对性的举措，进一步强化了地方政府在高校知识产权转化过程中的牵头作用，精准定位高校作为技术供给端、园区企业作为技术需求端、中介机构和服务平台作为转化服务端三者的职能和定位，通过激励引导、氛围营造、考核督促等方式有效凝聚三者之间的合力，鼓励和引导广大高校、企业和专业服务机构科学运用知识产权制度，积极投身转化运用主战场，打通技术到产品的“最后一公里”。政策实施一年多来，广大驻长沙高校积极性和参与热情高涨，高校知识产权转化成效明显，2020年知识产权转化数量295项，转化金额达到7.38亿元。各高校依托知识产权中心建设，切实加强知识产权标准化管理和体制机制改革创新，中南大学、湖南大学入选首批国家知识产权示范高校，中南大学“大平台、大团队、大项目、大成果、大贡献”的转化理念促成了多个过千万的项目集中在长沙落地；湖南大学的全流程服务模式被中央媒体采访团集中报道推介；湖南农业大学、湖南师范大学、湖南中医药大学推动建立了知识产权专门转化机构；长沙理工大学、中南林业科技大学等众多高校鼓励和支持研究人员面向长沙产业化需求开展转化合作，涌现出一大批优秀创新成果和创新团队。各园区、企业、服务机构积极响应号召，主动对接、加强合作，共同促进就地转化政策的实施与落地，形成了凝心聚力、合作共赢的良好局面。

主要做法是：一是优化技术供给。通过实施高校知识产权高价值专利组合培育项目，长沙市财政给予每个项目100万～200万元资金支持，鼓励、引导和支持高校围绕长沙22条重点优势产业链开展应用研究，推动高校、企业、知识产权转化服务机构密切合作，着力攻克一批前瞻性、关键性技术，布局一批创造性强、市场价值高的专利组合、专利池，以项目带动为抓手，加速推进从技术攻关到专利布局再到产品市场的产业化流程，全面加强高校应用性技术供给。二是提升承载能力。将高校知识产权转化工作列入园区年度绩效考核目标，层层发力，鼓励以园区产业链办公室为载体，全面收集企业技术需求，征集高校拟转化技术清单，将企业技术需求与高校专利成果比对分析，形成可转化专利技术清单。在此基础上，指导高校与园区联合举办院士专场、产业类专场对接会或路演活动，推动以转让、许可、作价入股等方式实现高校科研成果落地转化，有效增强园区、企业承载高校知识产权的积极性、主动性和针对性，提升转化效率和成功率。三是营造浓厚氛围，建立常态化机制。连续 5 年，每年安排 1000 万元用于支持高校知识产权转化表彰及项目实施。每年举行项目签约和表彰会议，除了授予相应表彰牌匾外，对推动知识产权转化成效突出的前 3 名高校分别给予 50 万元、30 万元、20 万元奖励；对建立高校知识产权（转化）中心专门机构、完成知识产权贯标认证的高校分别给予 20 万元资金支持；对在促进高校知识产权转化工作中做出突出贡献的高校创新团队、优秀服务机构分别给予 10 万元奖励；对为高校知识产权转化提供展示、分析、对接、交易的公共服务平台，根据实际成效给予一定的项目经费支持；对高校科研人员的个人所得税市级留存部分给予最高 80% 的奖励。此举极大地激发了高校的转化热情，各高校纷纷加强市校合作，出台相应的职务发明转化权益分配激励政策，全力支持各院系、创新团队致力于知识产权就地转化工作。

9.4.4 山东青岛知识产权运营服务体系建设经验及典型案例

1. 总体情况

青岛市坚持改革创新和市场化导向，加强顶层设计，创新运营模式，布局重点产业，强化督导考核，全市知识产权运营服务体系建设扎实推进，“平台、机构、资本、产业”融合发展，“立足青岛，面向山东，辐射全国”的知识产权运营服务体系建设取得成效。

（1）知识产权运营服务体系建设扎实推进

①坚持创新引领，加强顶层设计。按照《青岛市知识产权运营服务体系建设实施方案》部署，通过构建高价值专利培育、知识产权大保护、知识产权运营生态体系，实施专利导航产业创新、知识产权强企、专利质量提升等工程。出台《关于深入推进科技创新发展的意见》《关于大力实施创新驱动发展战略的意见》《关于新形势下加快知识产权强市建设的实施意见》等系列文件，促进专利运营转化、组建运营基金、培育引进高端知识产权运营机构，知识产权运营政策体系不断完善。

②坚持市场导向，创新运营模式。完善专利权质押保险贷款模式，推动保险机构组建“共保体”，以市场化手段创新政府担保模式，使轻资产科技

型中小微企业仅用专利权就可以从银行获得贷款，为科技型中小微企业开辟了融资新渠道。依托中央财政资金6000万元，设立专利运营引导资金，组建知识产权基金，基金规模达到7.25亿元，投资项目拥有发明专利102项，实用新型专利11项，外观设计专利12项，获得软件著作权116个，未来三年项目预计产值规模20亿元。

③坚持融合发展，健全运营体系。以平台为依托，以机构为纽带，以产业为目标，以资本为动力，打造"1+2"知识产权运营公共服务平台，全力建设市级知识产权运营公共服务平台，对接国家总平台，并在市北区、崂山区搭建化工橡胶、海洋经济特色分平台。以平台为依托，逐步实现知识产权服务机构的集聚发展，培育壮大全市的知识产权服务业。2018年，崂山区通过国家知识产权服务业集聚发展试验区评审，步入示范区行列；2019年，全市年营业收入超过千万元的知识产权服务机构达到5家。

④坚持质量提升，服务重点产业。支持海尔、海信、中车四方等头部企业完成"轨道车辆车体被动安全防护技术"等62项关键核心技术专利组合布局，其中28项专利组合的转化与实施利润达1亿元以上；支持高校和科研院所培育高价值发明专利32项，其中16项实现本地转化。2018年以来，围绕山东省"十强"产业、青岛市"956"产业开展企业运营类专利导航项目85项，为相关领域重点企业的研发投入方向、出口产品侵权预警、专利布局提供指引。

（2）知识产权运营服务体系建设取得明显成效

2018—2020年，青岛市共获中国专利奖68项，其中金奖9项；累计通过贯标认证企业1624家，专业知识产权托管服务覆盖小微企业2597家。截至2020年底，全市每万人口有效发明专利拥有量41件，年度PCT国际专利申请1755件，国内有效注册商标总量30.69万件，拥有驰名商标151件，马德里商标国际注册总量4958件。知识产权保护环境更加优化，2019年国家营商环境评价列"优异"等次，被列为标杆城市。

2. 建设经验及典型案例

首创专利权质押保险贷款“青岛模式”，服务科技型中小企业创新发展

针对中小企业融资难、融资贵等问题，青岛市首创专利权质押保险贷款新模式，通过市场化运作解决融资难，政策性引导缓解融资贵，专业化服务化解贷款风险，实现运用保险撬动贷款的工作效果。

1. 首创专利权质押保险贷款“青岛模式”

（1）市场化运作解决融资难

青岛市知识产权事务中心组织专利评价、保险、银行、担保及经纪服务机构，建立青岛市专利权质押保险贷款服务联盟（以下简称质贷联盟），利用各机构专业经验发现并排除风险。新模式将原有银行承担100%贷款风险的模式，转化为保险、银行和担保三方以6∶2∶2比例进行风险分担，将传统抵押贷款由政府托底的风险转移转变为风险化解和分解，真正解决了科技型中小企业利用专利权质押实现市场化融资难题。

（2）政策性引导缓解融资贵

政府提供政策扶持，对获得专利权质押保险贷款的企业给予50%的贴息资助，并对购买保险产生的保险费给予部分资助，降低企业融资成本近五成，缓解企业贷款贵问题。

（3）专业化服务化解贷款风险

制定联盟章程和工作规程，建立工作流程，出台《青岛市专利权质押保险贷款专利评价规范》《青岛市专利权质押保险贷款工作规范》，形成完整的风险防控、化解体系，实现专业化服务化解贷款风险。

完善风险防控，“荐评担险贷”专业化流程化解风险。一是“荐”，采取由区市主管部门或联盟机构推荐的方式，理顺工作程序，强化管理能力，扩大信息补充渠道，丰富风险把控手段。二是“评”，利用市场化专业知识产权咨询机构对拟质押的专利权进行法律性、技术性、经济性评价，满足金融服务机构的工作需求，降低企业融资成本，引导知识产权服务机构从传统的代理服务延伸到知识产权运营工作中去。三是“担”，担保公司分担20%的贷款风险，发挥担保公司代偿功能，有效解决因企业到期未偿还贷款引起的

银行贷款逾期罚息与保险公司履行赔付责任滞后的矛盾。四是“险”，保险公司承担60%的贷款风险，降低银行风险压力，用市场化机制化解风险，为专利权质押保险贷款提供更为丰富的风险判断标准参照。五是“贷”，商业银行提供专利权质押保险贷款服务，并承担20%的贷款风险，既为企业的扩大再生产提供流动资金，又对中小企业的财务预算、资金使用、企业诚信以及经营管理进行监督。

2. 服务科技型中小企业创新发展

(1) 惠及科技型中小企业创新需求

为多家中小微企业完成贷款审批程序，并发放贷款。此项工作自2015年开展以来，共受理564家中小微企业贷款申请，为189家中小微企业发放贷款336笔，累计使用财政资助资金1899万元，撬动银行贷款11.86亿元，财政资金放大超过62倍。平台通过多种形式帮助企业制定知识产权质押融资方案，保持贷款零风险。

(2) 助推就业税收快速增长

据质贷联盟对88家贷后企业的调查结果显示：2020年，88家企业为社会解决劳动用工9303人，较上年增长11.37%；人均月工资6362元，较上年增长13.75%；实现营业收入86.9亿元，较上年增长29.91%；企业研发投入3.57亿元，较上年增长15.33%；累计上缴税金2.16亿元，较上年增长38.46%，仅2020年上缴税金绝对增加额达5969万元，是近年来财政累计投入的3.14倍。上述被调查企业中，有13家企业连续三年获得贷款，财政资助累计投入277万元；企业累计上缴税金1.53亿元，三年贷款期间上缴税金绝对增加额合计3300万元；三年财政投入与企业净增税金产出比为1∶11.9。

(3) 促进知识产权服务机构转型升级

“青岛模式”促进银行在针对中小企业贷款问题上从传统的抵押贷款向信用贷款转型；保险公司从传统的企财险向中小企业保证保险转型；担保公司从单纯的信用增信功能向解决银保合作不兼容复合型职能转型；专利服务机构从传统的代理服务向知识产权运营转型；保险经纪从传统单纯地为企业提供经纪服务向为多方提供综合组织协调经济服务转型。新风险分担模式实现了金融机构承担部分贷款风险，获得100%收益的效果。

（4）引发社会各界持续关注

2016 年，《人民日报》在头版头条对“青岛模式”进行了报道。2017 年，专利权质押保险贷款工作入选青岛保险百年史话。2018 年，专利权质押保险贷款工作得到国务院督查组的充分肯定。《人民日报》《经济日报》等十余家媒体分别报道“青岛模式”。接待北京市、广东省等兄弟省市来青岛调研交流；并应广东省、吉林省等地方邀请作专题讲座。

9.4.5 上海浦东新区知识产权运营服务体系建设经验及典型案例

1. 总体情况

2018 年 6 月，浦东新区被确定为国家知识产权运营服务体系建设第二批重点城市（城区）之一。三年来，浦东新区紧紧围绕建设中国（上海）自由贸易试验区、具有全球影响力的科技创新中心等国家战略，以要素完备、体系健全、运行顺畅为目标，积极构建支撑创新发展、具有浦东特色、提升国际影响力的知识产权运营服务体系。

（1）主要举措

①地区政府高度重视，加强顶层设计。为加强对运营服务体系建设的指导引领，正式印发《浦东新区知识产权运营服务体系建设实施方案》（浦府〔2018〕151 号），确定了建设指导思想、总体思路，明确了全面加强知识产权保护、强化高质量知识产权创造、完善知识产权运营服务链条、促进创新主体知识产权保护和运用四大任务和具体绩效目标。

成立由分管区领导任组长，区知识产权局、财政局等部门参与的知识产权运营服务体系建设工作小组，负责推进运营服务体系建设，提供工作保障。

②制定实施细则，加强政策引导。为发挥好中央服务业专项资金的引导作用，制定了《浦东新区建设知识产权运营服务体系专项资金实施细则》，重点用于培育运营服务业态、高价值专利培育、企业管理能力提升等上级部门要求落实的工作，主要采用以奖代补方式激励。

③加强绩效评价，严格规范管理。研究制定《浦东新区建设知识产权运营服务体系专项资金实施细则操作规程》，明确专项资金管理原则、各部门职责、操作流程和监督管理，严把项目质量关。由于政策为以奖代补资助形

式，因此采取严格的审查流程，包括形式审查、初审、复审、审批等工作环节。对于高价值专利组合和知识产权托管等专业性较强的项目，特别增加专家论证、审核环节。2018年以来，每年委托第三方进行绩效评估。

（2）主要成效

在政策的引导下，浦东新区以高质量为导向，大力支持企业创新发展，增强企业知识产权创造、运用和维权能力。知识产权数量质量均稳步增长，中国（浦东）知识产权保护中心、中国（上海）自由贸易试验区版权服务中心、国际运营（上海）试点平台、世界知识产权组织仲裁与调解上海中心、上海国际知识产权枢纽港五大平台建设不断推进，"四轮驱动"知识产权保护格局进一步夯实，知识产权价值实现机制更加健全，区域整体知识产权发展取得显著成效。

截至2020年底，知识产权管理规范贯标企事业单位累计达到154家；专业知识产权托管服务覆盖小微企业1166家；形成27个高价值专利组合；培育5家专业化、综合性的知识产权运营机构；知识产权质押融资额年均增幅35%，行政执法办案量年均增幅25%。每万人口发明专利拥有量达到89件；根据国家知识产权局测评结果，知识产权保护社会满意度达到97.58%。

2. 建设经验及典型案例

探索知识产权证券化，探出科创企业融资新路径

科技型中小企业融资难，一直是制约发展的瓶颈问题。当前，无形资产（主要是知识产权）在这类企业资产中占比已近70%，逐渐成为核心竞争力所在，融资基点也相应转向知识资产。知识产权融资将成为这类企业融资的重要方式。由此，知识产权证券化为科技企业提供了依托知识产权融资的全新途径。浦东新区积极探索知识产权证券化工作，成功公开发行了上海市第一单知识产权证券化产品"浦东科创知识产权资产支持专项计划"。

1. 浦东知识产权证券化项目的基本情况

2020年"浦东科创知识产权资产支持专项计划"获批发行，这是国内首个专利知识产权储架ABS（资产证券化）项目，已按计划发行了两期。其中，1期项目于2020年3月4日发行，是国内首单知识产权暨疫情防控ABS，

为支持科创企业复工复产做出重大贡献；第 2 期项目于 2020 年 8 月 14 日发行。目前合计发行金额 1.05 亿元，涉及 102 件已授权专利，共支持 17 家中小型高新技术企业获得低成本融资。

2. 浦东知识产权证券化项目的实践和探索

（1）基于“发明专利独占许可费”构建基础资产

与北京、广东等地以著作权为主的探索不同，浦东围绕发明专利这一最具“含金量”的资产——9 家高新技术企业（分属生物医药、高端制造、电子设备等行业）合计60 个授权发明或实用新型专利，通过科学评估，充分挖掘其市场公允价值，再据此确定独占许可费，构建了底蕴扎实、成色十足的基础资产。传统知识产权担保贷款中，贷款与知识产权价值比一般低于 65%，而本次融资额能达到其价值的 75%。

（2）“储架发行”模式确定项目规模多次发行

不同于传统一次发行，“浦东科创知识产权资产支持专项计划”实行“储架发行”一次审批、多次发行。由此提高发行效率，发行节奏更灵活。此次“储架”总规模 10 亿元，不超过 10 期，计划陆续发行，每期产品最长期限不超过 3 年。

（3）源头优选项目，控制风险

依托专业尽职调查和风控能力，聚焦浦东科技担保长期服务的优质高新技术企业，从源头把好项目质量关，从根本上控制风险。入选企业的发明专利经过专业机构评估，相关法律文本经反复锤炼，券商、评级、评估机构、律所、会计师事务所、资产管理公司等多方充分参与，保证项目质量。

（4）三层信用增级，降低发行成本

一是设定优先级/次级本息偿付次序，提升内部信用；二是底层资产担保，由浦东科技担保公司为底层专利客户支付专利使用费，提供义务担保；三是由浦东科创集团作为差额支付承诺人，为该证券的差额部分承担补足义务。经过信用增级后，票面利率比传统知识产权担保贷款利率降低 30%，发行成本为 3.59%，获得市场高度认可，也使企业获得实惠。

（5）科技金融发力，助力防疫治疫

产品发行前正值新冠肺炎疫情暴发，故首期融资额中 30% 陆续投放于疫情防控重点企业。项目中上海米健信息技术有限公司、和元生物技术（上海）股份有限公司和上海派森诺生物科技股份有限公司3家企业借助融资，为疫情防控适时做出贡献。它们或整合医疗信息系统运用到急诊、ICU，或迅速研发核酸检测试剂盒，或参与研制新冠病毒疫苗。

3. 浦东知识产权证券化项目的成效和启示

通过该项目，浦东新区探索以高价值发明专利为核心的知识产权证券化，为破解轻资产科技企业融资难题探索出新路径，为知识产权的高效利用提供了创新方案。本项目让企业从"单打独斗"找融资，变成国资机构牵头运营服务，"整体打包"获贷款，这一模式成效明显。

（1）为企业知识产权高效运用提供创新解决方案

被转移到特设载体证券化的资产，是知识产权的权利人授权他人实施知识产权取得的将来应收账款请求权，而非知识产权本身。科技企业仍保有并管理知识产权。这种特点对创新型企业别具意义，其获得有效融资后，知识产权价值不仅获得市场认可，还可持续优化。

（2）打开公开资本市场认同发明专利价值，打通社会资金支持科技创新通道

知识产权证券化是一种资产收入导向型的融资方式，其信用基础是知识产权而非企业全部资产。社会投资人主要依据知识产权的预期现金流入的可靠性和稳定性，以及交易结构的严谨有效性决定购买，企业自身资信和资产质量退居次要位置。因此，社会资金更有意愿投资此类产品。

该项目突破支持科创企业融资的传统模式，改变以往财政或国资直接投入的做法，而是由国有园区开发公司牵头，发挥国资引领带动作用，真正引入社会资本，多方投入共同参与，服务园区中小企业发展，获得良好的市场效益。

9.4.6 江苏南京知识产权运营服务体系建设经验及典型案例

1. 总体情况

南京市自2018年入选知识产权运营服务体系建设重点城市（城区）以来，知识产权运营服务体系建设稳步推进，在2020年国家知识产权局与财政

部联合组织的重点城市（城区）中期绩效评价中，位列首位。“一核两翼多平台”体系作用发挥明显，为高水平建设知识产权强市和建设具有全球影响力的创新名城提供了重要支撑。

一是突出知识产权运营生态建设，全面构建服务体系。以中国（南京）知识产权保护中心为主体，建成集数据支持、情报研究和运营展示为一体的知识产权大数据支持中心。以一南一北的服务业集聚区为基地，为各种运营服务业态提供了空间和业态集聚。以公共服务平台和产业运营中心为服务载体，突出了多元化、特色化、专业化，实现了基础性服务全覆盖和分产业精准运营的有效支撑。

二是突出知识产权运营与产业发展融合，实施梯度培育。围绕“4+4+1”主导产业体系，实施知识产权战略专项计划，在贯标企业、示范企业、专利导航、高价值专利培育中心、高价值专利组合等方面，针对不同规模和类型的企业实行梯度培育，使其成为专利创造高地、产业重大关键技术的研发基地和区域创新发展的引领阵地，从源头提高了专利产出质量。

三是突出知识产权金融创新，形成复制推广。以知识产权质押融资为基础业态，推进保险、证券化、投贷联动的多业态的探索，打造以数据为基础的知识产权金融创新体系，形成“三个一”模式（出台一套政策体系、培育一个服务平台、形成一系列金融产品），年度质押项目数和惠及企业数位居全国同类城市前列，实现真正意义的普惠金融。全国首家出台知识产权融资质押物处置补助政策，实现流程闭环。与中国建设银行总行合作开发的线上知产贷产品“云知贷”正式推出，“互联网+知识产权+金融”知识产权质押融资的“南京模式”，正式向全国复制推广。“打造知识产权交易融资服务运营平台”入选国务院第一批全面深化服务贸易创新发展试点“最佳实践案例”。

目前，南京市已全面完成“一核两翼多平台”知识产权运营服务体系搭建。上线南京市知识产权数据支持中心；服务业集聚区集聚服务机构131家，服务人才3600余人；建设服务载体21家（知识产权公共服务平台10家，产业知识产权运营中心11家），公共服务平台年均服务企业5万余家，运营中心持有可运营专利3.2万件；托管小微企业6766家，托管专利49190件；培训各类知识产权人才11356人；新增7件地理标志商标，"南京盐水鸭"入选中欧地理标志协定首批保护名录，"雨花茶"入选第二批中欧地理标志保护清单；围绕八大产业链培育专利密集型产业集群，新增知识产权贯标企业1500家，建设89家高价值专利培育中心，培育高价值专利组合32项；培育市级以上知识产权示范优势企业382家（国家级45家，市级337家）；知识产权质押融资额累计达到85.65亿元，服务企业2104家，年增幅超过50%。专利运营累计超3万次，年均增幅100%以上，运营交易合同登记16076笔，累计458.87亿元，年均增幅20%以上。

2. 建设经验及典型案例

主题一：培育高价值专利，助推高质量发展

1. 总体成效

南京市贯标通过企业1500家，市级以上示范优势企业382家，承担过市级战略推进和专利导航项目的企业有300多家，量的集聚加上精准培育，必然会产生一批技术含量高、稳定性强、经济效益显著的高价值专利和组合。南京市紧贴重点打造的八大产业链进行高价值专利培育中心建设和高价值专利组合培育，针对不同规模和类型的企业实行梯度培育方案，从管理标准化、市级示范培育到战略推进工程实施，最后建设高价值专利培育中心进行高价值专利组合培育，力争突破关键核心技术，解决"卡脖子"难题。

目前共建设有市级以上高价值专利培育中心89家，其中省级19家，市级70家，覆盖南京市重点发展的各类产业。培育并认定高价值专利组合32项，其中电子信息类7项、高端智能装备制造8项、节能环保与新材料7项、生物医药类8项、软件信息类2项。

2. 主要做法

(1) 出台政策，确保工作落实

在市委一号文配套文件《南京市关于高水平建设国家知识产权强市的实施办法（试行）》和《知识产权支撑产业高质量发展行动计划（2021—2023年）》中都将建设高价值专利培育中心列为重点任务之一，明确要求出台建设方案，组建高价值专利培育中心。2018年5月，发布了《南京市高价值专

利培育中心建设实施方案》。2018年10月，在《南京市知识产权运营服务体系建设实施方案》中提出建设50家高价值专利培育中心，在高新技术产业领域形成不少于30个规模较大、布局合理的高价值专利组合。

（2）突出重点，发挥协同优势

突出以高校科研院所或企业为主体，联合高端知识产权服务机构共同组建高价值专利培育示范中心；突出以企业为主体，联合高端服务机构或独立建设高价值专利培育中心；高价值专利组合为在同一产业和产业链内发明专利不少于50件，PCT申请不少于10件，且拥有良好运用基础的专利组合。

（3）开展指导，为企业答疑解惑

通过承担单位定期上报和委托第三方机构现场审查两种方式对项目执行情况进行中期检查，督促承担单位按期完成项目内容，规范培育工作开展。开展现场指导，共走访企业20余次，接受企业咨询100余次，面对面为企业答疑解惑，提供具体工作指导；加强宣传培训，举办高价值专利培育中心项目培训班3次，60名项目承担单位高管及100余名项目业务人员参加培训，有效提升了企业知识产权服务和项目管理能力。

3. 特色亮点

（1）形成了有效的高价值专利培育机制

明确由企业、高校、科研单位、知识产权服务机构协同建设高价值专利培育中心，建立了“高价值专利培育中心”项目建设工作小组，对项目实施重大事项定期开展研究、讨论、协商、决策。出台了“高价值专利培育中心”实施方案，明确了目标任务，并结合各方实际，对任务进行了责任分解，定期核查进度。

（2）强化了创新主体研发过程中的知识产权管理

以南瑞继保有限公司为代表，建设了知识产权协同创新管理系统，建设了全流程的审批管理系统。各培育中心建立了研发全过程专利信息跟踪分析机制和专利申请预审机制，根据专利信息进行有针对性的研发立项和技术攻关，及时调整研发策略，优化研发路径，规避侵权风险。在研发成果申报专利前对市场需求、商业风险、授权前景、专利侵权风险等进行评估。

（3）培育了一批高价值专利产出高地

高价值专利培育工作的开展促进了知识产权高质量发展，为关键核心技术突破和"卡脖子"问题的解决拓展了方向，为知识产权强市和创新名城建设提供了强力支撑。89家高价值专利培育中心拥有有效专利20158件，其中有效发明专利10396件，拥有PCT申请1900余件，PCT授权700余件，项目实施期内新申请专利5589件，其中发明专利3757件；项目实施期内新授权专利2803件，其中授权发明专利1294件。新增专利产品销售收入1463亿元；32项高价值专利组合拥有有效专利7839件，其中发明专利5413件，PCT申请580件，PCT授权187件。专利组合主体单位2020年底专利产品销售收入达2012亿元。中材科技股份有限公司在项目实施期内新增专利36件，获得中国专利奖金奖1项，制定标准20项。

主题二：打造南京知识产权金融"三个一"模式

1. 总体成效

南京市从政策、服务、市场三个要素入手，不断创新工作机制和举措，积极开展知识产权质押融资工作，逐步建立了出台一套政策体系、培育一个服务平台、形成一系列金融产品的"三个一"的工作模式。通过一系列举措，努力为轻资产的中小微企业解决融资难、融资贵的问题，取得明显成效。2018—2021年6月底，全市累计完成知识产权质押融资85.65亿元，融资企业2104家，平均每户融资不到400万元，普惠金融比例达到96%，在江苏省和全国同类城市中均位居前列，有力促进了南京市经济的发展。

2. 主要做法

（1）政银联动，强化与金融机构合作

认真贯彻落实银保监会、国家知识产权局、版权局联合印发的《关于进一步加强知识产权质押融资工作的通知》文件精神，注重加强与金融机构的交流与合作，建立并保持良好的互动机制。设立知识产权质押融资金融创新奖，鼓励引导银行推出产品，优化流程，考核倾斜。全市目前开展知产贷业务的银行已增加到十余家，通过银行之间的竞争，企业有了更多选项，也获得了更优质的服务。

（2）统筹组织，推进银企精准对接

依托各区局工作网络，在线征集全市企业融资需求信息，对接金融机构。组织区局、金融机构、公共平台深入基层、深入园区，开展多场银企对接活动，加强政策宣传和产品推介，为广大中小企业提供融资指导，精准实在的服务受到金融机构和企业的普遍欢迎。

（3）优化服务，提高质押融资效率

知识产权质押融资工作的核心是服务，通过优质的服务提高银行和企业的体验度，是增加产品黏性的重要保证。长期以来，质押登记流程周期长一直是个痛点。在江苏省知识产权局支持下，南京专利代办处在相关公共服务平台设置了专线，实现了专利质押登记线上化。国家知识产权局授权南京商标受理窗口开通商标质押登记受理功能，这些措施大大缩短了质押登记时间，提高了融资效率。

3. 特色亮点

（1）出台一套政策体系

一是南京市"宁创贷"政策建立了 10 亿元的风险代偿资金池，明确了符合条件的信用贷款等弱抵押、弱担保贷款发生风险后，由政府与银行按 8∶2分担代偿，解决了银行风控障碍。二是 2018 年，市委一号文出台了"对提供专利等知识产权质押融资的金融机构，给予实际融资额度的 2% 作为风险补助"的支持政策，极大地调动了金融机构的积极性。2018—2020 年，南京市累计发放知识产权质押融资风险补助资金 8100 万余元，有力推动了知识产权质押融资工作的开展。三是 2020 年，联合市财政局创新出台了知识产权质物处置补助政策，鼓励第三方机构收储运营银行贷款出险的知识产权质押物并给予一定比例的资金补贴，进一步完善知识产权质押融资风险分担机制，实现流程闭环，激发和提升知识产权运用水平。

（2）培育一个服务平台

从 2017 年开始布局培育本地的知识产权金融公共服务平台，支持平台对知识产权质押融资进行创新探索，采用免评估、大数据评价分析的模式为企业和银行提供全方位、全流程融资专业服务。通过优化服务流程，做到企业从申请到下款的平均时间缩短至 20 个工作日，大大提高了融资效率。平台建立了金融大数据研究院，利用大数据、人工智能等技术，开发了面向不同银行的后台系统，上线移动端的服务App，提升了企业和银行的体验感。和建设银行总行合作开发推出线上知产贷产品"云知贷"，目前正在全市推广应用。创建集线上化、标准化、智能化、多产品、多场景、一站式的"三化两多一模式"，累计承办了全市约80%的业务量，有效促进了南京市知识产权质押融资工作的开展。

（3）形成一系列金融产品

知识产权对于金融机构来说，并未成为真正意义的抵押物，贷款性质还是属于信用贷。南京市将知识产权价值"评估"改为"评价"，即把知识产权价值评估的传统思维，转为评价企业创新能力的指征维度，与其他企业数据进行融合，形成金融机构审评体系中的重要环节，很好地契合当前金融机构对知识产权价值的认识角度，也更符合金融机构的风控体系，让知识产权成为增信增贷的主要评维。通过模式的创新，金融机构和平台合作，积极设计开发一系列知产贷金融产品，用于推广和考核。其中纯知识产权质押类信用产品有江苏银行"科技创业贷"、南京银行"鑫知贷"、中国银行"知贷通"等；与担保公司合作的知识产权为反担保条件的担保产品有"知保通""知慧保"等，丰富的产品很好地满足了不同客户的差异化需求。

9.4.7 广东广州知识产权运营服务体系建设经验及典型案例

1. 总体情况

广州市获批建设知识产权运营服务体系重点城市（城区）以来，围绕实施严格知识产权保护、提升知识产权质量、促进知识产权运营三大工程，充分发挥中央专项资金和市级配套资金效益，稳步推进知识产权运营服务体系建设，在2020年国家知识产权局组织开展的第二批重点城市（城区）中期绩效评价中获评优秀等级。

印发《广州市开展知识产权运营服务体系建设实施方案（2018—2020年)》（以下简称《实施方案》），明确了广州市开展知识产权运营服务体系建设的工作思路、工作目标、18项重点任务和12项任务指标。克服机构改革、人员变动对体系建设的影响，坚决贯彻落实国家知识产权局苏州现场会精神，细化分解《实施方案》具体任务，制定印发《广州市知识产权运营服务体系建设中央专项资金管理办法》《广州市知识产权运营服务体系建设2019—2020年中央专项资金项目安排计划》，修订《广州市专利工作专项资金管理办法》。2020年，全面展开2019—2020年中央专项资金项目的征集和实施。

通过三年建设，广州市初步构建了以创造为基础、运用为目的、保护为保障、服务为支撑，立足广州、面向华南、辐射全国的知识产权运营服务体系，有力推动了知识产权在促进经济转型升级、优化资源配置、支撑创新发展方面发挥作用。

（1）运营服务基础更加牢固

2018—2020年，发明专利授权年均增长17.3%；共获中国专利奖金奖3项、银奖6项、优秀奖85项，获广东专利奖金奖16项、银奖22项、优秀奖51项、发明人奖11项。截至2020年底，全市有效发明专利71342件，每万人口发明专利拥有量达到46.6件，地理标志商标12件，有效注册商标151万件。先后有5072家企事业单位通过知识产权管理规范国家标准，位居全国城市第一。

（2）转化运用成效显著提升

2020年，广州市知识产权质押融资额达73.44亿元，约为2017年的8倍，位居全国城市前列；开发各类保险产品18类，投保专利4800余件、商标6500件，知识产权类相关保险保额超过2亿元，实现全国首单知识产权海外侵权责任保险落地。2019年成功发行全国首单纯专利知识产权证券化产品，2020年又发行新一代信息技术、生物医药2只知识产权证券化产品，累计为企业融资7.35亿元。广州市重点产业知识产权运营基金累计投资项目9个，投资金额2.83亿元。连续四年成功举办知识产权交易博览会。

（3）服务能力明显增强

知识产权服务机构超过3000家，其中专利代理机构达到210家，共有10家服务机构获评全国知识产权服务品牌机构，9家服务机构被确定为国家知识产权分析评议服务示范机构（示范创建机构），3家服务机构获得世界知识产权组织在华技术与创新支持中心授牌，3家高校知识产权信息服务中心获得国家知识产权局、教育部授牌。建成广东省军民融合知识产权运营平台，南方电网知识产权运营中心投入运行，展开10个知识产权密集型产业知识产权运营平台及3个高校专利转移转化中心的建设。广州开发区开展国家知识产权服务业集聚发展试验区建设，越秀区、天河区分别开展广东省知识产权服务业集聚发展示范区（试验区）建设，取得显著成效。

2. 建设经验及典型案例

深化知识产权运用和保护综合改革试验，创新知识产权运营服务模式

广州市充分发挥广州开发区作为国内唯一经国务院批准的知识产权运用和保护综合改革试验田作用，支持广州开发区以综改试验为引领，大胆实践、勇于创新，在推进知识产权运营服务体系建设中积极先行先试，勇当排头兵。先后成为国家知识产权示范园区、国家知识产权投融资试点、国家知识产权强县工程示范区、国家专利导航产业发展试验区、国家知识产权服务业集聚发展试验区，全面跻身知识产权"国家队"行列，在更高的平台上提升区域知识产权管理效能和服务水平，用生动的"黄埔实践"，探索出多项知识产权运营服务模式"黄埔方案"。2018年以来，累计完成知识产权质押融资近70亿元，发行3只知识产权证券化产品合计7.35亿元，知识产权运营基金投资2.2亿元，专利转移达10000余件，转移企业3000余家次。

（1）集聚要素，建设全国服务高地

一是提供最优运营服务。建成全省首家国家级产业知识产权运营中心、全省首家知识产权金融服务中心和全省首家知识产权特色支行，落户全省唯一具有军工资质的专利代理机构和全省首家知识产权交易场所，获国家知识产权局广州专利代办处批准设立全省唯一区县级服务站。集聚各类知识产权服务机构超300家，涵盖代理、法律、咨询等全链条的服务内容。二是建设最佳物理载体。高标准建设知识产权服务园区，规划建设420亩知识产权服务园区，总投资超过90亿元，倾力打造全国优质知识产权服务业载体。三是打造高端专家智库。引进高端智库，组建知识产权综改专家咨询委员会，为知识产权重要规划、重大决议和重点政策提供决策支撑。

（2）创新模式，推出黄埔改革经验

一是首发国内纯专利证券化产品。2019年发行全国首单纯专利的知识产权证券化产品，2020年再次发行全国首单新一代信息技术和生物医药知识产权证券化产品，累计为35家科技企业融资7.35亿元，开创科技企业运用专利许可在资本市场融资的先河，被广东省人民政府办公厅评为供全省复制推广借鉴的优化营商环境改革举措，相关做法被上海、深圳、苏州、佛山等地复制。二是首发国内海外维权保险产品。发行全国首单知识产权海外侵权责任保险，签出全国首张1000万元保额知识产权海外侵权责任险保单，共13家企业投保知识产权海外侵权责任险，总保额达4250万元，为区内企业拓展海外业务、有效维权提供了强有力的支持，更为民族企业“走出去”保驾护航。三是首创孵化器企业“互联网+”集体贯标模式。发挥拥有华南地区最大孵化器集群优势，大力推行“以科技企业孵化器为单位、在孵企业集体贯标、配套推送互联网云平台服务”知识产权集体贯标模式，使知识产权规范化管理贯穿于中小企业成长发展的全过程。

（3）营造生态，助力企业高质量发展

一是强化政策扶持力度。出台“知识产权10条”2.0版、知识产权专项资金管理办法、“粤港澳知识产权互认10条”，形成知识产权政策扶持的“三驾马车”，打造全链条的知识产权政策扶持体系。2018年以来，广州开发区累计为7000多家次企业兑现政策扶持资金3.71亿元，成为全国知识产权政策覆盖面最广、链条最全、资助力度最大的区域。二是完善金融服务链条。构建全国第一条完整贯穿科技企业发展全生命周期的“投资基金—质押融资—证券化—上市辅导—海外保险”的知识产权金融服务链条。其中，知识产权基金完成区内9笔共2.2亿元的企业股权投资，被投的三家企业先后在科创板和创业板上市。帮助超400家科技企业完成知识产权融资约70亿元，融资规模位于全国区县前列。三是培育领军科技企业。依托完善的政策体系和雄厚的服务资源，营造了科技企业快速发展的良好生态，领军科技企业和高价值专利不断涌现。累计获得中国专利奖、广东省专利奖228项，占全省近一半。获评国家知识产权示范企业、优势企业71家，广东省知识产权示范企业145家，2020年各级知识产权示范企业、优势企业共计完成工业产值约

2000亿元，占全区规模以上工业总产值的1/4。

9.4.8 浙江台州知识产权运营服务体系建设经验及典型案例

1. 总体情况

自2019年入选国家知识产权运营服务体系建设重点城市（城区）以来，台州认真贯彻落实国家知识产权局工作要求，结合台州民营经济特点，积极探索，大胆创新，全面推进知识产权运营服务各项工作，取得显著成效，有力支撑台州民营经济高质量发展。

一是知识产权政策体系更加完备。印发《台州市知识产权运营服务体系建设实施方案》，共出台知识产权相关文件32个，形成覆盖知识产权运营服务全链条的政策支撑体系。

二是知识产权创造成果大幅增长。围绕台州"456"先进产业集群，完善知识产权赋能产业机制，开展高价值专利组合培育项目18个，专利导航项目28个，通过知识产权管理规范贯标的企业311家，知识产权创造活力不断释放。台州市每万人口发明专利拥有量从2018年的15.07件增至2020年的24.5件，增幅62.6%；PCT年申请量从69件增至250件，增幅262%；有效注册商标从18.3万件增至25.1万件，增幅37%；马德里商标国际注册量达1109件，居全省第二位。

三是知识产权运营效益稳步提升。持续创新知识产权质押融资，通过优化质押登记服务、完善融资担保体系、加强质押融资产品创新，有效缓解小微企业融资难题。专利质押登记金额从2018年的10.5亿元增至2020年的105.3亿元，跃居全国第一位，商标质押登记办件量连续6年居全国首位。在全省率先探索实施地理标志运用促进工程，开展地理标志运用促进项目5个，通过地理标志与标准、金融、文化等多元融合，促进区域特色产业发展，助推乡村振兴，实现共同富裕。共有地理标志证明商标30件（其中地理标志驰名商标4件），地理标志保护产品12件。成功获批全省首个专利融入标准试点市，探索技术专利化、专利标准化、标准产业化的路子，组建产业知识产权联盟13家，产业知识产权和技术标准创新双联盟2家。

四是知识产权服务环境持续优化。建设5500平方米的知识产权服务中心，富有台州特色的“一港九站”式知识产权全链条服务。以国家知识产权局商标业务台州受理窗口为基础，开展知识产权公共服务试点，引进13家国内外优质知识产权服务机构，丰富窗口服务资源，形成知识产权服务的物理集聚和功能集聚，实现知识产权服务“最多跑一地”。台州受理窗口累计办理商标业务1.5万余件，位居全国第八，形成了以商标质押融资助推民营经济高质量发展为特色，以全领域受理、一站式服务、数字化支撑的商标服务“一件事”集成改革为路径，以流程更完善、制度更优化、申请更规范的标准化便民服务为实效的台州窗口经验。

2. 建设经验及典型案例

主题一：创新知识产权质押融资模式，纾困民营企业融资压力

台州是全国民间投资创新综合改革试点、国家小微企业金融服务改革创新试验区。近年来，台州持续创新知识产权质押融资，大力推动知识产权价值转化，缓解民营企业资金压力。2020年，共办理知识产权质押登记864件，质押金额达155.7亿元，其中专利质押登记金额105.3亿，位居全国第一，商标质押登记544件。

1. 线上线下联动，畅通对接渠道

（1）建设线上“知识产权集市”，实现供需双方精准对接

在台州掌上数字金融平台上开辟知识产权专区，收录全市知识产权详细信息，内容涵盖所有权人的联系方式、质押信息、产权简介、质押状态等，便于银行机构主动为产权所有人提供服务。同时，上线知识产权质押融资专项产品，提供知识产权信息展示、融资对接、产权流转对接等功能，便于企业挑选合适的产品。目前，平台已收录发明专利、驰名商标等知识产权11599件，上线知识产权质押融资专项产品10余个。

（2）设立线下“知识产权融资服务站”，推动业务办理高效对接

结合“知识产权服务万里行”活动，在各县（市、区）及科创园区等高新企业集中区域的60多个银行网点成立知识产权质押贷金融服务基地，并在200余家企业现场设立PAD金融服务站，实现知识产权质押融资业务咨询、贷款办理、扶持政策申领、知识产权代跑代办等业务的一站办、驻点办。累

计提供各类服务超过2万次，召开各类银企对接会、推介会110余场。

（3）建立三方联络员制度，确保信息交流系统对接

整合知识产权、人民银行、银保监等部门和金融机构力量，建立知识产权质押融资联络员制度，按月交流工作推进情况，研究解决遇到的难点问题，商讨下一步工作重点。搭建各金融机构共同参与的信息互通共享平台，深化知识产权融资领域的政银合作。

2. 产品、押品组合创新，提高产权价值

（1）将产品"打包"，提升质押比例

针对部分企业单一质押金额过小无法满足资金需求的情况，在全省首创"专利+商标"和"专利+商标+版权"的混合质押融资模式，浙江舜浦工艺美术品股份有限公司将1件发明专利、8件商标和3件系统软件著作权组合，获得全省首笔"三合一"混合质押担保贷款。针对农户融资困难的情况，探索办理全省首笔集体商标质押贷款，"大石垂面"集体商标质押1000万元，授信400万元。2020年，共办理混合质押30件，质押金额达7.47亿元。

（2）给担保"松绑"，减轻增信负担

针对知识产权质押融资普遍采取追加抵押或担保、实际增信效用差等情况，鼓励各银行机构优化信贷管理理念，逐步提高知识产权质押作为主要担保方式的贷款占比。明确采用知识产权质押的贷款不再组合采用抵质押、保证等其他担保方式。2020年，在新发放的知识产权质押贷款中，有42.34%的贷款将知识产权质押作为唯一担保方式，较上一年提高19.49%。

（3）给创新"赋能"，提升价值转化

充分发挥金融支持作用，通过质押融资"反哺"，配合财政补助扶持，鼓励企业加大投入，开展专利布局和品牌建设，推动科技成果向知识产权转化，引导鼓励企业开展专利导航和高价值专利组合培育，推进知识产权高质量创造，以高价值专利为知识产权融资赋能。2020年，共有27笔知识产权质押融资金额超1亿元。

3. 内部、外部共同激励，强化内生动力

（1）财政激励再加码

将贷款贴息、保险贴费纳入知识产权运营服务体系建设专项资金应用范

围，对各银行机构知识产权质押贷款，按实收利息的20%进行补助；对各保险机构知识产权质押融资保证保险，按年度保费的25%进行补助。截至2020年底，累计发放各类补助994万元。

（2）风险补偿渠道再丰富

出台推进知识产权质押贷款10条工作意见，建立风险补偿、专利综合保险等多种风险分担机制。设立3500万元的知识产权质押融资专项资金池，金融机构发生坏账以后，每笔质押贷款给予本金坏账损失50%的补助，并将知识产权质押融资保证保险的代偿同步纳入补偿范围，享受同比例补助。

（3）内部考核再完善

正向激励推动各银行机构拓展知识产权质押融资，台州4家科技支行均将知识产权质押融资作为专项指标纳入全面业务考核范围，且相对其他业务给予更高单户奖励和考核权重。如浙江泰隆商业银行对知识产权质押融资业务团队设立薪酬保护值，并按保护薪酬和考核薪酬孰高原则发放薪酬。浙江民泰商业银行则对知识产权质押贷款给予135基点的内部转移定价政策倾斜。

4. 降本、减费双向发力，优化客户体验

（1）推广自评估，减少评估费用

针对评估机构评估知识产权价值时间长、费用高、手续烦琐等情况，全面推行金融机构自评模式，探索形成“三品三表”调查技术，结合商标、专利产品产值、许可费等，交叉验证知识产权财产价值，既契合小微企业用资“短、频、快”特点，又能有效释放制度红利，降低企业融资成本。

（2）推进“跑一次”，提升融资便利度

严格落实“减环节、减时间、增便利”要求，开通商标质押融资绿色通道，对接杭州专利代办处成功争取专利质押登记服务，实现专利和商标“同窗受理、一窗通办”。目前，商标权质押融资全流程办理最短只需1个工作日，专利权质押融资全流程办理时间缩短至3个工作日内。

（3）实施科学定价减少利息支出

会同中国人民银行、银保监等部门指导各银行机构对知识产权质押贷款较其他担保方式贷款框定差异化利率档次，并实行“一户一价、一笔一价、一期一价”，鼓励给予优惠利率。浙江诚信医化设备有限公司通过专利质押拿到1500万元资金，相比普通贷款大大减少了财务费用。2020年，新发放知识产权质押融资平均利率水平为6.55%，低于全市普惠型小微企业贷款平均利率0.74个百分点。

主题二：强化地理标志运用，助力乡村振兴，实现共同富裕

近年来，台州积极践行"培育一件地标、带动一个产业、富裕一方百姓"理念，不断加大政策支持保障力度，建立地理标志产业规划，健全地理标志培育机制，探索出地理标志区域化布局、产业化运作、品牌化经营的发展路径，促进区域特色产业发展，推进农业高质量发展，助力乡村振兴，实现共同富裕。

1. 地理标志品牌培育稳步推进

一是强化政策集成。出台《台州市实施乡村振兴战略行动计划》《台州市知识产权运营服务体系建设专项资金管理办法》等地理标志工作政策措施，强化政策引导和项目扶持，对新认定的地理标志给予10万元奖励，对地理标志运用促进项目给予100万元补助，各县（市、区）也出台相应的支持保障政策，形成强有力的政策支撑。

二是强化资源集聚。建立健全地理标志产业化培育机制，由市场监管、农业农村、商务、文化旅游等部门共同负责地理标志的发展规划编制、任务部署、组织协调、监督检查和权益保护工作，形成"统起来抓，分开来做"的工作格局。在临海、三门建成4家标准化运行的涉农品牌指导服务站，配备标准、计量、检测等专家团队，前移服务关口，通过上门指导、专题培训、跟踪服务，加强地理标志重点产区集中帮扶。

三是形成培育梯队。全面排摸涉农企业的实际情况，梳理地标资源，建立地理标志品牌创建多元梯级培育资源库，加强地理标志和农产品品牌培育，指导相关主体挖掘地方历史名品资源，申请注册地理标志商标，形成地理标志、农产品区域公用品牌、企业品牌"三位一体"的品牌运作体系。目前，台州共有地理标志证明商标30件，地理标志保护产品12件，地理标志驰名商标4件，临海西兰花入选中欧地理标志协定第二批互认互保名录。

2. 地理标志运用促进亮点纷呈

在全省率先探索实施地理标志运用促进工程，开展地理标志运用促进项目 5 个，通过地理标志与标准、金融、文化等多元融合，实现地理标志促进区域特色产业发展。

一是坚持标准引领。在地理标志产品的种植养殖、生产加工、经营管理等领域制定配套标准，推动“地理标志 + 标准化”，引入先进技术，推广应用先进质量管理设备，提升产业基础能力和产业链现代化水平。临海成功整合 200 多个柑桔品牌，制定推广《临海蜜桔地方标准》《临海柑桔生产技术规程》等技术标准；三门以标准化规范青蟹捆扎物，参与起草《青蟹包装规范》省级地方标准。“三门青蟹”品牌价值达 40 亿元，“仙居杨梅”在农产品区域公用品牌杨梅类中排名全国第一。

二是推进金融助农。推动地理标志产业与金融机构对接，提升地理标志金融服务水平，拓宽农业企业融资渠道。“临海蜜桔”地理标志使用单位台州玉满园水果专业合作社以注册商标“玉满园”与专利“一种便于运输的橘子保护装置”通过临海农商银行混合质押，成功获批授信 500 万元，成为台州首件农业知识产权混合质押贷款，通过知识产权“变现”解决了蜜桔的运输难题。

三是做好产业融合。推动地理标志与互联网、电子商务、文化创意、生态旅游等产业深度融合，挖掘地理标志的“背后故事”，开展创意宣传，促进一、二、三产业融合发展。椒江拍摄“大陈黄鱼”专题片，举办黄鱼儿童绘画比赛，促进地理标志品牌运用推广；临海建成国家地理标志临海农产品馆，举办茶文化旅游节，开展“羊岩勾青茶”地理标志摄影大赛，宣传地理标志文化；温岭举办温岭葡萄地标品牌推广大会；天台利用淘宝、微店等电商平台，开展品牌推广，建成面向全国的“线上 + 线下”营销体系；仙居每年举办杨梅节，通过杨梅采摘、农家乐等农旅融合项目带动仙居旅游业的深度发展。

9.4.9 山东济南知识产权运营服务体系建设经验及典型案例

1. 总体情况

济南市自2019年6月成功获批国家知识产权运营服务体系建设重点城市（城区）以来，全面贯彻落实习近平总书记关于知识产权的重要指示精神，统筹推进知识产权运营服务全链条布局，打通知识产权创造、运用、保护、管理全链条。强化顶层设计，成立知识产权工作领导小组，印发《知识产权运营服务体系建设实施方案》，将重点任务纳入政府工作报告和全市经济社会发展综合考核体系；配套2亿元专项资金，全力保障知识产权运营服务体系建设高质量实施。精心组织实施，制定重点城市（城区）实施方案，推出"1+567"工作路径，以运营服务体系建设为主线，创新实施知识产权创造质量提升、金融赋能、运用促进、服务增效、品牌提升五大工程，确定高价值专利组合培育等六大可量化评价指标。强化效能管理，制定《济南市知识产权运营服务体系建设专项资金管理办法》《关于印发2020年度济南市知识产权运营服务体系建设专项资金申报指南的通知》等配套文件，实行项目异地专家评审和项目进度、质量控制监理措施，建立专项资金拨付使用定期检查督导机制，形成建设项目闭环式管理流程，实现专项资金及时精准拨付到位。

（1）知识产权综合实力再上新台阶

新增有效发明专利6894件，年均增长15.4%；新增注册商标112745件，年均增长37.49%；新增马德里商标国际注册439件，年均增长70.81%。立项培育高价值专利组合33项，构建起由1500余件发明专利、300余件PCT专利组成的高价值专利池。在第二十一届中国专利奖评选中，有7项发明专利获奖，济南市知识产权局被评为最佳组织奖，是唯一获此殊荣的副省级城市。

（2）知识产权运营能力实现新突破

知识产权贯标企业数量达2630家，托管服务累计覆盖中小微企业3717家，转移转让和许可年均增长84.3%；建设知识产权高端服务业集聚区，立项培育10家知识产权运营服务机构，开展产业规划类专利导航50项，企业运营类专利导航 120 项。

（3）知识产权金融服务能力实现新提升

设立知识产权运营基金；开展知识产权质押融资 813 笔，年均增长 84.7%，质押融资金额 34.9 亿元，年均增长 139.1%；知识产权保险金额 2030 万元，年均增长 26.5 倍。

2. 建设经验及典型案例

专利导航城市创新发展

一是立足实际，注重结合。紧紧抓住济南市三大战略叠加机遇——新旧动能转换综合试验区、中国（山东）自由贸易试验区、黄河流域生态保护和高质量发展战略，围绕“五个济南”（科创济南、智造济南、文化济南、生态济南、康养济南）建设，深刻把握全市发展建设的新定位、新要求、新使命、新目标、新任务，认真分析知识产权导航项目的优势和基础，高点定位导航项目，助力新时代现代化强省会建设。充分利用济南产业优势，准确把握新技术、新产业、新业态、新模式发展对知识产权工作提出的新挑战和新需求，找准知识产权支撑产业发展的发力点，确定专利导航实施项目。

二是明确重点，有序推进。重点构建以“城市发展类专利导航—主导产业专利导航—区域特色产业专利导航—企业专利导航”为内核的四级专利导航体系，有效运用专利制度提升产业创新驱动发展能力，加快调整产业结构，提高产业整体素质和竞争力。第一，创新实施城市发展专利导航项目。发布《济南市创新能力报告（知识产权白皮书）》，分析评估济南市重点产业的不同层级创新型企业知识产权创新能力和整体状况，为企业创新发展和领导决策提供信息支撑。推出《济南市城市创新发展（上市公司版块）知识产权导航项目》，围绕上市公司的知识产权情况构建指标体系，指导上市公司提升知识产权水平，以点带面全面推动知识产权可持续高质量发展。第二，创新实施主导产业专利导航。聚焦济南市十大千亿产业，与发改、经信等部门会商研究，并征集区县政府意见，梳理并实施主导产业专利导航 20 项，通过导航成果推介和导航成果进园区、进企业等多种组织方式，使导航成果获得共享，推动经济社会高质量发展。组织省级以上开发区和产业园区对园区内的主导产业进行梳理，实施一批面向开发区、产业园区的主导产业导航，为产业园区发展厘清思路、找准定位、提升能级。通过产业导航的实施，以产业现状分析入手，梳理产业创新发展面临的问题，提示专利控制力与生产竞争格局的特征关系，结合产业创新的政策资源，研究专利导航视角下的政策导向，切实发挥专利导航的支撑作用。第三，创新实施区域特色产业专利导航。通过评审立项的方式实施区域特色产业导航，形成了30个涵盖高端装备制造、生物医药、计算机信息技术、新材料等济南市区域特色专利导航的报告成果。通过区域特色专利导航的实施，厘清区域特色产业专利资源与区域创新、区域产业、区域经济资源的匹配关系，准确把握专利在区域特色产业的引领支撑作用，进而促进区域特色产业创新链、产业链、资金链、政策链在空间上的深度融合与良性互动。第四，创新实施企业专利导航。以提升企业竞争力为核心，以企业产品开发、专利运营和产业化为目标，通过立项的方式，对120家重点企业关键核心技术和产品实施企业专利导航。通过企业专利导航项目的实施，集聚了企业创新资源，扩大了知识产权的影响力，有力地为企业发展注入了强劲动力。

三是提升实效，助推发展。为推进专利导航成果应用，建设了市级专利导航共享平台，利用信息化、大数据手段打通成果输出和企业运用的“最后一公里”通道，使政府资助实施的专利导航项目在更大程度上惠及全市产业链条上的不同企业。济南市大、中、小微企业专利导航应用得到有效普及，企业知识产权意识明显增强，有效助推了高质量创新发展，取得了良好的效果。120家重点企业通过专利导航项目引领，共带动企业收入142.02亿元，产生利润23.35亿元，带动企业发明专利申请量共计2277件，带动PCT专利申请共计50件，专利转移转化金额共计288.7亿元，项目满意度达100%。在专利导航项目的促进和推动下，有2家大型企业被成功认定为“独角兽企业”和“准独角兽企业”，22家中小型企业被认定为“瞪羚企业”“济南市专精特新企业”。其中“济南市核电高端智能装备产业专利导航”“城市轨道交通产业专利导航”等项目的实施过程中，专利导航引导和协助科研人员形成了新的突破，取得了重大成果。

9.4.10 江苏无锡知识产权运营服务体系建设经验及典型案例

2019 年 6 月，无锡市获批国家知识产权运营服务体系建设重点城市（城区）。以此为契机，无锡全力打造具有区域特色的知识产权运营服务“无锡模式”，深入建设模式清晰、功能明确、政策完善、链条完备、要素集中、运行顺畅的知识产权运营服务体系。截至中期考核阶段，重点城市（城区）建设初具成效，各项工作稳步推进。

1. 总体情况

（1）总体建设情况

①坚持统筹布局，锚定无锡特色的运营发展方位。成立无锡市知识产权运营服务体系建设专家咨询委员会，进行战略性策划指导。无锡成为全国首个智库参与顶层设计的重点城市（城区）。加强政策集成，强化知识产权软环境的建设。制定出台了《无锡市知识产权运营服务体系建设实施方案（2019—2021 年）》，从定向与定量两个方面对三年建设进行详细规划，重点推动六项改革措施，实施三大工程，推进十三项重点工作，为构建无锡特色的知识产权生态奠定了坚实的基础。完善相关配套政策，出台了《关于推进知识产权运营服务体系建设　创建国家知识产权强市的若干政策意见》和《无锡市知识产权运营服务强市建设资金管理实施细则》，全面保障无锡市知识产权运营服务体系建设的有序推进。

②强调宣讲宣贯，坚持全市一盘棋，全面激发资源活力。无锡在获批后第一时间组织专门团队开展全市层面的建设调研及重点城市（城区）项目宣讲宣贯工作。对无锡八个主要区知识产权局、高校及科研院所、政协等相关单位及主要服务机构全面走访，摸查现状、宣贯重点城市（城区）建设计划、了解需求、明确参与意向。以此为基础，调整重点城市（城区）建设实施方案，确保细则符合无锡实际发展需求，同时，在全市范围内宣导重点城市（城区）工作的重要性，激发了各区参与建设的热情，在各地机构改革的同时，借由重点城市（城区）建设契机，大大加强了无锡各区县对知识产权工作的了解程度、关注力度和投入力度。

③区分功能定位，打造资源集聚的运营服务平台。按照“一核、两翼、

多点布局”的总体思路，科学合理开展运营服务体系的布局和建设，使知识产权发展有“骨”可依、有“架”可挂。“一核”指一个知识产权服务业集聚区。以高标准、高规格遴选优质载体，选择滨湖区蠡园经济开发区承建无锡市知识产权服务业集聚区，打造全国重点城市（城区）中物理空间最大、功能最全、服务最优、氛围最强的知识产权综合服务区。“两翼”指两个公共服务平台，即高质量建设知识产权大数据、知识产权金融两大公共服务平台。整合知识产权基础设施和数据资源，构建布局合理、技术先进、功能完备、共享高效的公共服务体系。“多点布局”指在江阴、宜兴、梁溪、锡山、惠山、新吴、经开等县区，结合当地特色优势产业建设10个知识产权产业运营平台。激发区域知识产权运营运用活力，谋划商业化可持续发展模式，与集聚区协同，提升知识产权运营服务的整体水平。

④深化创新引领，撬动纾困解难的金融赋能资本。专题推动知识产权金融赋能工程，打通“知本”向“资本”转化的“最后一公里”。出台《无锡市知识产权金融赋能工程三年实施方案》专门文件，充分调动金融机构积极性，与25家银行、5家保险公司签订知识产权战略合作协议，授牌知识产权金融产品创新实验室，组建高效统一的知识产权金融一站式服务平台，探索知识产权特色金融支持企业特别是中小微企业复工复产。目前，无锡市知识产权质押融资总额实现爆发式增长，从2019年全省第三跃居2020年全省第一，创造了多个新高和首次突破。

⑤聚焦转型升级，做强区域领跑的优势特色产业。聚焦重点产业领域经济发展的重大需求，支持企业、高校、科研院所、知识产权运营机构建设高价值专利培育中心，培育规模较大、布局合理、对产业发展和国际竞争力提升具有支撑保障作用的高价值专利组合。以与国际先进水平同步为目标，围绕产业链核心技术和关键环节，培育知识产权密集型企业，推动企业实施知识产权战略推进计划专项工作，鼓励企业增强知识产权核心竞争力，抢占技术创新制高点。

（2）主要建设成效

重点城市（城区）的建设为无锡知识产权工作注入了强劲动力，无锡知识产权综合实力显著提升，对产业的辐射带动作用也初步呈现。2019年，无锡荣获全省营商环境评价知识产权指标第一。2021 年，无锡被江苏省知识产权局评为 2020 年度知识产权工作江苏省政府真抓实干督查激励地区。

与国家知识产权局申报要求的基本指标相比，无锡结合无锡知识产权工作的实际和优势，额外新增 18 个特色指标，整体实施方案共计 30 个考核指标。尽管受到新冠肺炎疫情的影响，但无锡在经费使用、项目推进等各个方面基本完成了中期建设目标，总计启动 13 类 24 大项 465 个项目，其中，知识产权运营服务业集聚区、年收入超千万或可运营专利超千件的知识产权运营机构数量、累计贯标数量、中小微企业托管数量等指标已提前完成三年建设要求。

2. 建设经验及典型案例

打造城市知识产权服务业集聚区

无锡自 2019 年启动重点城市（城区）服务体系建设以来，以“一核、两翼、多点布局”的总体设计思路，全面调动无锡全市资源力量，打造无锡特色运营服务体系。知识产权服务业集聚区是无锡市太湖湾科创带的重要支点，是无锡市知识产权运营服务体系建设的核心，承载着提供知识产权一体化服务的重大使命。

（1）加强顶层设计，集中优势资源打造最具吸引力的运营服务载体

先后出台《市政府办公室关于印发推进知识产权运营服务体系建设创建国家知识产权强市的若干政策意见》、《关于创建知识产权运营服务集聚区加快知识产权强区建设的政策意见》（锡滨政办发〔2020〕13 号）等文件，全面规划集聚区整体建设。集中最优资源，预计三年内为集聚区总投资 1 亿元，为集聚区的建设提供强力政策与资金支持。

（2）建立管理体系，推动集聚区建设全面进入加速期

作为具体承建单位，无锡市滨湖区人民政府、无锡蠡园经济开发区管委会建立工作双领导小组，统筹协调集聚区建设、管理重大问题；建立集聚区项目监督体系，对集聚区建设进展过程进行监督及经费监管与审计，及时提出意见与建议，并督促集聚区建设方做出相应整改。集聚区建设方组建集聚区项目运营团队，配备知识产权招商、管理、服务人员，负责集聚区项目日

常运营。集聚区项目建设方与区政府方建立良好的沟通协作机制，确保项目建设按期保质推进。

（3）紧扣建设目标，合理布局大楼功能和产业规划

集聚区落户蠡园经济开发区金源大厦，独栋25层，总面积约4万平方米，是目前全国重点城市（城区）中物理空间最大、功能最全的知识产权综合服务窗口。整栋楼围绕集聚区建设需求，规划了四大功能区，其中，一楼为知识产权成果展示功能区，涵盖知识产权公共服务大厅、无锡知识产权文化传播中心、无锡市滨湖区科技创新促进中心暨高层次人才一站式服务中心三大主题区；二楼至五楼为知识产权基础服务功能区，包括金融和大数据两大公共服务平台，食品生工、生物医药和工业设计三个产业运营平台及各类接待、路演、培训和商务洽谈区域，同时也为中国（无锡）知识产权保护中心预留了足够的空间；六楼至十楼为知识产权特色服务功能区，目标是引入更多涵盖代理、评估、认证、律所、咨询等知识产权高端服务机构，形成辐射全市的知识产权运营服务网络；十一楼至二十五楼为知识产权成果转化预留区，为入驻企业扩大发展及知识产权转化、产业化项目预留了空间。

（4）宣传知识产权文化，打造无锡知识产权文化名城城市形象

为推广无锡从近代中国民族工商业发源地，到近年来系统化发展知识产权事业的成功转型，宣传知识产权文化，讲好知识产权故事，集聚区率先在全国打出"知识产权文化"城市名牌，建成了无锡知识产权文化传播中心，由时光长廊、民族工商业展示区和成果展示区三个部分构成，通过全面展示无锡知识产权的发展演变历程，普及和传播知识产权知识，弘扬尊重产权、崇尚创新的时代理念。自运营以来，大量接待了各级各地知识产权部门和相关单位的参观考察，实现了知识产权与公众广泛互动，进一步夯实了无锡知识产权文化品牌形象。

第 10 章 “十三五”时期知识产权金融创新

10.1 知识产权质押融资创新

10.1.1 知识产权质押融资及其意义

知识产权质押融资是指债务人或者第三人以其特定的知识产权向债权人出质，用以担保债权的实现，当债权没有如期履行时，债务人或者第三人以其质押的知识产权被拍卖、变卖等形式向债权人优先偿付的贷款融资方式。知识产权质押融资作为一种新型的融资方式，不需要固定资产的抵押，对于创新型中小微企业的融资发展具有重要的意义。创新型中小微企业一般具有轻资产、重创新、多专利的特点，企业获得传统贷款融资的难度较大，知识产权质押融资正好可以在一定程度上解决这一问题。

“十三五”时期，全国专利、商标质押登记融资金额从 2016 年的 1086 亿元，增长到 2020 年的 2180 亿元，年均增长率为 19.0%，实现了较快增长。2019 年 11 月，全国专利质押金额达到 1056 亿元，提前一年完成“十三五”时期年度专利质押融资 1000 亿元的专项目标。2020 年，全国专利、商标质押登记融资金额达到 2180 亿元，同比增长 43.9%，实现了“十三五”时期最大幅度的增长。仅 2020 年，就有近 1 万家企业通过知识产权质押获得融资。

10.1.2 知识产权质押融资政策举措

党中央、国务院高度重视知识产权质押融资工作，《政府工作报告》、国务院常务会议先后就扩大知识产权质押融资作出专门部署。2020年7月，《国务院关于促进国家高新技术产业开发区高质量发展的若干意见》提出，支持金融机构在国家高新区开展知识产权质押融资。“十三五”以来，国家知识产权局认真落实党中央、国务院决策部署，推动知识产权质押融资工作加力提速。

一是创新政策措施，强化协同推进。2019年8月，为贯彻落实国务院常务会议精神，中国银保监会联合国家知识产权局、国家版权局印发《关于进一步加强知识产权质押融资工作的通知》，引导银行对知识产权质押贷款单列信贷计划和专项考核激励，明确商业银行知识产权质押融资不良率高于自身各项贷款不良率3个百分点以内不作为考核评价扣分因素。2020年，新冠肺炎疫情暴发后，国家知识产权局联合市场监管总局和国家药监局迅速发布《支持复工复产十条》，印发《关于大力促进知识产权运用 支持打赢疫情防控阻击战的通知》，指导全国31个省级知识产权管理部门出台各类应急性政策文件70余个，充分发挥知识产权融资纾困助企的作用。统计显示，2020年专利质押融资的出质人中，工业企业出质的专利数量占全部出质专利数量的97.9%，达到“十三五”以来的最高值，充分表明知识产权质押融资有力地支持了实体经济的发展。

二是加强业务指导，引导试点探索。2016年，国家知识产权局在全国72个地区启动开展了为期三年的专利质押融资和保险试点示范工作。各试点地方因地制宜出台政策措施，总结出有效经验和典型做法，取得了丰硕成果。广东率先推行贷款与保险相结合的模式，北京、浙江、四川等地探索建立知识产权质押融资风险分担和补偿机制，江苏与建设银行合作开发“苏知贷”质押融资新产品，北京、上海、湖北等地的相关工作经验连续三次被国务院列入支持创新改革举措进行推广。

三是注重经验推广，推进交流互鉴。2019年9月，国家知识产权局联合中国银保监会召开知识产权质押融资经验交流（电视电话）会议，覆盖全国地市以上知识产权部门、银保监部门和各大银行、保险等金融机构，开展政策宣传解读和地方经验交流，将政策精神和有关要求迅速传达至各地基层单位。同年12月，国家知识产权局组织11个专利质押示范地区、9个专利保险示范地区及有关省局，开展知识产权质押融资及保险工作座谈，各地方围绕专利质押融资示范和保险示范工作，兼顾商标相关内容，交流了工作进展、经验成效和存在的问题，促进了互学互鉴。

四是精准发现需求，促进项目对接。近年来，国家知识产权局积极引导各地举办银企对接活动，促进知识产权质押融资供需精准对接。2019年，28个省、自治区、直辖市开展了形式多样的银企对接和质押融资政策宣讲活动。2020年，国家知识产权局会同银保监会指导北京市、浙江省、湖南省、广东省和重庆市在53个园区开展知识产权质押融资“入园惠企”活动，220多家银行业金融机构及1400余家企业参与，通过政策宣讲、经验交流和银企对接，实现现场签约7.1亿元。这些举措有效提升了市场主体和创新主体知识产权质押融资的意识与能力，促进了实体经济发展。

五是优化质押服务，提升登记效率。2019年，国家知识产权局公告了《注册商标专用权质押登记程序规定》，实行告知承诺制，简化商标专用权质押登记材料和程序，压缩办理时限至2个工作日。同时，大力提升专利质押登记效率，实现纸件办理时间由7个工作日压缩至3个工作日，电子化办理压缩至1个工作日。2020年，为应对新冠肺炎疫情影响，设立专利商标质押登记绿色通道，累计为5000余家企业提供即刻办理的加急服务。浙江台州开通转贷续贷登记绿色通道，建立17个基层服务端口；江苏南京建设互联网公共服务平台，提供一站式知识产权金融综合服务；重庆市组建了知识产权金融服务联盟，构建知识产权政策、产品、服务和信息融通机制，优化了质押融资相关服务。

10.1.3 知识产权质押融资模式创新

知识产权质押融资工作也存在一些亟待破解的难题，主要有评估难、处置难、风控难等问题，银行业金融机构开展知识产权质押融资的积极性还有待提高。长期以来，商业银行授信管理和风险评估侧重于考察企业的固定资产和现金流情况，导致许多轻资产的科技型企业，特别是中小微科技型企业，难以达到融资门槛并通过融资扩大再生产。为解决这些问题，有关政府部门和银行业金融机构不断创新知识产权质押融资产品与服务。

1. 质押融资产品创新

商业银行知识产权质押产品是企业实现"知产"变"资产"、"专利"变"红利"的重要途径。专利、版权、商标等知识产权具有无形性、价值不确定性等特点，实际操作中很难像房产、设备等固定资产一样单独质押，更多地是扮演一种"增信"的角色。商业银行针对科创型中小微企业自身特点，量身定制知识产权质押产品，如设计"固定资产 + 知识产权""应收账款 + 知识产权""连带责任 + 知识产权"等多种质押方案，有针对性地帮助企业用知识产权获得贷款。

（1）中国银行"知惠贷"服务

中国银行依托"信贷工厂"和"中银企E贷"两类业务模式，分别通过线下和线上渠道，为符合有关条件的小微企业提供综合授信。中国银行对客户进行分类管理，对于重点支持的客户，鼓励仅以专利质押方式叙做授信业务；对于存量客户，在年审过程中采取主动提额等方式，加大支持力度；对于适度支持类客户，适度以专利质押方式叙做授信业务；对于一般支持类客户，审慎控制仅以专利质押方式叙做的授信额度，采取组合担保的方式，除专利质押外，采取抵押、专业担保公司担保等该行认可的其他担保措施。

（2）建设银行"云知贷"产品

"云知贷"业务是建设银行基于企业经营及科技创新能力评价等综合评价结果，向符合条件的科技型小微企业发放，并通过互联网渠道办理的全流程自助知识产权质押贷款业务。这款纯信用、线上化、高便利的零售信贷产品，解决了科技型小微企业在经营研发中的流动资金需求问题。产品围绕知识产权建立企业科技创新能力立体评价体系，将企业科研及其产业化能力转化为可贷资产，实现科创企业无形资产的有形化。贷款额度由系统依据企业经营情况、企业知识产权及科技能力综合评价等情况自动审批，企业创新能力越强，技术转化的产业化能力越高，贷款额度越高。该产品采用全流程线上办理方式，最高可贷200万元，对于有更高额度需求的企业，可通过线下人工审批方式，最高贷款额度为3000万元。额度期限最长为1年，在核定的有效期内借款人可随时申请支用。同时，建设银行集融资、资讯、大数据为一体，提供“互联网+知识产权+金融”综合服务。企业可通过多渠道申请建设银行“云知贷”业务，并通过建行“惠懂你”App实现“一分钟融资、一站式办理、一价式收费”的信贷体验。

（3）交通银行新版“智融通”服务创新型产品

与传统模式相比，新版“智融通”产品具有三个创新点，即基于信贷的知识产权评价体系创新、风险处置模式创新和流程创新，此模式可以降低企业融资成本。

2. 评估模式创新

为了缓解知识产权价值评估难、定价难对知识产权融资的阻碍，有关政府部门和银行业金融机构不断进行探索与尝试，一方面与专业评估机构开展战略合作，另一方面自主构建企业知识产权评价体系，有力推动了中小微企业知识产权在融资方面的价值实现。

（1）引入专业评估机构

商业银行为了增强对科创型企业价值判断、风险控制的专业性，与知识产权评估机构开展战略合作，除了提供贷前知识产权价值评估报告之外，评估机构还协助银行进行质押知识产权处置评估；结合第三方监督机构或者投保责任险的方式来保证评估人员尽职履责，将资产评估机构也纳入知识产权融资的风险分担体系中来。

光大银行引入知识产权评估公司，多维度综合评定知识产权价值等级，挖掘知识产权与企业经营的深度关联；知识产权评估公司在授信期间可对存在较大风险的贷款申请行使否决权，当风险损失发生时，评估公司可受光大银行委托或自行发挥专业优势对质押专利依法进行处理。

（2）自评估体系

交通银行通过自建“专利评价指标体系”，筛选高价值专利和优质企业，根据相关专利未来收益测算参考授信额度。企业将专利质押给银行，同时通过担保公司担保、政府风险分担等方式组合知识产权质押进行增信。如后续企业偿还贷款发生困难，银行可通过专利“反向许可”模式“以时间换空间”，协助企业渡过资金难关。这一模式创新了基于信贷的知识产权评价体系，创新了风险处置模式，创新了流程以降低企业融资成本。

兴业银行自主建立科创企业“技术流”评价体系，依托大数据运用，以纯线上化快速评分为目标，围绕科创企业知识产权对企业进行“技术流”评价，全面展示企业创新能力。评价体系设置了9个一级指标、17个二级指标，从知识产权情况、获得奖补情况、对接资本市场情况、研发投入情况、产学研情况、高管团队情况、行业地位情况、行业归属、科技资质情况等方面进行评价，考察企业的研发投入与产出、技术储备、科技创新实力、发展潜力和综合竞争力等情况，其中与知识产权直接和间接相关的指标权重超过50%。该评价体系依托大数据运用，对每个科创企业的各项评价指标进行评分，并与同行业企业的平均得分比较，客观反映出企业的技术创新能力和水平。该评价体系已在“科创云贷”线上融资产品中成功运用，能够形成可展示和下载的科创企业技术流评价报告，供信审人员、客户经理等参考，以便快速识别企业科技创新能力。

3. 服务模式创新

（1）搭建政银企合作平台

第一，随着政府公开数据共享平台的建立与不断完善，商业银行主动对接获取企业的工商税务等数据，与审核、尽调过程中获得的企业财务、经营状况等数据融合分析，通过“银税互动”实现大数据增信，作为企业贷款评价依据；第二，政府主导建立多方参与的交流对接平台，拉近银行与企业的距离，加强相关政策措施的宣传力度，提升银行的获客效率，切实提高知识产权质押融资的覆盖面和便利性；第三，政府向商业银行推荐高新技术产业、战略性新兴产业等重点行业的本地优质企业，以政府信誉为企业增信，降低银行风险。

（2）引入多方机构共担风险

商业银行引入担保机构、担保基金、保险公司等多方参与主体，共同分担知识产权质押融资风险。企业将知识产权出质给质押融资担保机构或保险公司等第三人作为知识产权质权人，为企业质押融资提供担保或信用保险，银行等质押融资服务机构向企业出借资金，企业按期向银行等质押融资服务机构偿还本息，风险由担保机构、保险公司、银行按照约定的比例共同分担。

（1）中关村建设知识产权金融服务平台。中关村知识产权投融资服务联盟，吸纳银行、创投、保险、担保和知识产权运营等各类机构 41 家，完成中关村知识产权金融服务平台开发并上线。举办中关村知识产权投融资服务联盟沙龙、知识产权质押融资路演活动，促进科技型中小企业与金融机构高效对接。

（2）江苏“我的麦田”打造标准化信贷产品。江苏“我的麦田”开发标准化信贷产品，实行流程统一、材料统一、服务统一，实现从企业提交申请到银行发放贷款全流程标准化。“我的麦田”平台与多家银行合作，实现了与金融机构的网络专线连接，开发了面向不同银行业务的后台系统，上线了基于移动端面向企业用户和金融机构的知识产权金融服务 App，大大提升了平台的工作效率和客户的体验。该平台综合运用大数据、云计算、人工智能、区块链等新一代信息技术，强化金融资源与知识产权资源、产业资源对接，不断拓展知识产权质押融资场景，已经涵盖专利、商标、著作权、地理标志的债权和股权融资以及投贷联动，同时初步建成知识产权质物处置运营平台和网络，设立知识产权质物处置风险资金池，不断强化知识产权金融全链条服务。

10.2 知识产权保险创新

10.2.1 我国知识产权保险工作概况

知识产权保险是投保人向保险人缴纳保险费，保险人对被保险人就约定的知识产权相关责任进行赔偿的保险。知识产权保险是财产保险的一种，保险人一般是从事财产保险业务的保险机构。知识产权保险的开发、推广是落实国家创新驱动发展战略和建设知识产权强国战略，助力大众创业、万众创新，促进知识产权运用的重要工作内容。“十三五”时期，在政策的引领和市场主体的积极参与下，我国知识产权保险业态发展良好。

在政策方面，2015年印发的《中共中央 国务院关于深化体制机制改革 加快实施创新驱动发展战略的若干意见》（中发〔2015〕8号）首次提出"推进专利保险试点"的工作要求。同年，《国务院关于新形势下加快知识产权强国建设的若干意见》（国发〔2015〕71号）提出"积极推进知识产权海外侵权责任保险工作"。2017年，《国务院关于强化实施创新驱动发展战略 进一步推进大众创业万众创新深入发展的意见》（国发〔2017〕37号）提出"推广专利权质押等知识产权融资模式，鼓励保险公司为科技型中小企业知识产权融资提供保证保险服务"，将知识产权保险的业务领域由知识产权保护扩展到知识产权质押融资保障。2017年和2019年，国务院办公厅两次将知识产权保险相关工作纳入支持创新相关改革举措在全国推广，具体举措包括"贷款、保险、财政风险补偿捆绑的专利权质押融资服务"，建立"以降低被侵权损失为核心的专利保险机制"，"围绕专利应用和维权，开发包括专利代理责任险、专利执行险、专利被侵权损失险等保险产品，降低创新主体的被侵权损失"。2019年11月，中共中央办公厅、国务院办公厅印发《关于强化知识产权保护的意见》，明确提出"鼓励保险机构开展知识产权海外侵权责任险、专利执行险、专利被侵权损失险等保险业务"。

在工作举措方面，2016年8月，国家知识产权局决定在广州市等72个地区和单位开展专利质押融资、专利保险试点示范工作，其中专利保险示范地区9个，专利保险试点地区10个，另有两家保险公司参与专利保险试点，试点示范时间为3年。2019年，国家知识产权局与中国人民财产保险股份有限公司（以下简称人保财险）续签战略合作协议，在此前专利保险战略合作的基础上，将合作内容扩大到专利、商标、地理标志等知识产权保险产品的险种体系丰富、业务流程规范和服务功能完善等方面。经过几年的工作推动，广州开发区的知识产权海外侵权责任保险、江苏盐城"东台西瓜"地理标志集体商标保险、无锡的知识产权混合保险、知识产权质押融资保证保险等新产品相继落地，我国知识产权保险产品体系不断丰富，参保的企业数和保险额都有了大幅增长。

统计数据显示，2016年，全国专利保险试点示范地区的专利保险金额为3.1亿元，项目数为1702项。2020年，仅人保财险在全国产生的知识产权保险金额就超过 200 亿元，为 4200 余家企业的 7500 余件专利、商标及地理标志提供了风险保障。

10.2.2 知识产权保险的分类

近年来，国内各财产保险机构积极开展知识产权保险工作，与政府部门、知识产权服务机构合作，开发完善知识产权保险产品，知识产权保险种类不断丰富。知识产权保险可以从不同的角度进行划分，例如：知识产权的生命周期、知识产权的类别、被保险人的类别、地域范围等。

从知识产权的生命周期来分，知识产权保险可以分为知识产权创造确权保险、知识产权运用保险和知识产权保护保险三大类。其中，知识产权创造确权类保险包括专利申请费用补偿保险、专利代理师职业责任保险和无效费用损失险等；知识产权运用类保险包括专利许可信用保险、知识产权资产评估职业责任保险、知识产权质押融资保证保险等；知识产权保护类保险包括侵犯专利权责任保险、知识产权被侵权损失保险（包括专利执行险在内）、境外展会专利纠纷法律费用保险、知识产权海外侵权责任保险等。

从知识产权的种类来分，知识产权保险可以分为专利保险、商标保险、地理标志保险、著作权保险等。从被保险人类别来看，知识产权保险可以为知识产权申请人、权利人、侵权人以及第三方提供保障，保障申请人的保险主要是专利申请费用补偿保险；保障权利人的保险最典型的是专利执行险；保障侵权人的保险主要是知识产权侵权责任险（或称侵犯专利权责任保险）；保障第三人的保险主要有知识产权资产评估职业责任险、专利代理师职业责任保险、知识产权质押融资保证保险等。从保险责任发生的地域范围来看，可分为境内和境外知识产权保险，境外展会专利纠纷法律费用保险、知识产权海外侵权责任保险均属于后者。境外展会专利纠纷法律费用保险的保险责任主要是：参加境外展会时产生专利侵权纠纷支出的法律费用，附加参展成本费用补偿保险，展位费、布展费、差旅费等。知识产权海外侵权责任保险的责任主要是：被保险人及受偿方非故意侵犯第三者知识产权时，依法应承担的经济赔偿责任、抗辩费用及产品撤回费用。

此外，有人将知识产权综合保险单独列为一类，此类保险尚无明确定义，实践中常见的冠以"综合"之名的知识产权保险主要有三种：一是一个保单覆盖多类知识产权，例如2020年在江苏无锡落地的知识产权混合保险就包括了专利、商标等知识产权；二是一个保单保障多种保险责任，例如人保财险的专利无忧综合险，保险责任既包括调查和法律费用，又包括被侵权损失；三是一个保单既覆盖专利、商标、地理标志等多类别知识产权，又为被保险人提供"侵权险""执行险"等多个方面的保障，即被保险人既可以是侵权方，也可以是被侵权方。

10.2.3　国内知识产权保险创新

1. 工作模式创新

（1）设立知识产权保险服务机构

一些地方政府积极开展"政银保"合作，推动设立专门知识产权保险服务机构或知识产权保险服务联盟，如宁波的保险运营服务中心和济南的政银保服务联盟。通过多方合作，建立由律师、知识产权服务人员、监管人员及产业专家组成的专家队伍，为参保单位提供知识产权专业服务。

为解决企业在商标维权方面存在的"维权力量不足、维权成本高、诉讼执行难"等难题，促进商标品牌有效运用和保护，2019年4月，宁波成立了商标专用权保险运营服务中心，组建由行业专家、保险服务、技术团队组成的"三支队伍"，为参保单位提供商标注册、维权、专业咨询和培训等服务。这是宁波大力推进"商标专用权保险"，推广"商标+维权+服务"模式的举措之一。该保险将企业商标被侵权损失和维权费用、国际注册申请费用补偿等纳入保障范围，以保险推动商标保护。

（2）建立知识产权保险共保体

保险共保体又叫联合体，由两个或两个以上保险公司组建而成，遵守统一保险条款、统一费率、统一理赔服务、统一信息平台等公报要求开展业务，是防范和控制风险的有效措施。由于许多保险公司对知识产权风险的认识不够深入、缺乏历史经验数据，多家保险公司通过建立知识产权保险共保体，共同开发知识产权保险产品，按一定比例分配保费收益与赔偿，有利于健全知识产权保险管理制度，完善知识产权保险产品，分担风险，维护投保人利益。

2017 年，河北省知识产权局与江泰保险经纪股份有限公司联合发起河北省专利保险统保示范项目，由平安、太保、大地、燕赵等保险公司组成知识产权保险共保体，推动河北省专利保险工作在机制上由“政府主导”向“政府引导＋市场化运作”的转型。此次专利保险的机制创新主要表现在两个方面，首先是产品创新，专利执行险、专利侵权险的产品设计方案更加灵活和多样化，单项保险金额从 10 万元到 200 万元，更贴近市场需求；其次为费率大幅度降低，由以往的 10% 降至 1.2%，减少了市场主体的投保成本，为专利保险的大范围推广奠定了基础①。

2020 年 6 月，上海浦东新区知识产权局协调国泰产险、太平科技财险、富邦财险、华海财险组成知识产权保险共保体，为某芯片企业提供 350 万元保额。承保的标的涉及专利、商标、软件著作权、集成电路布图设计等 223 项知识产权，以及不公开的商业机密、技术秘密、不正当竞争等知识产权相关的风险。

（3）知识产权保险统一投保模式

由政府、企业或行业协会等社会组织统一投保是一种常见的做法。在知识产权保险领域，也有一些统一投保的尝试，取得了积极的效果。

2016 年 9 月，《佛山市禅城区人民政府办公室关于印发佛山市禅城区专利保险补贴实施办法的通知》（佛禅府办〔2016〕56 号）提出，按照“政府统保”和“专利权人投保”两种模式对知识产权保险进行分类补贴：对于当年授权的国内发明专利，在固定的保障方案内由禅城区政府进行全额补贴；对于其他专利（包括历年的发明专利、实用新型专利和外观设计专利）按实收保费的 50% 进行补贴。通过分类补贴的方式，逐渐培养了专利权人的知识产权保护意识，实现了高价值专利的全面保障。

2017 年，由中华全国专利代理人协会推动的“全国专利代理责任保险行业统保示范项目”实施，该项目按照“市场运作、协会推动、企业自主”的

---

① 河北省专利保险创新产品费率大幅降低［EB/OL］.（2017－12－15）［2021－07－16］. http://hebei.hebnews.cn/2017－12/15/content_6714198.htm.

原则，采取由代理人协会为专利代理机构的参保提供协调服务，以专利代理机构自愿投保为基础，中汇国际保险经纪股份有限公司提供保险经纪服务的方式开展。专利代理职业责任保险具有"保障全面、操作简便"等特点，主要保障专利代理师因职业疏忽或过失给委托人或利害关系人造成经济损失，以及在委托人或利害关系人向专利代理机构提出索赔时，依法应由专利代理机构承担的法律赔偿责任。保险费分别按国内专利和涉外专利年度预计营业收入乘以保险费率计算。国内专利业务每次事故最高赔偿限额1000万元，累计赔偿限额最高4000万元；涉外专利业务每次事故最高赔偿限额3000万元，累计赔偿限额最高1亿元。①

2. 保险机构产品和服务创新

（1）知识产权运用类保险

为落实《国务院关于强化实施创新驱动发展战略　进一步推进大众创业万众创新深入发展的意见》（国发〔2017〕37号），人保财险积极研发知识产权运用保险，开发完成专利质押融资保证保险，并升级完善形成知识产权质押融资保证保险，满足企业在知识产权质押融资过程中风险转移的需求。知识产权质押融资保证保险的赔付责任为：通过知识产权质押获得贷款后，未能按约清偿到期债务时，赔付借款本金余额和利息余额。该保险可以降低银行业金融机构开展专利质押贷款业务所面临的风险，有效提升银行业金融机构积极性。

此外，人保财险还开发了专利许可信用保险和知识产权资产评估职业责任保险。专利许可信用保险的保障责任为：专利许可人履行许可合同时，由于被许可人破产或拖欠引起的专利许可使用费的损失。知识产权资产评估职业责任保险的保障责任为：知识产权评估机构从事知识产权评估业务时，因过失造成委托人及保单指定的利害关系人的经济损失。上述知识产权运用类保险，能够满足企业、高校等创新主体和知识产权评估机构在专利实施、知识产权质押融资和知识产权评估过程中的风险转移需求，对于有效分担知识

① 专利代理职业责任保险筑起行业"防火墙"［EB/OL］.（2017-6-28）［2021-07-21］. http://ip.people.com.cn/n1/2017/0628/c136655-29367910.html.

产权运用过程中的风险，促进知识产权转化运用具有重要意义。

（2）知识产权综合保险

2019 年，青岛国际经济合作区企业与太平科技保险公司签署知识产权综合保险合同，实现在一份保险合同中集中为专利、商标、版权、商业秘密等多种知识产权投保，同时保险责任包含原告险、被告险、调查费用、高管责任等，是典型的知识产权综合保险。

2020 年，为解决企业知识产权维权成本高的问题，无锡市知识产权局支持与指导保险机构推出知识产权混合保险项目。与此前的单一专利险相比，新推出的知识产权混合险的保险赔付比例提高至 1∶50；保险范围更加全面，除包含单项保险项目的知识产权法律维权、调查费用外，混合险还涵盖投保知识产权被侵权造成的直接经济损失、维权证物费、专利或商标无效诉讼费。该保险在赔付方式上也有两大亮点：赔款实行 50% 预付制；在保险责任和保额范围内无限次赔付。①

（3）知识产权海外侵权责任保险

为落实国家关于“加强海外维权援助服务”的工作要求，广州开发区知识产权局指导推动人保财险广州市分公司开发推广“知识产权海外侵权责任保险”，推动保险公司转变承保逻辑，创新承保思路，先按照首批参保企业需求推出“私人定制”订单，在拓展业务规模和积累承保基数后，再逐步细化风控体系和理赔网络，根据市场反馈调整完善承保方案。同时，广州开发区通过政策对投保知识产权海外侵权责任保险的企业进行扶持，对本区投保知识产权海外侵权责任保险的企业或机构，按投保费用的 60% 给予补贴，单一企业或机构每年补贴最高 200 万元。通过政府的引导和政策扶持，海外知识产权侵权责任保险落地时机逐渐成熟。

2020 年 5 月，全国首单知识产权海外侵权责任保险落地广州开发区，人保财险广州市分公司向广州开发区内金发科技、京信通信 2 家企业签发了知识产权海外侵权责任保险保单，为企业提供 725 万元的“出海”风险保障

---

① 全国首创！无锡推出知识产权混合险［EB/OL］.（2020－06－04）［2021－07－16］. https://baijiahao.baidu.com/s?id=1668543867617703240&wfr=spider&for=pc.

（杠杆率为5倍，企业保费为145万元）。首单知识产权海外侵权责任保险得到各级政府部门、媒体和企事业单位的广泛关注，《人民日报》《新华网》等媒体纷纷报道，广州开发区的许多企事业单位主动了解相关险种，并表达投保意愿。

10.3 知识产权证券化探索

10.3.1 知识产权证券化及其意义

资产证券化是以特定资产组合或特定现金流为支持，发行可交易证券的一种融资形式。传统的证券发行是以企业为基础，而资产证券化则是以特定的资产池为基础发行证券，通常是流动性较差的资产，例如银行贷款、应收账款、房地产等。知识产权证券化，就是以知识产权现在或未来所产生的收益为基础，通过金融技术转化为可流通的证券。其基础资产可以是知识产权相关的债权类、收益权类等资产。知识产权相关的债权类资产包括知识产权质押贷款应收本息、知识产权转让应收账款、知识产权许可费应收账款等。知识产权相关的收益权类资产包括知识产权信托收益权、知识产权许可费收费权等。

知识产权证券化是一种复杂的、综合性的知识产权运营方式，是除了知识产权质押融资和作价入股等传统融资方式以外，企业通过知识产权融资的一种有效的手段，对于缓解企业融资难题，促进知识产权价值实现和企业发展具有重要意义。与其他知识产权融资手段相比，知识产权证券化具有以下特点和意义：①

一是知识产权证券化可以增加知识产权的流动性。证券化过程是将流动性低的知识产权转化成为流动性高的金融证券商品，相较于传统银行贷款，

---

① 引自《广东知识产权证券化蓝皮书》，广东省市场监管局指导，广东中金浩资产评估有限公司等单位编制，2020年4月发布，引用时有编辑。

这一过程使得权利金的流动性提升，从而提升知识产权的价值，获贷成功率较高。此外，证券到期期限相较于传统银行贷款更长，在证券化的存续期间内，利率计算采用固定费率，可降低未来收益的不确定风险。

二是知识产权证券化可以改善企业资产负债比率。知识产权证券化可帮助企业迅速获取大量资金，相较于知识产权许可费收入，获得资金的时间大大缩短。同时，可获得的资金数额也远远大于其以该知识产权质押担保获得的贷款数额，从而改善企业资产负债比率。

三是知识产权证券化可以为企业取得安全且成本较低的资金。资产证券化使投资人丧失了向发起人（原始权益人）无限追索的权利，而且已购买证券的投资者不可抽回，实际上，就对许可费的未来价值形成了事实上的保险。此外，知识产权证券化较为完善的交易结构、信用增级机制和以知识产权这种优质资产作为资产支持证券还本付息的基础，从而达到较高的信用等级，投资风险相应降低，一般情况下，知识产权证券利率相对降低，有效地降低了企业融资成本。

四是知识产权证券化可以提升企业资本报酬率。因为企业将知识产权等证券化标的转移给特殊目的机构（SPV）藉此获取现金，企业利用未来收益作为担保提前变现收取现金，可纾解创始机构资金周转压力。

五是知识产权证券化可以避免稀释股权。对创新型企业而言，因为权益融资将稀释未来可能获得的巨大利益，而证券化过程是将证券化资产移转或出售给特殊目的机构（SPV），证券化基础资产的现金流和未来收益与发起人（原始权益人）本身的财务风险已完全切割，可以避免融资企业因破产或不利因素对知识产权资产带来的负面影响，对于投资人的风险大幅降低。同时，投资人又可以直接参与知识产权所代表的技术与利基市场，享受知识产权所带来的效益。

六是知识产权证券化可以保有产权自主性。由于知识产权证券化的基础资产是知识产权的许可合同等带来的现金流，而不是知识产权本身，不影响权利人对知识产权的所有权，也可以保留部分知识产权许可产生的现金收益，可以有效提高企业的技术优势和信心竞争力。

10.3.2 知识产权证券化相关政策举措

2015年,《中共中央 国务院关于深化体制机制改革 加快实施创新驱动发展战略的若干意见》(中发〔2015〕8号)提出“推动修订相关法律法规,探索开展知识产权证券化业务”,为开展知识产权证券化打开了政策通道。此后,党中央、国务院在一系列重要政策文件中均对知识产权证券化工作进行了部署。

涉及知识产权证券化工作的全国性的政策文件有:《国务院关于新形势下加快知识产权强国建设的若干意见》(国发〔2015〕71号),《国务院关于印发“十三五”国家知识产权保护和运用规划的通知》(国发〔2016〕86号),《国务院关于印发国家技术转移体系建设方案的通知》(国发〔2017〕44号),《国务院关于支持自由贸易试验区深化改革创新若干措施的通知》(国发〔2018〕38号)等。区域性、地方性的相关政策文件有:国务院印发的上海市、广东省关于全面创新改革试验的有关文件,《中共中央 国务院关于支持海南全面深化改革开放的指导意见》,《粤港澳大湾区发展规划纲要》,上海、海南等地的自贸试验区有关文件等。

值得一提的是,2020年印发的一份对于新时代推进深化经济体制改革具有重要和深远影响的文件《中共中央 国务院关于构建更加完善的要素市场化配置体制机制的意见》,提出“促进技术要素与资本要素融合发展,积极探索通过天使投资、创业投资、知识产权证券化、科技保险等方式推动科技成果资本化”,知识产权证券化是促进技术要素和资本要素融合发展的重要手段之一。

2020年,知识产权证券化被国务院列入自由贸易试验区第六批改革试点经验进行复制推广。同年,国家知识产权局会同财政部印发的《关于做好2020年知识产权运营服务体系建设工作的通知》,要求各有关城市“推动发行知识产权证券化产品1单以上”。

10.3.3 我国知识产权证券化产品及结构模式

在知识产权业内,一般认为我国的知识产权证券化始于2018年,标志性事件为“奇艺世纪知识产权供应链金融资产支持专项计划”在上海证券交易所的发行。此后，在政策的引导下，各地积极探索，知识产权证券化快速发展。截至 2020 年 12 月 31 日，在我国沪深证券交易所和银行间债券市场已发行 15 只知识产权证券化产品，共计融资 64.14 亿元。知识产权基础资产主要类型有融资租赁债权、供应链应付账款、应收账款、小额贷款债权四种。如表 10－1 所示，15 只产品中，底层资产为融资租赁债券的有 4 只，供应链应付账款的有 2 只，应收账款 4 只，小额贷款债权有 5 只。从年份上来看，2018 年发行了 1 只，2019 年发行了 4 只，2020 年发行了 10 只。从金额来看，融资 5 亿元（不含）以下的有 10 只，5 亿～10 亿元（不含）的有 5 只。

表 10－1　沪深证券交易所及银行间债券市场发行的知识产权证券化产品清单

序号	名称	基础资产	发行场所	发行金额（亿元）	发行时间
1	奇艺世纪知识产权供应链金融资产支持专项计划	供应链应付账款	上交所	4.7	2018/12/25
2	第一创业－文科租赁一期资产支持专项计划	融资租赁债权	深交所	7.33	2019/3/8
3	兴业圆融－广州开发区专利许可资产支持专项计划	应收账款	深交所	3.01	2019/9/11
4	中信证券－爱奇艺知识产权供应链金融资产支持专项计划 1～5 期	供应链应付账款	上交所	5.27	2019/11/19
5	第一创业－首创证券－文化租赁 1～5 期资产支持专项计划	融资租赁债权	深交所	9.69	2020/1/5
6	平安证券－高新投知识产权 1～10 号资产支持专项计划	小额贷款债权	深交所	2.63	2020/1/28
7	浦东科创 1～10 期知识产权资产支持专项计划	融资租赁债权	上交所	1.05	2020/8/14

续表

序号	名称	基础资产	发行场所	发行金额（亿元）	发行时间
8	中信证券－广州开发区新一代信息技术专利许可资产支持专项计划	应收账款	深交所	2.32	2020/9/16
9	南山区－中山证券－高新投知识产权1～5期资产支持专项计划	小额贷款债权	深交所	9.75	2020/9/17
10	兴业圆融－佛山耀达专利许可1～5期资产支持专项计划	应收账款	深交所	3.81	2020/10/30
11	兴业圆融－温州技术产权资产支持专项计划	小额贷款债权	深交所	1.9	2020/12/15
12	苏州工业园区第1～10期知识产权资产支持专项计划	应收账款	上交所	0.45	2020/12/25
13	龙岗区－平安证券－高新投知识产权1～10号资产支持专项计划	小额贷款债权	深交所	2.43	2020/12/25
14	北京市文化科技融资租赁股份有限公司2019年度第一期资产支持票据	融资租赁债权	银行间债权市场	7.7	2019/1/28
15	上银国际投资（深圳）有限公司2020年度第一期精诚建泉深圳南山区知识产权定向资产支持票据	小额贷款债权	银行间债权市场	2.1	2020/9/23

根据基础资产的不同，可以将知识产权证券化划分为四种模式：融资租赁模式、供应链模式、知识产权质押模式和知识产权许可模式，各类模式均有成功的案例，有不同的特点。

1. 融资租赁模式

与传统设备融资租赁具有类似性，在租赁期间，承租方获得知识产权除所有权外的全部权利，包括各类使用权和排他的诉讼权。租赁期满，若知识产权尚未超出其有效期，根据承租方与出租方合同约定确定知识产权所有权归属。该模式要求基础资产必须实现转让后回租，从而实现所有权转移。但是，由于企业自身的高价值专利较少进行转让，降低了入池资产的质量，同时该模式需要融资租赁公司拥有能进行知识产权融资租赁的牌照，而全国范围内拥有该牌照的融资租赁公司只有几家，因而没有在全国范围内复制推广的基础。

案例 1：第一创业 - 文科租赁一期资产支持专项计划

2019 年 3 月 28 日，“第一创业 - 文科租赁一期资产支持专项计划”（以下简称文科一期 ABS）在深圳证券交易所成功发行。文科租赁 ABS 项目的特设载体实际上是租赁合同，所以其交易结构中没有 SPV。文科一期 ABS 以北京市文化科技融资租赁股份有限公司为原始权益人，其母公司北文投为差额支付承诺人。中诚信证券评估公司对本产品的全部优先级证券给予 AAA 评级，产品发行总规模 7.33 亿元。其中，优先 A1 级 3.1 亿元，收益率达 5.1%；优先 A2 级 2.75 亿元，发行利率 5.4%；优先 A3 级 1.11 亿元，发行利率 5.5%。

该项目的基础资产是以知识产权未来经营现金流为偿债基础形成的应收融资租赁债权，以北京市文化科技融资租赁股份有限公司存量知识产权融资租赁项目中选取 10 个项目打包组合构造可预期的未来现金流，这些项目的融资租赁标的物均为软件著作权、影视剧本著作权、动漫形象著作权、专利权等知识产权。

2. 供应链模式

供应链是指围绕核心企业，通过对信息流、物流、资金流的控制，从采购原材料开始，到制成中间产品以及最终产品，最后由销售网络把产品送到消费者手中，从而通过供需关系将供应商、制造商、分销商、零售商、物流商、服务提供商等企业乃至最终用户连成一个整体的功能网链结构。该模式基础资产是核心企业的知识产权供应链金融应收账款保理债权，在传统的供应链金融上追加了知识产权概念，更多的是供应链上的价值而非知识产权所产生的稳定收益价值。

案例2：奇艺世纪知识产权供应链金融资产支持专项计划

2018年12月21日，奇艺世纪知识产权资产支持证券（ABS）在上海证券交易所发行，标志着全国首单知识产权资产支持证券落地，实现了我国知识产权证券化的零突破。该项目发起人（原始权益人）为天津聚量商业保理有限公司，核心债务人为北京奇艺世纪科技有限公司，发行规模为4.7亿元，其中优先级A1：4600万元，优先级A2：40000万元，次级：2400万元。评级机构对全部“奇艺世纪知识产权供应链ABS”优先级证券的评级为AAA。

该项目的基础资产为以北京奇艺世纪科技有限公司（爱奇艺）为核心企业的供应链金融应收账款保理债权，以北京奇艺世纪科技有限公司供应链上游的内容供应企业拥有的对北京奇艺世纪科技有限公司的应收账款打包组合构造可预期的未来现金流，其应收账款基于内容供应企业对北京奇艺世纪科技有限公司的影视资源供应，因此所涉及的知识产权均为影视类著作权。

3. 知识产权质押模式

企业以合法拥有的专利权、商标权、著作权中的财产权经评估作为质押物从银行业金融机构获得融资，这一融资模式旨在帮助科技型中小企业解决因缺少不动产担保而带来的资金紧张难题。该模式是通过小贷公司构建债权关系，单笔授信规模、期限都和银行知识产权质押融资极其相似，从产品定位而言较为重叠。但是对于企业而言，操作相对简单，构建基础资产相对容易。

案例3：平安证券－高新投知识产权1号资产支持专项计划

2019年12月26日，由深圳市高新投小额贷款有限公司（以下简称高新投小贷公司）发行的“平安证券－高新投知识产权1号资产支持专项计划”

在深交所正式挂牌。这是全国首单以小额贷款债权为基础资产类型的知识产权 ABS 产品。该知识产权证券化项目储架整体规模 10 亿元，此次为首期产品发行，规模 1.24 亿元。首期产品的基础资产合同期限为 1 年，借款利率为 5%，借款人按照合同约定偿付贷款项下本息金额以及担保人触发其保证义务后支付的保证金额作为回款，用于支付偿付专项计划本息及预期收益并支付专项计划费用。此计划增值税率 3.26%，AAAsf 级预计利率 1 年期为 3.80%。

该项目以知识产权质押贷款债权为基础资产，贷款人或其关联方以拥有的知识产权（专利、软件著作权、实用新型专利等）向高新投小贷公司提供质押。项目首期入池的基础资产借款人为 15 家民营企业，其中 12 家为制造业企业，另有 2 家信息技术业企业和 1 家建筑企业，贷款余额分别达 8900 万元、2500 万元、1000 万元。15 笔借款的底层质押物有 10 笔为实用新型专利，贷款余额 8600 万元，占比 69.35%；3 笔为发明专利，贷款余额 2300 万元；2 笔为软件著作权，贷款余额 1500 万元。

4. 知识产权许可模式

知识产权许可方与被许可方依法签订书面许可合同，由许可方许可被许可方按照约定使用知识产权。许可分为独占许可、排他许可、普通许可。独占许可是指许可方允许被许可方在规定的地域范围内，拥有独占该项知识产权的使用权，任何第三方也包括许可方自己在内，均无权使用该项知识产权。知识产权许可模式是以专利许可收费权为基础资产，广州开发区知识产权证券化产品交易结构中两次许可均为独占许可。该模式拥有全国可复制的良好基础。一是相较于之前的模式从发起人的角度而言，几乎任何机构都可以实现，不一定需要金融（类金融）牌照公司，便于在全国推广。二是更能体现知识产权价值，该模式将知识产权使用后所产生的稳定收益作为基础资产，而非证书或冠名。三是该模式建立在知识产权的使用之上，让投资人关注点从传统的企业经营现状转向知识产权质量以及运营情况上，增加了中小微企业参与的可能性。

案例4：兴业圆融－广州开发区专利许可资产支持计划

2019年9月，广州开发区在深圳证券交易所发行我国首支纯专利证券化产品“兴业圆融－广州开发区专利许可资产支持计划”。发行规模为3.01亿元，债项评级达到AAA级。该产品获得中信银行等投资机构参与投资认购，项目获批认购倍数达到2.25。产品最终发行票面利率为4.00%/年。通过这个产品，每家企业可获得300万~4500万元不等的融资款项，有助于民营中小科技企业解决融资难题。

该产品以民营中小型科技企业专利权许可费用作为基础资产，基础资产包括威创、华银医学、佳德环保、立达尔生物、中设机器人等11家民营企业的103件发明专利、37件实用新型专利。其交易结构采用了“两次专利许可”。具体来说，广州凯得融资租赁有限公司作为发起人（原始权益人）（以下简称凯得租赁）分别与11家企业（专利权人）签署专利许可合同，一次性向企业支付5年专利许可使用费，获得专利再许可权，形成该证券化产品的基础资产（专利许可收费权）。凯得租赁再分别与以上企业签署第二次专利许可合同，将各项专利许可给企业使用，企业每个季度向凯得租赁支付专利许可使用费，构成该证券化产品基础资产的现金流来源。凯得租赁按照约定，将基础资产转让给该证券化产品，实现资产隔离、风险隔离。采用优先级和次级证券的结构分层安排，比例分别为95%和5%。

附　录

附录1　国家知识产权局关于促进和规范知识产权运营工作的通知

国知发运字〔2021〕22号

各省、自治区、直辖市和新疆生产建设兵团知识产权局，四川省知识产权服务促进中心，广东省知识产权保护中心：

为认真贯彻落实习近平总书记关于知识产权工作的重要指示论述，深入贯彻党中央、国务院关于新时代加快完善社会主义市场经济体制、构建更加完善的要素市场化配置体制机制的决策部署，按照全国知识产权局局长会议工作安排，现就促进和规范知识产权运营工作有关事项通知如下：

一、提高认识，协同有序推进知识产权运营工作

开展知识产权运营，充分运用知识产权规则，有效发挥知识产权融资、评估、转移对接服务的支撑作用，融合运用知识产权信息和各类信息的引导功能，推动知识产权转化实施，促进知识产权市场价值充分实现，是实施知识产权制度的重要目的之一。近年来，知识产权运营工作不断发展，运营机制持续创新，体系建设加快推进，运营绩效逐步提升，社会各界参与的积极性越来越高。同时，各地方在不同程度上面临着一些问题和困难，包括对如何推进知识产权运营的认识不统一、定位不准确，推进的系统性、规范性亟待提升，政府与市场的关系需要进一步厘清；激励产学研各方转移转化知识产权的措施有待细化，推进知识产权转化实施的导向需要进一步明确；重知识产权信息供给、轻需求信息挖掘，供需信息不对称，供需对接渠道需要进一步畅通；支持知识产权运营的转移转化对接服务、融资服务、评估服务的分工融合、相互支撑需要进一步加强；对运营的规范引导、监督管理与环境营造需要进一步强化。

各级知识产权管理部门要切实提高认识，认真学习贯彻中央有关部署，将目标导向与问题导向有机结合，更好把握知识产权运营规律，努力提升科学促进与有效规范知识产权运营的能力与水平，着眼发挥知识产权运营在完善要素市场化配置体制机制中的重要作用，着力解决面临的实际问题；要坚持市场主导，充分发挥市场配置资源的决定性作用，厘清政府行为与市场行为，支持引导市场主体、创新主体在知识产权运营中真正发挥主体作用，通过改革创新、细化政策措施，激励产学研各方转化实施知识产权的积极性；要坚持协同有序推进，统筹做好促进与规范各项工作，引导提升知识产权转让许可过程中的咨询服务能力，有效发挥融资服务、评估服务对知识产权转移转化的支撑作用，加快构建公平、规范的知识产权市场化运营环境，推动优化技术、数据、资本等要素市场化配置，大力推进知识产权向现实生产力转化，更好满足人民群众对美好新产品新服务的需要，更快促进我国核心竞争力的提升。

二、完善激励，激发知识产权转移转化活力

要按照中央决策部署，结合本地区产学研各方需求，积极推动深化知识产权利益激励与产权激励措施，推进提升知识产权转移转化活力，从根本上增强知识产权运营的能力与水平。要主动优化地方财政扶持政策，推动创新主体、市场主体贴近生产实际和产业需求，强化以转化实施为目标的知识产权运用。要指导深化职务发明专利的使用权、处置权和收益权改革，完善处置流程和收益分配机制。配合有关部门做好赋予科研人员职务科技成果所有权或长期使用权试点工作，完善知识产权相关配套措施。创新能力较强、市场机制完善，特别是承担财政资金支持项目的地区，要加大政策创新与政策实施力度，充分发挥知识产权在完善技术、资本、数据等要素市场化配置中的作用。

三、分类指导，优化知识产权运营服务供给

要结合地方优势产业与特色经济发展需要，合理引导知识产权运营机构培育工作。指导有条件的市场主体、创新主体完善知识产权运营机制建设，建立专职兼职相结合的知识产权运营队伍，使知识产权运营机制有机融入研发经营全过程。指导有需求的市场主体、创新主体强化专利导航运用，综合分析知识产权信息与区域发展政策、投资融资、市场竞争、消费需求等各类信息，防控市场风险，提升转化运用效益。建立专利与技术标准融合工作推进机制，合理引导相关专利纳入技术标准，抢占产业竞争的制高点。发展专利、商标、地理标志综合服务机构，支持企业创新能力、区域优势和商誉信誉的综合提升，有效增强产品的市场拓展能力。围绕国家重大区域战略和重点产业领域，培育一批产业特色明显、知识产权运营能力突出的行业龙头类机构，打造知名运营服务品牌。引导创新与创业的有机结合，发挥知识产权运营服务在促进人才流动与支持扩大就业中的作用，增强对“双创”的服务支撑。

四、拓宽渠道，推进知识产权运营供需对接

要引导行业协会、运营机构有序发挥作用，加强知识产权运营需求调查分析，建设区域与行业的运营需求信息数据库。依规合理划分知识产权运营的政府委托服务和市场化业务。指导接受政府委托服务的知识产权运营机构，在运营信用信息提供、需求数据汇聚、基础工具供给等方面发挥作用，支持构建公平、规范的市场化运营机制，推动降低交易成本。引导市场化运营机构综合运用线上线下方式，积极对接实体产业，深化产学研项目和服务对接，挖掘知识产权运营服务需求，提升供给水平。创新知识产权相关展会组展和展示方式，提高知识产权和各类资源对接成效。落实专利转化专项计划工作要求，促进要素市场大循环，引导高校院所增强专利技术供给的针对性，有效满足小微企业创新发展需求。

五、支撑转化，促进加强知识产权融资服务

要积极促进资本要素与知识产权的有效融合，推动强化金融支持知识产权转化实施导向，支持金融机构、投资机构丰富知识产权投资融资产品。完善知识产权质押融资的风险分担和补偿方式，设有质押融资风险补偿基金的地区要充分发挥财政资金的引导作用，优化补偿机制和质物处置流程。深入开展知识产权质押融资入园惠企行动，推动知识产权质押融资工作深入园区、企业和金融机构基层网点，更好服务实体经济。鼓励有条件的地区探索多样化知识产权投融资方式，发挥风险投资对知识产权市场化运营的重要作用，引导风险投资更多投向具有高价值知识产权的创新主体和市场主体；结合当地实体经济发展需要，合理设立知识产权运营基金，有序发挥证券化融资功能；推动知识产权保险创新，丰富知识产权保险品种，有效扩大保险覆盖范围。

六、助推实施，引导知识产权高效有序流转

在充分保障和尊重权利人利益和意愿的基础上，鼓励向具备实施能力的企业转移知识产权。加快建立健全专利开放许可制度运行机制，汇聚专利许可使用需求数据，提升许可声明、定价、对接等配套服务能力，提高专利开放许可制度运行效能。鼓励高校院所参与开放许可活动，引导探索专利快速许可等新型专利许可方式，提高专利许可效率，降低专利许可交易风险和成本。研究制定知识产权转让许可相关合同范本和指引。完善知识产权作价入股的指导和服务。积极配合落实知识产权转让、许可、作价入股收入税收优惠政策。

七、畅通流转，提升知识产权评估服务能力

要促进提高知识产权评估的规范性和科学性，积极研究推广知识产权评估相关规范与指引，运用大数据和智能化技术，发挥知识产权评估案例参考作用，提升知识产权评估服务的专业化、智能化水平。鼓励评估服务机构开发针对不同应用场景的知识产权评估工具，围绕创新主体、市场主体的转让许可、投资融资等需求，提供规范、便捷的知识产权评估服务。引导企业建立知识产权质量评价和价值评估机制，对知识产权在企业竞争力中的作用进行定性定量分析，指导企业科学管理和使用知识产权。

八、完善环境，加强知识产权交易信息监测和信用监管

各级知识产权管理部门要建立健全知识产权运营数据的统计分析机制。推动完善知识产权相关会计信息公开机制，引导企业做好知识产权资产会计核算，规范管理知识产权资产。国家知识产权局将加强专利转让、专利许可实施合同备案的信息汇集和统计发布。进一步加强知识产权领域联盟类组织治理工作，分类施策，配合有关部门积极打击违规违法行为。健全知识产权运营领域信用监管机制，净化知识产权交易市场，加强信用信息共享和联合惩戒，加大知识产权交易运营信用监督力度。依规遏制明显不以保护创新为目的的专利申请权和专利权转让行为，打击不以使用为目的的恶意商标注册申请行为，严格交易标的和交易方背景审核，坚决堵住非法交易牟利的通道。

九、规范运行，加强知识产权运营平台管理

各级知识产权管理部门对于批设或推荐申报的知识产权运营平台（中心），负责日常监督工作，规范信息发布与融资投资服务行为，防范各类风险，强化运行情况监测，完善统筹协调。要统筹用好现有资源，节约使用财政资金，避免重复投入、重复建设，特别是新建大而全的信息化运营平台。明确区域和产业知识产权运营中心定位，突出区域运营中心的地方服务功能，增强产业运营中心的行业特色服务和市场化服务能力。国家知识产权局建立全面的绩效评价机制，进一步规范国家级知识产权运营平台（中心）名称和运行，根据实际运行情况进行动态调整。国家级知识产权运营平台（中心）原则上不跨区域设立分平台、分中心、工作站等分支机构，如确需设立，应由主管单位报国家知识产权局核准后设立。

十、严格监督，完善知识产权运营资金使用管理

财政资金支持的各类知识产权运营与专利转化项目所在地区，要按照有关财政资金管理规定，建立高效、公开、公平的资金支出机制，实行全过程绩效管理，落实地方主体责任，规范资金支出范围，有序支持和引导市场化运营，提升资金使用效益。财政支持的重点城市要加快资金使用进度，制定项目和资金管理规范，建立健全知识产权运营责任和绩效机制。知识产权运营基金和机构要规范高效使用财政资金，加快推动创新主体、市场主体提高知识产权质量与效益，推动服务机构提升市场化运营能力，支持培育更多技术新、设计精、商誉好的新产品。加强知识产权运营行业监管，建立违法违规行为通报和责任单位约谈机制，严厉打击套取补贴资金、编造虚假交易等行为。

十一、强化责任，推进知识产权运营绩效提升

省级知识产权局负责推进本地区运营工作相应机制和环境建设工作，组织落实好各项工作任务，细化知识产权运营助力实体经济发展措施，提升知识产权转移转化的效率与效益。承担知识产权运营平台建设任务的地方知识产权局，要推动组建平台运行的法人实体，建立规范的治理结构和高效的运行机制。实施专利转化专项计划的省份和知识产权运营服务体系建设重点城市知识产权局，要高效完成好资金支出和绩效管理各项任务，承担相应主体责任。同时，要进一步深化改革、创新政策，率先落实好各项任务。建设期满的重点城市要将行之有效的政策、项目予以延续和深化，打造升级版运营服务体系。其他地方知识产权局要积极细化政策措施，完善推进机制与运营环境，推动提升市场化运营能力与效益。

国家知识产权局在全国范围内推动构建知识产权市场化运营机制与环境，完善相关政策体系，组织制定相关规范与指引，加强指导与协调，规范开展信用监管，按照财政资金使用有关规定，做好绩效评价和督导。

十二、完善保障，促进能力提升

各级知识产权管理部门要加快培养知识产权运营领域的管理人才、服务人才和技术人才，激励各类人才充分发挥作用，提高管理水平，推进提升知识产权市场化运营能力。要加强宣传引导，注重挖掘推广典型经验，营造知识产权运营工作良好氛围，推动形成工作合力。

国家知识产权局推动建立知识产权运营业务常态化交流机制，完善信息统计分析，畅通信息渠道。根据区域与行业的实际需要，聚焦专题，组织召开现场推进活动，推动及时解决问题，促进经验互鉴、资源互补。推进深化相应理论、规则与政策研究，推动完善运营工作长效机制与制度保障。

各级知识产权管理部门要按照通知要求，提高政治站位，狠抓工作落实，不断促进和规范知识产权运营工作，遇到重要问题、重要情况，及时报告。

特此通知。

国家知识产权局

2021 年 7 月 27 日

附录 2　国家知识产权局　中国银保监会　国家发展改革委关于印发《知识产权质押融资入园惠企行动方案（2021—2023 年）》的通知

国知发运字〔2021〕17 号

各省、自治区、直辖市和新疆生产建设兵团知识产权局，四川省知识产权服务促进中心，广东省知识产权保护中心，各银保监局，各省、自治区、直辖市和新疆生产建设兵团发展改革委：

为贯彻落实党中央、国务院关于高新区高质量发展和知识产权质押融资工作的决策部署，国家知识产权局、中国银保监会、国家发展改革委联合制定《知识产权质押融资入园惠企行动方案（2021—2023 年）》，现印发给你们，请认真贯彻执行。

特此通知。

国家知识产权局　　中国银保监会　　国家发展改革委

2021 年 6 月 16 日

知识产权质押融资入园惠企行动方案

（2021—2023 年）

为贯彻落实党中央、国务院关于高新区高质量发展和知识产权质押融资工作的决策部署，提高知识产权质押融资的普及度和惠益面，促进创新型中小微企业发展，国家知识产权局、中国银保监会、国家发展改革委（以下简称三部门）决定联合组织开展知识产权质押融资入园惠企行动。为做好相关组织实施工作，制定本方案。

一、总体要求

（一）工作思路。

以习近平新时代中国特色社会主义思想为指导，全面贯彻党的十九大和十九届二中、三中、四中、五中全会以及中央经济工作会议精神，深入落实党中央、国务院关于鼓励发展知识产权质押融资等一系列工作部署，按照《关于进一步加强知识产权质押融资工作的通知》（银保监发〔2019〕34号）要求，聚焦产业园区，强化“政企银保服”联动，在措施优化、模式创新和服务提升等方面积极行动，推动知识产权质押融资工作深入园区、企业和金融机构基层网点，更好服务实体经济，有效缓解创新型中小微企业的融资难、融资贵问题，激发全社会创新创业活力，推动经济高质量发展。

（二）行动目标。

通过三年行动，力争实现知识产权质押融资惠及“百园万企”的目标。到2023年底，知识产权质押融资政策可及性和服务便利度大幅提升，产业园区知识产权质押融资服务的普及面显著扩大，被质押专利的实施率明显提高，100个以上产业园区的知识产权质押项目数和质押融资金额年度增长率在20%以上，新增上万家中小微企业利用知识产权实现融资。

二、主要行动

（一）措施优化行动。

一是加强调研指导。各省级知识产权局要会同相关部门，对地市政府、国家级产业园区知识产权质押相关工作措施、工作成效进行调研摸底，形成相关政策工具箱和资源库；围绕打通知识产权评估、担保、保险、登记、贷款、质物管理和处置等各个环节，加强对园区和金融机构制定相关政策措施的调研指导力度。二是健全激励措施。建立健全政府引导的知识产权质押融资风险分担和补偿机制，综合运用保险、担保、风险补偿等方式降低信贷风险；对于资金长期闲置的，要及时调整优化管理办法和使用方式，并加大对产业园区的支持倾斜力度；探索风险补偿的前置模式，在融资出现不良时，先行按比例拨付补偿金，待质物处置后再行清算。三是落实监管政策。支持银行业金融机构建立适应知识产权融资特点的授信尽职和内部考核管理模式，鼓励银行业金融机构通过在产业园区设立的科技支行，重点营销知识产权质押融资产品；推动银行业金融机构用好单列信贷计划和优化不良率考核等监管政策，鼓励在风险可控的前提下扩大知识产权质押贷款。四是积极规范引导。各地方要树立正确的指标导向，不盲目追求扩大质押专利数量，避免层层分解指标、摊派任务，继续鼓励支持实用新型、外观设计专利质押，对出现虚构合同、数据异常等情况的及时予以查处和通报。

（二）模式创新行动。

一是评估评价工具创新。鼓励银行业金融机构加强金融科技支撑，以知识产权为核心指标分析评价企业创新能力、竞争力和发展潜力，优化审贷流程，提高贷款效率；综合运用大数据、人工智能等新技术，加强基础数据采集和智能学习，研发适用于质押融资等场景的智能化知识产权评估工具。二是企业筛选模式创新。鼓励地方知识产权管理部门会同发展改革等部门，充分利用“信用中国”网站、知识产权质押信息平台等资源，以信用、知识产权等各类数据为基础，研究建立上下联动、总分结合的授信白名单筛选机制。三是信贷合作模式创新。探索开展“政银园投”合作，鼓励银行业金融机构为园区白名单企业提供合理授信额度和续贷便利等增值服务；鼓励银行业金融机构与专业投资机构合作，共享科技型企业高成长性红利；支持银行业金融机构与国家知识产权试点示范园区深度合作，围绕产业专利集群或区域商标品牌，给予园区合理的意向性授信额度。四是质押标的创新。鼓励银行业金融机构对企业专利权、商标专用权、著作权、集成电路布图设计专有权等各类知识产权进行打包质押，积极探索知识产权许可收益权等出质的可行性，拓宽质押物范围。五是质物处置模式创新。地方知识产权管理部门、银保监局要充分发挥有关知识产权交易运营平台、机构等的专业化作用，联合银行业金融机构探索知识产权处置、流转的有效途径和可行模式，通过集中拍卖、第三方收储等方式，将短期处置转换为较长周期的知识产权运营，更大程度实现知识产权价值。

（三）服务提升行动。

一是不断优化质押登记服务。推动专利、商标业务受理窗口整合和布局优化，实现质押登记“一窗通办”，并支持向有关园区延伸服务；稳步扩大银行业金融机构专利权质押登记线上办理试点范围，通过线上办理和集中代办提升登记效率；鼓励有条件的园区建设知识产权金融服务中心，汇集多元化的公共服务和市场化服务资源，实现“一站式”服务。二是广泛开展银企对接活动。结合知识产权宣传周、“知识产权服务万里行”等重大活动，广泛组织知识产权质押融资入园惠企专项对接，面向园区加大政策宣讲和融资产品推介力度，提升服务内涵和对接实效。三是扩大相关金融产品供给。深化知识产权管理部门、园区管理机构与银行业金融机构战略合作，共同开发推广知识产权质押融资专门产品；指导推动产业园区建立企业知识产权融资需求和金融机构相关融资产品常态化调查机制，形成知识产权融资项目库和产品资源库。四是提升信息服务水平。加快建设全国知识产权质押信息平台，做好信息查询和金融产品汇集展示，与各地“信易贷”平台做好衔接，为畅通企业贷款渠道提供支撑；各地要发挥“互联网+”优势，充分利用现有知识产权服务窗口和平台，提供融资产品推广、政策咨询、登记查询、项目库管理等综合服务。

三、组织实施

（一）加强统筹协调。地方有关部门要强化协调联动，形成工作合力，把握好有为政府和有效市场的关系，充分调动产业园区和金融机构积极性，做到有计划、有督导、有落实、有成效，共同推动知识产权质押融资工作迈上新台阶。各级知识产权管理部门要发挥好统筹作用，牵头做好措施优化、服务提升、宣传培训和总结推广等工作。各银保监局要重点抓好模式创新和监管政策落实，推动银行业金融机构切实提高重视程度，加强业务创新和产品开发。社会信用体系建设牵头部门要充分发挥“信用中国”网站、“信易贷”平台以及知识产权质押信息平台作用，加强信用信息归集共享，支持金融机构创新产品和服务，扩大知识产权质押融资。

（二）制定行动方案。省级知识产权局要牵头深入开展地市和国家级园区知识产权质押融资相关工作措施专题调研，摸清底数，掌握效果，找准需求，做好分析梳理，形成专题调研报告，更好指导方案制定和工作实践。省级知识产权局要会同银保监局、发展改革等部门认真筹划、周密部署，结合本地实际和园区情况，细化落实措施优化、模式创新和服务提升各项行动，拿出针对性、操作性强的务实举措，明确任务台账和时间安排，制定印发本省（区、市）行动方案，并于印发后10日内报送三部门。请各省级知识产权局于2021年7月15日前将专题调研报告和摸底情况一览表报送国家知识产权局（一览表参见附件）。

（三）强化示范带动。各地要点面结合、以点带面、梯次推进，每个省份选取 3 个以上的园区作为重点，打造示范标杆，发挥引领作用。国家知识产权试点示范园区要率先行动、积极参与，有关工作成效将作为试点示范考核评定的重点。专利转化专项计划支持的省份和知识产权运营服务体系建设重点城市要积极开展知识产权质押融资入园惠企行动，统筹用好中央财政资金和相关政策资源，确保达成知识产权质押融资相关绩效目标。

（四）加强宣传推广。地方有关部门要加大对知识产权质押融资的有益经验、优秀案例、特色模式等的宣传力度，及时发现和推广行动中的好经验、好做法、好产品。加强跨部门数据信息共享，及时通报行动进展和成效，共同开展重大宣传活动。地方知识产权管理部门要加强对融资企业的跟踪调查和统计监测，及时了解企业的实际融资情况、融资获得感和政策满意度，总结分析知识产权质押融资在促进企业研发、专利实施、扩大就业、增加营收等各方面的成效。各银保监局要加强对银行业金融机构的新增贷款金额、贷款余额、客户数量、质押率、不良率等各项指标的统计分析，为优化监管政策提供支撑。

（五）加强总结评价。地方有关部门要及时做好有关数据和材料报送工作，行动中产生的宣传材料、工作成果、典型案例、统计数据等要及时归口向三部门报送。省级知识产权局要适时会同有关部门组织重点园区在全国知识产权质押信息平台上集中展示工作措施和行动成效，促进工作交流和互学互鉴。每年年底前，各省级知识产权局要牵头做好年度工作总结，对照方案内各项行动，全面分析进展、问题和成效，向国家知识产权局报送工作总结。

国家知识产权局将会同有关部门搭建地方知识产权质押融资工作交流平台，按年度组织评选典型案例，分批汇编发布可复制可推广的案例，对成效突出的地方组织现场会和专题报道。同时，在银行业金融机构专利权质押登记线上办理试点、数据资源开放和相关项目申报等方面，对行动积极、成效显著的地方予以大力支持和倾斜。

参考文献

[1] 吴汉东. 中国知识产权蓝皮书（2018—2019）[M]. 北京：知识产权出版社，2020.

[2] 朱宁. 知识产权运营实务 [M]. 北京：知识产权出版社，2020.

[3] 刘海波，吕旭宁，张亚峰. 专利运营论 [M]. 北京：知识产权出版社，2017.

[4] 诸敏刚，李程. 中国专利运营年度报告（2017）[M]. 北京：知识产权出版社，2019.

[5] 国家知识产权局. 中国知识产权运营年度报告（2018）[M]. 北京：知识产权出版社，2020.

[6] 毛金生，等. 专利运营实务 [M]. 北京：知识产权出版社，2013.

[7] 中国科技评估与成果管理研究会，国家科技评估中心，中国科学技术信息研究所. 中国科技成果转化年度报告 2019（高等院校与科研院所篇）[M]. 北京：科学技术文献出版社，2020.

[8] 国家知识产权局. 2020 年中国专利调查报告 [EB/OL].（2021-04-28）[2021-05-02]. https://www.cnipa.gov.cn/art/2021/4/28/art_88_158969.html.

[9] 国家知识产权局. 2019 年中国专利调查报告 [EB/OL].（2020-03-09）[2021-05-02]. https://www.cnipa.gov.cn/module/download/down.jsp? i_ID=40213&colID=88.

[10] 国家知识产权局. 国际专利分类与国民经济行业分类参照关系表（2018）[EB/OL].（2018-10-09）[2021-05-10]. https://www.cnipa.gov.cn/art/2018/10/8/art_75_131968.html.

［11］知识产权运营服务体系建设重点城市名单［EB/OL］.（2020－04－20）［2021－05－31］. https：//www. cnipa. gov. cn/art/2020/4/20/art_432_43293. html.

［12］中国科学院深圳先进技术研究院机构简介［EB/OL］.［2021－07－06］. https：//www. siat. ac. cn/jgsz2016/jgjj2016/201605/t20160504_4595589. html.

［13］中国科学院深圳先进技术研究院转移转化［EB/OL］.［2021－07－06］. https：//www. siat. ac. cn/cyh2016/zyzh2016/.

［14］中国科技评估与成果管理研究会，国家科技评估中心，中国科学技术信息研究所. 中国科技成果转化年度报告 2020（高等院校与科研院所篇）［M］. 北京：科学技术文献出版社，2021.

［15］深圳先进院知识产权工作成果亮眼［EB/OL］.（2020－04－26）［2021－07－06］. https：//www. siat. ac. cn/yw2016/202004/t20200426_5563870. html.

［16］持股企业 301 家　股权估值 87 亿元_深圳商报数字报［EB/OL］.（2021－03－07）［2021－07－06］. https：//www. sohu. com/a/454504071_121010226.

［17］南京林业大学学校简介［EB/OL］.（2021－06）［2021－07－06］. https：//www. njfu. edu. cn/nlgk/xxjj/index. html.

［18］沐野，太阳. OPPO：以专利突围海外市场［J］. 中国中小企业，2018（12）：41－44.

［19］最大规模的一次专利收购！OPPO 购入杜比实验室 240 多项专利［EB/OL］.（2018－07－07）［2021－07－02］. https：//www. sohu. com/a/239874438_166680/.

［20］OPPO 与英特尔、爱立信达成专利合作，拓展全球市场［EB/OL］.（2019－08－02）［2021－07－02］. https：//www. sohu. com/a/331062235_120196169.

［21］OPPO 与诺基亚签订专利协议：实现交叉许可［EB/OL］.（2018－11－28）［2021－07－02］. https：//baijiahao. baidu. com/s？id＝16183577

91559935525&wfr = spider&for = pc9.

[22] OPPO 与爱立信签署专利许可协议 [EB/OL]. (2019 - 02 - 19) [2021 - 07 - 02]. https://www.oppo.com/cn/blogs/236.html.

[23] 2019 全球国际专利申请排名：OPPO 跻身全球前五 [EB/OL]. (2020 - 04 - 13) [2021 - 07 - 02]. https://www.oppo.com/cn/newsroom/patent/407/.

[24] 徐升权，邰玲玲. “双循环”新发展格局下商标品牌作用再认识 [J] // WIPO. World Intellectual Property Report 2017 – Intangible Capital in Global Value Chains. Geneva：2017.

[25] 曾莉，师一顺. 上市公司知识产权信息披露研究述评及启示 [J]. 中国注册会计师，2017 (5)：41 – 45.

[26] 中国证券监督管理委员会. 2021 年 1 季度上市公司行业分类 [EB/OL]. (2021 - 04 - 14) [2021 - 6 - 30]. http://www.csrc.gov.cn/pub/newsite/scb/ssgshyfljg/202104/t20210414_395990.html.

[27] 江苏省知识产权局与江苏银行、南京银行签署战略合作协议 [EB/OL]. (2019 - 11 - 13) [2021 - 06 - 28]. http://jsip.jiangsu.gov.cn/art/2019/11/13/art_75875_8813275.html.

[28] 从看“砖头”到看专利，金融之光闪耀南粤 [EB/OL]. (2019 - 8 - 30) [2021 - 06 - 28]. https://www.cnipa.gov.cn/art/2019/8/30/art_55_ 126133.html.

[29] 北京中技知识产权融资担保有限公司 [EB/OL]. (2019 - 12 - 11) [2021 - 06 - 28]. http://www.zjipfs.com/newsinfo/1966621.html.

[30] 从“深圳样本”到“全国标杆”！中小担集团为中小企业融资发展赋能 [EB/OL]. (2018 - 9 - 13) [2021 - 06 - 28]. https://www.sohu.com/a/253762848_683703.

[31] 台州推广知识产权混合质押模式　上半年为企业融资 22 亿元 [EB/OL]. (2020 - 07 - 09) [2021 - 07 - 02]. http://news.taizhou.com.cn/2020 - 07/13/content_6356678.htm? from = singlemessage.

[32]《宁波市 2020 年知识产权发展与保护状况》发布 [EB/OL]. (2021 -

04 - 27）［2021 - 07 - 02］. https：//baijiahao. baidu. com/s? id = 1698155199018640501&wfr = spider&for = pc.

［33］关于印发 2020 年苏州市知识产权金融深化工程实施方案的通知［EB/OL］.（2021 - 04 - 01）［2021 - 07 - 02］. http：//www. suzhou. gov. cn/szsrmzf/bmwj/202005/18881fa34b7f4c2da3cb982ff0eb348c. shtml.

［34］河北省专利保险创新产品费率大幅降低［EB/OL］.（2017 - 12 - 15）［2021 - 07 - 16］. http：//hebei. hebnews. cn/2017 - 12/15/content _ 6714198. htm.

［35］国内首家！宁波市商标专用权保险运营服务中心揭牌［EB/OL］.（2019 - 4 - 23）［2021 - 07 - 16］. https：//zj. zjol. com. cn/news. html? id = 1185158.

［36］全国首创！无锡推出知识产权混合险［EB/OL］.（2020 - 06 - 04）［2021 - 07 - 16］. https：//baijiahao. baidu. com/s? id = 1668543867617703240&wfr = spider&for = pc.

［37］专利代理职业责任保险筑起行业“防火墙”［EB/OL］.（2017 - 6 - 28）［2021 - 07 - 21］. http：//ip. people. com. cn/n1/2017/0628/c136655 - 29367910. html.